2019年司法部国家法治与法学理论研究课题
“我国人类胚胎基因编辑立法研究”（项目号：19SFB2035）研究成果

Study on the Legislations
of
Genome Editing in Human Embryos

人类胚胎
基因编辑立法研究

石佳友　贾平　等／著

法律出版社
LAW PRESS·CHINA
北京

图书在版编目(CIP)数据

人类胚胎基因编辑立法研究 / 石佳友等著. -- 北京:
法律出版社, 2022
ISBN 978 - 7 - 5197 - 6913 - 0

Ⅰ. ①人… Ⅱ. ①石… Ⅲ. ①基因工程-立法-研究
Ⅳ. ①D912.170.4

中国版本图书馆 CIP 数据核字(2022)第 126654 号

人类胚胎基因编辑立法研究
RENLEI PEITAI JIYIN BIANJI LIFA YANJIU

石佳友　贾　平　等著

策划编辑 沈小英
责任编辑 毛镜澄　任　娜
装帧设计 汪奇峰

出版发行 法律出版社
编辑统筹 法治与经济出版分社
责任校对 王晓萍
责任印制 吕亚莉
经　　销 新华书店

开本 710 毫米×1000 毫米　1/16
印张 24　　字数 419 千
版本 2022 年 7 月第 1 版
印次 2022 年 7 月第 1 次印刷
印刷 北京虎彩文化传播有限公司

地址:北京市丰台区莲花池西里 7 号(100073)
网址:www.lawpress.com.cn
投稿邮箱:info@lawpress.com.cn
举报盗版邮箱:jbwq@lawpress.com.cn

销售电话:010 - 83938349
客服电话:010 - 83938350
咨询电话:010 - 63939796

书号:ISBN 978 - 7 - 5197 - 6913 - 0
定价:118.00 元
凡购买本社图书,如有印装错误,我社负责退换。电话:010 - 83938349

人类胚胎基因编辑立法研究

撰稿人（以撰写章节先后为序）：
石佳友　贾　平　张　迪　庞伟伟
刘忠炫　曾　佳　王雅佳　胡新平
刘　欢

序

石佳友教授主持的《人类胚胎基因编辑立法研究》这一课题研究著作，是我国生命伦理学和法学两个不同学科交叉研究的重要成果，具有划时代意义。生命伦理学和法学都是规范性学科，生命伦理学是对临床与健康相关的研究，以及公共卫生这些领域的伦理问题运用伦理学的理论和方法得出的研究成果，对于医务人员、研究人员以及公共卫生人员的行动具有规范意义。但这种规范性仅仅是在伦理学意义上，如果不能将这些伦理研究成果转化为法律规范，就不能将这些规范更广泛地用于调整医务人员、研究人员以及公共卫生人员的行为，从而达到生命伦理学所追求的目的：使科学和医学的知识有益于大众，预防和治疗他们的疾病，恢复和促进他们的健康，改善他们的生活质量，延长他们的寿命，并在这一过程中充分尊重他们的自主性，保护他们的隐私和个人信息，使他们获得公平的对待。我国的生命伦理学家和法学家在使科学和医学的知识体制化方面也做了认真努力的尝试，并取得了不少成就。

近年来，被称为“新兴技术”（emerging technologies）的科技突飞猛进，其中源于微生物学基本研究的基因编辑，经过许多科学家的努力已经能够应用于人，成为最有前途的新兴技术之一。包括基因编辑在内的新兴技术具有的一个独特特点，即科学、技术、工程三者的不可分离性，这种不可分离性使“板凳”（bench）上的基础研究成果可以很快地应用于“床边”（bedside），从而使人能获得与健康相关的巨大受益。但是这些新兴技术给人们带来巨大受益的同时，也可能带来巨大风险，尤其是目前在人身上应用基因编辑技术，其尚未十分成熟，可能发生脱靶而干扰正常基因的后果。再者，基因与作为一个整体的人是一个复杂系统，而这个复杂系统与周围环境的相互作用又是极其复杂的，其中有许多目前未知以及不确定的因素。基因编辑可以划分为不同层次：第一层次的编辑是体细胞的基因编辑，这一层次的基因编辑相对还比较容易控制，因为对体细胞进行基因编辑所产生的影响仅限于接受基因编辑的个体。第二层次就是对人的生殖系基因进行编辑，包括对配子、受精卵以及本书要讨论的人类胚胎的基因编辑。这类基因编辑的作用就有可能影响基因被编辑的胚胎所形成的、在未来有机会进行繁殖的个体，直到他们继续繁衍而形成的未来世代（future generations），即那些我们现在还不知道他们是谁或他们属于目前还没有身份标识的（unidentified）人。第三层次的基因编辑是通过基因编辑使基因得以增强，使生出来的个体具有超越人类物种固有的机能。第四层次的基因编辑则是对非人有机体进行基因编辑，这将改变我们周围的自然环境。第三层次、第四层次基因编辑具有与对人的胚胎进行基因编辑同样复杂的问题，以及许多我们未知的和不确定的因素。

在这样的背景下，我们在基因编辑技术方面的创新、研发和应用需要保持特别的谨慎和慎重。很多国家的生命伦理学家都提出了“伦理先行”“事先监管”“前瞻性治理”等概念和原则，对可能发生的问题采取防范性措施。而石佳友教授的课题研究建议，采用立法措施来对可能发生的、对人类胚胎进行基因编辑的行动进行“前瞻性治理”，这是一个重要创举；这一创举将更加有效地规范我国基因编辑的研究。虽然目前这项立法研究仅限于对人类胚胎的基因编辑，但如果这一研究在未来可付诸实践并彰显效果，其有关结论和建议还可扩展应用于人类基因的增强以及对非人类有机体所进行的基因编辑类型。

*

2021 年 12 月 20 日

* 中国社会科学院哲学研究所研究员、中国人民大学伦理学与道德建设研究中心生命伦理研究所所长、华中科技大学生命伦理学研究中心主任。

前　言

人类可遗传基因组编辑（Heritable Human Genome Editing，HHGE）被认为是当代生物学领域“最具影响力的技术”。与此同时，它有可能也是最富有争议性的技术。一方面，基因编辑技术可以在碱基水平上进行精确的基因修饰，使人类免于某些单基因疾病的侵袭，因而具有极广泛的发展前景和应用价值。另一方面，这一技术充满风险，其安全性与有效性一直存在争议。因此，贸然将其应用于人类生殖领域可能会引发“伦理学上的灾难”，并对生物安全带来威胁。这正是出现以下极端对照局面的原因所在：2020 年 10 月，法国科学家沙彭蒂耶和美国生物学家杜德纳因发现新型基因编辑技术而荣获当年的诺贝尔化学奖。而仅在此 10 个月之前，贺某奎因非法使用基因编辑技术制造“基因编辑婴儿”被依法判处 3 年有期徒刑。

习近平总书记强调，生物安全关乎人民生命健康，关乎国家长治久安，关乎中华民族永续发展，是国家总体安全的重要组成部分，也是影响乃至重塑世界格局的重要力量。因此，我国相关部门高度重视基因编辑的法律规制工作。2019 年 5 月，国务院颁布了《中华人民共和国人类遗传资源管理条例》（以下简称《人类遗传资源管理条例》）；2020 年 5 月，立法机关表决通过了《中华人民共和国民法典》（以下简称《民法典》），首次以基本法律的形式对基因编辑作出了专门规定，具有重要意义；2020 年 10 月，立法机关通过了《中华人民共和国生物安全法》（以下简称《生物安全法》），对采集、保藏、利用、对外提供我国人类遗传资源等行为作出具体规定；2020 年 12 月，《中华人民共和国刑法修正案（十一）》（以下简称《刑法修正案（十一）》）颁行，其中专门增设非法植入基因编辑、克隆胚胎罪。另外，中央全面深化改革委员会 2019 年 7 月第九次会议及 2021 年 12 月第二十三次会议分别审议通过《国家科技伦理委员会组建方案》和《关于加强科技伦理治理的指导意见》等重要文件，提出坚持增进人类福祉、尊重生命权利、公平公正、合理控制风险、保持公开透明的原则，健全多方参与、协同共治的治理体制机制，构建覆盖全面、导向明确、规范有序、协调一致的科技伦理治理体系。由此，于2021年12月24日修订通过、自2022年1月1日起实施的《中华人民共和国科学技术进步法》（以下简称《科学技术进步法》）以多个条文专门对科技伦理治理作出了规定。① 这些重要举措充分彰显出我国相关决策部门高度重视生物安全立法、推进多维度治理的决心。

显然，人类可遗传基因组编辑问题牵涉医学、伦理学、法学等多学科，需要跨学科研究与交流。而就法学领域而言，这一问题既牵涉公法，也牵涉私法；既涉及国内法，也涉及国际法。以《民法典》的基因编辑条款（第1009条）为例，该条规定："从事与人体基因、人体胚胎等有关的医学和科研活动，应当遵守法律、行政法规和国家有关规定，不得危害人体健康，不得违背伦理道德，不得损害公共利益。"从该条的适用范围上来看，该条囊括了医学及科研活动：从公认的定义出发，医学活动，主要是指诊断和治疗疾病、生理缺陷等行为；而科研活动的范围则更宽泛，包括与人类基因有关的一切研究、分析、测试等行为。从法律渊源上看，除法律、行政法规外，该条特别列入了"国家有关规定"用以涵盖部门规章等规范性文件，其中，显然应包括大量的公法规范（行政法、刑法等）；从行为禁令来看，包含了不得危害人体健康、不得违背伦理道德和不得损害公共利益三重底线。这里，"人体健康"包括孕母和基因编辑婴儿的健康；"伦理道德"既包括专业人士的职业伦理规范，也包括公众所普遍认同的社会公德，因而这一措辞同样牵涉民法上的公序良俗；而"公共利益"范畴的含义更丰富，既包括现有世代的利益，也包含了未来世代的利益，即现有世代不能片面地以满足其生育目的为由损害未来世代的利益。综上，《民法典》基因编辑条款也蕴含促进代际正义的深刻内涵及推动生命伦理领域人类命运共同体建设的深远视野。

在基因编辑的治理框架中，知识产权法所能发挥的效用往往为一般人所忽视。事实上，知识产权法对于基因编辑治理框架的完善十分重要。例如，通过修订《中华人民

---

① 修订后的《科学技术进步法》第98条规定："国家加强科技法治化建设和科研作风学风建设，建立和完善科研诚信制度和科技监督体系，健全科技伦理治理体制，营造良好科技创新环境。"第103条第1款规定："国家建立科技伦理委员会，完善科技伦理制度规范，加强科技伦理教育和研究，健全审查、评估、监管体系。"第107条规定："禁止危害国家安全、损害社会公共利益、危害人体健康、违背科研诚信和科技伦理的科学技术研究开发和应用活动。从事科学技术活动，应当遵守科学技术活动管理规范。对严重违反科学技术活动管理规范的组织和个人，由科学技术行政等有关部门记入科研诚信严重失信行为数据库。"

共和国专利法》(以下简称《专利法》),可以为基因编辑技术的专利申请和应用设置必要的伦理界限,从而能够阻止违反伦理的临床应用。由此,在2021年7月所发布的《人类基因组编辑:一个治理框架》中,世界卫生组织(World Health Organization,WHO)建议,将与其他机构合作以鼓励相关专利持有人确保对基因编辑操作的平等获取权;鼓励产业界与资源受限国家合作,以建立有效利用基因编辑机制的能力;召集专题会议,邀请与基因编辑相关专利的持有方、应用方、产业实体、世界知识产权组织与世界贸易组织等国际组织以及建立和运营相关专利池的机构参与,以探索制订适当的伦理许可要求的可能性。

本书为2019年司法部国家法治与法学理论研究课题"我国人类胚胎基因编辑立法研究"(项目号:19SFB2035)的研究成果。[①] 还需要说明的是,本书亦为英国驻华使馆国际合作基金"中国生命伦理法立法研究项目"(China Bioethics Law: Legislative Research and Consultation Project)的阶段性研究成果。本课题的主持人为中国人民大学法学院石佳友教授。参与本课题研究和写作工作的有:石佳友(参与导论、第一章、第二章、第三章、第四章、第六章和结语部分的写作)、贾平(中国人民大学伦理学与道德建设中心生命伦理学研究所及华中科技大学生命伦理学研究中心研究员,参与导论、第一章及第四章的写作)、张迪(中国医学科学院/北京协和医学院副教授,参与导论及第五章的写作)、庞伟伟(河南大学法学院讲师,参与第二章及第五章的写作)、王雅佳(重庆工商大学国际商学院讲师、重庆大学法学院博士研究生,参与第二章的写作)、刘忠炫(中国人民大学法学院博士研究生,参与第二章、第四章的写作)、刘欢(中国人民大学法学院博士研究生,参与第五章的写作)、曾佳(中国人民大学法学院博士研究生,参与第二章的写作)、胡新平(中国人民大学及日内瓦大学法学硕士、哈佛大学LLM,参与第三章、第六章及结语部分的写作)。全书由石佳友和刘忠炫统稿。课题组对邱仁宗、雷瑞鹏、彭耀进、王乐兵等诸位师友的宝贵指导与建议,以及车唯畅、沈小英、陈妮、毛镜澄、任娜等同仁所给予的大力帮助与支持,表示诚挚的谢意。作为中国生命伦理学奠基人的邱仁宗教授在百忙之中抽出宝贵时间审阅本书并欣然提笔作序。邱仁宗教授对于课题组的研究成果给予了热情鼓励和充分肯定,也指出了本书中存在的一些不足,并对课题组未来的研究方

---

① 需要指出的是,本课题名称为"我国人类胚胎基因编辑立法研究";而对人类胚胎所进行的基因编辑属于以生殖为目的的生殖系(germline)基因组编辑,后者又通常被称为人类可遗传基因组编辑;因此,本书在内容上采用"人类可遗传基因组编辑"这一通用的科技术语。

向提出了期许，希望继续对人类基因增强以及对非人类有机体所进行的基因编辑类型的法律规制进行相关研究。这些宝贵的指导与建议令课题组成员深受鼓舞和启发。在课题研究期间，翟晓梅、申卫星、曹刚、吴高臣等师友对课题研究初稿提出了诸多中肯的修订完善建议，令课题组受益匪浅。

在课题研究期间，课题组成员在《西北大学学报(哲学社会科学版)》《西北工业大学学报(社会科学版)》《法学论坛》《中国应用法学》《经贸法律评论》《人权》等知名期刊上发表多篇学术论文，部分研究成果被《中国社会科学文摘》等权威刊物转载。课题组先后组织了多次学术研讨会，这些会议在理论界和实务界产生了一定的学术影响。例如，课题组曾就国家卫健委2021年3月发布的《涉及人的生命科学和医学研究伦理审查办法(征求意见稿)》组织深入研讨并提交了修订建议，受到了相关部门的关注与重视。课题组还积极组织和参与国际科研合作与交流。经教育部批准，2022年1月，课题组与英国纳菲尔德生命伦理学理事会(Nuffield Council on Bioethics)合作组织了基因编辑的法律规制国际研讨会，就基因组编辑的伦理治理、基因编辑的法律框架、基因编辑与公众参与、基因编辑的全球治理等专题进行了深入研讨；课题组也与法国国家生命科学与健康伦理咨询委员会(Le Comité consultatif national d'éthique pour les sciences de la vie et de la santé，CCNE)组织了类似的对话与合作。毫无疑问，在完善人类可遗传基因组编辑的治理框架中，极为重要的环节是促进这一领域的国际合作与对话，以促成人类可遗传基因组编辑领域的全球治理框架的形成，进而推动生命伦理领域人类命运共同体的建设进程。也正是基于这样的考虑，课题组在研究过程中广泛参阅了国外学者、国际组织、外国政府和非政府机构的文献及研究报告，并将部分具有国际影响力的研究报告摘译为中文收入本书的附录部分。

当然，作为一项法学研究课题的成果，本书的研究无疑更多地侧重法律视角。由此，囿于课题组成员的视野、能力与水平，我们的分析难免存在诸多不足与疏漏之处，我们殷切期待学术界的批评指正，以推动对这一新兴技术法律规制的关注与思考，促进我国基因编辑技术治理架构的完善，从而切实推进生命伦理领域的国家治理体系和治理能力现代化。

2022年1月25日

目　录

导论：人类可遗传基因组编辑的科技进展及规制现状

第一节　人类基因与基因组

一、什么是基因

基因是遗传信息的基本物质单位，包含指定性状所包含的信息，可以从亲代（父母）传给子代（后代）。染色体是细胞内储存遗传信息的载体，基因一个接一个排在名为染色体的结构上，一个染色体包含一个单一的长脱氧核糖核酸分子（Deoxyribonucleic Acid，DNA），其中带有遗传信息的片段称为基因。人类染色体上排列着大约21,000个基因。在某些特殊情况下，在一些简单的遗传系统（如病毒）中，基因是以核糖核酸（Ribonucleic Acid，RNA）的形式存在。① 因此简单地讲，基因就是携带遗传信息的DNA片段，绝大多数生物将基因编码在DNA的长链中。

格雷戈尔·孟德尔（Gregor Johann Mendel，1822～1884）通过豌豆实验推测，生物体中存在某些"离散的可遗传单元"，通过这些可遗传单元，亲代可以将性状传给子代。虽然他那时并没有使用"基因"一词来命名这些可遗传单元，但他指出，正是这些"离散的可遗传单元"产生了可以观察到的外部特征（性状），这一观点说明，孟德尔已经开始认识到基因型（生物体的遗传物质）和表型（该生物体的外部可观察性状）之间的区别。20世纪初期，遗传学家托马斯·亨特·摩尔根（Thomas Hunt Morgan，1866～1945）通过果蝇遗传实验，发现遗传物质存在于染色体上，并在其上呈线性排列，得出染色体是基因载体的结论。1909年，丹麦植物学家和遗传学家威

① 参见［美］Robert F. Weaver：《分子生物学》，郑用琏等译，科学出版社2010年版，第18页。

廉·约翰森（Wilhelm Johannsen，1859～1927）的研究，确认了这一区别。1905年，他首次提出用“基因”（gene，古希腊语：γόνος，意味着后代和繁殖）这一术语，来描述孟德尔笔下的“离散的可遗传单位”。同一年，英国遗传学家威廉·贝特森（William Bateson）首次用“遗传学”（genetics）一词来描述遗传和变异的规律。① 由此，基因和遗传学就从语义上联系到了一起。

二、DNA（脱氧核糖核酸）的发现

DNA最初是在19世纪由瑞士化学家弗雷德里希·米歇尔（Friedrich Miescher，1844～1895年）分离出的，由于该物质位于细胞核之中，故当时被称为核素（nuclein）。1928年，细菌学家弗雷德里克·格雷夫斯（Frederick Griffith，1877～1941年）发现肺炎球菌可以从平滑型转化为粗糙型，进而成为无害菌，他推测死亡细菌中的某些物质可以遗传给其他细菌。随后，分子生物学家奥斯瓦尔德·艾弗里（Oswald Avery，1877～1955年）证实了这一假说，确定DNA导致了这种改变。1952年阿尔弗雷德·赫尔西（Alfred Hershey，1908～1997年）与玛莎·切斯（Martha Chase，1927～2003年）通过实验证明噬菌体T2仅将DNA注射到细菌细胞内，从而证实DNA为遗传物质。1953年，詹姆斯·杜威·沃森（James Dewey Watson）和弗朗西斯·哈利·康普顿·克里克（Francis Harry Compton Crick，1916～2004年）在《自然》上发表论文，提出了DNA的双螺旋结构模型，这一结论奠定了分子生物学的基础，具有里程碑式的意义。②

DNA是所有生物细胞中携带遗传信息的化学物质。DNA是由重复的核苷酸单元组成的长聚合物。生物体中的DNA几乎都以双链形式存在。DNA的骨架结构由磷酸和糖类基团交互排列而成，位于螺旋外部。DNA的双螺旋结构是通过两条链上的含氮碱基间的氢键稳定的。组成DNA的四种碱基是腺嘌呤（adenine，A）、胸腺嘧啶（thymine，T）、鸟嘌呤（guanine，G）、胞嘧啶（cytosine，C）。碱基以特殊方式配对：腺嘌呤（A）与胸腺嘧啶（T）配对，鸟嘌呤（G）与胞嘧啶（C）配对。DNA每条链

① See The International Bateson Institute, *About William Bateson*, Accessed July 30, 2022. https://batesoninstitute.org/william-bateson/.

② See H. Judson, *The Eighth Day of Creation: Makers of the Revolution in Biology*, Cold Spring Harbor Laboratory Press, 1979, p.51－169.

上的碱基和另一条链上的碱基以互补配对的形式出现。①

三、基因表达：转录和翻译

1945 年，埃尔温·薛定谔（Erwin Schrödinger）在《生命是什么》一书中，提出了“遗传密码”的概念。1954 年，物理学家乔治·伽莫夫（George Gamow）提出“三联体密码”的概念。到 1963 年，64 个遗传密码的含义得到破译。② 由此人们了解到，在所有生命体中，基因携带的信息是通过遗传“密码”的形式得以体现，基因中 DNA 的核苷酸序列通过遗传密码指定蛋白质的氨基酸序列。1958 年，克里克提出了“中心法则”，根据这一法则，DNA 分子上的基因经过转录合成 RNA，细胞又以 RNA 分子为模板，通过翻译合成具有生物学活性的蛋白质。具体来说，是需要两个步骤来读取基因 DNA 中编码的信息并产生它指定的蛋白质（这样才能实现物种的延续）：一是需要将基因中 DNA 的信息转录到信使 RNA（核糖核酸）上；二是信使 RNA 将这些转录过来的信息“翻译”成蛋白质。产生 RNA 或蛋白质的生物功能分子的过程称为基因表达，由此产生的分子称为基因产物。③

虽然基因 DNA 可以通过转录和翻译形成蛋白质（基因表达），但是，这一过程同时还受到外部环境因素的影响，因而不是孤立的。细胞会根据外部环境（温度、营养和各种压力等）、内部环境（如细胞分裂周期、代谢、感染状态等），以及其在多细胞有机体中的特殊作用等来调控其基因表达。

四、DNA 的复制与细胞分裂

生物体的生长、发育和繁殖，依赖于细胞分裂。除了单细胞以外的生物，其他生

---

① See J. D. Watson & F. H. C. Crick, *Molecular Structure of Nucleic Acids: A Structure for Deoxyribose Nucleic Acid*, 171 Nature 737（1953）.

② See F. H. C. Crick, *The Genetic Code*, 207 Scientific American 66（1962）.

③ 所谓转录（transcription），是指以基因为模版生成的 RNA 拷贝过程，转录后，DNA 中的遗传密码（ATG-CAC-GGG）就可以产生 RNA 拷贝（AUG-CAC-GGG）。而翻译基因信息，是指核糖体将遗传信息由 RNA 信息转换为蛋白质的过程。在 DNA 中编码的基因表达始于将基因转录成 RNA，这是一种与 DNA 非常相似的第二种核酸，但其单体含有核糖而不是脱氧核糖。RNA 还含有基尿嘧啶代替胸腺嘧啶。RNA 分子比 DNA 更不稳定，并且通常是单链的。编码蛋白质的基因由一系列被称为密码子的三核苷酸序列组成，这些序列作为遗传“语言”中的“单词”。遗传密码指定密码子和氨基酸之间蛋白质翻译过程中的对应关系。所有已知生物的遗传密码几乎相同。

物需要首先在一个称为DNA复制的过程中，复制基因组中的每个基因。复制是由被称为DNA聚合酶的特殊酶促成的，该聚合酶"读取"双螺旋DNA的一条链（称为模板链），以此为模板，合成一条新的互补链。由于DNA双螺旋通过碱基配对连接在一起，一条链的序列完全指定了其复制体的序列，因此，只有一条模板链需要被酶读取才能产生"忠实"的拷贝。DNA复制的过程是半保守的（semi-conservative），也就是说，每个子细胞遗传的基因组拷贝包含一个原始的和一个新合成的DNA链。在DNA复制完成后，细胞会物理地分离基因组的两个拷贝，并由此分裂成两个不同的细胞。

在有性生殖生物体中，通过一种称为"减数分裂"的特殊形式产生称为配子（gamete）的生殖细胞，这些细胞是单倍体，只包含每个基因的一个拷贝。雌性产生的配子称为卵子（eggs or ova），雄性产生的配子称为精子（sperm）。两个配子融合形成一个二倍体受精卵（diploid fertilized egg），这就形成一个单细胞，含有两组基因，每个基因的一个拷贝来自母亲，一个来自父亲。①

五、人类基因组

基因组这个术语，是由德国科学家汉斯·温克勒（Hans Winkler，1877～1945）于1920年提出的。② 基因组是生物体的所有遗传物质的总和，广义的基因组包括基因和非编码DNA（或RNA病毒中的RNA），以及线粒体DNA和叶绿体DNA。③ 基因组的大小和它编码的基因数量在生物体之间差异很大，最小的基因组存在于病毒（一个单一的非编码RNA基因）中。

基因组的大小和它编码的基因数量，在地球上的生物体之间差异很大。如前所述，病毒的基因组最小，而植物可以有非常大的基因组。由蛋白质编码基因（地球上所有的蛋白质组）的总数估计为500万个序列。

人类所有的基因（和其他一些物质）合在一起，被称为"人类基因组"（human genome）。具体来说，人类基因组是人类的一组完整的核酸序列，其总长度超过30

---

① See Bruce Alberts et al., *Molecular Biology of the Cell*（6th ed.）, Garland Science, 2014, p. 176－208.

② 《牛津辞典》认为，"genome"一词实际是"gene"和"chromosomes"（染色体）的结合。

③ See Matt Ridley, *Genome: The Autobiography of a Species in 23 Chapters*, Harper Perennial, 2006, p. 14－23.

亿对碱基。人类基因组由23对，即46条染色体中完整的DNA序列组成。人类基因组被分成22对常染色体，再加上雌性的第23对性染色体（XX）和雄性的第23对性染色体（XY）。这些都是细胞核内含有的大型线性DNA分子。基因组还包括单个线粒体中的DNA。23对染色体被称为核心基因组（nuclear genome），而线粒体中的DNA分子则构成了线粒体基因组（mitochondrial genome）。①

为了探究人类基因组的奥秘，1985年，“人类基因组计划”（Human Genome Project，HGP）的设想被提出。1988年，美国国家科学院的一个特别委员会阐明了该计划的目标，随后在国立卫生研究院（National Institute of Health，NIH）和能源部联合编写的一系列详细的5年计划中该目标名列其中。该计划的目标是对人类所有基因进行完整的定位和理解。作为一个国际合作项目，人类基因组计划于1990年开始实施。② 2000年，人类基因组“工作框架图”完成。2001年2月，人类基因组图谱及初步分析结果在《自然》杂志发表，初步确定了30亿个碱基对。③ 2003年4月，人类基因组测序得以完成并公布，但依然留下5%～10%的序列没有被测出来。④

人类基因组计划的研究人员以三种主要方式破译人类基因组：（1）确定基因组DNA中所有碱基的顺序或“序列”，也称遗传图谱；（2）显示人类所有染色体主要部分的基因位置，也称物理图谱；（3）制作所谓的连锁地图，通过这些地图可以跟踪遗传特征（如人类遗传病的特征）。

自20世纪60年代以来，人们已经逐步知晓人类基因组中DNA碱基对的数量。但随着时间的推移，估测的人类基因数量随着基因的定义而发生了变化，检测基因的方法也随之得到改进。但直到现在，人类基因组中的基因总数量尚未被明确，这对于非编码RNA尤其如此。其中，蛋白质编码基因的数量较清晰，但仍然有1400个可疑的基因，这些基因可能编码功能蛋白，也可能不编码功能蛋白。人类基因组

---

① See Leon Rosenberg & Diane Rosenberg, *Human Genes and Genomes: Science, Health, Society*, Elsevier Inc., 2012, p.27－29.

② See *What is the Human Genome Project?*, National Human Genome Research Institute(Oct. 28, 2018), https://www.genome.gov/human-genome-project/What.

③ See International Human Genome Sequencing Consortium, *Initial Sequencing and Analysis of the Human Genome*, 409 Nature 860(2001).

④ See Zhang Sarah, 300 *Million Letters of DNA are Missing from the Human Genome*, Accessed July 30, 2022. https://www.theatlantic.com/science/archive/2018/11/human-genome－300－million-missing-letters-dna/576481/.

计划的测序表明，蛋白质编码的基因总数为19,000个左右，其中，线粒体基因组上编码了13个基因。但这只占人类基因组基因总数的1%～2%，其余的是“非蛋白质编码”DNA，如内含子、反转录转座子和非编码RNA。① 每个多细胞有机体在其身体的每个细胞中包含其所有的基因，但并不是每个基因在每个细胞中都会发挥作用。

人类基因组计划为世界提供了关于整套人类基因的结构、组织和功能的详细信息资源，这些信息可以被认为是人类发展和功能可继承的“指令”的基本集合。2001年，时任美国国立卫生研究院国家人类基因组研究所（National Human Genome Research Institute，NHGRI）所长弗朗西斯·科林斯（Francis Collins）指出，基因组“是一本历史书，一本关于我们物种穿越时间之旅的叙述……里面有一个非常详细的蓝图，用来建造每个人类细胞。它也是一本革命性的医学教科书，它的洞察力将给医疗保健提供者巨大的新力量来治疗、预防和治愈疾病”。②

2020年，美国国家人类基因组研究所等机构的科学家们发布了他们在基因组前沿研究领域改善人类健康的战略愿景（这也是继该机构2003年和2011年发布战略愿景后，第三次发布类似文件），指出对基因组“负责任的管理”是未来基因组研究的核心。为此，该战略愿景重点确定了基因组研究的四个研究领域：

1. 人类基因组的指导原则和价值观；
2. 维持并改善基因组学研究的坚实基础；
3. 打破阻碍基因组学研究进展的障碍；
4. 生物医学中引人注目的基因组学研究项目。

上述四个研究领域中的第一个领域，包含了九大原则和价值观，成为人类基因组学研究的指南。战略愿景认为，扩展和重申这些原则，将有助于社会各方确保和提升对基因组学研究过程中引发的伦理、法律和社会影响（Ethical，Legal and Social Implications，ELSI）的关注，指出基因组学应当反思过去的不公和偏见。③

人类基因和基因组研究的进展，向我们揭示了一个奇妙的、分子层面的世界。

---

① See P. Carninci & Y. Hayashizaki, *Non-coding RNA Transcription Beyond Annotated Genes*, 17 Current Opinion in Genetics & Development 139(2007).

② P. Carninci & Y. Hayashizaki, *Non-coding RNA Transcription Beyond Annotated Genes*, 17 Current Opinion in Genetics & Development 139(2007).

③ See E. D. Green et al., *Strategic Vision for Improving Human Health at the Forefront of Genomics*, 586 Nature 683(2020).

人类基因是人类遗传物质的最基本单位,是携带遗传信息的DNA片段;人类基因组则是人类所有遗传物质的总称,包括编码的DNA、非编码的DNA和RNA。通过对人类基因组和基因的研究,人们逐步解码了其中的遗传信息,从而初步拥有了干预和改变遗传进程的能力,也让基因诊断、基因治疗成为可能。生物医学技术和研究是主要的受益者,如乳腺癌的致病基因被锁定在17号染色体的17q21区域,并被命名为BRCA1。通过对乳腺癌治病基因的筛查,可以将基因检测迅速商业化。2012年,生物学家珍妮佛·杜德纳(Jennifer Doudna)和细菌学家伊曼纽尔·沙彭蒂耶(Emmanuelle Charpentier)在《科学》杂志上发表了关于微生物防御系统CRISPR/Cas9的研究数据。她们发现,某种古细菌的病毒防御系统(这一系统是由酸奶加工的研究人员发现的)具有“可编程”的特点:只有带有病毒基因镜像序列的细菌,才可以搜索并摧毁目标,且不会对其他基因组进行识别或剪切。在了解了此类防御系统的基础上,珍妮佛·杜德纳和伊曼纽尔·沙彭蒂耶发现可以采用某种手段来“迷惑”细菌和“再编程”,就可以对人类基因组进行定向、高效的基因修饰,人类由此进入基因编辑时代。

人类基因组计划产生信息的广泛传播,基因编辑技术的飞跃发展,不仅让基因测序、基因诊断和基因治疗的成本大大降低,也让完成人类基因组永久性、可遗传的定向修饰成为可能。然而,人类遗传信息通过人类基因组计划进入公共领域,同时基因组编辑技术的发展可能对人类社会产生重大影响。这就需要我们对人类新获得的这些知识可能造成的伦理、法律和社会影响进行深入的分析和研究,为下一步的公共政策选择提供指南。

第二节　人类基因组编辑

一、基因组编辑的概念

英国纳菲尔德生命伦理学理事会(Nuffield Council on Bioethics)在其2016年一份名为《基因组编辑:一个伦理审视》的报告中,对基因组编辑做出的定义是:“在DNA或RNA功能的分子水平上进行有针对性的干预,故意改变生物实体的结构或功能特征的做法。这些生物实体包括复杂的生物,如人类和动物、培养中的组织和细胞以及植物、细菌和病毒。许多物种的特征,从开花植物的颜色或开花次数,到动植物的某些疾病特征,都可以改变,尽管这种改变的程度和难易度是高度可变的。"①美国国家科学院和医学科学院(National Academies of Sciences, Engineering and Medicine)在其2017年发布的《人类基因组编辑:科学、伦理与治理》的报告中指出,基因组编辑是一个强大的新工具,可以用于精确地添加、删除和改变基因组——也就是一个有机体的全套遗传物质。②

二、基因组编辑工具

基因组编辑技术的发展,从一开始的使用甲基核酸酶,到锌指核酸酶(Zinc Finger Nucleases, ZFNs),到转录激活物样效应核酸酶(Transcription Activator-like Effector Nucleases, TALENs),再到近年来的使用定期间隔的短回文重复序列(Clustered Regularly Interspaced Short Palindromic Repeats, CRISPR)系统的技术,使基因组编辑比以前更精确、有效、灵活和廉价。③ 关于基因编辑工具的代际发展,具体见表0-1。

表0-1　三代基因编辑工具比较

技术	工具	特征
第一代以核酸为基础的基因编辑工具	大核酸酶(Mega-nucleases)	大核酸酶源于天然核酸酶,其特征是长的DNA识别位点(多达40个核苷酸)。之所以允许它们作为基因编辑的工具,是因为如此长的位点平均在人类基因组中可能发生不到一次。但DNA的一部分被缠绕在大核酸酶中,限制了设计新的大核酸酶识别新靶点的可能性。该技术需要高度的专业知识,并进行艰苦和昂贵的蛋白质工程和高通量筛选

① Nuffield Council on Bioethics, *Genome Editing: An Ethical Review*, London, 2016, p.4.

② See National Academies of Sciences, Engineering, and Medicine, *Human Genome Editing: Science, Ethics, and Governance*, The National Academies Press, 2017, p.1.

③ 基因组编辑工具都以类似的方式工作。它们通过工程某些蛋白质或蛋白质-RNA复合物来"靶向"单个基因或非编码区域的特定DNA序列,这些蛋白质或蛋白质-RNA复合物随后可以识别和结合序列并产生单链或双链DNA断裂。See Kelly E. Ormond et al., *Human Germline Genome Editing*, 101 The American Journal of Human Genetics 167(2017).

续表

技术	工具	特征
第一代以核酸为基础的基因编辑工具	锌指核酸酶（ZFNs）	锌指核酸酶（ZFNs）是第一种克服大核酸酶在潜在靶点数量和设计便利性方面局限性的解决方案，发展于21世纪初。锌指核酸酶（ZFNs）是由两个蛋白质融合而成的人工酶。该DNA结合元件由2～4个锌指（因其形状像手指而得名）组成，每个锌指识别一个DNA基序。切割元素源于一种名为Foki的核酸酶。锌指蛋白在ZFNs中的组合可以被调整以识别不同的目标位点，允许更多的可能目标（大约每140个核苷酸1个）。然而，新的ZFNs核酸酶的效率很难预测，因为每个锌指的DNA结合能力受到其他因素的影响，需要同时筛选和测试许多核酸酶
第二代基因编辑工具（更易于使用且使用起来更具弹性）	转录激活物样效应核酸酶（TALE Nucleases，又可依照缩写文义译成"故事"或"神话"核酸酶）	转录激活物样效应（TALE）核酸酶是2009年开发的人工酶，类似于ZFN，它们是由一组Tale亚基和Foki切割元件组成的DNA结合元件融合而成的。故事核酸酶带来的革命依赖于故事亚基的模块化，每个亚基独立于其他亚基识别特定的DNA核苷酸。这种一对一的对应关系使设计新的故事核酸酶（大约只需要一周时间，花费在几百美元左右）和针对基因组中的任何位点变得非常容易
第三代基因编辑工具	定期间隔的短回文重复序列（CRISPR）	定期间隔的短回文重复序列（CRISPR）核酸酶是一种新的工具，其发展始于2012年。CRISPR系统的优点，是DNA结合元件不是一个蛋白质结构域，而是一个称为"指南RNA"的小RNA序列。这一指南RNA非常容易被设计出来锁定基因组的任何DNA序列，操作起来也非常廉价和简便易行，且只需要非常基本的分子生物学知识，不需要什么专业素养。其切割元素是核酸酶Cas9，它可以切割基因组中的任何位点，只要它包含一个称为PAM的短序列（人类基因组里平均每13个核苷酸有一个PAM）。Cas9蛋白和CRISPR"引导RNA"可以在细胞基因组中的数千个基因中找到一个靶基因，并在靶位点切割两条DNA链。因此操作起来没那么烦琐

资料来源：See Elsy Boglioli & Magali Richard, *Rewriting the Book of Life: A New Era of Precision Gene Editing*, The Boston Consulting Group, 2015。

三、基因组编辑应用的分类

人类基因组编辑依照被修饰细胞或组织的类别可以划分为体细胞编辑和生殖

系基因组编辑,其中以生殖为目的的生殖系基因组编辑被称为可遗传基因组编辑。①

人类体细胞编辑(Human Somatic Genome Editing,HSGE)是在体细胞中进行的,这些细胞中基因组的改变不会遗传给后代;人类生殖系基因组编辑(Human Germline Genome Editing,HGGE),是指对生殖细胞进行的基因组编辑,此类细胞基因组发生的改变可以通过生殖活动传递给后代。生殖系基因组编辑包含实验室研究和以生殖为目的的基因组编辑,后者被称为人类可遗传基因组编辑。

对于遗传性疾病来说,可遗传基因组编辑可能提供了一种潜在的手段,使后代不受亲代遗传疾病的影响。由于可遗传基因组编辑可将基因组的改变传递给后代,其影响可能是多代的,因此,潜在的利益和危害都可能成倍增加,并对风险—受益分析提出挑战。②

除了体细胞和生殖系细胞基因组编辑之外,生殖系的遗传改变还包括线粒体替代疗法(Mitochondrial Replacement Techniques,MRT)。在人类细胞内的线粒体中,也有少量的DNA。受精卵形成时,细胞内的线粒体源于亲代女性卵子中的线粒体,而与亲代男性线粒体无关。当突变的线粒体通过母亲的卵子从父母传递到孩子时,会引起各种疾病。如果用另一个健康女性卵子中正常的线粒体取代受者有缺陷的线粒体,可以在满足未来父母对遗传相关后代的渴望的同时,降低线粒体疾病的发病风险。

2016年,美国国家科学、工程和医学学院下属医学研究所(Institute of Medicine,IOM)组成的专家委员会建议采取谨慎、渐进的方法,将线粒体替代疗法试验仅限于涉及已知的严重疾病传播风险的情况。起初的建议是将该技术的应用限制在男性胚胎上(男性后代不能把线粒体传给自己的下一代,这样只能影响第一代儿童健康),而随着更多的研究和安全证据的出现,它得出结论,认为可以扩展到女性

---

① "生殖系基因组编辑"(germline genome editing)一词,是指针对生殖细胞、原始生殖细胞(PGCs)、配子祖细胞、配子、合子和胚胎的所有操作。而"可遗传基因组编辑"(Heritable Genome Editing),则是一种生殖系基因编辑的形式,包括将编辑好的材料转移到人类生殖系统中,目的是产生一种新的人类,具有将"编辑"后的特征和性状传递给后代的潜力。See Françoise Baylis et al., *Human Germline and Heritable Genome Editing*: *The Global Policy Landscape*, 3 The CRISPR Journal 365(2020).

② See National Academies of Sciences, Engineering, and Medicine, *Human Genome Editing*: *Science, Ethics, and Governance*, The National Academies Press, 2017, p. 112.

胚胎。①

依照基因组编辑是否在人体内进行，可以分为体外的（ex vivo），即对离体细胞进行编辑，然后将细胞移植到人体内；或者体内的（in vivo），即直接对人体进行基因组编辑。依照基因组编辑的目标进行分类，例如，治疗、预防疾病或引入额外新的性状。这些目标可以通过将致病 DNA 变异修改为存在于人类基因库中的已知非致病突变来实现；或者通过将基因修改为已知现有人类基因库以外的序列来实现。依照基因修饰的精确性进行分类，可以将基因组编辑分为对致病突变或风险相关等位基因突变的简单修饰；或更复杂的变化，如内源性基因的破坏或异位/过度表达；或增加一种新的功能，以增强生物反应或建立对疾病或病原体的抵抗力等。

自然科学术语与社会科学特别是法律用语存在一定的差异，目前，社会公众和诸多社科学者多用“基因编辑”这一概念统称前述的生物技术，我国《民法典》也使用了“人体基因”的立法用语。考虑自然科学的指称术语与一般社会认知以及既有立法表达之间的差异与协调，为尊重既有的学术、立法共识，需要基于不同的描述对象，使用差异化的概念，进而本书的用语具有一定的情境化色彩。在最严格意义上，特别是在技术层面，我们严格使用“人类基因组编辑”的规范术语。在概述和抽象意义上，本书尊重既有的社会认知和法律研究习惯，部分地方以“基因编辑”作为整体性和一般性的描述概念。由于针对体细胞和可遗传细胞的基因编辑行为有明显区别，前者不具备可遗传性，后者则引发巨大的社会、伦理和法律争议，因而人类可遗传基因组编辑技术是本书的重点关注对象，特别是以贺某奎“基因编辑婴儿”事件为代表的针对人类胚胎的基因编辑行为。此外，为了保证对整体基因编辑技术及其规制介绍的完整性，本书在重点关注人类可遗传基因组编辑技术的基础上，对其他类别的基因编辑技术也有涉及。

第三节　基因组编辑相关的科学和技术问题及其风险

随着基因组编辑技术的迅猛发展，尤其是 CRISPR/Cas9 技术的出现，基因组编

---

① See National Academies of Sciences, Engineering, and Medicine, *Mitochondrial Replacement Techniques: Ethical, Social, and Policy Considerations*, National Academies Press, 2016, p. 129.

辑的安全性和有效性得以大大提升。在 2015 年年初,一项研究表明 CRISPR/Cas9 可用于修饰早期人类胚胎中的基因。① 但是,在现实操作中,依然还存在很多问题。

一、基因组编辑技术的进展

基因组编辑技术发展十分迅猛,其中,以核酸酶技术为基础的基因组编辑(尤其是 CRISPR/Cas9)的原理,是通过核酸酶诱导 DNA 产生单链断裂(single-strand breaks,SSBs)或双链断裂(double-strand breaks,DSBs)。但 DNA 断裂后,会触发细胞自身的修复功能,这个过程往往产生突变,如果在断裂处移入新的 DNA 片段,细胞的修复机制会以新 DNA 片段为模板,去修复断裂处。因此,通过技巧性的方式拓宽基因组编辑工具包的范围,就可以使其实现大量的临床应用。方法有基因敲除、疾病相关变异的精确校正、将 cDNA 插入安全港(安全港,是指基因组中的一个位置,在那里没有插入后突变的风险)等。② 具体来说包括:

1. 靶向删除和基因敲除(Targeted Deletion and Gene Knock-Out)。最常被用于删除和特定基因敲除的 DNA 修复途径,被称作"非同源末端连接"(non-homologous end joining,NHEJ),其临床应用的例子包括敲除致病基因。通过 NHEJ 介导的 DNA 修复是相当容易出错的,因为它可以导致随机插入或删除碱基对,从而导致靶点被破坏。这些错误可能导致移码,通过信使 RNA(mRNA)的衰变使基因产物失活。

2. 靶向基因编辑和敲入(Targeted Gene Editing and Knock-In)。这一编辑路径是通过引入一个供体 DNA 为模板,去修复一个缺陷或纠正一个变异(如囊性纤维化)。这种方法叫"同源定向修复"(homology-directed repair,HDR)。HDR 是一种非常精确的修复途径,与 NHEJ 相比更不容易出错。然而,HDR 在细胞中的活性较低,因此在基因组编辑方面的效率远低于 NHEJ,这限制了其临床潜力。

3. 在 DNA 中进行碱基编辑(Base Editing in DNA)。对于双键断裂的错误修复往往具有致病性,因此,为了绕开双键断裂的产生,并由此降低基因组编辑的风险,在 DNA 中进行碱基编辑的方法应运而生。这个方法在治疗单基因疾病的同时,为

---

① See Liang P. et al., *CRISPR/Cas9 – mediated Gene Editing in Human Tripronuclear Zygotes*, 6 Protein Cell 363(2015).

② See Mike Broeders et al., *Sharpening the Molecular Scissors: Advances in Gene-Editing Technology*, 23 iScience 1(2020).

降低脱靶效应开辟了道路。

4. 原始编辑(Prime Editing)。原始编辑是一些科学家新近开发出来的一种新的基因组编辑策略,用于引入删除、插入新的遗传内容,或生成 12 种可能的碱基对碱基转换中的任何一种。这种编辑方法比在 DNA 中进行碱基编辑更加具有弹性,但效果尚待观察。

5. 瞬时修饰(Transient Modifications)。所有上述基因修饰,都会导致基因组层面的永久改变,而瞬时修饰不会造成基因组层面的永久变化。例如,可以利用 CRISPR 去干扰和抑制基因转录,或者和 dCas9 合并使用,去改变表观遗传的状态等。

二、可遗传基因组编辑可能产生的安全性和有效性问题

(一)特异性问题(Specificity)

CRISPR/Cas9 等基因组编辑工具,是以核酸酶为基础的(其中 CRISPR 引导作用以找到靶点,Cas9 被用于切割)。核酸酶的靶向定位并不完美,一些核酸酶可能会去切割与其设计目标略微相似的非靶点序列(从而造成脱靶,即没有切到正确的位点)。这就产生了特异性问题,即没有切到特定的靶点。特异性在确保治疗中的安全性方面至关重要,因为任何在不理想位置的 DNA 修饰,都可能会改变靶点细胞的质量,在最坏的情况下,将对患者的健康造成有害的影响,如激活造成癌症的基因等。

随着基因组编辑技术的不断进步,新进展不断出现,新问题也不断涌现,特异性问题的种类也变得繁多起来,一些新的特异性问题的出现,甚至推翻了既往人们一直持有的某些安全性假定。但“道高一尺,魔高一丈”,研究人员也增强了对不受欢迎的中靶或脱靶现象的监控,如通过设计具有最小脱靶效应的 gRNA 序列,去对具有较高预测值的位点进行目标测序,另一些常用的监测方法包括基于聚合酶链式反应,去检测异源双链 DNA 的差异,从而确定编辑结果的突变。研究人员还在通过(基因)工程增强 CRISPR/Cas9 的特异性方面取得了非常大的进展。① 总而言之,基

① See Mike Broeders et al., *Sharpening the Molecular Scissors*: *Advances in Gene-Editing Technology*, 23 iScience 1(2020).

因组编辑中的特异性问题主要包括以下几方面。

1. 非期待的中靶和脱靶问题

核酸酶应提供足够的靶向特异性，以防止来自双键断裂（DSBs）和随后的DNA修复机制的潜在有害影响。这些效应可能包括本不应发生的插入和缺失、点突变、染色体异常重排和编辑细胞中的缺失。它们发生在目标位置或周围（中靶），以及基因组中更遥远的位置（脱靶）。

2. 被工程后的细胞（engineered cells）中引起靶向选择偏差问题

如对P53的短时抑制可以提高对人类造血干细胞和多能干细胞的编辑效率。

3. R环效应（R-Loop Formation）

CRISPR/Cas进行切割时，是通过形成一个R环来启动的，虽然在基因组编辑中R环很重要，但最新的研究显示，它本身促进了中靶和脱靶位点的诱变。这意味着许多基于dCas9的融合，在应用中可能会发生非预期的诱变，这些融合以前被认为是安全的，如表观基因组编辑、转录抑制和激活等。

另一个风险是通过NHEJ引入indels（插入缺失标记，指一种由插入或缺失DNA片段到生物体基因组中引起的遗传突变），这可能对RNA产物的调控和其编码的蛋白质的翻译产生意想不到的影响。

4. 碱基编辑的脱靶效应

碱基编辑可以避免DNA双键断裂引发的破坏问题，但最新在小鼠胚胎的研究显示，腺嘌呤和胞嘧啶碱基编辑可以产生其他类型的脱靶效应。

5. 免疫原性和安全性

基因靶向必须以最小的毒性和免疫原性进行。CRISPR/Cas系统是由细菌和古菌衍生的蛋白质复合物，这些细菌（如金黄色葡萄球菌或化脓性链球菌）是人类群体中常见的感染性物质。因此，在临床试验中就需要考虑针对Cas9蛋白产生的免疫反应的风险，这可能对精确的基因组编辑提出严峻的挑战。

（二）镶嵌性（Mosaicism）①

在对受精卵或早期胚胎进行基因组编辑时，早期胚胎中的一些细胞将有很大的

① See Maryam Mehravar et al., *Mosaicism in CRISPR/Cas9 – mediated Genome Editing*, 445 Developmental Biology 156(2019).

可能没有得到所需的编辑，甚至没有得到任何编辑。这种情况被称为“镶嵌性”，镶嵌性往往产生于基因组编辑时的突变，镶嵌性突变对通过 CRISPR/Cas 前基因检测（PGD）是测不出来的。解决的方法之一，是对配子（精子或卵子）直接进行基因组编辑，这一技术涉及干细胞问题（例如，能够产生精子的精原干细胞，可以通过活检从睾丸中分离出来，在培养皿中进行编辑，测试正确的基因编辑，然后再植入睾丸），目前主要在做动物（如小鼠）试验，未来可以应用于去除人类配子中的致病变异。如果这个技术成为现实，人类可遗传生殖系基因组编辑的前景将发生巨大变化。

（三）递送风险（delivery strategy）①

如何开发高效、安全的递送系统和递送策略，是如何将精确的基因组编辑引入临床的最具挑战性的问题之一。基因组编辑材料和物质的类型（如 CRISPR/Cas 系统），将对递送方法产生很大影响。递送的策略包括体内（试验）递送策略（In vivo Delivery）和体外递送策略（Ex vivo Delivery），②在许多临床和临床前研究中，腺病毒（adeno-associated virus，AAV）往往成为常用的体内运载工具（在动物模型中，这种方法已经被使用于代谢疾病、艾滋病、视网膜和脑部疾病、退行性疾病、肾脏恶性肿瘤以及糖尿病等）。但是，虽然病毒载体通常会被作为体内和体外递送工具，但它们会引起插入突变，且克隆能力有限，并可能引起免疫反应（人体往往带有针对腺病毒的抗体）。物理的传递方法在很大程度上可用于体内和体外系统（根据用于体外编辑的细胞或干细胞的类型，基因编辑机制可以通过电穿孔、显微注射、细胞穿透肽和纳米粒子等化学方法来传递编辑物质），而化学传递方法需要进行广泛的优化，以提高其在体内进行基因编辑的效率。虽然各种研究和临床试验已经取得了不少新的发现，但目前科学界依然认为，为 CRISPR/Cas9 实现一个安全有效的体内传递系统仍然是基因组编辑最具挑战性的方面。③

---

① 在基因组编辑中，将 Cas9 递送到细胞里是非常关键的，因为只有递送进去，Cas9 才能对 DNA 进行切割。Cas9 可以 DNA、mRNA 或蛋白质的形式被传递到细胞中。

② See Mike Broeders et al., *Sharpening the Molecular Scissors: Advances in Gene-Editing Technology*, 23 iScience 1(2020).

③ See Bon Ham Yip, *Recent Advances in CRISPR/Cas9 Delivery Strategies*, 10 Biomolecules 839(2020).

（四）对人类基因池产生影响

一些引起严重遗传病（如镰状细胞贫血症）的基因，在自然选择中一直保持致病的等位基因存在于某些人群中，因为它（这些致病等位基因）对人产生了一些保护作用，以抵御某些其他类型的传染病（如疟疾）。前文提及的囊型纤维化（cystic fibrosis）则是另外一个例子。人们由此担忧，去除这些致病基因，有可能对人类基因池造成严重影响。另一些科学家则指出，目前可遗传基因组编辑限于将致病基因突变换成共同的非致病基因序列，可以最大限度降低对人类基因池造成的风险。但这一辩论未来还需要更多的证据支撑。①

（五）对人类基因组及其与外部环境间的关系依然缺乏充分了解

以目前对人类基因、基因组和遗传变异的了解程度，以及对基因与环境之间的相互作用的理解，是否足以使可遗传生殖系基因组编辑能够安全地进行？正如前文提及的，我们对人类基因组中基因的了解，还存在很大的差距。对于一些疾病，如阿尔茨海默综合证，是否由某些致病基因所致（如 APOE4 等位基因，研究发现，这个等位基因对抵御丙肝有一定的作用），也还远远未能确定。此外，人类对基因和外部环境及生活方式之间的关系的研究依然有限（例如，人们发现，在饥荒时代怀孕的孕妇生下的孩子，其身体更容易存储糖分而变胖，这和胎儿挨饿后启动存储糖分的身体功能有关。显然，外部环境对这些孩子的基因功能产生了影响）。②

三、判断以核酸酶技术为基础的基因组编辑性能的指标

（一）精确度和特异性

精确度指的是在尽可能接近所需的位置设计出能够去进行切割的核酸的能力。精确度对于治疗来说是至关重要的，因为需要找到最安全有效的靶点进行修饰。越

---

① See National Academies of Sciences, Engineering, and Medicine, *Human Genome Editing: Science, Ethics, and Governance*, The National Academies Press, 2017, p. 118.

② 参见［美］悉达多·穆克吉：《基因传：众生之源》，马向涛译，中信出版集团 2017 年版，第 440 ~ 443 页。

来越多的基于核酸酶方法的基因组编辑依赖于与核酸酶同时传递同源 DNA 片段,这种方法将需要更高的精确度(技术越精确,所需的同源 DNA 片段就可以越短,这也有利于传递和提高效率)。开发精确的基因组编辑工具来治疗临床上的遗传病,需要考虑基因组中永久修饰的医学意义。在这里,精确度问题和特异性问题就凸显了出来,如前所述足够的特异性可以防止来自 DSBs 和随后的 DNA 修复机制的潜在有害影响,这些效应可能包括非预期的小插入和缺失、点变异、染色体异常重排和编辑细胞中的大缺陷。

(二)切割甲基化靶点(methylated targets)的能力

甲基化是一种对 DNA 的化学修饰,能调节基因表达的水平。一些核酸酶如果被甲基化,就无法和靶点结合,从而降低了核酸酶家族对甲基化 DNA 序列(进行切割)的精度。

(三)效率

效率指的是核酸酶一旦被传递到细胞中,就能有效地切割目标 DNA 位点(site)的能力。效率在治疗中是至关重要的,因为它与基因或细胞治疗的成功直接相关。在学术研究中,许多试验允许选择或筛选试验后修饰的细胞,从而减少了对非常高的切割效率的要求。

(四)多路复用(Multiplexing)

多路复用,是指在同一实验中,同时使用同一家族的几个核酸酶,在同一时间生成几次 DNA 修饰的能力。这个指标很重要,因为大多数生物过程是由多个基因进行的。目前,多路复用尚不是治疗应用中的一个关键参数,因为一次安全地修改一个基因已经是一项非常复杂的任务了。然而,随着科学技术的进步,未来这一指标会变得越来越重要(如针对多基因疾病)。

迄今为止,基因组编辑的工具和技术已经获得了很大的发展。从技术角度而言,基因组编辑最具挑战性的方面,是它的特异性、递送和有效性。如果特异性出现问题,不仅基因组编辑的精确性会受到影响,还会产生缺陷,对受试者或患者的健康造成伤害。在人类基因组编辑中,在对受精卵或早期胚胎进行基因组编辑时,如果特异性出现问题,就会出现“镶嵌性”现象,即早期胚胎细胞中的一部分没有得到编辑或合适的编辑。进而,最适合的基因组编辑干预的递送策略,将取决于治疗特定疾病的最合适的细胞靶向方法。体外(ex vivo)策略可以在受控环境中进行,并使用多种方法进行有效的工程(engineering),并且可能成为将精确的基因编辑药物带到临床的一种更直接的方法。然而,体外递送策略面临与体外细胞操作相关的其他问题,一方面,加工后的(engineered)细胞必须有效地植入宿主个体,如果它们来自不同的供体,还需要避免免疫排异反应。另一方面,体内策略(in vivo)将面临失控的脱靶事件的挑战(主要原因是 Cas9 的长期暴露)。因此,选择合适的运载工具、具备高度特异性的基因靶向工具,以及可能的时空控制策略,都将有助于防止意外变异和减少潜在的免疫反应。

尽管面临一系列挑战,CRISPR/Cas 系统正在不断迭代到具有更好的特异性和有效性的版本,为广泛的临床应用带来了巨大的前景。当然,到目前为止,CRISPR/Cas9 系统尚未广泛应用于临床试验。研究 CRISPR/Cas9 基因编辑的试验只在体外水平上进行,方法是在将干细胞或 T 细胞移植回患者体内之前对其进行修饰。但基因组编辑技术的发展,已经让进行可遗传生殖系基因组编辑成为可能。正如研究者们指出的,重要的是要保持谨慎,当进行临床测试的时候,要对风险和受益进行仔细的评估,以防止可能的风险。为了充分了解涉及精确基因组工程的潜在新治疗的长期效果,需要进行非常充分、彻底的临床前工作。这也需要全球科学界共同努力,发展完善出更具可操作性和广泛共识的技术监管框架。

第四节　人类可遗传基因组编辑的技术监管

基因组编辑工具和技术能力的迅猛发展,让人类可遗传基因组编辑成为可能。人类可遗传基因组编辑可以在配子(卵子或精子)或任何可以产生配子的细胞中进行,包括单个受精卵细胞(由精子和卵子结合而成)或早期胚胎细胞。对这些细胞中的遗传物质所作的改变,可以传递给后代。2018 年,在人类历史上首个 DNA 被编辑的婴儿诞生后,围绕人类可遗传基因组编辑问题,全球范围内的科学家、伦理学者、法律专家、政策制定者和其他人士就相关的科学、伦理、法律和社会问题,展开了激烈的讨论。数年之间，关于人类可遗传基因组编辑科学及社会问题的伦理宣言已超过 60 个。[1]

2020 年 9 月，美国国家医学院、国家科学院和英国皇家学会发表了一份题为《人类可遗传基因组编辑》的报告。[2] 由两位著名的人类遗传学家凯伊 · E. 戴维斯(Dame Kay E. Davies，牛津大学)和理查德 · P. 利夫顿(Richard P. Lifton，洛克菲勒大学)共同主持的、由 18 名成员组成的人类可遗传基因组编辑委员会，经过一年多的会议和审议，编纂了这份报告。该报告提出了关于人类可遗传基因组编辑“转化”路径(translational pathway)的设想，既设定一条技术监管路径，同时平行设定一条伦理和社会治理的路径。该报告集中于临床技术(治理)路径，即如何在非常特殊的情况下，在满足各种标准后，有限地批准人类可遗传基因组编辑。此外，在世界卫生组织(World Health Organization, WHO)主持下的一个单独委员会，发表了一份关于人类可遗传基因组编辑的伦理和社会考量的相关报告(见表 0 – 2)。

表 0 – 2　人类可遗传基因组编辑的技术和伦理/社会平行治理架构

治理场景	转化路径
伦理和社会治理路径	负责任的技术转化路径(特定情况下使用人类可遗传基因组编辑临床路径)
对于人类可遗传基因组编辑的潜在使用和监管(oversight)的社会、伦理、立法、规制和制度性考量	发展出安全、有效的方法和临床证据，以支持对(特定情况下)建议使用人类可遗传基因组编辑的考虑
国家层面做出可以考虑出于特殊目的人类可遗传基因组编辑的临床使用，需要有国际讨论的参与	
对于潜在使用和监管人类可遗传基因组编辑的社会、伦理、立法、规制和制度考量	走适当程序批准启动临床使用
	对于安全和有效性的监督和评估，包括移植前和产前产后结果，以及决定是否进行任何进一步的临床使用等

注：See National Academy of Sciences, *Heritable Human Genome Editing*, The National Academies Press, 2020, p. 11。

[1] See C. Brokowski, *Do CRISPR Germline Ethics Statements Cut It?*, 1 The CRISPR Journal 115(2018).

[2] See National Academy of Sciences, *Heritable Human Genome Editing*, The National Academies Press, 2020, p. iii – iv.

一、科技发展和使用现状

到目前为止,全球尚未有任何国家将临床使用人类可遗传基因组编辑完全合法化,在许多国家,该技术的临床使用受到明确禁止或“处于灰色地带”。即便在决定使用人类可遗传基因组编辑之前,也需要确定基因组编辑方法和相关辅助生殖技术的安全性和有效性是否得到或能够得到充分的发展,以便能够负责任地在临床上使用(也就是探索人类可遗传基因组编辑的技术是否达标)。《人类可遗传基因组编辑》报告阐述了对人类可遗传基因组编辑进行适当科学治理所需的国家层面和国际层面的机制,同时认识到可能需要更多的治理机制来解决技术之外的社会问题。

一般认为,将人类可遗传基因组编辑用于帮助那些有可遗传疾病的父母,让他们能够生出和自己有遗传关系的孩子,同时降低孩子患可遗传疾病的风险,是能够得到辩护的,尤其是针对单基因遗传疾病。

二、单基因疾病:遗传学和生殖选择

过去40年间,遗传学突飞猛进地发展,已经让人们能够确定多种致病基因。[①]这一科学进步始于20世纪70年代的DNA重组革命,导致了克隆以及能够分离任何物种基因片段的技术的产生。霍普金斯大学的内科医生马克库斯克对人类疾病进行了等级分类,截至20世纪80年代中期,发现了3700种单基因突变相关的疾病,到1998年,发现有12,000种基因与人类性状和疾病有关。单个基因突变或染色体畸变可以成为致病的充分必要条件,但是在多基因遗传病中,任意某个基因的作用却微不足道。[②] 2001年,人类全基因组序列的公布,极大地帮助了人类基因的发现,并促进了识别致病突变的过程。人们由此发现了数千个人类基因,这些基因中发生的突变,产生了某些疾病的表型。在接下来的十年中,基因测序技术的发展,让人们掌握了发现疾病基因的强大手段,对大样本人群的基因组中蛋白质编码的基因测序,使科学家们发现并确定导致疾病的突变基因,进而让针对患有单基因疾病的个

---

① See Melina Claussnitzer et al. , *A Brief History of Human Disease Genetics*, 577 Nature 179(2020).

② 参见[美]悉达多·穆克吉:《基因传:众生之源》,马向涛译,中信出版集团2017年版,第440~443页。

体建立常规诊断成为可能。现在，人们已经发现了导致4000种单基因疾病的基因，并加深了对心脏疾病和神经退行性疾病的认知，进而对医药和医疗器械行业产生了巨大影响。

单基因疾病是由单个基因的一个或两个拷贝(或等位基因)的突变引起的，通常是通过改变基因的蛋白质编码序列，或者在更罕见的情况下，通过改变调节基因活性的DNA片段而达成。已知的单基因疾病有数千种，如肌肉营养不良、β地中海贫血、囊性纤维化和泰萨克斯病等。这些疾病在许多方面，如受影响的器官系统、发病年龄和疾病的严重性等，差异很大。单基因疾病是很罕见的，个体出生时的发病率大概为万分之一到百万分之一。但是，种类众多的单基因疾病依然对人类构成威胁，并造成了严重的疾病控制负担。根据2019年WHO报告，所有单基因疾病全球流行率约为1%；据报道，单基因疾病总共导致全球0.4%的儿童和年轻人致病。①

目前，医学遗传学的知识表明，通过使用人类可遗传基因组编辑来提高未来父母生育出不会遗传某些单基因疾病的，且与自己有生物学关联的孩子的能力，在现实中已经成为可能。但是，由于大多数常见疾病都受到许多常见的遗传变异的影响，每一种变异对疾病风险的影响都很小(此外，疾病的风险往往受到环境因素的影响，如饮食和生活方式的选择，以及其他难以预测的情况)。因此，编辑这种与多基因疾病相关的基因变异，通常对降低疾病的风险几乎没有影响，因为预防这种疾病可能需要对几十个或更多数量不同的基因进行编辑，其中一些编辑可能会产生不利影响，目前，科学界尚无法做到有效、安全地进行多基因疾病人类可遗传基因组编辑。同样，科学界目前也没有足够的知识，去考虑为其他目的进行基因组编辑，如改变非医学性状或进行遗传增强，因为一个领域的预期利益往往可能被对其他疾病风险的意外影响所抵销。正是在这种背景下，《人类可遗传基因组编辑》报告对人类可遗传基因组编辑的技术监管提出了如下建议。本书将其核心要点归类如下。

---

① See Jennifer E. Posey, *Genome Sequencing and Implications for Rare Disorders*, 14 Orphanet Journal of Rare Diseases 153(2019).

（一）在技术上的限制解决之前，应禁止经过基因组编辑的人类胚胎建立妊娠的尝试

报告指出:“任何试图用经过基因组编辑的人类胚胎建立妊娠的尝试都不应继续进行,除非并直到它已经清楚地确定,有可能有效和可靠地进行精准的基因组改变,且不会对人类胚胎造成本不想要的变化。但目前这些标准尚未达到,需要进一步研究和审查才能达到这些标准。”

目前,可用于进行 HHGE 的主要方法,涉及受精卵(合子)的基因组编辑。合子是由亲本配子(卵子和精子)组合而成的单一受精细胞,是胚胎发育的最早阶段。虽然基因组编辑方法进展速度很快,但在如何控制人类合子中的基因组编辑以及开发合子编辑的潜在替代手段方面,仍然存在重大的知识差距。这里包括诸如产生镶嵌性及其发生频率问题、脱靶问题,以及获得中靶的效率问题等。因此,虽然在研究领域(包括临床前研究和动物试验)可以对合子进行编辑,或对合子编辑的替代手段(如对能产生配子的前体细胞进行编辑)进行试验,但不能用编辑后形成的人类胚胎去建立妊娠(做出怀孕的尝试)。

（二）技术监管只是在特殊情况下为 HHGE 的临床使用提出一套技术上必须得到满足的前提和“标准”，是否最终允许临床使用还要通过社会辩论

报告指出:“在一国决定是否允许临床使用人类可遗传基因组编辑之前,应进行广泛的社会对话。”HHGE 的临床使用,不仅提出了科学和医学方面的挑战问题,而且还提出了一系列社会和伦理问题,而仅仅靠技术监管,解决不了社会和伦理问题,因此,广泛的社会对话是必要的。这意味着,技术监管并不能最终决定 HHGE 的临床使用,而只是为在特殊情况下 HHGE 的临床使用,提出一套在技术上必须得到满足的“标准”。

（三）对 HHGE 潜在用途的分类

建议三指出,不可能设计出一个适用于人类可遗传基因组编辑所有可能用途的平行技术监管路径,因为针对每一种 HHGE 的具体的临床应用和环境等因素差异会很大,因此很难提出技术上普适的标准(如单基因疾病的编辑和多基因疾病的编辑,其条件和技术标准无法相同)，故而临床使用 HHGE 应逐步进行。在技术监管路径对安全性和有效性进行评估的基础上，应该设定明确允许使用 HHGE 的阈值(达到什么样的指标或门槛，才可以临床使用 HHGE)，当然这也要看一个国家是否决定接受本报告推荐的这个技术监管路径。

建议四则列举了一个国家决定允许 HHGE 的初步使用时，应当符合的一系列标准。例如，使用 HHGE 应仅限于严重的单基因疾病；仅限于将已知严重单基因疾病的致病遗传变异改为相关人群中常见的序列，而不会引起其他疾病；没有致病基因型的胚胎不会受到基因组编辑和移植过程的影响，以确保编辑后的胚胎不会暴露于没有任何潜在益处的 HHGE 风险中；且除了基因组编辑，未来的父母没有其他选择(在罕见的情况下，一对夫妇所能产生的每一个胚胎都将继承致病基因型，对于这样的未来父母来说，HHGE 可以代表唯一的选择，能够让父母生一个与自己基因有关联却又不遗传疾病的孩子)，或者选择面非常窄。

依据这些标准，报告列举了 6 种可能潜在使用 HHGE 的情形：

1. 所有预期父母的子女将遗传严重单基因疾病的致病基因型(引起严重发病率或过早死亡的单基因疾病)的病例；

2. 部分预期父母的子女将继承严重单基因疾病的致病基因型的病例；

3. 涉及影响较小的其他单基因疾病的病例；

4. 涉及多基因疾病的病例；

5. 涉及 HHGE 的其他应用的案例，包括将增强或引入新的特征或试图从人类中消除某些疾病的变化；

6. 导致不孕的单一因素的特殊情况。

在这 6 种情况中，只有第 1 种情况，以及第 2 种情况中的部分情形，才有可能通过当前的技术监管路径去决定是否使用 HHGE。针对第 2 种情况，还需要建立起可信的方法，以确保没有个体会由于胚胎受到基因组编辑后，遭遇潜在的不利后果，同时还没得到潜在的好处。这种方法将取决于在进行 HHGE 之前识别具有致病基因的受精卵或胚胎，或者将进行不必要编辑的胚胎排除出移植过程。除这两种情况外，针对其他的情况(第 3 种到第 6 种)，目前还不能通过技术监管路径去确定是否可以启动 HHGE。

（四）HHGE 的临床前证据搜集和移植前评估标准

建议五指出，在试图用经过基因组编辑的胚胎建立妊娠之前，必须有临床前证据证明，HHGE 可以以足够高的效率和精确度进行，以便在临床上具备有用性。为了启动 HHGE 的使用，应在对大样本编辑过的人类胚胎的研究基础上，来搜集有关安全性和有效性的临床前证据，并应证明该过程有能力以高精度生成和选择适当数量的胚胎。建议胚胎编辑应当符合下列条件：

1. 在目标位点上有预期的编辑，且无其他修饰（具备高度特异性）；

2. 没有在非靶点引入的额外变异，也就是说，新基因组变异的总数，不应与在可比的未经编辑的胚胎中发现的变异存在显著差异；

3. 没有产生镶嵌性；

4. 有合适的临床等级建立起妊娠，且严格遵循标准的辅助生殖程序。

建议六则提出了移植前评估标准问题，指出任何关于在临床上初步使用 HHGE 的计划，不仅要符合建议五中所提出的临床前证据标准，还需要在内容中包括在移植前评估人类胚胎的计划，包括证明在所有活检细胞中存在预期的编辑，并且在目标位点没有意外编辑的证据；没有证据表明编辑过程在非目标位点引入了额外的变异等。

（五）关于形成人类配子（精子和卵子）的前体细胞的基因组编辑

除了对受精卵/胚胎进行基因组编辑，对于可形成配子（卵子和精子）的前体细胞的基因组编辑，或者对多功能干细胞的编辑后，在体外分化为功能性配子（体外衍生配子，In Vitro Gametogenesis，IVG），已经成为对受精卵/胚胎基因组编辑的潜在替代手段。但从培养的细胞中开发人类配子的技术仍在发展之中（虽然这种技术路径可以大大降低基因组编辑的镶嵌性，但是否会引入其他类型的遗传或表观遗传的变化，还有待观察），因此目前尚不能用于临床使用。此外，提取人体精原干细胞（Spermatogonial Stem Cell，SSCs）并对其进行基因组编辑后重新植入，在理论上也是可能的。但这两种方法会引发伦理上的争议，需要慎重对待。报告只是简单指出未来这些临床实践需要作为辅助生殖技术进行批准，然后才能用于 HHGE。

建议七对上述研究技术的发展持支持态度，指出："基因组编辑研究应继续发展从培养的干细胞中产生功能性人类配子的方法。产生大量这种干细胞衍生配子的能力，将为未来父母们提供更多进一步的选择，通过有效地生产、测试和选择没有致病基因型的胚胎，来避免疾病的遗传。"但建议七对配子基因组编辑方法在生殖医学临床上的应用，则持保留态度，将是否能进行临床应用，留给了伦理和社会问题的辩论去决定："在生殖医学中使用这种体外衍生的配子会引起不同的医学、伦理和社会问题，必须仔细评估，而这种没有基因组编辑的配子需要首先被批准用于辅助生殖技术，然后才能被考虑用于 HHGE 的临床应用。"可见，无论从技术还是伦理、法律角度而言，对人类配子的 HHGE 还有很长的路要走。

（六）HHGE 监督体系的基本要素

从安全性和有效性的科学角度来看，针对 HHGE 的任何临床使用的考虑，都应该采取渐进模式。最初的重点是研究、发现 HHGE 潜在的用途，其需建立在现有知识已经构建、收集的证据充分的基础之上，辅以遵守临床和伦理规范，使其能够确定一条负责任的转化的技术监管路径。然而最终的临床应用，不仅要确定技术监管路径，还要构建一个更全面、复杂的 HHGE 的综合治理体系。其中非常重要的一点，是在国家和国际层面，对如何建立这些关于 HHGE 的多层次治理体系进行深入讨论。人们已经认识到，HHGE 的治理需要一个多层次的责任体系，但并非所有国家都具备专门的科学知识，以及完善的监管和社会参与机制。因此，如果一个国家不能满足一定的条件，就不应在该国进行 HHGE 的临床应用。

建议八由此指出，"正在考虑临床使用 HHGE 的任何国家，都应该建立有相应机制和主管的监管机构"，并确保满足所有以下条件：

1. 从事 HHGE 相关活动的个人及其监管机构，需要遵守人权、生命伦理和全球治理的相关既定原则；

2. HHGE 的临床应用技术监管路径，应当汲取其他相关技术的最佳实践，比如，线粒体置换技术、植入前基因检测和体细胞基因组编辑等相关技术的成功经验；

3. HHGE 的临床应用决策，应当建立在对当前科学研究最新进展的充分了解，和对 HHGE 的安全性和有效性进行充分评估的独立国际评估的结果之上，以证明这些技术已经发展到可以考虑应用于临床的程度；

4. 对 HHGE 临床应用进行逐案的严格的科学和伦理审查；

5. 有相关适当的机构通告 HHGE 申请的审核进度；

6. 批准的申请(书)的细节可公开查阅，同时保护家庭和身份隐私；

7. (关于 HHGE 临床应用的)详细程序和结果应当发表在同行评审的期刊上，以促进该领域知识的传播；

8. 由个人调查人员和实验室承担责任的科研伦理规范得到执行；

9. 研究人员和临床医生就 HHGE 安全性、有效性、长期监测和社会可接受性，参与各种科学、临床、伦理和社会发展领域的公开国际讨论；

10. 制定和通过用于 HHGE 临床使用的实践指南、标准和政策；

11. 定期审查报告，并酌情实施惩戒措施。

建议八中指出的关于科技进展和安全性、有效性的独立的国际评估报告，以及透明、公开的国际讨论，对于国家层面的监管当局就 HHGE 的使用确定阈值，或做出重大的决定有着十分重要的意义。如果能够形成这一共识和机制，将是对国家和国际层面进行 HHGE 讨论的重要贡献。因此，有必要：(1)定期审查最新的科学证据，并评估其对 HHGE 可行性的潜在影响；(2)建立起评估 HHGE 所依赖的技术是否达到了明确的科学和安全阈值的科学机制，以便在特定情况下考虑临床使用。这些评估应当定期形成建议，并递交有关国家监管当局，促进研究设计的协调和标准化，促进不同研究间和国家间数据比较和汇总能力；审查有关 HHGE 的任何受管制用途的临床应用结果的数据，并就可能的进一步应用的潜在风险和受益提出建议。

目前，全球范围内尚缺乏这样一种国际层面的协调机制，建议九提出，应当建立一个新的国际机构/机制，来履行这一职责，并定名为“国际科学咨议专家组”(International Scientific Advisory Panel，ISAP)。建议九指出，“在临床使用人类可遗传基因组编辑之前，应设立一个具有明确作用和责任的 ISAP。ISAP 应具有多样化、多学科的成员，并应包括能够评估基因组编辑和相关辅助生殖技术的安全性和有效性的科学证据的独立专家”。建议九还进一步明确了 ISAP 的一些具体职能，如定期提供技术进展和评估最新情况报告、对重大技术突破所需的进一步研发提供建议，向国家层面监管机构提供咨询意见等。此外，报告中的建议十和建议十一分别呼吁建立起相关超越本技术监管路径的国际机制，对于 HHGE 的新用途类别提出建议，并应建立起某种柔性的违规现象的“披露”机制。

美国国家科学院和英国皇家学会发布的《人类可遗传基因组编辑》报告，是对人类可遗传基因组编辑在技术转化及其规制层面的前沿的认识。报告提出负责任的技术转化路径(Responsible Translational Path)的概念,并在HHGE的技术监管方面,提供了有价值的洞见。

报告提出,在技术上的限制解决之前,应禁止经过基因组编辑的人类胚胎建立妊娠的尝试,同时,技术监管只是在特殊情况下为HHGE的临床使用提出一套技术上必须得到满足的前提和"标准",是否最终允许临床使用还要通过一系列社会辩论。这意味着,报告给HHGE的临床应用设置了两个先决条件,一是技术足够进步,二是在满足技术标准后,还要经过社会考量(也就是要经过平行于技术监管路径的伦理、法律和社会治理路径的考察)。

报告对人类可遗传基因组编辑潜在用途进行了分类,将现阶段HHGE的可能临床应用,仅限于可遗传的严重单基因疾病基因型,并要求对HHGE的安全性和有效性设定明确的阈值。从技术角度而言,这是为HHGE开了一个特殊条件限制下的狭窄的"门"。进而,报告对HHGE临床应用所需要的安全性和有效性问题进行了讨论,提出了HHGE的临床前证据搜集和移植前评估标准。也就是说,任何HHGE的临床应用,必须建立在大样本临床前证据搜集,以及严格的移植前技术安全、有效性的评估标准基础之上。

目前,成熟的HHGE技术主要还是针对合子(受精卵/胚胎)以及配子(精子和卵子)的编辑技术。但是,对产生配子的前体细胞进行编辑(体外衍生配子技术)和提取精原干细胞进行编辑后重新植入,可以成为一种新的技术替代。但这种技术涉及干细胞编辑,实际是一种体细胞基因组编辑技术,目前还不能被应用于临床。但报告对该技术研究和发展,持支持性态度。

报告讨论了人类可遗传基因组编辑监督体系的基本要素,提出HHGE需要国家层面和全球层面的多层次治理体系建设,在技术层面的治理体系中,报告建议建立起一个具有明确作用和责任的国际科学咨议专家组,以评估HHGE全球最新技术发展和相关辅助生殖技术的安全性和有效性,并对该专家小组工作职能作出规定。

报告发布后,引发了国际生命科学界和生命伦理领域专家的热烈讨论。2020年10月,《CRISPR杂志》邀请了大约50位来自基因组编辑、医学、生命伦理、法律和相关领域的专家,简要分享他们对HHGE报告的评价和反应。有36位专家进行了答复,该期刊刊载了这些答复。①

一些专家对报告总体表示支持。2020 年诺贝尔化学奖得主之一、加州伯克利大学的珍妮佛·杜德纳对报告表示支持,认为报告对不良行为有“震慑效应”(deterrent effect),指出该报告强调了“这一领域的大多数研究人员所了解和达成一致的共识:当前不能将生殖系编辑用于临床目的”。但她对报告将一些已经可以通过基因组编辑治疗的疾病(如囊性纤维化)纳入技术监管“感到震惊”,这暗示了科学界和商业界的不同态度。MIT 教授和 Broad 研究所的核心成员张锋则认为,报告附条件对一些临床应用开了口子,“是一个对未来的鼓舞,那时最大限度地提高人类利益和对科学的信任,将超越国界,并改善那些遭受最大痛苦的人的生活”。他还对报告提到的 HHGE 技术公平可及提出了赞赏。我国著名生命伦理学家邱仁宗教授也对该报告表示支持,指出该报告超出预期的好:“只有有了这样一个狭窄的转化技术路径,才能确保进入临床使用时,具备科学有效性并在伦理上被接受。”宾夕法尼亚大学医学院的基兰·穆桑努鲁认为,虽然直接暂停掉 HHGE 更好一些,但报告中所指出的安全性问题尚待解决,以致 HHGE 现阶段的临床应用无法得以进行,另外他也赞赏了报告对体外干细胞衍生配子的讨论。克林顿时期国家生命伦理委员会执行主任埃里克·梅斯林(Eric M. Meslin)称,该报告的重点“不是是否应该应用 HHGE,而是如何确定其临床应用的标准,以及必须满足哪些监管和监督条件才能让临床应用变为现实”。

另一些专家则讨论了相关社会问题,斯坦福法学院教授亨利·格雷利(Henry T. Greely)指出,HHGE 终极是个社会问题,报告作出重要结论称,HHGE 最终由国家层面决定,科学对安全性和有效性的认可是 HHGE 的必要但非充分条件。达尔豪斯(Dalhousie)大学研究教授弗朗科伊斯·贝利斯(Francoise Baylis)指出,该报告没有提及“社会共识”的概念,从而引发了“谁以及凭借什么能够确定已经有了充分的社会辩论、思考和参与?如果不在这一基础上达成社会共识并做出决策,那 HHGE 的决定到底该如何做出?”的问题。莎拉劳伦斯学院(Sarah Lawrence College)的劳拉·荷切尔(Laura Hercher)指出,报告没有明确指出我们有比 HHGE 更有前途的技

① See Misha Angrist & Kevin Davies, *Reactions to the National Academies/Royal Society Report on Heritable Human Genome Editing*, 3 The CRISPR Journal 333(2020).

术来预防单基因疾病，HHGE 的潜能其实不是在亲本生殖系中引入 DNA，因此报告对公众可能产生误导。澳大利亚塔斯马尼亚大学法律与遗传学中心主任黛安·尼科尔（Dianne Nicol）指出，关于 HHGE 问题，需要更广泛、更深入和更包容的公民参与，不仅在国家一级，而且要在全球范围内展开。澳大利亚国立大学的盖坦·布尔吉奥（Gaetan Burgio）指出，报告对全球治理的呼吁是值得称赞的，但提供的规定细节不清楚，且和现有实体中如世卫组织或教科文组织中已经存在的机制之间的定位不清晰。

还有一些专家则对报告中对伦理问题的忽视表达了担忧。纽约大学医学院的阿特·卡普兰和卡罗琳·莱利·查普曼认为，报告将技术置于伦理之前。加州圣迭哥大学的约翰·伊万斯（John Evans）则批评报告预设了道德立场（ethical stance），实际是在推动 HHGE 临床应用，“设计出这个所谓负责任的转化技术路线，就好比利用社会资源建造了一座极其昂贵的通往偏远岛屿的桥梁，建好了以后说，‘社会可以决定不使用它’”。英国纳菲尔德生命伦理学理事会的彼得·米尔斯（Peter Mills）认为，报告用治疗单基因疾病的假设来定义所谓的“负责任”（实际应当是由风险和受益的重要性来定义什么是“负责任”），这会影响未来世代的权利，因为 HHGE 的本质不是治疗单基因疾病，而是扩大了生殖选择，“虽然把 HHGE 作为一种基因疗法在道德上可能会让其支持者感到安慰，但把胚胎当作病人对待可能会对生殖权利产生令人不寒而栗的影响”。还有一些观点认为，报告缺乏多样性的病人视角，且不具有伦理中立性，即报告试图避免谈论伦理问题，但却以“治疗单基因疾病”为自己的立场提供道德辩护。

在规制和法律方面，耶鲁大学医学院的卡罗琳·布罗科夫斯基（Carolyn Drokowski）对报告提出的国际规制体系提出了质疑，指出这些建议面临一系列问题。例如，是否任何国际机构都有权向国家提供咨询和/或就 HHGE 作出决定？为什么已经拥有健全监管机构的国家应该接受该机构所谓的权威？在 ISAP 和国家监管机构之间存在分歧的情况下，如何作出裁定？谁来资助 ISAP？如果相关国际规则没有被写入国家层面立法，这些指南和规则如何执行？对于那些还没有明确监管机制的国家，哪些激励措施可以让其接受这些国际监督架构的建议？伊利诺伊大学法学教授雅各布·谢尔科（Jacob S. Sherkow）指出了规则缺乏可执行力的问题。亚利桑那州立大学的本杰明·赫尔伯特（Benjamin Hurlbut）批评称，报告的撰写建立在一个错误的假设基础之上,即“HHGE 是不可避免的,目的已经被预先设定好了,如果我们不引领道路和设定规则,别人也会去做”。他指出,“设计负责任的技术转化监管规则,必然是附属于先验的民主判断的目的、社会收益和公共利益,并成为其不可分割的一部分。但报告将这种关系弄倒了,变成了擅用(科学)权威去决定什么是‘负责任的’”。这些批评显然是非常有力的。另有专家指出,如果允许国家层面立法有所不同、各行其是,有的严、有的松,结果就会是“旅游生殖”(reproductive tourism),即从规制严的国家跑到规制松的地方去搞 HHGE。

三、迈向多层次治理体系

《人类可遗传基因组编辑》报告提出的对于 HHGE 的负责任技术转化路径,无疑是一种创见,具有重要的意义。它对 HHGE 的临床应用设置了一个很高的技术标准“门槛”(阈值),通过对安全性、有效性及特异性的强调,使 HHGE 的临床应用在现阶段科学知识对基因组编辑尚有认知差距的情况下,事实上变得不可能。这里涉及三个问题。

(一)做还是不做的问题

报告通过建立技术上的高门槛,去限制 HHGE 的临床应用,实际上是假定了 HHGE 的临床应用(在未来某个时点)是可以的。这和国际科学界和伦理学界一些人呼吁“暂停”HHGE 的临床应用是矛盾的,因为暂停并不意味着以后可以做,而是把“做不做”这个问题交给社会公众最终决定。但是,正如学者们指出的,报告缺乏伦理中立性。报告以“避免生出可能患有严重单基因疾病的未来世代”为名,做出了 HHGE 可以在未来进行临床应用的道德预设,这是有问题的。因为 HHGE 的临床应用,并不是对患者(未来的父母)做治疗,也不是对胚胎做治疗,而是通过基因组编辑,提供了某种辅助生殖的选项——报告禁止的甚至不是基因组编辑本身,而是辅助生殖的行为(不能用经过编辑的合子建立起妊娠)。由此,报告在前述道德预设的基础上,发展出了一套所谓的负责任的技术转化路径(规范),为 HHGE 的临床应用开了一个狭窄的“门”,但这个门却可能是通往未知甚至是危险之门。

（二）谁来决定做还是不做

报告建议的负责任的转化技术路径体系本身，并没有经过伦理的论证，虽然报告在建议中含糊其词地声称，HHGE的临床应用最终应当在国家层面由社会考量所决定，但这里有两个漏洞：其一，报告没有提及“社会共识”，人们无法知道，通过一个怎样的程序且由哪些人最终决定HHGE的临床应用。因此，“社会”一词在这里被虚化了，实际上成为让“科技权威”来最终决定可能影响人类命运和发展轨迹的重大事项。其二，如果让HHGE的应用最终在国家层面被确定，就会产生国家间恶性竞争的可能。HHGE的临床应用，会从监管较严的国家，流向一些伦理和法规要求较低的国家，进而拉低人类可遗传基因组编辑全球伦理治理标准，形成所谓“伦理倾销”。

（三）如何保证监管的有效性

当然，报告所建议的技术路径，尤其是建立一系列国际机制，有着重要的现实意义。但问题在于，这些机制必须和全球范围内已经存在的机制相协调，并得到主权国家，尤其是主要大国的支持。同时，这些国际机制不应是碎片化的，而应当予以整合。理想的路径是在全球范围内建立起一个独立的多层次监管机制，这个机制不应附属于任何现有的、权威已经受到挑战的国际机构。

第一章　人类可遗传基因组编辑的多层次治理框架

2012年,在《科学》刊载的一篇具有里程碑意义的论文中,杜德纳和沙彭蒂耶报告称,她们可以使用CRISPR/Cas9系统在她们想要的任何地方切割任何基因组。① 2020年,因这一发现,杜德纳和沙彭蒂荣获诺贝尔化学奖。2013年2月,波士顿布罗德研究所(Broad Institute)的华裔科学家张锋在《科学》发表的合作论文表明,② CRISPR/Cas9可以用来编辑培养小鼠细胞或人类细胞的基因组。哈佛大学的乔治·乔奇(George Church)和他的团队在同一期《科学》杂志中的文章,则展示了如何使用不同的CRISPR技术来编辑人类细胞。③ 但人类首次将CRISPR/Cas9技术应用于人类胚胎基因组修饰(或者说,可遗传生殖系基因组治疗)则发生在2015年。当年,中山大学的黄某就领导的团队,将CRISPR/Cas9技术应用于从人类胚胎生殖系基因中的人β球蛋白(HBB)基因中去除导致地中海贫血的突变。黄某就团队使用了6个不适合体外受精的异常胚胎(突变只在其中一个胚胎中得到纠正,其他胚胎或者发生脱靶效应,或者无法纠正突变)。该应用曾引起了广泛的争议,④该团队的论文因此被《自然》和《科学》以研究可能引发难以预料的风险为由拒绝刊载,并客观上导致了2015年中国、美国、英国等国家联合召开了第一届"国际人类基因组

---

① See M. Jinek et al., *A Programmable Dual-RNA-Guided DNA Endonuclease in Adaptive Bacterial Immunity*, 337 Science 816(2012).

② See Feng Zhang et al., *Multiplex Genome Engineering Using CRISPR/Cas Systems*, 339 Science 819 (2013).

③ See George M. Church et al., *RNA-Guided Human Genome Engineering via Cas9*, 339 Science 823 (2013).

④ See Dana Carroll, *Genome Editing: Past, Present, and Future*, 90 Yale Journal of Biology and Medicine 653(2017).

编辑峰会”。2017 年 8 月,美国的研究人员使用 CRISPR 来纠正人类胚胎中导致致命心脏疾病的突变,且没有产生脱靶效应。[①]

基因组编辑,尤其是人类可遗传基因组编辑,涉及一系列技术、伦理、法律和社会问题,需要一个多层次的治理架构。本书此前的论述已经对 HHGE 的“负责任的转化路径”及其监管框架作了简要的介绍和述评,在本章及随后的章节中,我们将对 HHGE 可能引发的社会问题及其治理展开讨论。本章的重点是 HHGE 的多层次治理体系,尤其是伦理治理和法律治理的框架问题。

第一节 治理:定义、特征与分类

一、治理的定义

从广义而言,个人的集合体聚在一起以达成一致目标(agreed ends)时,就需要治理。早期的治理(主体)主要指向政府,而今日的治理则是多中心的,包括国家和非国家(non-state)的因素。[②] 当然,迄今为止,全球的组织架构毫无疑问依然是建立在主权国家基础之上,但治理的定义却往往随着国际环境的变迁产生变化。

治理并无统一的、一致性的定义。在早期,治理的定义多指向一组复杂的公、私架构和程序,一些学者则更倾向于将这一概念和“政府”一词合用。后来,治理则多指向一国的行政管理,或出于社会目标而实施的公、私机构管理。在国际层面,治理更多是指“公私领域个人及机构行使经济、政治和行政权威,去处理其共同事务的各种途径的总称。通过这些途径,各种不同甚至冲突的利益可能被协调甚至进行合作”。[③] 这一定义包括管理一国各个层面的事务,包含了公民、组织通过体制机制(mechanisms)、程序(processes)和各机构(institutions)来表达其利益、行使其法律权利、履行其义务及缝合其歧见等。世界银行则认为,治理是一个国家行使权力去管理经济与社会资源的方式。它由三个方面构成:(1)政权统治方式的组成;(2)出于

---

① See Ma H. et al., *Correction of a Pathogenic Gene Mutation in Human Embryos*, 548 Nature 413 (2017).

② See Anne-Marie Slaughter, *A New World Order*, Princeton University Press, 2004, p. 10.

③ UNDP, *Governance for Sustainable Human Development*, UNDP, 1997, p. 2 – 3.

发展目的管理一国经济与社会资源而行使权威的程序;(3)政府设计、形成和执行政策并释放其功能的能力。① 经济合作与发展组织(OECD)对治理的定义是“使用政治权威,就一个社会中与管理其社会经济发展相关的资源实施控制”。② 这一定义十分宽泛,涉及公共权威在建立、营造某种环境时的角色,从而使经济活动参与者在该环境中得以“施展拳脚”,也涉及公共权威在决定利益分配时扮演的角色,以及统治者和被统治者间关系的本质。全球治理委员会(Commission on Global Governance)给出的治理定义是:“公私领域个人及机构处理其共同事务的各种途径的总称,通过这些途径和持续的过程,各种不同甚至冲突的利益可能被协调甚至进行合作。它包括了被赋权去执行的正式机构和机制,以及个人和机构同意或认为符合自身利益的非正式安排。”③

二、治理的特征

从上述定义可以看出,治理具有以下几个特征:

1.具备公认的权威。权威可以来自政府、私营部门、司法系统和民间组织(NGO)。一个社会所面临的共同问题,往往具有不同的面向,以基因组编辑而论,政府可以提供公共研发经费支持,或制定相关引导性的政策;私营部门可能会通过内部决策程序,决定投资基因检测仪器而牟利,从而客观上推动基因组编辑的研究和应用;当人们就 CRISPR/Cas9 技术的专利归属产生争议时,司法系统(法院)则扮演了仲裁人的角色;在很多情况下,为了保护受试者的利益,推动大众权利保障的意识,民间组织扮演了社会动员和社区内部同伴教育的角色,它们的呼吁和倡导行动,对政策、法律的制定和改变,乃至国际规则的发展,也会起到一定的作用。④

2.治理包含规范和价值。治理的概念,指向复杂的价值、规范(norms)、程序和机构(institutions)群。社会通过这些价值、规范和机构群,以正式或非正式的方式,来管理自身的发展并解决冲突。它除了涉及国家(政府),还涉及地方、国家和区域层面的民间社会组织[经济和社会参与者、以社区为基础的组织和非正式的

① See World Bank, *Governance: The World Bank's Experience*, The World Bank, 1994, p. X.

② OECD, *Participatory Development and Good Governance*, OECD, 1995, p. 14.

③ Commission on Global Governance, *Our Global Neighborhood*, Oxford University Press, 1995, p. 2.

④ See Jennifer Kuzma & Khara Grieger, *Community-led Governance for Gene-edited Crops*, 370 Science 916 (2020).

(unstructured)小组以及媒体]等。

在不同层面实施治理的正式或非正式机构,需要通过规定的程序和规则去协调和解决不同利益间的冲突。这也就意味着,治理权威的行使,必须通过一套规则体系,该体系包含了程序性和实体性的规则。这些规则的制定,要经过一个程序,从而确保规则得到多数人的同意,具有代表性和可操作性。例如,基因组编辑的伦理治理,需要各种相关的伦理规则,在进行实验室研究时,也应确保研究项目通过伦理审查。而法律治理则需要相对完善的法律、法规、规章等制度体系,并设立能够有效实施法律的执法机构。

3. 治理呈现多元化特征,是一个组织、个人、机制、程序/过程和机构的统合体。治理包含了社会各方面行使权力和权威,以及这些权力和权威如何行使、由谁来行使,以及如何评估其社会影响的过程。治理横跨公私部门,往往以政府部门为主导,社会各部门协作,并强调私营部门和民间社会的参与,形成多元共治的格局。

4. 治理离不开政府的权威。虽然治理的主体是多元化的,但公共物品的提供和公司及志愿组织解决社会问题,很大程度上还是要依靠政府政策。

三、伦理治理与法律治理

作为利益相关方进行利益协调和冲突解决的正式或非正式机制,治理具有多层次和多样化的特征。如依照某种层级(与组织机构相联系)划分,治理分为公司治理、公共治理、全球治理等;依照所涉及的某种具体工作领域划分,治理包括环境治理、互联网治理、信息技术治理等;依照模式划分,治理分为规制治理、参与治理、多层次治理、合作治理等。而包括基因组编辑在内的新兴科技,面临着一系列伦理、法律和社会问题的挑战,因此依照挑战的领域,又可以分为伦理治理、法律治理等。

伦理治理(Ethical Governance)是"一组过程、程序、文化和价值,它被设计出来去确保行为的最高标准"。[①] 伦理治理由此超越了简单的善治,其强调个人和其所从事工作的组织机构的行为都要符合伦理。规范性的伦理治理,由此被视为负责任的研究与创新的重要支柱,这势必导致一种方法(approach)而非一种机制

① Alan F. T. Winfield & Marina Jirotka, *Ethical Governance is Essential to Building Trust in Robotics and Artificial Intelligence Systems*, 376 Phil. Trans. R. Soc. A. 20180085(2018).

(mechanism),即由此探寻在伦理问题发生之际或发生之前就去应对,而非等到问题发生之后再按照传统既定方式(ad hoc way)去应对(也就是说,伦理治理倾向于事前和事中监管,而非事后干预,这和法律治理有很大的不同)。在伦理治理中,应当更强调一种适应性的、以人为本的、包容性的和可持续的政策制定,承认政策发展不再局限于政府,而更多是一种多利益相关方共同努力的过程。① 这些所谓的多利益相关方,包括政府、学术机构、非营利组织和私营部门,而正是其中非国家(Non-State)的利益相关方(包括个体研究者、研究机构和资助者,专业机构,产业和民间社会),成为让伦理治理变得灵敏而务实的关键。在实践中,这意味着将各种知识,包括来自公民的知识包含进来,从而确定创新的目标和轨迹。

关于法律治理,根据富勒的理论,一套治理制度只有在以下情况下才有资格成为法律制度(Legal Regime):(1)通过具有普遍适用性的一般规范(general norms)运行;(2)规范的对象,是其行为须依照这些规范的权威被加以评估的人;(3)规范是颁布后向未来生效(prospective),而不具有溯及力(retrospective);(4)规范的权威性表述是可以被理解的(至少对有法律专门知识的人来说),而不是含糊不透明且无法理解的;(5)规范在逻辑上是相互一致的,这些规范所规定的义务可以被共同履行;(6)规范没有规定完全超出受规范约束的人承受能力之外的内容;(7)规范的内容应当在足够长的时间内基本上保持不变,而非朝令夕改;(8)书面上的规范和执法实践中执行的规范是一致的,不能纸面上一套,实际上又是一套。② 这样的一套法律治理规则体系,在一个国家中往往可以表现为两种形式,一种是立法机构的制定法,另一种是规制机构(regulatory body)制定的规范(regulation),两者之间往往有交叉。立法往往由拥有立法权的机关通过一定的程序来实施,全国人民代表大会就是我国的最高立法机构,根据2015年修正的《中华人民共和国立法法》(以下简称《立法法》)第2条之规定,法律(由全国人大及其常委会制定、修改和废止)、行政法规(由国务院制定、修改和废止)、地方性法规、自治条例和单行条例(分别由包括少数民族自治地方在内的有立法权的地方人大制定、修改和废止)以及国务院部门规章和地

① *Agile Governance*: *Reimagining Policy-making in the Fourth Industrial Revolution*, White paper, January 2018, World Economic Forum (July 31, 2022), http://www3.weforum.org/docs/WEF_Agile_Governance_Reimagining_Policy-making_4IR_report.pdf.

② See Matthew H. Cramer, *Objectivity and the Rule of Law*, Cambridge University Press, 2007, p.104.

方政府规章,属于广义的有立法权机构的制定法之列。

第二节　人类可遗传基因组编辑的伦理治理

在人类生殖中使用基因组编辑工具,具备了引发社会变革的潜力,法律、政策和监管将在这种技术的转化和应用如何发挥作用方面起到关键作用。但法律、政策和监管机制,需要建立在对 HHGE 的技术发展前景及其伦理考量(Ethical consideration)之上。而这种伦理考量可以被分为 3 个层次:第一个层次是 HHGE 技术安全性和有效性引发的伦理和社会问题;第二个层次是 HHGE 应用的必要性和可替代技术问题;第三个层次则涉及了 HHGE 3 种值得关注的技术发展前景。

在第一个层次的分析中,我们从技术本身来分析其可能引发的挑战。这里包括了安全性和有效性问题,如脱靶和中靶的问题、镶嵌性问题。因此,讨论的焦点是如何采取措施防止人类可遗传基因组编辑中产生的意想不到的副作用,并由此最大限度降低和控制风险,如何在个人、家庭层面平衡受益和风险。

在第二个层次的分析中,涉及 HHGE 技术应用的必要性论证,以及可替代技术的问题。携带致病(单)基因的潜在父母,为了获得与自己有遗传关系的健康孩子,可能愿意参与 HHGE,这是可以理解的。但避免未来世代遗传单基因疾病,是不是一定构成 HHGE 的充分理由,仍需探讨。进一步言之,存在一些替代性的、更安全便捷和便宜的技术或者社会方法,这些技术或方法同样可以达到避免单基因遗传病的目的,如植入前遗传学诊断(PGD)、胚胎移植挑选、配子捐赠或收养等。良好的治理需要从既往的生殖技术实践经验中学习,考虑包括患者的需求、可及性、程序问题以及治理的有效性和对社会的影响等因素。①

在第三个层面的分析中,涉及 HHGE 技术未来的发展趋势问题,这和人类族群

---

① See WHO Expert Advisory Committee on Developing Global Standards for Governance and Oversight of Human Genome Editing, *Human Genome Editing: A Framework for Governance*, World Health Organization, 2021, p. 22.

的未来发展和繁衍息息相关。有研究指出了 HHGE 技术发展可能带来的问题:①

第一,由于技术发展势头得不到控制,我们可能“梦游”(sleepwalk)进入一个新秩序之中,这将导致新技术的进化和扩散/传播得不到有效的规制。纳菲尔德报告的内容与其说是技术决定论,毋宁说是对道德主体的放弃。在很大程度上,HHGE技术是为了达到所谓科技发展的目的却没有充分考虑其更广泛的社会和道德语境和含义(implication)的结果,这可能和缺乏相关信息、预期与反思有关。

第二,该技术可能会受到功能蠕变(function creep)的影响,即往往为了达到获取经济效益上的目的,将某一项技术的用途范围扩大到相关的领域(如将基因检测商业化)。这种情况不一定具有伦理问题,有时候甚至是有益于社会的(如基因检测可以让更多夫妇在孕期知道孩子是否有得单基因疾病的风险),但在技术的使用范围上可能存在以某种道德上令人不安的方式扩大的可能性。

第三,我们可能会沿着一条“滑坡”(slippery slope)前进,在这种情况下,我们可能会看到前方的危险,却没有可靠的道德或法律手段来区分道德上不可接受的应用和道德上可接受的应用。我们可能找不到合理的理由去管制(如是不是应当禁止HHGE,在什么范围禁止),或者我们缺乏有效的、可操作的手段去规制(如相关的规章中的禁止规定缺乏强制执行力和执行机制)。在这种情况下,“滑坡”往往构成一种不走某种特定发展路径的理由。

从这 3 个层面对 HHGE 展开伦理考量,有助于我们思考和建构更合理的治理结构,并进行更深刻的道德反思,从而在 HHGE 的治理以及如何使其发挥更有益的作用方面,起到关键的作用。

一、对 HHGE 的使用需要进行伦理考量和社会反思

HHGE 本质上是一种生殖行为,需要突破传统“治疗”“非治疗”二分法思路。纳菲尔德报告指出,生殖(reproduction)语境下的基因组编辑,必须要面对遗传知识的不断增长,以及由此导致的生殖选择(reproduction options)知情和选择面的增加。随着人类遗传知识的不断增长,出现了“认识转移”(epistemic),进而导致传统的“健

---

① See Nuffield Council on Bioethics, *Genome Editing and Human Reproduction*: *Social and Ethical Issues*, 2018, p. 55.

康"和"疾病"状态的二分法,并由此导致的"治疗"和"非治疗"应用的二分法开始受到挑战。[①] 即便是在"治疗疾病"的语境下,当 HHGE 被认为是唯一的"治疗"选择时,它也不能像其他医疗技术一样被同等对待:此"治疗"非彼"治疗",因为从治疗现有疾病状态的意义上(HHGE 不是对现有疾病/患者进行治疗)来说,HHGE 不是"治疗",而是把致病基因通过敲除等手段进行处理后,让其不传给与配子或胚胎的提供者有遗传关系的下一代,而配子或胚胎的提供者(未来的父母)所患有的疾病并没有得到治疗(其体内可能导致疾病的基因并没有被除去)。同样道理,HHGE 也不属于直接的疾病"预防",它不能预防配子或胚胎的提供者(未来的父母)因某种其体内致病基因可能导致的疾病(如某种单基因病,成年后才开始逐渐发病的唐氏综合征),也不能像一些公共卫生措施那样,通过解决"迫在眉睫的风险"达到预防效果(比如,通过消毒去除某种致病因子,如新冠肺炎病毒),因为去除"风险"本身可以通过不怀孕来避免,但那等于是说不让患者有孩子。因此从本质来说,HHGE 是一种生殖行为,而不是疾病预防行为。但从另一方面讲,HHGE 也是具有"治疗性"的,因为它有可能克服不孕症(尽管这种克服不孕症行为是自愿的,是一组不受欢迎的选择中的一个艰难选择);同时也具备预防性,因为在决定生育时,其可以防止出生的任何孩子患有严重疾病或终身残疾。[②]

辅助生殖等一系列相关技术获得的人类遗传信息对 HHGE 决策产生影响。《人类可遗传基因组编辑》报告指出,通过各种技术获得的遗传信息,在涉及生殖问题时,产生了是否要对这些信息采取行动的新的问题。那些希望利用这些知识/信息来避免或确保后代中存在某些遗传变异的潜在父母,实际上正在寻求特定的结果,也就是说,这些父母想要有着特定性状(trait)的孩子,即孩子不仅与他们有遗传关系,而且还具备或不具备某种特定的性状、条件或特征。[③] 为了达到这一目的,现有的辅助生殖技术,如植入前遗传学诊断,为父母追求这些目标提供了一种途径,但这依赖于足够数量的胚胎,因为必须在数量很大的胚胎中(数以千计)才能筛选出合格的胚胎。一般来说,这种情况是不可能的,因为一对父母不可能一次或数次提供如

① See Nuffield Council on Bioethics, *Genome Editing and Human Reproduction*: *Social and Ethical Issues*, 2018, p. 26.

② Ibid., p. 22.

③ Ibid., p. 23.

此大数量的胚胎/配子(尤其是卵子),这时 HHGE 可能比其他为获得特定性状的孩子的父母身份的手段(如依靠夫妇外第三方捐赠的配子)更容易被接受,因为许多人希望生出“自己的”孩子,即他们对生出与自己有遗传关联的后代有着强烈的偏好。

综上所述,需要从伦理和社会的角度,分析与考虑 HHGE 的使用与可能性。一般情况下,人们认为科研人员可以利用胚胎进行 HHGE 的基础研究(basic research),但是,研究人员其实无法与从应用性基础研究衍生出来的 HHGE 的其他使用或临床应用(clinic application)的方式绝缘。因此,虽然可能对技术进步产生反作用,但“负责任的研究和创新”原则应当贯穿于 HHGE 的研究和应用始终。

实际上,当辅助生殖、HHGE 等技术在一个社会被广泛认可时,包括 HHGE 在内的技术很大程度上就不应该再被孤立地当成一种“创新”,而是要求我们去设想,如果 HHGE 获得广泛使用,该社会将会是一种什么样子,这需要我们从伦理、社会和政策角度对 HHGE 进行分析与考虑。[①] 目前,现有科学技术条件下已经可以提供的 HHGE 策略,包括在受精卵阶段对通过体外受精(IVF)产生的胚胎进行基因组编辑,以及对从诱导多能干细胞(induced pluripotent stem, iPS)中产生的经过修饰的配子(精子或卵子),而不是直接对胚胎进行编辑。当然,目前这种技术路径还不太成熟,只是一种可能性。但随着技术的逐步成熟,以及安全性、特异性程度的提高,HHGE 的广泛应用将成为可能。

在一些罕见的情况下,HHGE 可能成为创建与未来父母基因相关孩子的唯一选择,这些情况包括 Y 染色体缺陷、染色体片段的反转和缺失、显性遗传条件下(如亨廷顿病、某些形式的阿尔茨海默病或乳腺癌)其中一个潜在的父母是纯合体(homozygous)、隐性遗传条件下父母双方都是纯合体等。[②] 此外,当显性的新突变发生在生殖系细胞(如精原干细胞)时,HHGE 也可能成为创建与未来父母基因相关孩子的唯一选择。[③] 也就是说,这种情况下除了实施 HHGE,潜在的父母将没有其他办法得到和自己基因相关的健康的孩子。正是在这种情况下,对 HHGE 的使用可以

---

① See Nuffield Council on Bioethics, *Genome Editing and Human Reproduction: Social and Ethical Issues*, 2018, p. 37 – 39.

② Ibid., p. 45.

③ See Gyngell C., Bowman-Smart H. & Savulescu J., *Moral Reasons to Edit the Human Genome: Picking up from the Nuffield Report*, 45 J Med Ethics 514(2019).

获得某种程度的伦理辩护,因为人人都应享有生育权,但这依然要考虑到,父母的生殖利益必须受到另一组利益的限制,即未来世代的人(主要是未来将出生的孩子)的利益。[①] 此外,除了父母和未来世代的利益,需要考虑的因素还很多。一些学者将人类可遗传生殖系基因组编辑所涉及的伦理问题的评估,大致分为两类:第一类是由其潜在失败引起的伦理评估;第二类则是由其成功引起的伦理评估。[②]

(一)HHGE潜在失败可能引发的伦理问题评估

人类可遗传生殖系基因组编辑的潜在失败,将使个人暴露在具有潜在有害影响的干预措施的健康后果中,即便这种风险不超过其潜在利益,依然值得关切。在人类生殖系基因组编辑中,存在脱靶、特异性、镶嵌性等安全性问题,这些问题引发的意外后果和潜在风险的大小尚未确定。因此,为了防止HHGE干预的误操作或过早尝试所产生的问题,应在现有的生殖系治疗方法的基础上,发展和完善相关(技术)治理机制。目前,大多数国际组织声明和建议,要求对经过修饰的生殖系的生殖细胞或胚胎启动妊娠的应用进行严格限制。各国和地区对人类胚胎和/或生殖系细胞操控行为的规制/监管,可分为限制型(restrictive)、折中型(intermediate)和允许型(permissive)三种。限制型监管对在人类胚胎或生殖细胞中进行的各种活动与操作,采取了广泛的禁止或暂停(moratoria)措施。相反,折中型和允许型的监管方法则允许进行某种程度的HHGE研究和临床活动,但对以生殖为目的有关的研究活动进行限制和监督。总之,在技术不完善,安全性问题尚未完全解决时,实施HHGE是不符合伦理的;HHGE的操作失败也会导致同样的问题。我们必须要避免这种情况,即在安全性尚未解决时,就通过HHGE的临床应用启动妊娠,并且让弱势人群去做"小白鼠"承担风险。另外,在基础研究方面,也需要严格相关的操作流程(如需要慎重对待所谓废弃人类胚胎的问题,避免触发恶性竞争和不良企图的试验)。

---

① See C. Gyngell et al., *Moral Reasons to Edit the Human Genome: Picking up from the Nuffield Report*, 45 J Med Ethics 514(2019).

② See Kelly E. Ormond et al., *Human Germline Genome Editing*, 101 The American Journal of Human Genetics 167(2017).

（二）HHGE 的成功可能引发的伦理问题评估

除了潜在和未知的风险外，还有一些情况可能使 HHGE 这一新技术的影响在伦理上成为问题，这些情况往往在 HHGE 按预期发挥作用时才会产生，使 HHGE 技术对个人、家庭和社会产生影响。这一关切与一般基因治疗以及胚胎研究和生殖技术（如体外受精、植入前遗传学诊断和产前检测）提出的关切相似。①

首先是对个人和家庭的影响。对个人影响最大的问题是 HHGE 事实上是在没有得到未来世代同意的情况下进行的。一般来说，临床伦理学在大多数情况下，将父母视为其未来孩子的（法定医学）代理人（或民法上的监护人），有权为未来的孩子作出医学上的决策（直到孩子具备自治能力和自主决策能力）。这样做是因为一般人会假定，除非在极特殊情况下，父母才是因为医学决策最大的受益/损失方，其最终作出的决策，将反映其未来孩子的信念和价值观。推而广之，我们也许会假定父母会为其未来的孩子做出最适当的决定，同时，公众和司法系统一般也不会接受一个人“如果没有生下来会更好”的观点，因此通常会拒绝“不当生命”（wrongful life）的诉讼请求。② 但我们还应当思考，HHGE 是否会涉及某些根本性的能够改变潜在父母和未来子女间利益一致性的问题，这也涉及对未来世代儿童做基因检测，或在儿童时代就针对成年时才会发作的疾病的基因检测。如果不鼓励这种检测，那么未来世代儿童的自治权就会得到保留，而这又和父母等对预测性的基因信息的渴求产生了冲突。③ 对遗传信息的掌握以及 HHGE 的可及性的提升，会导致家庭中父母和孩子间权利的失衡。例如，父母会对孩子的“不完美”进一步失去信心，或者孩子会因为与其他家庭的孩子相攀比而感到沮丧，又或者当孩子或其他人知道自己经过“基因组编辑”之时，我们很难估量对孩子造成的心理冲击以及他/她对未来预期的改变。

其次是对社会的影响。HHGE 造成的社会影响，可以包括对“优生学”（eugenics）

---

① See Kelly E. Ormond et al., *Human Germline Genome Editing*, 101 The American Journal of Human Genetics 167（2017）.

② See J. R. Botkin, *The Legal Concept of Wrongful Life*, 259 JAMA 1541（1988）.

③ See Kelly E. Ormond et al., *Human Germline Genome Editing*, 101 The American Journal of Human Genetics 167（2017）.

的担忧、HHGE 技术公正可及问题，以及可能广泛存在的社会歧视。优生学的问题往往会和“基因增强”的问题相联系，进而会强化偏见（prejudice）并将社会中关于常态（normalcy）的定义进一步狭义化。历史上，优生学往往和种族决定论、基因决定论以及伪科学联系在一起，发生过以国家力量强行推进（如种族纯化）的先例，并曾造成了灾难性的后果。虽然短期内 HHGE 似乎不会改变人类基因的多样性，但可以对子人群（sub-group）产生影响，并可使其发生特定的变化，这可能导致未来由于对某些人群性征的看法［如认为其不合适（unfit）］，导致人性的坍塌（如基因种族歧视或灭绝）。一些学者则担忧过度干预和“扮演上帝”，从而影响未来世代。HHGE 技术公正可及的问题，可能会导致社会内部和国家间分裂，在不同区域、民族和经济社会地位的族群间造成更大的不公，遗传性疾病可能从此前全人类的普遍现象，变成某些阶级、族群、区域或文化的“特征”，从而大大加深社会歧视。① 对这些问题的分析，需要在具有通约性的生命伦理诸原则的框架指引下进一步展开。

二、指引 HHGE 的生命伦理诸原则

HHGE 带来的伦理挑战，需要政府、公司、学界、社会组织和个人的积极应对。对于伦理学者、法学者、社会科学工作者们以及科学共同体来说，需要思考如何对技术发展进行规制，从而在让其最大限度造福人类和人类所赖以生存的生态环境的同时，防止技术发展造成的一些不确定性和负面冲击（也就是所谓外部效应）。为了对 HHGE 进行有效规制，需要一套更高的伦理原则，为科技发展过程中出现的道德困境，以及为在更高层次应对 HHGE 科技发展中可能出现的问题，提供思路、指南和帮助。②

（一）增进人类福祉（Human Welfare）原则

1. 人类福祉原则的定义

人类福祉是一个广泛的概念，包括我们日常生活的许多方面。一些学者认为，

---

① See C. E. Smith et al., *Using Genetic Technologies To Reduce, Rather Than Widen, Health Disparities*, 35 Health Aff 1367（2016）.

② 参见贾平：《科技伦理治理诸原则（下）：制度化与可操作性》，载财新网，https://opinion.caixin.com/2021-06-08/101724398.html。

它包括物质福利、与家人和朋友的关系以及情感和身体健康;包括工作和娱乐,一个人对自己的社区的感觉,以及个人安全。人类福祉由此被视为具有多个维度,它可以指向个人、家庭或更大的社会群体,也可以被描述为健康(健全的机体和功能)、快乐和繁荣。生命伦理学家麦迪逊·鲍尔(Madison Power)和萝丝·费登(Ruth Faden)认为,①我们将健康、安全、理性、尊重、依恋、体面的生活水准作为人类福祉的几个基本要素。"人类福祉"这一原则要求我们对科研方案进行认真细致的伦理审查,对风险—受益比作出评估,审查科研方案是否体现对人的尊重。"人类福祉"这一伦理原则中的人,既包含现在世代的人,也包含未来世代的人,因而包含代际公正问题。

2. 如何衡量人类福祉

衡量人类福祉的社会指标有两种类型:客观指标和主观指标。② 客观指标是指那些原则上可以在"公共领域"中测量和验证的指标,如婴儿死亡率、人均寿命、医院每年的就医人数、伤残调整生命年(disability adjusted life year,DALYs)等。客观指标数据可以通过观察或其他非个人测量形式收集,也可以通过个人问卷形式调查收集。主观社会指标试图衡量心理满意度、幸福感和生活成就感,这是人类福祉无法被独立观察和验证的私人属性。

人类福祉是一个复杂的概念,不可能从客观观察者的角度直接观察和衡量。当然,在不同的领域中,存在一些对于人类福祉的广泛共识。也就是说,可以从人类福祉的具体领域来分类(比如,物质和情感福祉、工作和生产活动以及个人安全福祉等)的角度,对这一复杂的概念进行拆分,并建立起与这些领域相关的指标体系,该体系可以包含客观的指标,也可以包含主观的指标。

3. 风险—受益比的评估

对人类福祉的衡量,很大程度上可以表现为风险—受益比评估。包括 HHGE 在内的新兴科技,往往在给社会和人类带来巨大受益的同时,也会带来比较大的风险。如果因有风险而不能继续做研究,就等于阻碍了人类的科技进步。因此,在对人类

---

① See M. Powers & R. Faden, *Social Justice: The Moral Foundations of Public Health and Health Policy*, Oxford University Press, 2006, p. 16 – 29.

② See Robert A. Cummins, *Objective and Subjective Quality of Life: An Interactive Model*, 52 Social Indicators Research 55(2000).

福祉进行考虑时,仅考虑不伤害规则,而不考虑受益规则,对实践将没有具体的指导意义。问题的关键在于,受益是否能够比较大地超过风险。在这种情境下应当设定:风险必须根据潜在的受益来考虑,风险不可超过受益;何种程度的风险可以接受,必须根据受益的具体情况来考虑。对 HHGE 科技的研发和应用带来受益的任何行动,也必定伴随风险,没有风险的行动是不存在的。因此,为达到 HHGE 科技的发展促进人类福祉的根本目的,必须对有关发展科技的决策和行动可能引起或带来的风险进行评估,估计其风险—受益比。具体而言,其一要鉴定该行为可能引起哪些伤害或风险;其二要对鉴定出的伤害或风险分等级并进行评价,包括考虑其强度(从不适到死亡)、持续时间(从短暂几小时到数天、数月甚至数年)、发生的概率(或大或小)、可逆性(可逆或不可逆),以及对受试者的影响或含义(严重伤害甚至残疾、影响工作和生活质量);其三要设法将风险或伤害最小化、受益最大化。①

需要注意的是,一个子领域的指标,只能在本领域就风险和受益进行对比,而不应该跨领域进行比较。例如,通过可遗传基因组编辑敲除某些可能造成单基因疾病的基因,理论上可以让未来世代免于一些单基因疾病的折磨,但是,我们不能用"可以免于病痛"或者"可以帮助人类治愈某些疾病"的理由,来论证对一个具体的个人进行可遗传基因组编辑的正当性。因为对具体个人来说,基因组编辑的受益和风险必须从其个体的主/客观角度进行评估,不能用对社会(可能)造成的受益,去做出该行为正当性的道德预设,而由此忽略或压制个体的风险,这实际不符合人类福祉原则。因此,在就 HHGE 发展对人类福祉的贡献进行衡量和比较时,需要依照不同的领域,设定不同类别的指标,进行详尽、细致的受益—风险比较分析。

(二)尊重(每个)人(respect for persons)原则

1. 尊重(每个)人原则的定义

尊重(每个)人的概念,与康德哲学中提出的"自治"或"自主权"(autonomy)是紧密联系在一起的,即所有个体都应有权充分行使其自主权。康德哲学中的自由意志不是为所欲为,成为自己欲望的奴隶,而是具备道德自主,能够按照义务去行事的能力。因此,自由意志,在与道德责任相关的意义上,并不意味着自由地做你喜欢做

---

① 参见翟晓梅、邱仁宗主编:《生命伦理学导论》,清华大学出版社 2005 年版,第 52 ~ 63 页。

的事而不计后果。相反,自由是和道德责任(以及随之而来的法律责任)相伴随的。因此,从这个意义上讲,宣称自己的科研行为是出于善意,其判断标准是对道德和法律的遵循以及义务的承担,而不是在自我标榜的同时,随心所欲或随意越界。这也意味着,我们不应当强迫他人按照我们的意愿行事(如不能强迫病人接受 HHGE 的临床试验),或者欺骗他们按照我们的意愿行事(如不告知受试者参与 HHGE 的风险)。在依照这个准则行事时,意味着我们不仅注重行为本身,还重视行为的意图(intentions)。尊重(每个)人的原则要求我们,要考虑他人的人性,照顾他人的感受和利益,不可以为满足一己私欲随意去做可能伤害他人的事情。

2. 尊重(每个)人原则在 HHGE 领域的应用

尊重(每个)人原则的两个基本的道德要求:(1)承认(人的)自主权利;(2)在那些处于不利地位的个人(individuals who are disadvantaged)无法行使其自主权利时,为他们提供保护。对拥有自主性的人的不尊重,意味着在没有充分理由的情况下,否定其经过深思熟虑的判断,或者不让其基于该判断自由行事,或者不让其得到作出判断所需要的信息。因此,在关于 HHGE 的研究和使用中,尊重(每个)人原则要求参与受试者有自愿和充分的知情同意权。此外,对自主能力受限的人的保护及保护程度的确定,应取决于可能对这个人造成损害的风险和受益的衡量。

(三)公正与公平(justice and fairness)原则

1. 公正与公平的定义

公正意味着给每个人应得的东西。或者说,是建立在相互竞争的诉求之间的公平裁决基础上采取行动的道德义务。公平则往往被用来指一种在感情或利益无涉的情况下,作出判断的能力。① 如公正原则可能倾向让穷人也得到基因组编辑带来的益处,但公平原则在具体的个案中,可能会做出有利于富人或有优势的人的判断/判决(如只有 CRISPR/Cas9 的发现者才能获得专利权)。约翰·罗尔斯(John Rawls)尝试把公正和公平结合在一起讨论,并提出了"作为公平的公正"(Justice as fairness)的理念。

① See Manuel Velasquez et al., *Justice and Fairness*, 3 Issues in Ethics 1(1990).

2. 公正与公平原则在 HHGE 领域的体现

首先,对于 HHGE 技术发展投入的公正性和公平性问题。在国家层面,往往涉及如何合理使用公共部门的资金去推动研发,去发展和推动能够让全社会普遍受益或者让处于不利境地的人群获得更好的福利的问题;在国际层面,尤其关注国家间科技发展的不平衡性,这时要考虑如何合理推动和发展 HHGE 才能够让不发达国家/地区人群公平受益。其次,要考虑不对称的受益和风险承担问题。要避免 HHGE 技术的发展让一部分人处于不利的境地,如该技术在搜集基因检测产生的人体生物信息的同时,把人群的隐私暴露于风险之中,换取投资方和研发方的暴利等。最后,对 HHGE 技术发展成果的可及性问题。HHGE 相关技术能不能让大多数人公平受益?例如,基因组编辑和治疗面临富人受益而穷人负担不起的问题,这些挑战,都需要在未来的政策制定中予以考虑。

(四)负责任的(Responsible)研究和创新原则

1. 负责任的研究和创新的定义

欧盟委员会(European Commission)对负责任研究和创新作出的定义是:"负责任的研究和创新是一种预测和评估研究和创新方面潜在影响和社会期望的方法,目的是促进具有包容性和可持续性的研究和创新设计。"

2. 负责任的研究和创新的框架

如何实现负责任的研究和创新,可以分为两个方面:一是我们如何能够确定研究和创新的正确结果和影响;二是如果我们在对上述什么是正确的结果和影响上达成一致意见,那我们能否成功地将创新向这些结果和影响进行引导?因此,针对 HHGE,我们可以建立和使用"技术评估和技术展望",预测积极和消极的影响,或在可能的情况下,从对消费者和社区的影响方面,界定研究和创新的理想影响。同时,允许政府干预风险管理决策(如临时许可、以个案为基础逐案决策等),以避免 HHGE 技术发展的负面影响,为安全和可持续的产品生产提供保障等。

因此,我们可以为 HHGE 研发科技决策和行动可能对动物、其他生物、生态和环境引起的风险或伤害,确定一个可以接受的阈值。如果发展 HHGE 科技引起的对人的健康、生态环境的伤害或损害超过这个阈值,我们就应作出拒绝发展该项科技的决定。但如果发展该项科技给人和社会以及环境带来的收益非常巨大,那么即使稍微超出这个阈值也是可以接受的,只要超出这个阈值的风险不是过分严重,不是不可逆,也是可以考虑进行操作的。①

(五)问责(accountability)与透明度原则

问责制与透明度原则的定义。问责制含有两层意思:第一层意思是"可回答性"(answerability),这意味着有关方面(行动者和决策者)要提供信息和理由,说明其行动状况以及对行动的预期;第二层意思是"可强制执行性"(enforceability),这意味着如果未能满足这些期望,那就要遭到并接受由此产生的后果,而不能推诿或转移给他人。

当组织/研究机构能够使其他人看到和理解他们如何以诚实的方式运作时,该组织/研究机构就是透明的。为了实现透明度,一个组织必须向利益相关方提供准确、完整和及时的关于其活动和治理的信息,例如,把法律条款公开发布,或者把行为准则、立项评估等放在网站上。只有这样,其他人才能知道或更好了解该组织/研究机构的具体责任所在。从这一意义上来说,问责制和透明度是相关联的,透明度能够确保问责制的施行。在HHGE领域,强调问责制和研究/试验的透明度,有助于对其进行良好的治理。一方面,相关研究机构的研发信息及政策的透明度应当得以加强;另一方面,透明度政策中应当设定公开、公正的判断程序,能够让公众通过各种合理的渠道,对公布的信息作出合理的判断,并相应推动政策和法律的改变。建立起有着良好声誉的公共讨论的平台,由此变得十分重要。

(六)共担(solidarity)原则

1. "共担"原则的定义

共担,又译"团结"。简言之,共担是反映某种集体承诺的共享实践(shared practices),这种承诺是通过承担经济、社会、情感或其他的代价来帮助他人。需要注意的是,共担在这里被理解为一种实践,而不仅是一种内在的感情或抽象的价值。共担可以分为三个层次,即人际关系层次、群体实践层次和法律与契约层次。(1)人际关系层次的共担。这个层次上的共担带有非正式特征,是个人表现出愿意承担代

---

① 参见翟晓梅、邱仁宗编著:《公共卫生伦理学》,中国社会科学出版社2016年版,第15~21、24~39页。

价来帮助他人的意愿(这一般表现为群体中存在最脆弱的人):当有人处于危难之中,就需要他人帮助。(2)群体实践层次的共担。在这个层次,某一特定共担实践被制度化(institutionalization),互助群体(self-help groups)和某些以信仰为基础的组织都属于此类。如患某一特定疾病的人互相支持、共享医学信息,以减少疾病的负面效应,组织活动筹集资金用以研究此类疾病。(3)法律与契约层次的共担。如果共担中体现的价值或原则不仅成为群体实践,而且表现在契约或其他法律规范之中,那就具备了“最硬的”、最牢固的共担形式。例如,福利国家的社会福利安排,以及不同单位之间的契约或国际条约等。但这一层次的共担,必须建立在前面两个层次的基础上。

2. HHGE 领域涉及的共担层次

第一层次的共担假定只要其承担风险低于一定的阈值,人们一般会愿意付出一定的代价(隐私、交通成本、时间成本等)来帮助他人。例如,在线粒体置换中,健康人愿意捐献卵子中的线粒体的行为就是典型的第一层次的共担。在第二层次中,共担表现在对 HHGE 研究引发的一系列治理安排中,如确保生物信息的隐私,对废弃胚胎涉及的人体生物信息和数据进行保护等。第三层次的共担则涉及人类基因组编辑不应导致社会分化以及将某些族群边缘化的后果。

(七)公众参与(public participation)原则

1. 什么是公众参与

公众参与,又可称为公民参与(Citizen Participation),可以被看作政府和公众之间持续互动的一种状态。公众参与原则认为,受决定影响的人有权参与决策过程。公众参与意味着公众的贡献将影响决策。公众参与可以被描述为一个审议过程,通过这个过程,社会公众包括感兴趣或受影响的公民、民间社会组织、私营企业和政府部门,在某项政策或立法决定之前,进行意见的交换和沟通,并能够对有关行为者/利益相关方改变主意产生影响。因此,公众参与使利益相关方能够对问题和解决办法通过某种方式达成共识,而不仅仅是交换意见。公众参与和利益相关方参与(Stakeholder Engagement)比较类似,但公众参与的范围更广。公众参与是过去 30 年在西方文化中出现的“以人民为中心”(People Centered)或“以人为中心”(Human

Centered)原则的一部分,在教育、商业、公共政策和国际援助与发展方面具有影响力。[①] 公众参与是由人文主义运动推动的,它可能会挑战“大的更好”(big is better)的概念以及集中等级制度的逻辑,提出“多样化比一个好”的替代概念,并认为公众参与可以维持生产性和持久的变化。

2. 公众参与和 HHGE 的伦理治理

公众参与在 HHGE 伦理治理领域的一个比较现实的做法,是让可能受到基因组编辑技术影响的公民(如单基因疾病致病基因的族群),加入“参与性监督与管理”中去,从而形成一个相关公民、政府机构、工业界、学术界、社区团体和地方机构合作监测、跟踪和应对社区共同关切问题的机制。公众参与的另一个做法是政府在立法和决策时,或者基因科技公司在启动项目时,提前通过多种渠道征询公众的意见和建议,并通过邀请专家对政策、法律和科技研发的内容和意义进行解读,和公众互动,为科技发展、立项提供更广泛的民意基础。当然,公众参与也面临着一定的挑战。例如,参与性做法可能在时间和金钱方面代价高昂;公众参与可能被认为会导致决策效率低下;在复杂的决策过程中(特别是在使用特定技术应用时),公民和私营机构、大公司和政府官员之间存在知识差距;参与的人员安排有时被批评为缺乏代表性,流于形式等。但是,公众参与对于 HHGE 最终在一个社会中的应用,有着至关重要的意义,它决定了 HHGE 能否得到一个社会公众的认可,并逐步为本地的文化、宗教、习俗和法律所接受,因此这一原则需要得到高度的重视。

三、对于 HHGE 应用的伦理考量以及操作的伦理指南

(一)关于 HHGE 应用(干预)是否应当被允许的论证及其难点

对关于导致有机体的基因组可被遗传给后代的可遗传生殖系基因(组)编辑是否应当被允许,国际上存在很多争论。认为不应当被允许的立论主要有三种,一是认为由于基因组编辑对于选择未来的人的特征或性征有着重大影响力,存在许多不

① See Ray Jennings, *Participatory Development as New Paradigm: The Transition of Development Professionalism*, Prepared for the “Community Based Reintegration and Rehabilitation in Post-Conflict Settings” Conference, 2000.

确定性,因此,任何类似的对生命的干预行为都是荒谬的。与此相对的一种观点则认为,生殖系基因(组)编辑侵犯了未来世代形成他/她们自身身份的权利,因此类似于奴役[因为这会导致对其自由的剥夺,这种奴役采取了控制/影响(未来世代)生物特征的方式,而不是采取对其身体上的限制或精神上的压制方式]。在这种情形下,进行基因组编辑的干预行为,构成了对一个自由而独立的人的基本尊严和人之为人本质的侵犯。二是以宗教或自然的理由反对,如一些人会认为,"反复检验的"自然过程比通过"人为的修修补补"更可靠,这种朴素的自然观在民间往往有很大的市场。① 三是不着眼于对自由行动的外部限制,而是从关注自我身份(self-identity)的经验出发,认为当一个人知道自己的特征在出生前就被他人所决定时,可能产生对其在人类共同体中自由平等地位和自身自治能力的理解上的冲击。持这一观点的学者包括著名哲学家哈贝马斯,他认为:"随着其自身生物起源的不一致性的实现,这个被生出来的年轻人有可能会失去对自身(社会)地位的心理预设,即他/她作为法律意义上的人应当实际享有的平等的公民权利。"②这些反对的观点,在一定程度上接近了基因决定论,因为它们把基因组对人的道德地位和心理认同的作用,提高到了很重要的地位。

然而,随着时间的推移和技术的发展,一些学者认为,HHGE 至少在某些情况下可以被允许。政治哲学家桑德尔认为,对于意图去除遗传性疾病的基因干预,可以不予以批评。而法学家芬伯格认为,可免于批评的缘由在于其可以促进人类之繁衍,由此孩子们拥有"预期自治权"或者"信托之权利",以要求最大化其自我完善(self-fulfillment)。③ 然而这种部分支持论的观点,在操作时面临三个理论上的难题:

第一个难题在于,如何理解开放、繁衍这些词的正面意义,从而使基因干预本身具备正当性?例如,治病是否可以被理解为有利于繁衍(更长的寿命往往意味着更多的人口,也意味着代际间资源分配的公正性问题)?实际上,生殖(尤其是要一个

---

① See Nuffield Council on Bioethics, *Genome Editing and Human Reproduction: Social and Ethical Issues*, 2018, p.67.

② Jurgen Habermas, *The Future of Human Nature*, Polity, 2003, p.50 – 51.

③ See Nuffield Council on Bioethics, *Genome Editing and Human Reproduction: Social and Ethical Issues*, 2018, p.69.

与自己有遗传关系的孩子)与其说是一种自然功能的实现,还不如说是一种人类自然欲望的满足。如果认为生殖可以实现"人类繁荣昌盛"就是好的,那么设想一下大量娶不到妻子的"光棍",就可能被论证为"反自然"的。反过来讲,妇女要孩子的渴望(或者说生育的义务)实际上受到了社会和文化的强烈挟持(如通过声称"不孝有三,无后为大"来固化妇女生男孩的"义务")。进而,过度的生殖更可能造成人口压力和对资源的争夺和贫困,而不是"繁荣昌盛"。

第二个难题在于如何去区分道德上允许或不允许的界限,也就是如何确定什么样的基因组编辑行为可以被允许而另一些不可以被允许,其理由何在?例如,"治疗"干预和"增强"干预的边界有时很难区分,它们之间存在大量的"灰色地带"。当我们辩称单基因疾病治疗可以成为 HHGE 应用的理由时,那么在技术成熟的前提下,多基因疾病干预以及对某些特征进行功能提升的干预是否也可行?

第三个难题在于,如何论证基因例外主义(Genomic exceptionalism)。如果那些可以被允许的基因组编辑所要达到的目的,可以通过诸如环境改变、治疗、后天的教育和训练治疗等达到同样的效果,那么这些被允许的基因(组)编辑行为,是否能够再得到辩护?①

(二)对 HHGE 应用的具体伦理指南

要考察 HHGE 的应用是否应当被允许,以及如果一旦被允许将如何操作,就需要对 HHGE 的应用(干预)进行前文提及的伦理考量。伦理考量一般从 3 个层面展开:一是个人层面,即直接受技术影响的个人(潜在的父母和未来的孩子);二是社会层面,特别是涉及那些可能以某种方式受到间接影响的人;三是人类的一般利益和未来世代的利益。HHGE 的伦理治理体系,不仅需要得到前述科技伦理/生命伦理诸原则的指导,在具体操作时,还需要更具针对性、特定性的伦理指南或原则的指引,这些原则的形成需要通过上述的伦理考量。英国纳菲尔德生命伦理学理事会 2018 年报告提出两个原则:

原则一:"当且仅当在执行的目的是旨在确保因使用这些细胞(配子或胚胎)进

---

① See Nuffield Council on Bioethics, *Genome Editing and Human Reproduction: Social and Ethical Issues*, 2018, p. 71 – 72.

行治疗而出生的人的福利(welfare),且执行的程序是在以一种和该未来将出生的人的福利相一致的方式进行的情况下,才可以将基因组编辑程序应用于配子或胚胎(或那些经基因组编辑程序后的细胞衍生出的配子等)。"①

原则二:只有在经合理预期不会产生或加剧社会分裂、社会内群体完全被边缘化或不利境遇的情况下,使用受基因组编辑的配子或胚胎(或从被编辑的细胞产生的配子或胚胎)才能被允许。

原则一涉及了对个人利益和社会利益的论证,原则二则指向公正性问题,涉及对人类一般利益和未来世代利益的论证:

(1)对个人(潜在的父母及其未来的子女)的利益的论证。前文已经指出,潜在父母的利益(如生育权以及希望得到和自己有遗传关联的孩子)以及促进人类繁衍的论证,尚不足以支持 HHGE 应用的正当性,但对于预防/治疗疾病(尤其是单基因疾病)构成了一个比较强的理由。因此有可能出现的情况是,HHGE 干预在道德上是可以被接受的,但须受到对未来子女福利的适当保护的限制。但纳菲尔德报告在此向前走了一步,它声称"没有任何先验理由认为,除了预防疾病以外的 HHGE 应用不符合未来人的福利"。② 报告着眼于人的福利/福祉,而不是仅仅基于传统的对 HHGE 的分类,如基础研究、治疗和增强(enhancement)等,这种区分事实上不太清晰,如人们很难在治疗和非治疗(如治疗和增强)之间划出一条清晰的界限。正如前文已经指出的,贺某奎事件中的基因编辑到底属于研究、治疗还是增强,依然有争议(如果被认定是治疗行为,那么法院判处其"非法行医罪"可以成立)。萨瓦莱斯库等由此认为,③这是"迈出了重要的一步,打开 HHGE 对各种性状和特征进行应用的一道大门"。例如,这增加了积极提供某些可以让人的福利/福祉得到改善(特征或性状上的提升,如视力的提升)的可能性,而不是将 HHGE 的应用仅仅限制在消

① 报告指出,"人的福利"(welfare)一词,范围要大于"人的福祉"(wellbeing),"人的福祉"(wellbeing)被认为是处于很好的状态("being well",如很健康),从这个意义上讲,"welfare"考虑的就不仅仅是肌体很"健康",还要包含"心理上的福利"(psychosocial welfare)。本书将"welfare"和"wellbeing"在相同意义上使用。

② Nuffield Council on Bioethics, *Genome Editing and Human Reproduction: Social and Ethical Issues*, 2018, p. 76.

③ See C. Gyngell et al., *Moral Reasons to Edit the Human Genome: Picking up from the Nuffield Report*, 45 J Med Ethics 514(2019).

除那些可能造成人的福利/福祉减少的特征或性状。这一理解不无道理,但这仅仅是从报告提出的原则一字面意义所推导出来的,这一原则实际上是为了给HHGE提供具体的操作指南,这一操作指南是要确保未来世代的福利,但是否能够反过来推论,只要确保未来世代的福利,就可以进行针对各种性状和特征的HHGE应用,就很难说了。因为"可以进行HHGE的应用"和"确保未来世代福利"两个命题之间,是逻辑上的"必要"关系,而非"充分—必要"关系。没有证据显示进行HHGE的各种应用,就一定能够确保未来世代的福利。进而,即便HHGE的治疗和非治疗的划分让人感到一些困惑,但能够为人类提供"治疗",尤其是免除未来世代遭受单基因疾病之苦,是目前能够找到的对HHGE应用最有力的辩护。难度在治疗之上的增强是否能得到这个辩护?显然非常困难,用报告自己的话说,这"需要探寻更强的语境因素",也就是条件要更苛刻。此外,对于HHGE应用的具体伦理指南原则,依然需要受到生命伦理诸原则的指引,一些生命伦理原则,如负责任的创新原则以及公平公正原则,都需要得到满足,而依据这些原则,显然无法推导出HHGE可以进行拓展性的应用,因为随意的拓展对这些基本原则构成了挑战。

(2)对社会利益的论证。人类的生殖行为,是在一定的社会背景下进行的。生殖行为可以在没有刻意协调的情况下,改变一个社会(成员)的构成,如成功的繁殖、营养和环境策略,有助于族群身高的提升。[①] 但是,HHGE作为影响生殖的技术,可以导致社会中的其他人受到间接影响,而这种影响可能是"刻意"的。例如,通过改变某些成员的特征,进而改变某个人群的特征,或影响哪些人成为某个族群成员的"资格"。HHGE可以引发多样性、规范转换、残疾批评、社会美德以及公平和正义等一系列问题。[②] 在多样性方面,假定社会中每个人都可以自由地去寻求通过HHGE获得某种性状或特征,那么就有可能导致该社会人口中多样性水平的变化——它可能导致一个社会更加同质化或者更加多样化,甚至可能导致一些人担忧的所谓权威主义强"优生学"的回潮。在规范转换方面,如果HHGE的使用成为标准,这可能导致规范的转变和人们对其使用的新的期望。人们使用HHGE技术,一开始可能是为

① See Nuffield Council on Bioethics, *Genome Editing and Human Reproduction: Social and Ethical Issues*, 2018, p. 78.

② Ibid., p. 79 - 82.

了摆脱生物遗传的约束(如不再遗传单基因疾病),从而获得某种新的自由(如免于某种疾病之苦),但由于形成新的社会规范,反而会减少自由。这尤其反映在目前对产前筛查的担忧中——人们担心,“通常做的事情变成了人们应该甚至必须要做的事情”,使人们感到被迫去从事某件事,从而增加了社会压力,进而减少自由(如产检中,如果通过医院的规定和制度设计,可能会导致“半强制”那些参与辅助生殖的孕妇去做她们本不想做的昂贵的基因检测)。另外一个例子就是“无性生殖”和通过“性生活进行生殖”的传统方法可能会分离,从而导致将大多数人类的生殖交给专业的科学家管理。在残疾批评(也就是 HHGE 会不会加剧对残疾人敌意和歧视)方面,有观点认为,如果以试图取消或防止残疾为由推动 HHGE,会表达或预先假定对残疾人的负面看法,也就是加重对残疾人的敌意(如表达说某种疾病就是不好的,因此需要基因组编辑去防止该疾病,这种表达可能会在社会中引发对该病病人的敌意)。然而,对于显著影响生活质量和生命长度的遗传性障碍性疾病,这种说法是不能成立的,因为新技术的采用给处于脆弱地位的人带来了很大的益处。有观点认为,HHGE 代表了克服脆弱性和弱点的尝试,(这种脆弱性)本身就是人类状况的一个宝贵部分,不应被随意移除。然而,这一论辩的问题在于,一个人必须足够重视在其身上存在的这种脆弱性,以至于他们愿意把它传授给自己的孩子(如我们在导论中提到,非洲一些地区的镰状细胞贫血症患者,其致病基因对抵御疟疾有所帮助,这可以构成这些基因不应被随意移除的一个辩护)。这些辩论有助于我们反思“技术决定论”问题,即试图以技术去解决部分的社会挑战问题。在 HHGE 问题上,我们需要思考,是否该技术是解决某些疾病的唯一的或最合适的办法和途径?我们在前文也已谈及,针对某些单基因疾病,比较好的治疗方法已经突破,这是否会降低 HHGE 应用的必要性?关于公平和正义的问题,涉及应用或限制 HHGE 是否会给某些群体带来不公平的优势。对于公正的关切,如利益的分配不均,以及潜在的受益和风险分配不同(一部分人受益更多,另一部分人却因此承担更大风险,如在贺某奎事件中,参与试验项目的人可以获得更多受益,如发文章、获得资助以及公司经营盈利等,而提供胚胎 HIV 单阳感染者夫妇显然承担了更多的社会风险,如隐私、生物数据以及生出孩子的一系列社会压力等)。

(3)对人类一般利益和未来世代的利益的论证。由于人类遗传物质可以代代相传,HHGE 不仅涉及两代人之间的关系,这种跨越世代的遗传将会涉及未来世代,而

HHGE 对未来世代的潜在不利影响,可能在几代人之后才能显现出来。这里就出现了我们对未来世代负有的责任或道德义务的概念问题。① 让后代避免在每一代中出现不受欢迎的特征是有益的,但也有观点认为,这是对未来世代选择自由的限制。经过多个世代传递改变的潜能,可能造成新的安全性问题,其不良效应可能在许多代后才表现出来,但那时也许已经扩散到许多后代个体身上了。HHGE 还带来另一个问题,即几代以后,后代是否会将已经改变并遗传的基因修饰,重新改回来? 此外,由于环境污染和气候变化等问题,人类可能已经开始慢慢适应某种生态条件,而无法适应迅速变化的生存条件,那么 HHGE 是否可以为这种困境提供一种解决办法,允许引入一些特征,使未来世代的人可以更好适应他们生活的环境(如能够去应对更严重的污染和更多的毒素)? 这种在分子水平上指导进化的设想,隐含着巨大的不确定性,贸然实施是极其不负责任的。②

HHGE 在当代基因组学所揭示的人类概念基础上,带来了令人不安的道德困境:一是它威胁到人类基因遗传的完整性(如有些基因可能被敲除,从而干扰了代际间遗传禀赋的遗传路线);二是它威胁到人类基因组身份的完整性,这个问题涉及人类遗传禀赋的边界问题,即人类和非人类的区分问题。HHGE 引发了一个更深层次的问题,即人类作为一种物种,其生存到底应该被赋予什么样的一种价值? 简单讲,就是 HHGE 会不会导致人类物种的变化,进而导致人类道德地位的变化? HHGE 不仅可以拯救人类(如通过基因修饰让人类免受某种疾病的毁灭性侵袭,抑或更加适应某种恶劣的环境),也可能导致"新人类"的出现,从而导致原有的人类物种被替代。这就引发了所谓跨人类主义(Trans-humanism)的问题。跨人类主义是一个与 HHGE 等技术的出现密切相关的概念,③是指 HHGE 可能导致人类物种"自我克服"到一个更大、更有能力的物种,但这是否构成不应用 HHGE 的道德理由,是值得怀疑和讨论的,人们可以质疑:为什么人类就不可以变得更强大更有能力,变成"超人"是不是一种道德上的错误? 然而,如果我们跳出跨人类主义的论证,不拘泥于纠缠是否可以增强的问题,HHGE 依然需要受到公正和公平的原则的制约和指引,因为

① See Nuffield Council on Bioethics, *Genome Editing and Human Reproduction*: *Social and Ethical Issues*, 2018, p. 88.
② Ibid., p. 89.
③ Ibid., p. 91.

HHGE 会扩大"基因富裕"和"基因贫困"之间的分裂的可能性。例如,人们担忧 HHGE 技术可及的不均导致具有社会优势的某些遗传集中出现在某些家庭和族群,进而产生基因"下层阶级"现象。①

四、全球范围内与 HHGE 相关的伦理指南

近年来,全球范围内各国政府、研究机构、国际组织等,已经发布了 60 多份与 HHGE 的科学和伦理有关的伦理声明。② 从严格意义上讲,这些伦理声明并没有法律上的强制执行效力,也没有构成国际法意义上的公约或多/双边条约。这些声明或指南带有"软法"的性质,为 HHGE 在全球范围内的研究和使用提供某种程度的指引,或者说对 HHGE 在人类中的应用是否应当被允许,对基因组材料的修饰(这"修饰"可以转移给未来世代)在道德上是否可以被接受,展开道德辩论。这对国家和国际层面的政策、法律制定的推进,无疑具有积极的意义。在这一部分,我们将对这些伦理声明和指南作出简要的梳理和综述,并在随后的章节中展开更详细的研究。

(一)对基因技术的早期规制:阿西洛马会议

20 世纪 70 年代,斯坦福大学的生物学家保罗·博格等领导的研究团队,在基因嵌合体、重组 DNA 技术和病毒 - 细菌杂合体制备研究方面作出了重大突破(他由此于 1980 年获得了诺贝尔化学奖)。基因重组和基因克隆技术的发展由此引发科学界的关注,由于这些通过化学手段改造 DNA 的技术便捷而简单,甚至业余生物学家也能在实验室构建出嵌合基因,人们的注意力开始从基因技术发展本身,转向基因技术在政治、文化和伦理领域可能导致的后果。人们担忧,基因嵌合体技术不仅会带来安全性问题,更重要的是,如何保证这些构建出来的人类基因嵌合体不会导致生物学上的混乱。1973 年 1 月,在保罗·博格于斯坦福大学成功制备第一个基因嵌合体之后不久,第一次阿西洛马会议(Asilomar Ⅰ)在意大利西西里岛的小镇埃里切

① See Nuffield Council on Bioethics, *Genome Editing and Human Reproduction: Social and Ethical Issues*, 2018, p. 92 – 95.

② See C. Brokowski, *Do Genome Ethics Statements Cut It?*, 1 The CRISPR Journal 115 (2018).

的一个古堡里召开,《生物学研究中的生物危害》报告诞生。报告对基因操作技术作出了负面评价,但是,报告并没有阻止基因技术的进一步研发。1973 年夏季,保罗·博格和他的同事在细菌杂合体技术研究中取得进展,标志着人类发现了让基因在不同物种间穿梭的技术,从而跨越了百万年的生物进化进程,进一步加剧了人们对基因克隆技术的担忧。美国国家科学院要求保罗·博格牵头组建研究基因重组技术专家小组。专家小组起草了一封信函("博格信函"),呼吁"暂停"某些特定种类的重组 DNA 研究。信中权衡了基因重组技术的利弊,建议在安全性问题得到解决之前,暂缓特定类型的实验(如将致毒基因、耐药基因和致癌基因植入大肠杆菌),这一信函于 1974 年发表在《自然》、《科学》和《美国科学院院刊》上,英法等国也都相继采取类似行动。但相关实验其实并没有停止,1974 年 1 月,斯坦福大学实验室将青蛙基因插入细菌细胞。1975 年 2 月,第二次阿西洛马会议在美国加利福尼亚州召开,除了科学家(如著名生物学家保罗·博格和巴尔的摩),会议还邀请了律师、记者和作家等代表,以期回应公众关切。会议提出了针对转基因生物潜在危害的分级方案(四级),并提出对基因重组及其限制措施做出动态调控。第二次阿西洛马会议促进了科学家自治,促成了科学家和公众的交流机制,提出了基因技术评价标准与预警机制,科学界由此将阿西洛马会议视为遗传学迈向新时代的标志。但需要指出的是,会议对伦理问题,也就是基因技术可能导致的道德和社会问题,并没有涉及。

(二)近年来 HHGE 相关的伦理声明及部分内容综述

阿西洛马会议标志人们将注意力从基因技术的发展逐步转移到了基因技术发展可能带来的伦理、法律和社会问题之上,并试图采取行动。该会议的发起人之一,诺贝尔奖得主大卫·巴尔的摩为此作出了努力,会议提出"暂缓/延期"(moratorium)特定类型试验的倡议,在若干年后的关于 HHGE 的辩论中,依然能够看到类似观点的出现。

随着基因组编辑技术的跨越式发展,HHGE 在实践中成为可能。在过去数年中,全球范围内发布了一系列相关的伦理指南和伦理声明。除了前述英国纳菲尔德生命伦理学理事会 2018 年的报告外,2017 年 2 月,美国国家科学院、工程和医学院(NASEM)人类基因编辑委员会也发表了一份报告,该报告回顾了对基因组工程技术惊人崛起相关的科学、伦理（道德）和法律问题。报告的结论之一是，HHGE 现在应该是不被允许的，但还是可以为缓解某些医疗指征辩护。报告没有禁止将 CRISPR 技术用于增强（enhancement），并得出结论称，一旦安全风险得到更好地理解，那么就可以进行 HHGE 的临床试验。① 正如前文指出的，据不完全统计，仅 2015～2018 年，全球 50 多个国家和相关组织起草并发布了 60 余份伦理声明和报告，这个数字在 2018 年贺某奎事件后还有所增加。除了上述最具影响力的英美颁布的两份报告外，其他如美国和欧洲人类遗传学学会（American and European Societies of Human Genetics）、欧洲人类生殖和胚胎学学会（European Society of Human Reproduction and Embryology）、国际干细胞研究学会（International Society for Stem Cell Research，ISSCR）、英国纳菲尔德生命伦理学理事会、丹麦伦理理事会和联合国教育、科学和文化组织（The United Nations Educational Scientific，and Cultural Organization，UNESCO）的国际生命伦理委员会，以及一些工业团体和组织，如生物技术创新组织（Biotechnology Innovation Organization）和各种涉及基因组编辑的生物技术公司等也发布了相关声明和报告。绝大部分报告和声明都对基因组编辑的安全性表达了关切，支持暂停可遗传生殖系基因编辑；这些报告从不同角度，对知情同意、人类增强、社会不公的扩大和优生学感到忧虑。② 从生命伦理或法律的角度来看，这些报告中的许多内容还有不足，但其提出和论辩的一些观点，为推进解决 HHGE 的关键问题，以及促进这一领域的国际法和公共政策的系统制定，提供了初步的基础。限于篇幅，本节摘录部分有代表性机构报告的核心要点予以综述，具体见表 1－1。

---

① See National Academies of Sciences, Engineering and Medicine, *Human Genome Editing: Science, Ethics, and Governance*, The National Academies Press, 2017.

② See C. Brokowski, *Do Genome Ethics Statements Cut It?*, 1 The CRISPR Journal 115(2018).

表 1-1　全球范围内主要政府、国际组织、研究机构关于 HHGE 的伦理声明与建议综述

主要观点	希克斯顿（Hinxton）集团	中美英国际基因组编辑峰会（NAS，NAM，CAS，and UK Royal Society International Summit）	美国国家科学院和国家医学院人类基因编辑委员会（NAS and NAM Committee on Human Gene Editing）	美国基因与细胞治疗协会和日本基因治疗协会（ASGCT and JSGT）	国际干细胞研究协会（ISSCR）	巴尔的摩等人（Baltimore et al.）	欧洲科学和新技术伦理小组（EGE）	兰菲尔等人（Lanphier et al.）	美国医学遗传学与基因组学学会（ACMG）	美国国立卫生研究院（NIH）	英国人类受精与胚胎学管理局（HFEA）
可以进行基础研究	X	X	X	X	X	X					X
可以进行临床前研究		X	X								
应当对研究部分或全部暂缓							X	X		X	
应当有多元利害相关方参与决策	X	X	X	X	X	X	X	X	X		
目前不宜进行临床使用	X	X	X	X	X	X	X	X	X		
临床使用只有在安全和有效性问题解决的前提下才可以进行	X	X	X	X	X	X	X		X		

续表

主要观点	希克斯顿（Hinxton）集团	中美英国际基因组编辑峰会（NAS，NAM，CAS，and UK Royal Society International Summit）	美国国家科学院和国家医学院人类基因编辑委员会（NAS and NAM Committee on Human Gene Editing）	美国基因与细胞治疗协会和日本基因治疗协会（ASGCT and JSGT）	国际干细胞研究协会（ISSCR）	巴尔的摩等人（Baltimore et al.）	欧洲科学和新技术伦理小组（EGE）	兰菲尔等人（Lanphier et al.）	美国医学遗传学与基因组学学会（ACMG）	美国国立卫生研究院（NIH）	英国人类受精与胚胎学管理局（HFEA）
临床使用只有在全社会就 HHGE 使用边界达成共识的前提下才可以进行	X	X	X	X	X		X		X		
临床使用只有在监管措施到位的前提下才能进行	X	X	X				X				
临床使用只有在公正和平等得到关注的前提下才可以进行	X			X			X				
临床使用需要以透明度为前提			X			X					
全世界范围内都不应该鼓励临床使用						X					

续表

主要观点	希克斯顿（Hinxton）集团	中美英国际基因组编辑峰会（NAS, NAM, CAS, and UK Royal Society International Summit）	美国国家科学院和国家医学院人类基因编辑委员会（NAS and NAM Committee on Human Gene Editing）	美国基因与细胞治疗协会和日本基因治疗协会（ASGCT and JSGT）	国际干细胞研究协会（ISSCR）	巴尔的摩等人（Baltimore et al.）	欧洲科学和新技术伦理小组（EGE）	兰菲尔等人（Lanphier et al.）	美国医学遗传学与基因组学学会（ACMG）	美国国立卫生研究院（NIH）	英国人类受精与胚胎学管理局（HFEA）
任何关于这一科学领域的公共政策规制都应具有弹性	X										

资料来源：See Kelly E. Ormond et al., *Human Germline Genome Editing*, 101 The American Journal of Human Genetics 167(2017).

注：1. 在每个声明/报告中提出的主要的、公开的论点都有一个"X"标记，但没有标注"X"并不一定意味着该报告不同意这个观点。该表只包括每一份声明的核心建议，而不是详尽无遗的。许多机构都已经发表了关于人类生殖系基因编辑和相关研究的声明，报告和建议的内容相当相似。大多数报告都同意基础研究应该进行，但至少在短期内应该避免临床应用。许多声明概述了在临床使用 HHGE 之前必须满足的标准，包括克服安全和技术障碍、就界限达成社会共识、建立适当和透明的监督机制以及解决公平问题等。最重要的分歧领域是目前应允许的研究类型，包括是否应部分或全部暂停。

2. 缩写代表的机构全称：NAS, US National Academy of Sciences; NAM, US National Academy of Medicine; CAS, Chinese Academy of Sciences; ASGCT, American Society for Gene and Cell Therapy; JSGT, Japan Society of Gene Therapy; ISSCR, International Society for Stem Cell Research; EGE, European Group on Ethics in Science and New Technologies; ACMG, American College of Medical Genetics; NIH, National Institutes of Health; HFEA, UK Human Fertilization and Embryology Authority。

第三节 人类可遗传基因组编辑的法律治理

HHGE伦理治理的核心要义，是通过建立一套完整的伦理指南和伦理规则体系，以“伦理先行”为原则，最大限度降低和限制HHGE科技发展中针对人类及其赖以生存的生态系统可能出现的一系列外部性风险和不确定性，缓解、避免HHGE科技发展和人的尊严及人的存在意义之间出现抵牾。在理论上，基因编辑技术与合成生物学，已经可以在人类增强（乃至寿命延长）方面产生作用，这对“人”的定义产生了影响——人类面临的道德困境是可想而知的。例如，康德哲学中的自主/自治性假设，将进一步受到挑战。HHGE的伦理治理，就是为人类由此面临的道德困境提供指导和争议解决的方案。

世界经济论坛主席施瓦布教授指出，第四次工业革命中新兴技术发展，将产生外部性效应控制问题，这就需要立法者对新兴科技可能产生的一系列风险和不确定性进行伦理和法律控制。所谓新兴科技的外部性效应，是指新兴科技各项技术有着强大的力量，可以对复杂的社会和环境系统产生长期的不确定性影响。新兴科技的外部性效应带来的挑战和意外后果是十分严峻的，如地球工程对生物圈造成的不可挽回的损害；通用人工智能寻求目标的行为与人类生活的多样性和庞杂性相冲突；量子计算使现有加密方法失效，在某些情况下可能造成重大的隐私和安全风险，威胁用户利益；自动驾驶汽车在城市中造成的新型拥堵；虚拟现实（VR）的兴起可能导致的网络骚扰、人的精神创伤以及人类生活、娱乐方式的变化等。而可遗传生殖系基因组编辑，也同样可能会带来外部性效应问题。①

但是，仅仅靠伦理规范，并不足以应对新兴科技的外部性效应，也就无法完全阻止HHGE科技发展中“恶”的出现。或者说，很难去阻止HHGE科技发展的成果被用于“恶”的目的。一个关键的问题是，伦理规范本身普遍缺少强制执行的效力和能够被强制执行的手段。当规范具备了普遍的强制执行力，那么该规范就进入了法律

---

① 参见［德］克劳斯·施瓦布、［澳］尼古拉斯·戴维斯：《第四次工业革命——行动路线图：打造创新型社会》，中信出版集团股份有限公司2018年版，第10～13页。

的范畴。

因此,如果要更加有效地应对 HHGE 的发展及其挑战,我们就需要进一步完善相关的法律法规体系建设。在本节中,我们将对 HHGE 伦理治理与法律治理的关系、全球范围内的立法例、HHGE 立法框架和我国相关立法状况展开讨论。

一、HHGE 伦理治理和法律治理的关系

HHGE 的伦理治理与法律有着密切的关系,由于伦理准则一般缺乏强制执行力和强制执行的机制,法律应当起到重要的补充、协同和规范作用。具体来说,HHGE 伦理规范和法律规范之间的关系,可以分为如下四个层面:

(一)伦理原则对立法具有指导作用

HHGE 的伦理治理原则与伦理规范,应当对相关的法律起到指引或参照作用;反之,相关法律法规和规章的制定,也需要得到这些伦理治理原则和伦理规范的辩护。举一个简单的例子,作为科技伦理和生命伦理治理的基本原则之一,"尊重(每个)人原则"要求我们对人的自主性提供保护,不应当强迫其他人按照我们的意愿行事(如不能强迫病人接受某种药物的临床试验),或者欺骗他们按照我们的意愿行事(如不告知受试者参与某种临床试验的风险)。这显然违背了"尊重(每个)人原则"(以及由其引申而出的知情同意规则)。相应地,法律应当对此做出禁止性和惩罚性的规定,然而如果法律法规或规章的制定,有利于违反伦理原则的行为的发生,或对该行为视而不见,或规定及其执行有诸多漏洞,无法为受害方提供合理的救济,那么就无法得到伦理上的辩护。

(二)伦理原则的法律化

在现实中,一些道德或伦理原则被法律化,成为法律的一部分。例如,《民法典》第 4 条规定了民事主体法律地位平等原则、第 5 条规定了民事主体从事民事活动遵循自愿原则,第 6 条到第 8 条分别规定了民事主体从事民事活动的公平原则、诚信原则和公序良俗原则。同样,HHGE 相关的伦理原则,也同样可以被法律化。例如,《民法典》第 1002 条规定了生命尊严原则,第 1009 条基因编辑条款则规定了要遵循伦理道德原则,依据该条款,科技/生命伦理诸原则均可以在裁判中为法官所参照,

这些原则还可以在各种单行法规中被进一步具体化。

（三）伦理规范和伦理制度的法律化

科技伦理与生命伦理诸原则，在新兴科技治理中具有普遍的指导意义，但由于新兴科技具有不同的情况，因此不同情况下的具体的伦理规范将会有所不同。具体到 HHGE，其伦理规范和人工智能的伦理规范是不同的，虽然它们之间可能存在某种共性。如果我们把“伦理规范”理解为“外部资源所提供的规则（rules），并为某一人群的行为或群体的文化所认可”，那么伦理规范中的一部分也是可以被法律化、制度化的。在这种情况下，伦理规范只是在一定语境下才自洽的，且在不同语境中可能具有不同的定义。遵守某种伦理规范的人有时可能是道德无涉的，同样，违反了某些具体伦理规范未必就违反道德原则，有时甚至可能是在维护道德的一致性。例如，对参加单基因疾病研究试验的夫妇提供一定的补助，可以是一项伦理规范，但它是道德无涉的（不能指责受试者参加受试是为了钱）。在另一些场景下，允许受试者取走自己的生物信息可能并不符合操作规范，但道德上却是可以自洽的（尊重受试者的自主权）。

因此，从这个意义上讲，对不同场景下一些具体的伦理规范进行法律化是可以的，如将伦理审查制度/规范法律化，提升为通过政府或立法部门的立法程序颁布的法律规范，完全是可行的。法律对于伦理委员会成员的资质和（法律）责任的规定，对于提升伦理审查的严肃性和确立其在 HHGE 科技发展过程中“安全阀”地位，将具有重要意义。

（四）“软法”：伦理规范和伦理制度存在的普遍形式

在大多数的情况下，伦理规范以各种指南、规范的“软法”（soft law）形式出现。所谓软法，是指那些不能运用国家强制力保证其实施的规范形式。软法是相对硬法（hard law）而言的，后者是指那些能够依靠国家强制力保证实施的法规范。例如，2016 年，国际干细胞协会发布的《干细胞研究和临床转化指南》（Guidelines for Stem Cell Research and Clinical Translation），以及中国医院协会发布的《涉及人的临床研究伦理审查委员会建设指南（2020 版）》等，都属于软法。前文提到的数十种国际上的 HHGE 相关伦理指南/报告中，有些指导性的内容也可以算软法之列，如欧洲医学学术联合会(Federation of European Academies of Medicine,FEAM)发布的《基因组编辑的人体应用》(The Application of Genome Editing in Humans)等。这些伦理规范的共同特点是不具有法律上的强制力,但专业人士等应当在具体场景中予以遵守,如果违反了这些伦理规范,当事人可能会受到一定的惩戒(如批评、通告、取消项目申请资格等),但不具有法律责任上的效果。在一些领域,由于法律无法穷尽社会生活中各种场景与可能,伦理规范可以为司法判决提供某种判定的参考标准。

二、HHGE 相关的全球立法

关于人类可遗传生殖系细胞进行基因组编辑,各国相关立法例各有不同。总体而言趋向从紧或禁止,但也有很多国家还没有相关法律规定。2014 年,在一份被广泛引述的研究报告中,日本北海道大学的研究人员发现,在当时受调查的 39 个国家中,有 29 个国家禁止人类生殖系细胞胚胎基因编辑。其中,比利时、加拿大、保加利亚、丹麦、瑞典和捷克以被修饰基因将被后代遗传或伤害人类胚胎为由,禁止了生殖系基因(组)编辑。① 各国的立法与监管体制,又因为法律文化、宗教、政治和哲学传统、贫富差异、基础设施和社会自由度的不同而有差异。②

在美国,人类生殖系细胞修饰(Human Germline Modification,HGM)问题,由美国食品药品监督管理局(Food and Drug Administration,FDA)以监管药品、医疗器械和生物制品之名优先实施管辖。依照2016 年《整合拨款法案》中的一个"搭车提案"(bill-rider)之规定,HGM 目前在美国是被禁止的,这也是美国关于 HGM 最基本的规定。该法案规定"本法案下提供的资助不可被用于……刻意创造人类胚胎或修改以加入一个可以遗传的基因修改的研究"。《整合拨款法案》指出,任何相关的豁免调查申请依照本法都不被承认。该规定在 2017 年拨款法案中继续生效,参议院还将该"搭车提案"加入了《2018 年农业、乡村发展,FDA 和相关机构拨款法案》,从而将其效力延续到 2018 年。③ 对任何需要对人类胚胎进行可遗传基因修饰的临床治

---

① See Motoko Araki & Tetsuya Ishii, *International Regulatory Landscape and Integration of Corrective Genome Editing into in Vitro Fertilization*, 12 Reproductive Biology and Endocrinology 108(2014).

② 参见贾平:《涉及人类生殖系细胞基因编辑的立法及监管制度化研究》,载雷瑞鹏等主编:《人类基因组编辑:科学、伦理学与治理》,中国协和医科大学出版社 2019 年版,第 280 ~ 291 页。

③ See Joshua D. Seitz, *Striking a Balance: Policy Considerations for Human Germline Modification*, 16 Santa Clara Journal of International Law 74(2018).

疗来说,这一法案有效地将美国 FDA 排除在对类似临床治疗的安全和有效性评估之外,也就是说,任何使用 HGM 进行的治疗,如果可以引发可遗传基因变化,那这样的治疗就将被该法案禁止。该法案同样排除了线粒体置换的可能性,因为 FDA 被完全阻止启动和进入相关的研究性新药申请程序(Investigational New Drug Application),这些潜在的“药”或“疗法”根本就无法被审批。虽然从技术上来说,法案并没有禁止 HGM 本身,但由于其阻止了任何新药/生物药获得进入临床研究的审批或授权(否则将处以严厉的民事惩罚性赔偿,或刑法制裁),因此,该法案的阻却威力是巨大的。几经反复,这一法案在 2019 年得以保留。2019 年 6 月 4 日美国众议院拨款委员会在 2020 年预算法案中,继续禁止 FDA 要求批准任何“故意制造或修饰人类胚胎以使其具备可遗传基因变化”的临床试验的企图。① 此外,美国国立卫生研究院通过拨款权力,规定联邦资助不适用于 HHGE 并对其发展施加了一些影响;迪克维克修正案(Dickey-Wicker Amendment,DWA)禁止大多数关于胚胎研究的联邦资助,但本政策不适用于私人资助研究的法律效力。② 这实际上构成了一个制度性的漏洞,即可遗传基因(组)修饰活动可以通过私人资本(甚至州层面)资金的支持而展开。③

英国立法则要折中一些。1990 年,《人类受精与胚胎学法案》建立了一个“许可”制度,由英国人类受精和胚胎管理局(Human Fertilisation and Embryology Authority,HFEA)实施监管权。法案禁止对 14 天以上(从胚胎形成日起算)的胚胎进行研究。HFEA 也对所有临床受精治疗(包括配子和胚胎)进行授权管理,但有些行为不能许可,并被法律严禁,这些行为包括使用不符合法案所定义的配子或胚胎进行法案所允许的配子或胚胎治疗(treatment),而生殖系细胞就属于不符合法案允许的配子或胚胎定义范围之内。④ 当然,可以通过改变允许的配子和胚胎范围,从而

---

① See Jocelyn Kaiser, *Update: House Spending Panel Restores U. S. Ban on Gene-edited Babies*, Science (June 4, 2019), https://www.sciencemag.org/news/2019/06/update-house-spending-panel-restores-us-ban-gene-edited-babies.

② See National Academies of Sciences, Engineering, and Medicine, *Human Genome Editing: Science, Ethics, and Governance*, The National Academies Press, 2017, p. 39 – 44.

③ 参见贾平:《涉及人类生殖系细胞基因编辑的立法及监管制度化研究》,载雷瑞鹏等主编:《人类基因组编辑:科学、伦理学与治理》,中国协和医科大学出版社 2019 年版,第 280 ~ 291 页。

④ See Nuffield Council on Bioethics, *Genome Editing and Human Reproduction: Social and Ethical Issues*, 2018, p. 102.

解除立法的限制。2008 年,HFEA 法案修订时加入了类似条款,以便为通过细胞再造技术避免线粒体疾病的技术发展开绿灯。这样,为了避免严重的线粒体疾病传播而进行的对捐赠的线粒体的治疗性应用,就可以使一个卵子或胚胎在既定程序和既定环境下,成为“被本法允许的”卵子或胚胎。但该法案适用范围很窄,根据 2015 年的一个规定,可以被有争议地允许胚胎的基因编辑。这个 2015 年的规定,回应了关于人类可遗传生殖系细胞编辑问题。议会通过的 2015 年法案批准了“进行刻意的生物学改变,而这一改变将遗传给未来世代”的实践操作行为。然而生殖系细胞改造虽然被法律允许,但议会同时否认这一程序等同于“基因修饰”(genetic modification)。由此,对生殖系细胞的改造的允许被分为两个层次:一是在细胞层面,二是在分子层面。英国这种单挑出线粒体疾病允许进行生殖系细胞改造的做法,引发了争议。①

欧盟国家的立法则各有不同。除了英国倾向于建立独立监管机制(目前英国已经脱欧),另一些国家则试图通过专业组织和专业伦理机构来解决问题。有些国家如意大利规定,除非有利于胚胎,否则所有的人类胚胎研究都被禁止;瑞典则规定允许胚胎研究,但禁止对人类胚胎进行可以遗传的基因改变,也没有明确改变胚胎是不是违法;大多数欧洲国家仅仅允许额外(supernumerary)的辅助生殖(IVF)胚胎研究,并禁止制造胚胎的研究活动(与英国立法例不同)。虽然大多数欧盟国家允许挑选胚胎以避开某种遗传疾病或残疾,但多数国家的法律和指南对此都设置了严格的限制条款。此外,欧盟国家多把人的尊严作为伦理规范的根本性原则,如德国《基本法》第 1 条。德国 1990 年的《胚胎保护法》规定辅助生殖是为了怀孕,因此前期试验是受到严格限制和控制的,该法对于以辅助生殖为目的使用胚胎,以(受精后)3 个月以内为限。此后的《胚胎干细胞法》《基因诊断法》等对相关技术作出了具体细化的规定,并对限制性规定做出了一定的突破。2011 年,《胚胎植入前诊断法》则是德国有关基因组编辑技术立法史上的划时代作品,该法明确允许可以利用特定的基因编辑技术对患者进行医学上的治疗,但依然禁止可遗传生殖系基因编辑。② 德国法还对任何除了出于研究目的而进行的人为改变人类生殖系细胞基因信息的尝试,或

① See Nuffield Council on Bioethics, *Genome Editing and Human Reproduction: Social and Ethical Issues*, 2018, p. 102.

② Ibid., p. 107.

者改变基因信息而使用人类配子的行为，规定了严厉的刑事处罚条款。①

在其他大陆法系国家中，如 2002 年日本的《基因治疗临床研究指南》（无法律约束力）禁止可能引发，或改变人类生殖系细胞或胚胎基因信息的任何基因治疗临床试验。而首相办公室的“科技创新委员会”则考虑修订政策，将通过生殖系细胞编辑改变人类胚胎限制于基础研究，并禁止转移编辑过的胚胎到人体内。以色列《禁止基因干预法》禁止对生殖细胞进行永久性故意基因改造（包括生殖系基因治疗），以制造人类。印度没有明确禁止生殖系细胞编辑，但实践中有限制。印度医疗研究委员会的生物医学伦理指南禁止“挑选逆人性、反智、不利于身体、精神和感情特质”的生殖系细胞治疗。并禁止对超过 14 天的胚胎进行基因改变，这些规定也适用于干细胞治疗。②

由上可知，全球生殖系细胞基因组编辑立法例中，以英美法系较宽松，而大陆法系国家（欧盟中的德国、法国、意大利、奥地利及其他多数有着制定《民法典》传统的国家）则较严厉。英美法系中，又以美国最宽松，除了少数几个州有禁止性规定外，联邦层面并没有明令禁止生殖系基因（组）编辑，仅仅以禁止 FDA 审核新药或疗法的方式，事实上堵住了任何联邦资助用于生殖系基因（组）编辑的可能，但对私人资本资助生殖系基因（组）编辑却几乎无限制。英国法受到欧盟和欧洲理事会相关立法和判例的掣肘，稍显严厉，但又是欧洲法中的“异类”，如在线粒体疾病传播和治疗性应用方面开了绿灯。大陆法系的日本，有由大陆法传统趋向美国模式的迹象，而英美法系的印度，则基于自身的宗教和文化及人口控制的传统，对生殖系细胞基因组编辑的限制显得更严厉。需要指出的是，这些国家的立法，多数禁止带有生殖目的的生殖系基因组编辑（HHGE）。

在 2020 年 11 月发表的一份针对全球 106 个国家和地区的调查研究中显示，其中 96 个国家/地区有相关的法律或政策文件。③ 作者将全球范围内搜集到的相关法律政策分为若干类，分别是允许（permitted）、禁止（prohibited）、有例外禁止（prohibited

---

① 参见谭波、赵智：《对基因编辑婴儿行为的责任定性及其相关制度完善》，载《山东科技大学学报（社会科学版）》2019 年第 3 期。

② See Nuffield Council on Bioethics, *Genome Editing and Human Reproduction*: *Social and Ethical Issues*, 2018, p. 109.

③ See Francoise Baylis et al., *Human Germline and Heritable Genome Editing*: *The Global Policy Landscape*, 3 The CRISPR Journal 365(2020).

with exception)、不确定(indeterminate)和无相关信息。在上述96个国家中,在生殖系基因组编辑(不涉及生殖)方面,40个国家有相关信息,其中23个国家(58%)禁止这项研究(19个彻底禁止,4个有例外禁止),11个国家明确允许人类生殖系基因组编辑,6个国家尚不确定。在没有相关信息的剩下56个国家中,有22个国家批准了《在生物学和医学应用方面保护人权和人的尊严公约:人权和生物医学公约》(又称为《奥维耶多公约》),[①]该公约禁止人类可遗传基因组编辑,但保留了生殖系基因组编辑的地位(由每个国家决定)。关于人类可遗传基因组编辑,调查得出的情况则不同于人类生殖系基因组编辑,在上述96个具有潜在相关政策文件的国家中,有78个国家制定了关于HHGE的政策。在这78个国家中,75个国家(96%)禁止HHGE(70个彻底禁止,5个有例外禁止)。这96个国家中没有一个明确允许HHGE,其中3个国家被指定为政策不确定的国家。阿尔巴尼亚、巴林、白俄罗斯和克罗地亚的法律政策禁止所有涉及人类胚胎的研究(同时禁止HHGE和生殖系基因组编辑)。(具体见表1-2、表1-3)

表1-2 各国关于生殖系基因组编辑的法律政策(不以生殖为目的)

单位:个

区域(国家数量)	允许	禁止	有例外禁止	不确定	无相关信息
非洲(13)	2	0	0	2	9
美洲(17)	1(美国,但只能使用私人资金)	4	2	0	10
东地中海(10)	1	4	0	1	4
欧洲(46)	3	10	2	2	29
东南亚(2)	2	0	0	0	0
西太平洋地区(8)	2	1	0	1	4
总计(96)	11	19	4	6	56

资料来源:See Francoise Baylis et al., *Human Germline and Heritable Genome Editing: The Global Policy Landscape*, The CRISPR Journal, 2020, 3 (5): 365-377。

① See Council of Europe, *Convention for the Protection of Human Rights and Dignity of the Human Being with Regard to the Application of Biology and Medicine: Convention on Human Rights and Biomedicine*, 1997.

表 1－3　各国关于可遗传基因组编辑的法律政策(以生殖为目的)

单位:个

区域(国家数量)	允许	禁止	有例外禁止	不确定	无相关信息
非洲(13)	0	5	0	1	7
美洲(17)	0	8	2	0	7
东地中海(10)	0	8	1	0	1
欧洲(46)	0	41	2	1	2
东南亚(2)	0	2	0	0	0
西太平洋地区(8)	0	6	0	1	1
总计(96)	0	70	5	3	18

资料来源:See Francoise Baylis et al., *Human Germline and Heritable Genome Editing: The Global Policy Landscape*, 3 The CRISPR Journal 365(2020)。

三、我国 HHGE 相关立法框架

要想实现对 HHGE 的有效规范和治理,首先需要深入理解和把握作为新兴科技基因组编辑技术的内在本质,对其可能带来的外部性效应和不确定性风险保持清醒的认知,并在这一基础上,发展出一整套具有指导性和普遍性的基本原则,为相关法律法规的制定提供指南。而法律法规的制定,需要获得这些基本原则(本质上是一组道德和伦理准则)的(伦理)辩护。进而,在基因组编辑法律体系建设和具体法律制定方面,应当尽量确保与其他法律规范的协同作用,以最大限度地体现法律制度的整体功能。

具体来说,HHGE 相关的法律治理,可以被分为 3 个层面来进行探讨。首先,需要充分完善现行法体系,让 HHGE 相关法律体系与现行的、比较稳定的某些法律制度(宪法、民法、刑法)和规范相衔接。其次,需要制定科技单行法进行配套,在一般性原则规范(如伦理治理诸原则或将其中的一部分法律化)的指引下,由科技单行法规将它们进一步具体化。最后,还要制定相关的法律和伦理规范,为包括 HHGE 在内的生殖系基因组编辑技术发展提供引导、规范和支持。

（一）通过对现行法律的修订与完善，使之与可遗传生殖系基因组编辑的规范形成一个有机的整体，发挥法律规范的协同作用

1. 从立法涉及的部门法角度而言，上述立法涵盖了：

(1)民事立法。主要涉及2021年1月1日生效的《民法典》以及其他相关的民事立法、司法解释。

《民法典》第1009条规定："从事与人体基因、人体胚胎等有关的医学和科研活动，应当遵守法律、行政法规和国家有关规定，不得危害人体健康，不得违背伦理道德，不得损害公共利益。"本条内容可以对可遗传生殖系基因组编辑起到规范作用。此外，《民法典》第990条提及了人格权和尊严问题；第1002条提及了生命尊严（自然人享有生命权，有权维护自己的生命安全和生命尊严。任何组织或者个人不得侵害他人的生命权）；第1008条规定了临床试验和知情同意，并提及了伦理委员会。

目前，《民法典》在我国全国人大层面制定的基本性法律中，对新兴科技和伦理相关问题规定最详尽，这为其他相关部门法树立了榜样。由于《民法典》在一国法律体系中的地位仅次于宪法，甚至被认为在一定程度上发挥着宪法功能，[①]被誉为"民事宪法"或"社会学意义上的宪法"，因此，"由其对后续立法进行指引最适当"。《民法典》的"基因编辑"条款，对后续立法有着推动、指引作用，该条款将基因编辑相关医学和科研活动纳入调整范围能强化其治理功能，是"治理现代化的重要表征"。[②]此外，《民法典》条款中涉及的人格权和尊严、生命权和知情同意等问题，实则是把科技伦理和生命伦理诸原则和相关伦理规范进行了"法律化"，对于指导生殖系基因组编辑技术发展和实践，以及相关后续立法，有着十分重要的现实意义。限于篇幅，《民法典》无法对HHGE做出详尽的规定，这些需要未来的立法或司法解释、判例进行解释和进一步细化。

(2)刑事立法。主要涉及《刑法》、全国人大常委会层面制定的刑法系列修正案、最高人民法院的司法解释和最高人民检察院的相关规定等。例如，2020年12月

---

① 参见谢鸿飞：《中国民法典的宪法功能——超越宪法施行法与民法帝国主义》，载《国家检察官学院学报》2016年第6期。

② 参见石佳友、庞伟伟：《人体基因编辑活动的民法规制：以〈民法典〉第1009条的适用为例》，载《西北大学学报》2020年第6期。

26日，第十三届全国人民代表大会常务委员会第二十四次会议通过《刑法修正案(十一)》第39条规定，在《刑法》第336条后增加一条，作为第336条之一：违反国家有关规定，将基因编辑、克隆的人类胚胎植入人体或动物体内，或者将基因编辑、克隆的动物胚胎植入人体内，情节严重的，处3年以下有期徒刑或拘役，并处罚金；情节特别严重的，处3年以上7年以下有期徒刑，并处罚金。这一规定明确禁止了以生殖为目的的生殖系基因组编辑应用。也就是说，现阶段HHGE临床应用在我国是触犯刑法的。

(3)基本科技立法。主要涉及《科学技术进步法》(1993年颁布，2007年第一次修订，2021年第二次修订)，《促进科技成果转化法》(1996年颁布，2015年修正)，《科学技术普及法》(2002年颁布)等。这些法律中的条款显得过于政策化，缺乏可操作性，未来需要对这些法律及相关的法规规章和地方性法规等进行修订，具体可以包括：

①将新兴科技/生命伦理治理诸原则进行法律化，列为基本科技立法的基本原则；

②列举包括HHGE在内的新兴技术及可能的外部性效应风险类别；

③设定某种机制，能够在合理的时间内，确定新涌现的技术产生的风险和不确定性；

④对国家科技伦理委员会作出更细致的规定；

⑤在罚则或法律责任章节中设定“转介”或“转致”条款，即明确当某种违法行为出现后，应当适用哪些部门法的哪些条款，从而明确部门法实施的“请求权基础”(在出现民事侵权行为时)或者“基础性的法律支持”，这样可以有效减少法律实施时可能出现的“空白”“争议”，或不确定性。

2. 从立法层级角度而言，上述一系列立法应包括：

(1)全国人民代表大会及其常务委员会制定的法律；

(2)国务院制定的行政法规；

(3)部委制定的规章；

(4)地方制定的法规。

3. 从内容角度而言，上述一系列立法的具体内容，应包括但不限于：

(1)包括HHGE在内的新兴科技的基本原则和基本操作规范；

(2)HHGE 研究者、资助者等的注意义务;

(3)伦理审查的程序和法律责任;

(4)隐私保障;

(5)数据归属权和生物样本库;

(6)专利和商业秘密;

(7)反歧视;

(8)监管职能;

(9)紧急处置和风险控制流程;

(10)赔偿与争端解决。

(二)人类基因组编辑的单行立法

新兴科技的相关单行立法,可以在全国人大立法层级展开。如第十三届全国人民代表大会常务委员会第二十二次会议于 2020 年 10 月 17 日通过、自 2021 年 4 月 15 日起施行的《生物安全法》。该法第四章"生物技术研究、开发与应用安全"中,要求"从事生物技术研究、开发与应用活动,应当符合伦理原则"(第 34 条第 2 款);开发与应用活动的单位应当对本单位生物技术研究、开发与应用的安全负责并采取生物安全防护措施(第 35 条);国家依据不同场景(公共健康、工业农业、生态环境等)对生物安全风险进行等级划分(第 36 条);从事生物医学新技术临床研究,应当通过伦理审查(第 40 条)。

新兴科技单行立法也可以在国务院及其部委或地方立法层级展开。如 2019 年 3 月 20 日国务院第 41 次常务会议通过、自 2019 年 7 月 1 日起施行的《人类遗传资源管理条例》。该条例对科研开发活动以及成果的产业化(第 18 条)、临床试验(第 20 条:利用我国人类遗传资源开展生物技术研究开发活动或者开展临床试验的,应当遵守有关生物技术研究、临床应用管理法律、行政法规和国家有关规定)和合作中的某些风险控制进行了规定[第 27 条:利用我国人类遗传资源开展国际合作科学研究,或者因其他特殊情况确需将我国人类遗传资源材料运送、邮寄、携带出境的,应当符合下列条件……(1)对我国公众健康、国家安全和社会公共利益没有危害……(5)通过伦理审查]。

人类基因组编辑的单行立法可以采取上述立法模式,从基本科技立法中独立出来。立法的内容可以包括立法原则、基因组编辑的分类及其治理、隐私保障、生物样本和数据归属、反歧视、监管体系、伦理审查、法律责任等。

四、小结

人类基因组编辑技术的发展，具备了前所未见的影响力，并能够产生巨大的外部性效应，带来一系列风险和不确定性。目前，我国相关法律体系已经作出了相应的反应，立法和制度建设上取得了明显进步，但整体上，还应当加强相关的立法研究，形成层次分明、协同性强、逻辑严谨且具备前瞻性的人类基因组编辑法律治理和规范体系。

第一，应当充分把握人类基因组编辑技术发展的内在本质和外部性效应的特征，并建立起一整套伦理指导原则和准则。法律法规的制定必须能够得到新兴科技/生命伦理诸原则的辩护。

第二，应当把部分伦理原则和伦理规范法律化，增加或赋予其强制执行的效力。

第三，应当充分利用现有的法律体系和法律规定，让法律规定之间产生协同效应，进而依照人类基因组编辑的具体场景和涉及事项，推动相关的单行立法。此外，应当通过法律制度去引导、规范和确保新兴技术由人类主导、以人为本。

第四，积极推动人类基因组编辑治理的相关“软法”（伦理规范体系）的制定和完善，为相关法律体系提供技术支撑。

第五，在立法和监管时，采取和人类基因组编辑技术发展相适应的一系列配套方法：

1. 采取“伦理原则严格指导下的立法”和“适应性调节”相结合的立法和监管模式，即从“监管和遗忘”型（只注重立法，而不顾其执行效果和实际情况的快速变迁），转向一种反应灵敏、快速迭代的监管方法。这需要立法者和监管者，一线科研人员，伦理、法律专家等，保持密切的沟通，不间断实时跟进科技进展，并监测、评估其外部性效应风险，同时牢牢秉持新兴科技伦理治理的诸原则。

2. 采取“监管沙盘”（regulatory sandbox）模式。创建沙盘推演和创新加速机制，监管者可以与私营公司和企业家形成透明的“伙伴关系”，在共同营造的促进创新的环境中试验新技术。监管机构可以将被认为是安全和有效的技术摆在人们面前，让人们对这些技术通过了解和试错产生信心，并及时听取公众意见，积极主动发现风险、解决风险。

3. 采取基于程序和基于结果相结合的立法和监管模式。一方面,要注重伦理审查、知情同意等程序性价值;另一方面,对人类基因组技术和应用的发展和规制要注重结果和绩效,而不是只看浅表形式。

4. 风险加权监管,即从"一刀切"的监管,转向数据驱动的分段方法,对于不同场景、不同阶段采取相应的精准监管和立法。

5. 合作监管。通过在整个监管系统中,吸引更广泛的参与者参与到国家和国际监管进程中,就立法征询公众意见,吸取各方智慧,让立法更加具有包容性。

第二章　人类可遗传基因组编辑的法律规制

近年来，随着生命科学技术的进步和基因疗法的兴起，人类逐渐能够置换或修饰人体基因，从而达到治疗或预防某种疾病，甚至在后天增强人体在某一方面的特质之目的。这也使人类按照自己的标准和意愿改变自身或设计后代成为可能。但是，这种通过基因编辑技术对人进行的“设计”或者“改造”前所未有地挑战了赋予人主体性地位的自然规律和社会法则，人与人之间绝对不平等的“潘多拉魔盒”也完全可能就此重启。因此，如何有效规制人类基因组编辑活动，在最大程度上趋利避害，在生物医学、伦理学以及法学等领域引发了广泛的公共辩论。法律作为重要的现代治理方式，在规范人类可遗传基因组编辑方面起到了重要作用。目前，我国已逐渐形成民法、行政法和刑法统筹结合的法律协同规制体系。

第一节　人类可遗传基因组编辑的民法规制

2020 年 5 月 28 日，第十三届全国人民代表大会第三次会议正式表决通过了《民法典》。这是新中国历史上第一部以“法典”命名的法律，是成文法的典范式表达。作为民事活动的基本法，《民法典》对“基因编辑婴儿事件”和人体医学活动法律规范缺失的问题进行了积极回应。

一、《民法典》对人类基因组编辑的规范框架

（一）《民法典》对基因编辑的体系回应

《民法典》总则编开宗明义，“根据宪法，制定本法”。宪法是一国的根本大法，

具有最高的法律效力。此举表明了《民法典》的立法依据与立法正当性，同时表明民事法律对宪法精神和原则的体现，以及对宪法关于公民基本权利保护规定的细化与落实。[①]《中华人民共和国宪法》（以下简称《宪法》）明确规定“国家尊重和保障人权”以及“中华人民共和国公民的人格尊严不受侵犯”。《民法典》对宪法精神的宣示直接体现在总则编第五章“民事权利”第109条的规定中：“自然人的人身自由、人格尊严受法律保护。”这意味着，一切民事活动包括人类基因组编辑必须遵守人格尊严保护的基本规范，确保人的优先性。《民法典》第8条同时规定，“民事主体从事民事活动，不得违反法律，不得违背公序良俗。”本条规定作为民法基本原则的公序良俗，属于“民法的根本准则，贯穿于整个民法，统率民法的各项制度及规范”。[②] 结合《民法典》第153条之规定，该禁止性规范为基因编辑活动划定了行为边界，旨在弥补强行法规定的不足，除既有的规定外，人类基因组编辑活动违反公共秩序和善良风俗的，法律将作出行为的效力否定性评价和违法性判断。

《民法典》人格权编是针对人类基因组编辑活动的核心规范：第一章“一般规定”中，第990条明确了具体人格权的基本类型，并通过一般人格权的兜底性条款为人格权益提供广泛的保护，为人类基因组编辑可能造成的其他人格尊严侵害预留了救济空间；第995条规定的人格权请求权制度，第996条规定的违约精神损害赔偿制度和第997条的诉前禁令制度在规范人类基因组编辑活动和损害救济层面具有重要适用价值；第1008条的临床试验条款和第1009条的人体基因规范条款则构成对人类基因组编辑活动的直接法律规制。《民法典》侵权责任编旨在调整因侵害民事权益产生的民事关系，为人类基因组编辑行为损害提供了损害赔偿的救济路径，主要体现在第1165条规定的过错责任一般条款和第六章“医疗损害责任”的相关规范中。

（二）《民法典》对基因编辑的规制路径

与大陆法系其他国家的民法典相比，“我国民法典的编纂体例有三大创新，即人格权独立成编、侵权责任独立成编以及合同编通则发挥债法总则的功能，这种创新

---

① 参见王利明主编：《〈中华人民共和国民法总则〉条文释义》，人民法院出版社2017年版，第6页。

② 崔建远：《论民法原则与民法规则之间的关系》，载《江汉论坛》2014年第2期。

更突出表现了民法典的权利法特质"。[①] 2005 年联合国教科文组织通过的有关医学、生命科学研究方面伦理标准的《世界生物伦理与人权宣言》确立的第一原则就是"人的尊重和人权",要求充分尊重人的尊严、人权和基本自由。21 世纪法典化的重要任务就是面对时代和科技对人格权益带来的诸多挑战。因此,我国《民法典》创造性地以人格权独立成编的立法体例方式进行了时代回应(包括人体基因、人体胚胎等有关的医学和科研活动带来的挑战)。

可以认为,就人类基因组编辑活动而言,我国《民法典》采取了以行为准则为核心内容的人格权规制模式。一方面,人类基因组编辑主要涉及人体医学和生命伦理活动,相较财产性权益,其与人格尊严、人格自由、生命权、身体权和健康权等人格权益更加密切。另一方面,与侵权损害赔偿相比,人格权规制模式更有助于实现对基因编辑行为的合理规范和引导。"人格权编是权利法,侵权责任编是救济法,权利的具体内容和权利的行使规则都只能是通过权利法加以规定,而不可能由救济法加以规定,因为先得有权利的取得规则、行使规则,然后才能有权利的保护规则、救济规则,这是基本的立法逻辑。"[②]2019 年 4 月,《民法典人格权编(草案二次审议稿)》首次在第二章"生命权、身体权和健康权"中增加第 789 条之一的规定:"从事与人体基因、人体胚胎等有关的医学和科研活动的,应当遵守法律、行政法规和国家有关规定,不得危害人体健康、不得违背伦理道德。"其重大意义在于,这是我国在法律层面首次对人体基因、人体胚胎等医学和科研活动制定规范,并且在此次审议中又扩大了人体试验的规制范围以及增设了新的伦理审查机制,以加强对人格权益的保护。[③]之后,草案三审稿对此进一步完善,增加"不得损害公共利益"的表述,并最终得以正式通过。

(三)《民法典》对基因编辑致害的救济

"确权—救济"构成了我国《民法典》的整体框架思路,《民法典》将侵权责任编

---

① 王利明:《体系创新:中国民法典的特色与贡献》,载《比较法研究》2020 年第 4 期。

② 刘凯湘:《民法典人格权编几个重要理论问题评析》,载《中外法学》2020 年第 4 期。

③ 参见王姝:《民法典人格权编草案二审,对人体基因、胚胎科研活动、个人信息保护等作出规范:人体试验需伦理委员会审查》,载《新京报》2019 年 4 月 21 日,A01 版。

置于各编的最后，形成了以权利的救济与保护结尾的完善体系。[①] 这意味着，侵权责任编发挥着整个《民法典》的一般性权利救济功能。《民法典》第七编第五章“医疗损害责任”第1218条规定：“患者在诊疗活动中受到损害，医疗机构或者其医务人员有过错的，由医疗机构承担赔偿责任。”问题在于，基因编辑行为是否属于“诊疗活动”，《民法典》对此未作说明。对此，2017年国家卫生和计划生育委员会修正的《医疗机构管理条例实施细则》[②]可资参考，该实施细则第88条规定：诊疗活动是指通过各种检查，使用药物、器械及手术等方法，对疾病作出判断和消除疾病、缓解病情、减轻痛苦、改善功能、延长生命、帮助患者恢复健康的活动。根据该定义，通过药物、器械及手术等方法旨在治疗或改善生命健康的活动均属于诊疗活动。整体上，基因编辑作为对特定目标基因进行修饰的基因工程技术，涉及细胞、胚胎等特定组织的基因诊断、基因治疗和基因改良，属于广义的治疗或改善生命健康的活动，因此将基因编辑特别是临床应用解释为侵权法上的诊疗活动具有合理性。

在《民法典》的医疗损害责任中，医疗过失是判断“医疗机构或者其医务人员有过错的”的主要标准，其核心是考察医疗机构或者医务人员是否存在注意义务的违反，包括是否违反向基因编辑受试者进行说明并取得其同意的义务（第1219条），是否尽到与当时的医疗水平相应的诊疗义务（第1221条），是否存在违反诊疗法规或隐匿、篡改病例等行为（第1222条），以及是否违反对患者隐私和个人信息保密的义务等（1226条）。在基因编辑事件中，生殖细胞的基因编辑临床应用被现行法律法规所禁止，因而基因编辑婴儿行为具有明显的违法性与主观过错，构成医疗过失；而体细胞的基因编辑临床应用则需要结合当前基因编辑技术的风险，行为主体是否达到或履行了专业技术领域的医务人员通常应具备的医疗水平或注意义务，以及地域性、患者的合理期待、其他紧急情况等因素，进行个案判断。

除侵权过错要件外，在基因编辑事件中，损害和因果关系的规范评价也是症结所在。对受试者和可能出生的基因编辑婴儿来说，若存在身体健康损害，直接适用侵权责任中关于人身损害的相关规定即可。需要讨论的是，若无直接的生理机能健康损害或身体组织完整性的缺失，是否可以得到救济。有学者认为，基因编辑婴儿

---

① 参见王利明：《体系创新：中国民法典的特色与贡献》，载《比较法研究》2020年第4期。

② 参见原国家卫生计生委《关于修改〈医疗机构管理条例实施细则〉的决定》（国家卫生和计划生育委员会令第12号）。

受到损害的法益主要是人格尊严，可基于“不当生命”之诉，提起侵权损害赔偿请求。[①] 本质上，这是基于人格尊严、自由的一般人格权益受到侵害而适用过错责任一般条款的路径，具有一定的合理性。但在司法实践中，有法院以生命无法价值化的理由否定了婴儿的“不当生命”损害赔偿诉求，认为更多的是不当出生损害了父母的优生优育权。[②] 笔者认为，基因编辑的侵权损害需要根据具体的法益类型进行判断。就侵害受试者知情同意权而言，不需要具备现实的物质性损害，知情同意权本质上是患者自主决定权在医疗领域的具体表现，强调的是权利主体的自主性，因而此处的损害应当作这样的理解——“权利侵害本身就是损害，而不必出现通常的人身上或财产上的具体损害”。[③] 基因编辑婴儿基于人格尊严提起侵权救济时，应当兼顾行为自由、权益保护和生命伦理等诸多价值，原则上应当要求精神损害等一般性后果，司法机关应审慎支持“不当生命”的诉求。更重要的是，侵权责任法上的损害以确定性和现实性为基本要素，尽管基因编辑具有潜在的风险，但此种可能性的风险不应当直接作为侵权法意义上的损害进行救济，否则有悖于一般侵权法理。由于医疗活动的专业性和技术性，特别是在增加了基因编辑要素的情况下，损害与行为之间的因果关系愈加复杂。在基因编辑案件中，有必要在传统的医疗损害鉴定基础上，增加科学领域的专家证人证言作为判断因果关系的重要参考，并且应当适当减轻患者在举证方面的责任，受试者或者婴儿的证明达到一定的盖然性标准后，相应的举证责任就应当向医疗机构或试验方移转。

需要明确的是，医疗损害责任的主体为医疗机构，且该损害责任仅指医疗过失，而不包含故意侵权的情形，其适用范围有限；当基因编辑行为主体为其他非医疗机构、非医务人员时，或者加害人具有主观故意的，应当适用一般侵权责任的规定。另外，在基因编辑基础研究中，针对人体胚胎干细胞的编辑本身尽管不会直接侵害受试者的健康，但此种特殊的人体分离物，具有转化为“人”的潜在可能性，显然与普通之物有区别，“对其的侵害仍然可以考虑适用精神损害赔偿”。[④] 并且，《民法典》第

① 参见王康：《“基因编辑婴儿”人体试验中的法律责任——基于中国现行法律框架的解释学分析》，载《重庆大学学报（社会科学版）》2019 年第 5 期。

② 参见“平安医院与陈某凤、刘某及妇幼保健院医疗损害赔偿纠纷案”，云南省昆明市中级人民法院（2007）昆民三终字第 854 号民事判决书。

③ 王康：《基因编辑婴儿事件受害人的请求权》，载《法律科学（西北政法大学学报）》2020 年第 3 期。

④ 王利明：《人格权法研究》（第 3 版），中国人民大学出版社 2018 年版，第 308 页。

1239 条新增占有或使用“高致病性等高度危险物”致害的侵权责任，基于被编辑细胞风险的不确定性，该高度危险责任有适用的空间。

二、《民法典》第 1009 条的解释适用

《民法典》第 1009 条规定：“从事与人体基因、人体胚胎等有关的医学和科研活动，应当遵守法律、行政法规和国家有关规定，不得危害人体健康，不得违背伦理道德，不得损害公共利益。”本条是《民法典》对基因编辑行为规制的直接规范。《民法典》第 1009 条具有重大的理论价值与实践意义。一方面，该条文对人体基因、人体胚胎等有关的医学和科研活动具有直接的适用性，为此类行为设定了明确的指引；另一方面，该条文也为未来的后续立法设定了原则与参照，有助于相关配套立法的尽早出台或修订完善。不难发现，本条包括三个虽然相对独立但又密切联系的部分：第一部分为调整范围部分，对应表述为“从事与人体基因、人体胚胎等有关的医学和科研活动”；第二部分为引致指向部分，对应表述为“应当遵守法律、行政法规和国家有关规定”；第三部分为行为禁令部分，对应表述为“不得危害人体健康，不得违背伦理道德，不得损害公共利益”。

（一）调整范围部分

由该部分可知，本条文规定的调整范围为与人体基因、人体胚胎等有关的医学和科研活动。有释义书指出：“与人体基因有关的医学和科研活动，包括基因鉴定、基因制药、基因诊断、基因治疗、基因编辑、基因克隆等。与人体胚胎有关的医学和科研活动，包括了与人体胚胎干细胞等有关的治疗性研究和生殖性研究。”①本条款的调整对象具有以下特点。第一，相对狭窄。本条的调整范围只限于与人体基因、人体胚胎等有关的医学和科研活动。显然，该范围非常狭窄。需要指出的是，尽管本条中有个“等”字，但受“医学和科研活动”的制约，即便其为“等外等”也无法改变本条调整范围相对狭窄的局面。正因如此，在草案征求意见阶段，笔者曾撰文指出：现有条文中“（医学和科研）活动”一词表述似乎过于狭窄，不能涵盖非医学及非科研活动，例如，异种移植和基因驱动问题，如将猪的基因移植到人体，或者仅是在动

① 黄薇主编：《中华人民共和国民法典人格权编解读》，中国法制出版社 2020 年版，第 92 页。

物或植物间做基因突变、基因修饰活动，但会影响环境和健康，如产生新病毒变种，这显然也会影响人类（如改变动物基因以研发抗病毒物质），需要经过伦理审查。①因此，未来适用中可对“医学和科研活动”进行扩大解释。第二，很强的专业性。从事与人体基因、人体胚胎等有关的医学和科研活动，既需要具备复杂专业知识的人才并需要借助专业的设备，其专业性不言而喻。第三，牵涉广泛。一方面，由于与人体基因、人体胚胎等相关的医学和科研活动既涉及公法问题又涉及私法问题，故而需要公法和私法共同调整。另一方面，由于人体基因是决定自然人生物特征的内在因素，而人体胚胎具有发育成自然人的潜能，导致与两者有关的医学和科研活动又同时涉及伦理问题。需要注意的是，尽管《民法典》已将此类活动纳入了调整范围，但这一举措是否必要以及是否合理等问题仍值得探讨。笔者认为，《民法典》将此类活动纳入调整范围不仅必要，而且能产生一系列体系效应。

1.《民法典》将此类活动纳入调整范围的必要性

不难想象，由于与人体基因、人体胚胎等有关的医学和科研活动非常专业，并且出现时间相对较晚，因此在现实生活中必然会非常少见。尽管如此，《民法典》将其纳入调整范围仍然非常必要。

首先，从此类活动的潜在影响来看，《民法典》将其纳入调整范围非常必要。尽管人体基因、人体胚胎编辑活动相对少见，但其潜在影响却非常巨大。一方面，从波及范围来看，其不仅影响个体的身体健康而且事关伦理道德，同时还牵涉公共利益；另一方面，从持续时间来看，其不仅影响现今世代的利益，而且影响未来世代的利益。对于潜在影响巨大的活动，《民法典》当然应将其纳入调整范围。

其次，从此类活动的损害对象来看，《民法典》将其纳入调整范围非常必要。由于与人体基因、人体胚胎等相关的医学和科研活动不仅有可能损害伦理道德而且有可能损害公共利益，因此公法调整不可或缺；但由于此类活动涉及生育权，可能损害基因编辑婴儿的人体健康，侵害人格尊严，因此私法调整同样必不可少。

事实上，从世界范围来看，目前已有多个国家的立法禁止以生殖为目的对生殖细胞的编辑进行修改操作。这些国家包括英国、法国、德国、荷兰、比利时、加拿大、

① 参见石佳友：《人格权立法的进步与局限——评〈民法典人格权编草案（三审稿）〉》，载《清华法学》2019 年第 5 期。

巴西、阿根廷、韩国 日本、印度、澳大利亚等。其中,较具代表性的是阿根廷《民商法典》中的规定。2015 年阿根廷《民商法典》第 57 条规定:“任何旨在对人类胚胎进行遗传性改造(genetic alteration)的实践均应被禁止。”就我国《民法典》而言,其设置了极富原创性的人格权编。《民法典》以“编”这一最大包容量的制度性框架来保护人格权,这是《民法典》的重大创新,充分展现了我国《民法典》在科技革命的新时代对人格尊严和人格权保护的高度重视。《民法典》人格权编第二章规定了生命权、身体权和健康权,而这正是人体胚胎基因编辑活动所涉及的人格权类型。因此,《民法典》人格权编在该章中对这些行为作出相应的规定,对维护人格尊严,保护相关当事人的身体权、健康权等,具有极其重要的意义。

2.《民法典》将此类活动纳入调整范围的体系效应

事实上,《民法典》将与人体基因、人体胚胎等有关的医学和科研活动纳入调整范围的体系效应非常显著。

首先,《民法典》将与人体基因、人体胚胎等有关的医学和科研活动纳入调整范围能推动后续立法。由于与人体基因、人体胚胎等有关的医学和科研活动的潜在影响很大,故而将其纳入法治轨道势在必行。但由于其所涉及的法律问题不仅数量繁多而且非常复杂,再加上实践中对此类活动存在争议,对这一问题的认识也处于不断发展之中,故而立法者可能倾向于选择继续观察而非尽快立法。尽管这本身是无可厚非的,但却会导致后续立法的“难产”。由于这种难产必然意味着阶段性的无法可依,故而推动后续立法非常必要。尽管对司法机关来说,“应当遵守法律、行政法规和国家有关规定”这一表述的法律适用价值有限,因为其无法为司法裁判提供具体指引。但对立法机关来说,情况就完全不同,因为该表述既是立法者的初步计划,也是立法者的庄严承诺。事实上,考虑在没有“法律、行政法规和国家有关规定”配合的情况下,本条的实际价值非常有限,而这又会损害《民法典》的本质及立法者的权威,因此,本条款一旦问世,立法者会更加积极地开展后续立法的制定工作。与此同时,由于《民法典》是新中国成立以来第一部以“典”为名的法律,而本条的调整范围又非常特殊,因此其在未来必将备受关注。学术界在讨论本条的过程中,应当遵守的“法律、行政法规和国家有关规定”的具体范围与基本框架等问题必然会被反复提及。显然,这能为后续立法提供智力支撑。从这个意义来看,正如当年在《宪法》

中写入“国家尊重和保障人权”[①]极大地推动了中国人权事业的全面发展一样，《民法典》将与人体基因、人体胚胎等有关的医学和科研活动纳入调整范围也将有力地推动后续立法的制定与完善。

其次，《民法典》将与人体基因、人体胚胎等有关的医学和科研活动纳入调整范围能指引后续立法。由于与人体基因、人体胚胎等有关的医学和科研活动，一方面，涉及人格尊严和人体健康；另一方面，涉及科研自由，而这两者又都与宪法上的基本权利密切相关，故而更适合由宪法对其进行指引。但由于宪法作为根本大法必须保持其权威性与稳定性，其制定与修改程序极其严格，在这样的情况下，借助《民法典》及时地发挥指引功能就是最优选择。事实上，尽管本条并未直接列举后续立法应当遵循的原则，但其中的“应当遵守法律、行政法规和国家有关规定”“不得危害人体健康”“不得违背伦理道德”“不得损害公共利益”等表述中其实都隐含有相关原则。如“应当遵守法律、行政法规和国家有关规定”可概括为严格依法原则，“不得危害人体健康”可概括为无损健康原则，“不得违背伦理道德”和“不得损害公共利益”可分别概括为伦理道德原则和公共利益原则。换言之，从本条文的表述来看，其将为后续立法提供有力的指引。

最后，《民法典》将与人体基因、人体胚胎等有关的医学和科研活动纳入调整范围能强化其治理功能，是治理现代化的重要表征。由于与人体基因、人体胚胎等有关的医学和科研活动不仅有可能危及人体健康，而且有可能违背伦理道德甚至损害公共利益，因此必须确保此类活动有序发展。以传统观念视之，这是宪法、刑法和行政法等公法的责任；但“在治理模式下，公法与私法的界限变得模糊”。[②] 事实上，随着《民法典》成为国家治理体系的重要组成部分，确保此类活动有序发展也是其治理价值的体现。为充分发挥治理职能，《民法典》确有必要将与人体基因、人体胚胎等有关的医学和科研活动等纳入调整范围。

值得注意的是，尽管《民法典》将与人体基因、人体胚胎等有关的医学和科研活动纳入调整范围的体系效应极为显著，但仅仅依靠《民法典》并不能确保此类活动有序开展。事实上，由于与人体胚胎有关的医学和科研活动本身就同时牵扯公法问题

---

① 2004年3月14日第十届全国人民代表大会第二次会议通过了《宪法修正案》。依照该修正案，《宪法》第33条将增加1款作为第3款，具体表述为“国家尊重和保障人权”。

② 石佳友：《治理体系的完善与民法典的时代精神》，载《法学研究》2016年第1期。

和私法问题,再加上民事责任本身的威慑作用有限,因此,欲确保此类活动的有序开展,必须依靠多个部门法共同努力。

（二）引致规范部分

由该部分可知,从事与人体基因、人体胚胎等有关的医学和科研活动,不仅需要遵守法律和行政法规,而且需要遵守国家有关规定。考虑与人体基因、人体胚胎相关的医学和科研活动不仅涉及人体健康而且涉及伦理道德和公共利益,因此强化对此类活动的规制非常必要。显而易见,扩大能够发挥规制作用的规范的范围非常有利于实现该目的。尽管如此,“应当遵守法律、行政法规和国家有关规定”的核心要义以及同时列举“国家有关规定”的主要原因等仍值得探讨。

1.“应当遵守法律、行政法规和国家有关规定”的核心要义

尽管“应当遵守法律、行政法规和国家有关规定”的原始功能及主要功能是确定引致指向,如仅从引致指向的维度上进行解读,其存在价值将备受质疑。因为即便在没有该表述的情况下,与人体基因、人体胚胎等有关的医学和科研活动也“应当遵守法律、行政法规和国家有关规定”。事实上,除引致指向维度之外,还可从开放限度和基本原则等维度解读“应当遵守法律、行政法规和国家有关规定”。

首先,从开放限度之维度看,“应当遵守法律、行政法规和国家有关规定”表达的是有限开放方案。由于与人体基因、人体胚胎等有关的活动可能会对整个人类的健康带来积极意义,因此不宜全面禁止;与此同时,由于与人体基因、人体胚胎等有关的活动可能会损及人体健康、人格尊严乃至整个人类的基因池安全,因此也不宜完全放开。基于上述考虑,《民法典》尽管允许从事与人体基因、人体胚胎等有关的活动,但一方面,将有关活动限制为医学和科研活动;另一方面,要求必须遵守法律、行政法规和国家有关规定,同时还强调不得危害人体健康、不得违背伦理道德、不得损害公共利益。就整体而言,这一方案更易实现利益平衡,较可取。

其次,从基本原则之维度看,“应当遵守法律、行政法规和国家有关规定”表达的是严格依法原则。由于“法律、行政法规和国家有关规定”在文义上能涵盖一个国家的规范体系中的绝大部分规范,因此强调“应当遵守法律、行政法规和国家有关规定”几乎等同于强调必须遵守我国有关此类活动的一切规定。从表面上看,这并无特别之处,因为民事主体在从事民事活动时原本就应该遵守法律的规定。但稍加分

析就会发现，其对合法性的要求明显更高。因为从事此类活动不仅需要遵守“法律、行政法规”，而且需要遵守“国家有关规定”。这一要求可称为“严格依法原则”。之所以强调从事与人体基因、人体胚胎等有关的医学和科研活动要遵循严格依法原则，主要是因为其不仅有可能损及人体健康、伦理道德和公共利益，而且损害后果有可能不可逆。

2. 同时列举“国家有关规定”的主要原因

尽管《民法典》中的引致规范并不鲜见，但考虑《民法典》本身及其所保护的民事权利的重要地位，立法者在设计引致规范时会同时对引致指向进行限制。通常而言，引致指向往往都是“法律、行政法规”。典型例证如《民法典》第 58 条、第 359 条和第 1030 条的规定等。但本条文却一反常态，将引致指向确定为“法律、行政法规和国家有关规定”。但这并不代表使用“国家有关规定”就是错误的。事实上，《民法典》中使用“国家有关规定”的条文并不鲜见。如《民法典》第 363 条规定：“宅基地使用权的取得、行使和转让，适用土地管理的法律和国家有关规定。”这里的“国家有关规定”主要是指部分规章以及《土地管理法》颁行前的有关行政法规。又如，《民法典》第 680 条第 1 款规定：“禁止高利放贷，借款的利率不得违反国家有关规定。”此处的“国家有关规定”主要是指最高人民法院关于民间借贷的司法解释。稍加分析就会发现，本条款选择使用“国家有关规定”表明立法者有意发挥其对与人体基因、人体胚胎等有关的医学和科研活动的规制作用。立法者之所以如此为之，可能出于以下原因：

第一，从现实层面来看，“国家有关规定”在既有规范中占比最大。对于“法律”，《生物安全法》第 55 条的规定对基因编辑相关活动提出了要求：“采集、保藏、利用、对外提供我国人类遗传资源，应当符合伦理原则，不得危害公众健康、国家安全和社会公共利益。”然而，专门的用以规制基因编辑活动的“法律”目前仍付之阙如。对于“行政法规”，目前已有 2019 年《人类遗传资源管理条例》等行政法规，[①]该条例第 20 条规定：“利用我国人类遗传资源开展生物技术研究开发活动或者开展临床试验的，应当遵守有关生物技术研究、临床应用管理法律、行政法规和国家有关规

---

① 《人类遗传资源管理条例》第 2 条第 2 款规定：“人类遗传资源材料是指含有人体基因组、基因等遗传物质的器官、组织、细胞等遗传材料。”

定。”此外，早在 2001 年，原卫生部就发布了《人类辅助生殖技术管理办法》；2003 年，科技部和原卫生部共同发布了《人胚胎干细胞研究伦理指导原则》；2007 年，原卫生部发布了《涉及人的生物医学研究伦理审查办法（试行）》（正式规定已出台）；2015 年，原国家卫生计生委和原国家食品药品监管总局发布了《干细胞临床研究管理办法（试行）》。与此同时，由国家卫健委牵头的《生物医学新技术临床应用管理条例》以及由科技部牵头的《生物技术研究开发安全管理条例》的制定工作也正有序推进。可见，对于与人体基因、人体胚胎等有关的医学和科研活动，在既有的规范体系中，“国家有关规定”占比最大，是主要的法律渊源形式。在当前以及今后的一段时期内，一旦离开“国家有关规定”，就很难对与人体基因、人体胚胎等有关的医学和科研活动进行规制。在制定本条的过程中，立法者不可能无视这一现实。

第二，从理论层面来看，“国家有关规定”在诸多方面也有其优势。首先，在专业性方面，“国家有关规定”更具优势。由于基因编辑问题具有高度的专业性，而“国家有关规定”的制定主体都是相关主管行政机构（如国家卫健委、科技部等），其更熟悉相关活动，因此“国家有关规定”具有直接的针对性，在专业性方面会明显优于“法律”和“行政法规”，更能确保规制效果。其次，在技术性方面，“国家有关规定”更具优势。由于与人体基因、人体胚胎等有关的医学和科研活动非常复杂，而“法律”和“行政法规”往往更关注其中的主要问题，因此无法对相关活动进行全面规制。与之不同的是，由于“国家有关规定”本身就更关注技术层面的细节问题，因此能对相关活动进行全方位规制。最后，在时效性方面，“国家有关规定”更具优势。随着科学技术的快速发展，与人体基因、人体胚胎等有关的医学和科研活动必然也会快速发展。由于“法律”和“行政法规”制定程序相对严格，因此其更新速度很难与相关活动的发展速度相提并论。与之不同的是，由于“国家有关规定”的制定程序相对灵活，因此更新速度相对更快。这显然有利于对相关活动进行及时规制。

需要注意的是，尽管扩大引致指向确实能在一定程度上强化对与人体基因、人体胚胎等相关医学和科研活动的规制，但也存在潜在风险。一方面，由于“国家有关规定”的本身位阶较低，所以更容易受到部门利益和行业利益的干扰。另一方面，由于制定主体多，所以更易发生规范的冲突与抵触。但这些风险也是可控的。一方面，下位法不能违背上位法。《立法法》第 80 条第 2 款规定：“部门规章规定的事项应当属于执行法律或者国务院的行政法规、决定、命令的事项。没有法律或者国务院的行政法规、决定、命令的依据，部门规章不得设定减损公民、法人和其他组织权利或者增加其义务的规范，不得增加本部门的权力或者减少本部门的法定职责。”因此，部门规章不得违反作为上位法的法律和行政法规。即便部门利益和行业利益确实渗透到“国家有关规定”之中，由于有上位法的限制，其消极影响也终究有限。另一方面，由于本条款在强调“应当遵守法律、行政法规和国家有关规定”的同时，又设定了人体健康、伦理道德和公共利益等三大底线，因此，在上位法中的规定缺失时，可通过《民法典》所设定的这三个底线对不尽合理的“国家有关规定”进行矫正。如此一来，法官在司法适用中完全可以排除行政规章中不合理的条款。

（三）行为禁令部分

人类胚胎的基因编辑活动涉及极为复杂的法律、伦理道德、社会、文化等层面的诸多问题。基于这样的考虑，我国《民法典》第 1009 条对于与人体基因、人体胚胎等相关的医学和科研活动作出了相关规定，立法者在强调从事此类活动的主体应当遵守法律、行政法规和国家有关规定的同时也设立了行为禁令，[①]即“不得危害人体健康，不得违背伦理道德，不得损害公共利益”。显然，这是一种同时从正反两个方面对有关活动进行限制的举措。从表面上看，似有重复嫌疑。一方面，由于法律、行政法规和国家有关规定本身就是行为自由最权威的判断标准，因此，只要某种行为完全符合法律、行政法规和国家有关规定，即便其损害了人体健康，也很难要求行为人承担赔偿责任。另一方面，由于法律、行政法规和国家有关规定本身就是伦理道德和公共利益等抽象概念的具体表达，因此，只要某种行为完全符合法律、行政法规和国家有关规定，就很难说其违背了伦理道德或者损害了公共利益。但稍加分析就会发现，同时从正反两个方面强调不仅必要而且合理。一方面，尽管法律、行政法规和国家有关规定确实是伦理道德和公共利益的具体化，但它们仍然不能覆盖所牵涉的所有问题。就目前而言，因为相关法律、行政法规和国家有关规定不仅数量有限，而且以位阶较低的国家有关规定为主，无法完全解决问题。并且，这一状况在短时间内无法改变。另一方面，由于法律本身具有一定的滞后性，因此，即便在相关法律、

① 有论者认为，《民法典》第 1009 条最重要的价值就是给相关活动设定了“红线”。参见杨立新：《从生命健康权到生命权、身体权、健康权——〈民法典〉对物质性人格权规定的规范创新》，载《扬州大学学报（人文社会科学版）》2020 年第 3 期。

行政法规和国家有关规定相对完善时，人体健康、伦理道德和公共利益等三大底线仍不可或缺。

1. 不得危害人体健康

如从权利救济的角度来看，本条文的规定专门强调“不得危害人体健康”似无必要。《民法典》其他相关条文对人体健康、人体胚胎等有关的医学和科研活动所引发的损害的救济，已就一般原则（第1165条）、特殊情形（第1165条、第1166条等）、责任承担形式（第179条）、民事责任优先（第187条）等问题作出了相应的规定。在此情况下，第1009条专门强调“不得危害人体健康”这一原则，仍然十分必要。

首先，专门强调“不得危害人体健康”有利于人体健康的保护。由于与人体基因、人体胚胎等相关的医学和科研活动所可能造成的损害不仅有可能不可逆，且有可能遗传给后代，因此，民事救济是受害人所应享有的权利。另外，鉴于基因编辑技术在安全性方面所存在的风险，“预防优于救济”。①《民法典》将与人体基因、人体胚胎等有关的医学和科研活动纳入调整范围，并且重点强调“不得危害人体健康”，践行的正是预防优先的理念，体现人格权制度（事前）的积极预防功能，这是其与（事后）消极救济型的侵权法的重要区别。在预防理念的影响下，自然人的健康权将获得更好的保障。

其次，专门强调“不得危害人体健康”有利于其他利益的保护。本条文的规定专门列举的利益有“人体健康”“伦理道德”“公共利益”。尽管这三种利益属于不同的利益类型，但彼此间的联系却非常紧密。一方面，损害“伦理道德”的行为往往也会同时损及“公共利益”；另一方面，损害“公共利益”的行为往往也会同时损及“伦理道德”。在不少情形中，某一行为甚至会同时损害这三种利益。不难想象，在三种利益密切相关的情况下，保护其中的一种利益往往也会在客观上保护另两种利益。由于“伦理道德”和“公共利益”相对抽象，因此某种行为有无违背“伦理道德”以及有无损害“公共利益”有时会很难判断。与之不同的是，由于“人体健康”的概念相对清晰，因此某种行为有无损害“人体健康”更易判断。从这个意义来看，强调“不得危害人体健康”实际上也具有保护“伦理道德”和“公共利益”的功能。换言之，强调

① 事实上，《民法典》非常重视这一理念。最典型的例证为《民法典》第997条中的禁令制度，其被视为《民法典》人格权编的重要创新。参见王利明：《民法典人格权编的亮点与创新》，载《中国法学》2020年第4期。

“不得危害人体健康”能在一定程度上强化对“伦理道德”和“公共利益”的保护。

对于该“不得危害人体健康”,需要同时从主体之维和程度之维进行讨论。前者关注的是不得危害哪些主体的人体健康,而后者关注的是不得对这些主体造成何种程度的损害。

首先,从主体之维上看,该“不得危害人体健康”,一方面,强调不得危害借助与人体基因、人体胚胎等有关的医学和科研活动而出生的人(如基因编辑婴儿)的健康;另一方面,强调不得危害人体基因、人体胚胎等人类遗传资源材料提供者(如基因编辑婴儿的母亲)的健康。如果基因编辑行为损害了他们的健康,如造成基因编辑婴儿的先天性残疾,则应承担相应的侵权赔偿责任。

其次,从程度之维上看,“不得危害人体健康”要求不得对上述主体的健康造成严重损害。《民法典》第1004条明确规定:“自然人享有健康权。自然人的身心健康受法律保护。任何组织或者个人不得侵害他人的健康权。”尽管如此,这并不代表任何损害人体健康的行为都是非法的。事实上,旨在保护人体健康的医学活动往往也会对人体健康造成损害,并且这些损害在很多时候都是必需的。例如,很多治疗行为也会对人体造成一定的损害。再如,根据《民法典》第1008条的规定,在征得受试者同意后,依据相关法律法规及伦理审查规定所进行的人体医学实验虽然可能对受试者的健康造成一定损害,但此种损害是合法的,并不需要承担责任。从这个意义上看,第1009条的“不得危害人体健康”并非是指不得对人体健康造成任何损害,而是特指不得对人体健康造成法律允许范围以外的损害。需要注意的是,由于与人体基因、人体胚胎等有关的医学和科研活动对人体健康所造成的损害有可能同时影响受害者的子孙后代,因此,在认定损害是否合法时,还应考虑长远的影响。

对于“不得危害人体健康”,一个值得思考的问题是,在某种与人体基因、人体胚胎等有关的医学和科研活动中一方面会危及人体健康,另一方面能维护人体健康的情况下,法律应如何处理?笔者认为,此时应根据风险受益原则进行比例性评估。详言之,如果某种与人体基因、人体胚胎等有关的医学和科研活动尽管会给某些主体带来一定伤害,但却能治愈可能造成更严重伤害的疾病甚至挽救其生命,那么就没有理由禁止此类活动;反之,如果某种与人体基因、人体胚胎等有关的医学和科研活动尽管能治愈严重疾病,但却可能导致更严重的伤害(如先天性残疾),那么就应禁止从事此类活动。与此同时,基于预防原则,在无法判断何者更严重的情况下,原则上也应禁止从事此类活动。

2. 不得违背伦理道德

《民法典》中使用“伦理道德”一词的条文仅此一处。从表面上看，这并无特别之处。与“伦理道德”极为相似的“社会公德”一词便是典型例证。尽管其在先前立法中颇为常见，但在《民法典》中也只出现了一次。① 但稍加分析就会发现，本条中的“伦理道德”一词确实比较特殊。一方面，由于“伦理道德”本身并非传统的民法概念。事实上，在传统民法概念体系中，在表达道德准则时所使用的概念为“善良风俗”。具体到我国《民法典》而言，其所使用的词语为“社会公德”或“公序良俗”。尤其是“公序良俗”，其在《民法典》第 8 条、第 10 条、第 143 条、第 153 条和第 1012 条等条文中都有出现。另一方面，作为“公序良俗”的分支或下位概念的“伦理道德”似乎不能与“公共利益”并列。

但深入分析就会发现，此处使用“伦理道德”也有其合理之处。一方面，由于“公序良俗”中的“善良风俗”往往都是在日常生活中所形成的、众所周知且被广受认可的道德，而从事与人体基因、人体胚胎等有关的医学和科研活动时所应遵守的道德是在特定的专业活动中所形成的、与“众所周知”存在天然张力的道德。因此，使用“伦理道德”反而能凸显此类活动的特点。另一方面，尽管“伦理道德”通常并不与“公共利益”并列，但由于本条中的“伦理道德”之前的用语为“人体健康”这一更具体的概念，因此，在使用“伦理道德”之后，可以形成一个抽象程度不断提升的概念序列。与多个抽象概念并列相比，这种表述模式也有其优势。因为其可以引导法官首先从更具体的概念出发进行判断，这不仅更便捷而且更准确。与此同时，“伦理道德”这一概念具有高度开放性。一般认为，“伦理”包含理性、科学等精神，“道德”则与社会风俗密切相关，往往用以评价个体在社会中的特定行为的正当性。“伦理道德”涵盖了社会制定或认可的、关于人们具有社会效用的行为应该如何的所有非权力性规范，具有开放性和高度的演进性。

关于“不得违背伦理道德”的内涵，应从以下几个方面进行理解：首先，对于与

① 《民法典》第 1251 条规定：“饲养动物应当遵守法律法规，尊重社会公德，不得妨碍他人生活。”在《民法典》编纂之前，就有学者主张用“公共秩序或善良风俗”代替“社会公共利益”和“社会公德”。参见梁慧星：《民法总论》（第 4 版），法律出版社 2011 年版，第 51 页。《民法典》中的“社会公德”一词仅出现了一次，可能就与这样的主张有关。

人体基因、人体胚胎等有关的医学和科研活动本身来说，“不得违背伦理道德”主要是指不得违背生命伦理道德。对于这种伦理道德，宜由专业伦理审查委员会进行判断。其次，对于从事与人体基因、人体胚胎等有关的医学和科研活动的专业人士来说，“不得违背伦理道德”主要是指不得违背职业伦理道德。对于这种职业伦理道德，更适合由专业的伦理审查机构和相关监管部门作出判断。需要注意的是，尽管生命伦理道德和职业伦理道德都有其专业性的一面，但考虑与人体基因、人体胚胎等有关的医学和科研活动的潜在不利后果主要是由普通民众承担的，因此，伦理委员会和有关部门在具体判断之时需要适当兼顾多数民众所秉持的生命伦理观念。

3. 不得损害公共利益

“公共利益”一词在《民法典》中颇为常见。除本条文外，《民法典》第117条、第243条、第358条、第999条、第1020条和第1025条等条文中都使用了“公共利益”一词。此外，有的条文还使用了与之并无实质不同的“社会公共利益”，如《民法典》第132条、第185条和第534条的规定。尽管如此，由于“公共利益”本身就很抽象，再加上其具体内涵会随着语境的变化而变化，因此“公共利益”[①]的具体含义仍需专门探讨。

首先，尽管“公共利益”是指不特定主体的利益，但其主体范围既包括现有世代也包括未来世代，这显然有别于一般的公共利益。这也正是本条所体现的“代际正义”原则：人体基因、人类胚胎方面的研究不仅涉及现有世代的利益，而且更涉及未来世代；基因编辑技术的滥用很可能导致先天畸形的婴儿诞生；考虑这些婴儿在成年后的繁衍能力，人类的基因池在未来可能就此受到不可逆转的污染或破坏。因此，此类技术的滥用，将可能给整个人类带来不可弥补的巨大风险与损害。在这个意义上，片面强调现有世代的生育权而忽视由此给未来世代所带来的不可知风险，显然是自私和非正义的。[②] 由于与人体基因、人体胚胎等有关的医学

---

① 尽管本条中的“公共利益”有其特殊之处，但学术界之前关于“公共利益”的研究仍具有借鉴价值。参见韩大元：《宪法文本中“公共利益”的规范分析》，载《法学论坛》2005年第1期；胡建淼、邢益精：《公共利益概念透析》，载《法学》2004年第10期。

② 参见石佳友：《人格权立法完善的最后契机——评民法典人格权编（四审稿）草案》，载王利明主编：《人格权立法的中国思考》，中国人民大学出版社2020年版，第465～466页。

和科研活动对未来世代的影响很难预知,而且损害可能不可逆转,再加上未来世代无法通过参与立法的方式表达自己的利益诉求,因此,在认定此处的“公共利益”之时,要更加关注未来世代而非现今世代的利益。① 尽管这确实会在一定程度上损害现今世代的利益,但考虑正是现今世代的医学和科研活动才给未来世代带来了不可预测的风险,因此这种倾斜不仅必要而且合理,同时兼顾了现有世代与未来世代的利益。

其次,尽管《民法典》②以及其他立法③中并不乏区分“国家利益”和“(社会)公共利益”的条文,但此处的“公共利益”应当同时包括“国家利益”。一方面,由于“公共利益”的概念本身较抽象,再加上“国家利益”本身也是不特定主体的共同利益,因此此处的“公共利益”在语义层面完全可包括“国家利益”。另一方面,与人体基因、人体胚胎等有关的医学和科研活动,尤其是科研活动,确实会影响国家的安全利益,因此此处的“公共利益”也应包括“国家利益”。④

最后,尽管本部分同时列举了“人体健康”和“公共利益”,但该“公共利益”仍可涵盖不特定主体的“人体健康”。例如,基因编辑婴儿在成年后具备生殖能力,可能与他人繁育后代,从而导致基因先天性缺陷的遗传。

值得注意的是,本部分尽管强调了人体健康、伦理道德和公共利益,但却并未提及人格尊严。事实上,由于“伦理道德”和“公共利益”两个概念都十分抽象,因此通过将所有损害“人格尊严”的活动都视为损害“伦理道德”或“公共利益”的活动的方式也可以实现对“人格尊严”的保护。一方面,从理论层面来看,法律之所以必须认真对待与人体基因、人体胚胎等有关的医学和科研活动,主要原因之一就是其可能

---

① 王利明教授指出:“我国民法典第 1009 条就是在充分考虑代际正义的基础上作出的规定,也以实现代际正义为重要目标。”参见王利明:《彰显时代性:中国民法典的鲜明特色》,载《东方法学》2020 年第 4 期。

② 《民法典》第 132 条和第 534 条便是典型例证。

③ 2020 年修订的《固体废物污染环境防治法》第 121 条便是典型例证。《固体废物污染环境防治法》(2020 年修订第 121 条)规定:“固体废物污染环境、破坏生态,损害国家利益、社会公共利益的,有关机关和组织可以依照《中华人民共和国环境保护法》《中华人民共和国民事诉讼法》《中华人民共和国行政诉讼法》等法律的规定向人民法院提起诉讼。”

④ 值得注意的是,前引《生物安全法(草案)》(二次审议稿)第 53 条同时列举了“国家安全”和“社会公共利益”。

会给人格尊严带来重大损害。① 事实上，有释义书明确指出，“从事与人体基因、人体胚胎等有关的医学和科研活动，必须建立在尊重人格尊严的基础上”。② 另一方面，从现行立法来看，我国《宪法》第38条以及《民法典》第109条和第990条的规定都专门强调了人格尊严。这就是说，在《民法典》上，人格尊严是一项必须给予保护的人格权。而且，根据《民法典》第990条第2款，作为一般人格权，人格尊严构成其他人格权益的基础；在《民法典》中缺乏具体人格权，可基于人格尊严予以保护。就基因编辑技术而言，其可能带来的主要问题是，由于在技术上已经具备科学性，在法律和伦理上是否可以按照订购商品的模式，按照自己的意愿“订购”通过基因编辑技术而出生的、具备特定品质的婴儿？此类实践显然是对人的物化和商品化，是对人格尊严的严重侵害，因此应予以禁止。

第二节　人类可遗传基因组编辑的行政法规制

一、人类可遗传基因组编辑行政法规制的基本状况

人类可遗传基因组编辑既关涉人体健康与人格尊严，又与公共利益和伦理道德存在密切的联系，面临法律、科技、伦理、道德、人类社会发展等诸多方面的挑战。其所涉法律关系之复杂、风险之不确定性、影响范围之世代性，决定了对人类可遗传基因组编辑的规制需要公私法等各部门、多层次的法律制度的协同配合，以发挥基因编辑法律体系的整体功能。

其中，行政法律规范构成人类可遗传基因组编辑法律体系中的关键一环。一方面，行政法律规范在现有基因编辑法律体系中占比最大，从法规和条文数量来说具有压倒性的优势，且对基因编辑相关活动的规制更全面。我国民事相关立法主要涉及《民法典》第1009条。我国刑法也是直到贺某奎事件后，社会上对非法编辑基因行为入罪的呼声日益高涨，在此背景下，2020年12月26日通过的《刑法修正案（十

① 王利明教授指出：“我国民法典第1009条对于人体基因、人体胚胎医学科学研究作出的限制性规定，也是出于对人格尊严的维护目的。”参见王利明：《彰显时代性：中国民法典的鲜明特色》，载《东方法学》2020年第4期。

② 参见黄薇主编：《中华人民共和国民法典人格权编解读》，中国法制出版社2020年版，第93～94页。

一)》才增设了“非法植入基因编辑、克隆胚胎罪”。该罪规制的行为对象是将基因编辑、克隆的人类胚胎植入人体或者动物体内,或者将基因编辑、克隆的动物胚胎植入人体内的行为,明确禁止了以生殖为目的的生殖系基因编辑应用。这是我国刑法首次将基因编辑生殖性临床应用行为纳入规范框架之内。而与生命伦理、基因编辑相关的行政制度,从1998年的《人类遗传资源管理暂行办法》到2020年《生物安全法》,其间已有近20部行政法规、部门规章面世,并且其中一些法律文本已经跟随时代发展进行了多次修订。其涉及人类遗传资源管理,生物医学研究技术规范、伦理标准、伦理审查、技术临床应用等多个方面,围绕与人体基因、人体胚胎等有关的医学和科研活动中非常复杂的细节问题展开,相对来说能较全面地对相关活动进行规制。人类可遗传基因组编辑的伦理和法律问题,在实践运行中基本需要到相关行政法律规范中寻找规制依据,行政法律规范是最普遍的法律渊源形式。

另一方面,行政法律规范相较民法等其他法律部门中有关人类可遗传基因组编辑的制度规范更具体,也更具有专业性和可操作性。不同于《民法典》和《刑法》中较概括式的法律条文,行政法律规范在技术标准、伦理审查、审批流程、监督管理,法律责任等方面,就机构、人员、程序、处罚提供了更具体的操作指引。这些相关行政规范文本基本都是由相关主管机构国家卫生健康委员会、科学技术部等行政主管部门组织制定。在制定过程中,对相关法律、行政法规、部门规章、规范性文件进行总结梳理,对国内外生物医学科研伦理管理现状进行对比研究,对有关地方生物医学新技术临床研究与管理工作进行调研;在参考相应技术规范、基本标准和伦理原则,结合我国实际的基础上,组织临床医学、基础医学、再生医学、伦理学、法学、管理等领域专家共同参与起草,并反复修改。① 在此基础上,形成的法规、规章等能够对生命伦理科学发展中的突出问题进行更有针对性的规制,规制方式更专业。之后,随着国内外生命伦理学、技术的不断进步与发展,根据在本土的实施情况,针对逐步显现出的已有行政规范文本的局限性,及时进行适当的修改、补充和完善,使其更符合

① 参见《关于生物医学新技术临床应用管理条例(征求意见稿)公开征求意见的公告》,载中华人民共和国国家卫生健康委员会官网,http://www.nhc.gov.cn/wjw/yjzj/201902/0f24ddc242c24212abc42aa8b539584d.shtml;卫生部《关于修订人类辅助生殖技术与人类精子库相关技术规范、基本标准和伦理原则的通知》,载中华人民共和国国家卫生健康委员会官网,http://www.nhc.gov.cn/bgt/pw10303/200708/68ba58984aba4a44a3bcf74b0c3e2048.shtml。

技术发展的要求，并以此促进技术应用质量和水平的提高，保证规制效果。这是作为基本法律的《民法典》和《刑法》所不具有的灵活优势。

生物安全领域行政法经过20多年的探索发展，其规范模式更加系统全面、规制对象范围不断丰富扩展、规制手段更加科学合理，对基因编辑相关活动的有序开展发挥了不容忽视的规制功能，为基因组编辑技术发展提供了引导、规范和支持。表2-1较详细全面地梳理了我国与基因编辑等生物安全相关的行政法律规范。

表2-1　涉及人类基因组编辑的行政性法律规范

名称	发布日期	制定部门	效力级别	时效性
《人的体细胞治疗及基因治疗临床研究质控要点》	1993年5月5日	卫生部(已撤销)	部门规范性文件	现行有效
《科学技术进步法》	1993年7月2日；2021年12月24日修订	全国人大常委会	法律	现行有效
《基因工程安全管理办法》	1993年12月24日	国家科学技术委员会(已变更)	部门规章	现行有效
《人类遗传资源管理暂行办法》	1998年6月10日	国务院办公厅	国务院规范性文件	现行有效
《人类辅助生殖技术管理办法》	2001年2月20日	卫生部(已撤销)	部门规章	现行有效
《人类辅助生殖技术与人类精子库相关技术规范、基本标准和伦理原则》	2001年5月14日；2003年6月27日修订	卫生部(已撤销)	部门工作文件	现行有效
《人基因治疗研究和制剂质量控制技术指导原则》	2003年3月20日	国家药品监督管理局(已变更)	部门规范性文件	现行有效
《药物临床试验质量管理规范》	2003年8月6日	国家食品药品监督管理局(已撤销)	部门规章	失效
《人胚胎干细胞研究伦理指导原则》	2003年12月24日	科学技术部、卫生部(已撤销)	部门规范性文件	现行有效

续表

名称	发布日期	制定部门	效力级别	时效性
《涉及人的生物医学研究伦理审查办法(试行)》	2007年1月11日	卫生部(已撤销)	部门规范性文件	现行有效
《医疗技术临床应用管理办法》	2009年3月2日; 2018年8月13日修订	卫生部(已撤销); 国家卫生健康委员会	部门规范性文件; 部门规章	现行有效
《医疗卫生机构开展临床研究项目管理办法》	2014年10月16日	国家卫生计生委(已撤销)、国家食品药品监督管理总局(已撤销)、国家中医药管理局	部门规范性文件	现行有效
《人类遗传资源采集、收集、买卖、出口、出境审批行政许可事项服务指南》	2015年7月2日	科学技术部	机关工作综合规定	现行有效
《干细胞临床研究管理办法(试行)》	2015年7月20日	国家卫生和计划生育委员会(已撤销)、国家食品药品监督管理总局(已撤销)	部门规范性文件	现行有效
《涉及人的生物医学研究伦理审查办法》	2016年10月12日	国家卫生和计划生育委员会(已撤销)	部门规章	现行有效
《生物技术研究开发安全管理办法》	2017年7月12日	科学技术部	部门规范性文件	现行有效
《细胞治疗产品研究与评价技术指导原则(试行)》	2017年12月18日	国家食品药品监督管理总局(已撤销)	部门工作文件	现行有效
《生物医学新技术临床应用管理条例(征求意见稿)》	2019年2月26日	国家卫生健康委员会	部门规范性文件	

续表

名称	发布日期	制定部门	效力级别	时效性
《人类遗传资源管理条例》	2019 年 5 月 28 日	国务院	行政法规	现行有效
《生物安全法》	2020 年 10 月 17 日	全国人大常委会	法律	现行有效

从表 2－1 可以看出,我国生物安全领域行政法规制呈现如下几个方面的特点:

第一,涉及部门较多。从制定部门来看,90% 以上的行政法文本由科技部、卫健委、原国家食品药品监督管理总局等部委制定,且相关事务由其主管;极少文本是由全国人大常委会制定。优势在于这些相关主管行政机构更熟悉相关活动,对相关问题的规制更具有针对性,更能确保专业度和规制效果。但可能存在不同领域、不同部门对同类行为做出不同规范要求的情况,因此需要建立由中央国家安全领导机构统筹协调相关各部门以及各部门之间高效协作的机制。

第二,效力位阶较低。在现行法中,有关人类基因编辑相关活动主要规定在一些层次较低的与基因医学研究和技术应用相关的规范性法律文件中。从效力位阶来看,绝大部分为部门规章、部门规范性文件甚至部门工作文件,即目前与人体基因编辑活动直接相关的规范不仅数量较少而且位阶普遍较低。我国在法律层面虽然有所涉及,但主要是简要概括而缺乏具体的细则。真正规定了具体程序和要求的法律规范基本集中在部门规章和规范性文件层面。

第三,涵盖范围广。我国关于生物安全的立法十分庞杂,有几十部国务院的条例、地方行政法规、技术规范以及指南,涉及范围包括转基因的控制、实验室安全、生物资源的开发、人类资源的保护、生物入侵与生物多样性保护、疾病防控以及伦理管理等。① 但应注意的是,与人体基因编辑活动直接相关的规范数量较少。

第四,根据技术发展和实践需要进行修订。鉴于人类基因编辑技术的高速发展,及伴随产生的巨大的外部性效应,我国相关法律体系能够做出相应反应。随着科学技术和生命伦理学的不断进步与发展,并结合实施情况,积极应对法律规制的局限性,及时进行适当的修改、补充和完善,使其更符合技术发展的要求,并以此促

① 参见谭波、赵智:《对基因编辑婴儿行为的责任定性及其相关制度完善》,载《山东科技大学学报(社会科学版)》2019 年第 3 期。

进技术应用质量和水平的提高。例如,2016 年《涉及人的生物医学研究伦理审查办法》相较 2007 年的《涉及人的生物医学研究伦理审查办法(试行)》进行了较大程度的结构调整和细化。2018 年国家卫健委对 2009 年《医疗技术临床应用管理办法》进行了修订,无论在篇章结构上还是具体内容上都进行了较大幅度的修改,结构层次更丰富合理,规制内容更清晰和具有可操作性。

第五,对基因编辑活动直接针对性不足。相关行政法律文本或是笼统围绕科学技术、生物医学、医疗技术、临床研究进行规制,或是针对遗传资源、辅助生殖、药物临床、干细胞研究等进行相关立法,而非直接对基因编辑相关行为进行明确提及与规定,规制效果难言理想,可能带来具体适用时的较多障碍,需要进行较多的解释工作,以使其将基因编辑行为纳入规制范围之内。

二、人类可遗传基因组编辑行政法规制的三个发展阶段

(一)20 世纪末期初步探索阶段

1993 年,《人的体细胞治疗及基因治疗临床研究质控要点》首次直接对基因治疗进行规定,将人的体细胞治疗及基因治疗的临床研究纳入《中华人民共和国药品管理法》的法制化管理,使之走向科学化、规范化。根据该质控要点,凡以人的体细胞治疗和基因治疗的单位,首先需按该质控要点要求向卫生部新药审评办公室申请,经专家委员会审查、卫生部批准后方可实施临床试验或临床验证。该质控要点所称基因治疗,是指改变人的活细胞遗传物质的一种医学治疗方法。按其基因导入人体的途径可分为两大类:一是体外(ex vivo),将人体细胞经体外导入外源基因后再用于人体。二是体内(in vivo),将含外源基因的重组病毒在保证不存在复制型病毒(Replication Competent Virus)的前提下,直接用于人体。该质控要点明确以上基因操作只能用于治疗和预防的目的。整体上来说,该质控要点主要针对体细胞治疗及基因治疗这些生物技术治疗方法,是一部技术操作规范,而未关注到生命伦理、指导原则等内容。

1993 年,《科学技术进步法》立法目的在于促进科学技术进步,进而提高社会主义生产力。规制内容包括科学技术与经济建设和社会发展、高技术研究和高技术产业、基础研究和应用基础研究、研究开发机构、科学技术工作者、科学技术进步的保

障措施、科学技术奖励等几个方面。法律责任主要是对相关责任人的行政处分，但只是简要地规定“对直接责任人员给予行政处分”，并未明确应当适用哪些部门法的哪些条款，引发了法律实施时可能出现的空白、争议或不确定性。《科学技术进步法》可操作性不强，难以对基因编辑相关活动进行有效规制，迫切需要在生命伦理原则、伦理审查、责任承担等方面进行修订和细化。

1993 年，《基因工程安全管理办法》是一部直接针对基因技术进行规制的部门规章。其所称基因工程，包括利用载体系统的重组体 DNA 技术，以及利用物理或者化学方法把异源 DNA 直接导入有机体的技术。但细胞融合技术，原生质体融合技术，传统杂交繁殖技术以及诱变技术，体外受精技术，细胞培养或者胚胎培养技术不包括在内。其适用于在我国境内进行的一切基因工程工作，包括实验研究、中间试验、工业化生产以及遗传工程体释放和遗传工程产品使用等。科学技术委员会成立的全国基因工程安全委员会，负责基因工程安全监督和协调。该办法按照潜在危险程度，将基因工程工作分为四个安全等级：不存在危险、低度危险、中度危险、高度危险。并对不同风险等级在申报和审批程序上进行区别化对待。《基因工程安全管理办法》适用于一切基因工程工作，规范对象当然包括人类基因编辑技术，但规定内容较简单，没有详细的具有针对性的法律措施，在实际层面可操作性不强。

1998 年，《人类遗传资源管理暂行办法》对人类遗传资源的管理机构、申报与审批程序、知识产权、奖励与处罚等细节问题进行具体化。该暂行办法一方面强调保护、合理利用人类遗传资源，另一方面重视和鼓励加强人类基因的研究与开发。该暂行办法规制的行为对象主要是我国人类遗传资源的采集、收集、研究、开发、买卖、出口、出境等活动。该暂行办法是第一个规定知情同意的法律文件，特别强调任何单位或个人，经批准采集人类遗传资源材料前，均需取得人类遗传资源材料提供者及其亲属的知情同意证明材料，并负有为提供者保守秘密的责任。该暂行办法规定，对于管理部门的工作人员和参与审核的专家造成技术秘密泄露或人类遗传资源流失的，视情节给予行政处罚直至追究法律责任。该暂行办法侧重于遗传资源的行政管理，对人类基因编辑技术的规制也没有具体方案。

综上所述，《科学技术进步法》主要规定了促进科学技术进步的一些政策，《人类遗传资源管理暂行办法》主要针对我国人类遗传资源国际合作项目、出口出境对外提供以及重要遗传家系和特定地区遗传资源三个方面的问题，均不包含与基因编辑活动直接相关的规范。《人的体细胞治疗及基因治疗临床研究质控要点》主要从技术操作层面展开,《基因工程安全管理办法》也较简略,主要规定了不同风险等级基因工程的审批要求。当然这与当时相关科学技术不发达,主要伦理、道德、法律矛盾没有凸显并进入大众视野有关。

(二)21世纪初期逐步细化阶段

步入21世纪,相关科学技术取得了较大突破,其所引发的诸多社会问题也逐渐进入大众视野并引发社会关注和讨论。基于此,我国行政法律体系作出了相应的反应,相关行政主管部门开始较密集地制定技术管理、技术指导、临床应用、伦理原则、伦理审查等办法、指南和条例,立法和制度建设取得了明显进步。

2001年《人类辅助生殖技术管理办法》是原卫生部发布的为规范人类辅助生殖技术的应用和管理的办法,规定了相关技术规范、基本标准和伦理原则。其规制的对象是开展人类辅助生殖技术的各类医疗机构,明确人类辅助生殖技术的应用只能在医疗机构中进行、以医疗为目的;首次明确禁止以任何形式买卖配子、合子、胚胎,以及禁止医疗机构和医务人员实施任何形式的"代孕"技术。在具体审批程序上,该办法对申请开展丈夫精液人工授精技术和申请开展供精人工授精和体外受精—胚胎移植技术及其衍生技术两种情况进行了区分,对于供精人工授精和体外受精—胚胎移植采取了比丈夫精液人工授精更加谨慎和严苛的审批要求。该办法明确实施人类辅助生殖技术应当遵循知情同意原则,并签署知情同意书;涉及伦理问题的,应当提交医学伦理委员会讨论。这是第一部提及伦理委员会的规范性文件,但对于委员会的设立机构、组成、职责等问题没有具体展开。在处罚方面,该办法不仅列举了如买卖配子、合子、胚胎,实施"代孕"技术等违反本办法规定的行为,还明确了警告、罚款、行政处分等责任承担方式,并规定构成犯罪的,依法追究刑事责任。但根据当时的《刑法》,很难找到与这些行为相对应的罪名。

之后不久,原卫生部根据《人类辅助生殖技术管理办法》和《人类精子库管理办法》有关规定,制定了《人类辅助生殖技术与人类精子库相关技术规范、基本标准和伦理原则》,其中包含了《人类辅助生殖技术规范》《人类精子库基本标准》《人类精子库技术规范》《实施人类辅助生殖技术的伦理原则》四个部门的工作文件。这些文件主要围绕工作部门设置、工作人员、设施要求、业务质量管理等较细致的操作和技术问题展开，包括相关技术的机构设置标准、技术实施人员的资质要求及技术操作的质量标准和技术规范，并进一步明确和细化了技术实施中的伦理原则，为人类辅助生殖活动提供了较确定、全面、详细的遵照范本，在一定程度上推动了人类辅助生殖技术的标准化和规范化。

但是，随着国内外人类辅助生殖技术、人类精子库技术和生命伦理学的不断进步与发展，特别是从《人类辅助生殖技术与人类精子库相关技术规范、基本标准和伦理原则》发布后的实施情况看，其局限性日益凸显，需要及时进行修改、补充和完善。2003 年 3 月以来，原卫生部组织有关专家对 2001 年出台的《人类辅助生殖技术管理办法》及一系列相关文件进行了修改。修改稿在原有的基础上提高了应用相关技术的机构设置标准、人员的资质要求和技术操作的技术规范，并进一步明确和细化了技术实施中的伦理原则，且对控制多胎妊娠、严禁供精与供卵商业化等方面提出了更高、更规范、更具体的技术和伦理要求。

《人类辅助生殖技术规范》明确要求实施体外受精与胚胎移植及其衍生技术的机构建立生殖医学伦理委员会工作制度。在实施技术人员的行为准则方面，规定了 11 条禁止事项，其中明确禁止以生殖为目的对人类配子、合子和胚胎进行基因操作。从侧面来说，这一行为准则也表明只禁止以生殖为目的的基因操作，而不禁止治疗、预防等其他目的的基因操作。

《人类辅助生殖技术和人类精子库伦理原则》是首次关注伦理原则问题的规范文件，规定了人类辅助生殖技术的七大伦理原则，即有利于患者、知情同意、保护后代、社会公益、保密、严防商业化、伦理监督的原则。为确保以上原则的实施，规定由实施人类辅助生殖技术的机构建立生殖医学伦理委员会，并接受其指导和监督。可见，我国采取的是机构伦理委员会的模式，即由进行相关研究和实施相关技术的机构自身设立伦理审查委员会来监督管理其自身的相关活动。

2003 年是相关行政法律规范较密集面世的一年。为了加强注册药品的质量控制、规范申报的技术资料，原国家药品监督管理局组织制定了《人基因治疗研究和制剂质量控制技术指导原则》等 9 个技术指导原则。其与《人的体细胞治疗及基因治疗临床研究质控要点》类似，主要聚焦在相关的技术操作规范要求上，从研究内容和制品质量控制、制品制备和生产工艺、安全试验、临床试验方案等技术性问题展开。其允许改变细胞遗传物质为基础的医学治疗，但同样明确规定仅限于体细胞，即只能改变体细胞中的遗传物质,且目的必须是治疗疾病。进步之处在于,鉴于基因治疗的技术和方式日趋多样性,基因治疗制剂种类较多,无法用一个模式来概括,该指导原则提出一个共同的原则——安全有效与加强创新,要求具体的方案应根据这些原则确定研究技术路线。该指导原则最后用一段话规定了"伦理学考虑"相关问题,包括知情同意、隐私保护等方面,要求必须充分重视伦理学的原则,并具体按原国家药品监督管理局 GCP(指《药品临床试验管理规定》,已失效)规定的要求严格实施。

2003 年,《药物临床试验质量管理规范》经国家食品药品监督管理局局务会审议通过并发布,主要为保证药物临床试验过程规范、结果科学可靠,保护受试者的权益并保障其安全。凡进行各期临床试验、人体生物利用度或生物等效性试验,均须按该规范执行。该规范中关于临床试验前的准备与必要条件、受试者的权益保障、试验方案的审批与内容、研究者申办者监察员的职责等相关规定也可适用于基因编辑的相关活动之中。该规范体现了比例性原则的精神,要求进行药物临床试验必须有充分的科学依据,周密考虑该试验的目的及要解决的问题,权衡对受试者和公众健康预期的受益及风险,预期的受益应超过可能出现的损害。该规范明确受试者的权益、安全和健康必须高于对科学和社会利益的考虑。伦理委员会与知情同意书是保障受试者权益的主要措施。

《人胚胎干细胞研究伦理指导原则》是一部专门就伦理指导原则进行规定的规范文件。该原则再次重申禁止进行生殖性克隆人的任何研究,禁止买卖人类配子、受精卵、胚胎或胎儿组织;明确人胚胎干细胞的获得方式和行为规范。该原则明确了人胚胎干细胞研究的 14 天禁令,即囊胚的体外培养期限自受精或核移植开始不得超过 14 天且不得植入人或任何其他动物的生殖系统。这表明我国立法明确禁止生殖系基因编辑的临床试验,编辑基因婴儿行为在我国具有明显的违法性。

《涉及人的生物医学研究伦理审查办法(试行)》同样对伦理审查进行专门规定。该办法规定涉及人的生物医学研究和相关技术应用包括以下活动:(1)在人体上采用现代物理学、化学和生物学方法对人的生理、病理现象以及疾病的诊断、治疗和预防方法进行研究的活动;(2)在人体上通过生物医学研究形成的医疗卫生技术或者产品进行试验性应用的活动。涉及人的生物医学研究活动包含人胚胎干细胞研究,规制范围更加广泛。《人胚胎干细胞研究伦理指导原则》主要规定的是伦理方面的基本原则,《涉及人的生物医学研究伦理审查办法(试行)》则重点针对伦理委员会、审查程序、监督管理等具体的实施细则。该办法规定的涉及人的生物医学研究和相关技术应用的活动较宽泛,对人的生理、病理现象以及疾病的诊断、治疗和预防方法进行研究,将形成的技术和产品进行临床试验活动。

2009 年,《医疗技术临床应用管理办法》对医疗技术实行分类、分级管理,根据安全性、有效性将医疗技术分为高、中、低风险 3 类。根据基因编辑目标的不同,相关活动可被分为治疗型基因编辑、增强型基因编辑。治疗型基因编辑旨在治疗当前医疗手段尚无法妥当解决的疑难疾病。随着基因技术的发展,诸多不治之症将会被攻克,但仍存在大量的技术风险。由于治疗型基因编辑可以增进人类福祉,因此在原则上可以被允许。[①] 治疗型基因编辑属于广义的治疗或改善生命健康的医疗活动,将其纳入医疗技术临床应用活动具有合理性,可被囊括在《医疗技术临床应用管理办法》规制范围之内。在该办法规定的第三类医疗技术目录中,明确列举了基因治疗技术、基因芯片诊断和治疗技术。

2014 年,《医疗卫生机构开展临床研究项目管理办法》涵盖对医疗卫生机构组织、立项、财务、实施、监督共 5 个方面的管理。该办法所称临床研究是指在医疗卫生机构内开展的所有涉及人的药品(含试验药物)和医疗器械(含体外诊断试剂)医学研究及新技术的临床应用观察等。该办法规定开展临床研究的医疗卫生机构应当成立临床研究管理委员会和伦理委员会,设立或者指定专门部门(以下称临床研究管理部门)负责临床研究管理。伦理委员会按照相关规定承担所在医疗卫生机构开展临床研究的伦理审查,确保临床研究符合伦理规范。在立项管理方面,临床研究实行医疗卫生机构立项审核制度,经医疗卫生机构批准立项的临床研究方可在该机构内实施。医疗卫生机构应当组织伦理委员会遵循伦理审查原则,对临床研究项目进行伦理审查,并形成书面审查记录和审查意见。医疗卫生机构进行人类可遗传基因组编辑活动时须遵从本办法中的程序与伦理要求。

① 参见马永强:《基因科技犯罪的法益侵害与归责进路》,载《法制与社会发展》2021 年第 4 期。

（三）近年来规范引导阶段

我国加快了有关立法的步伐。[①] 这些引发公众热议的公共事件直接推动了我国相关制度设计的重大进展。随着人类基因编辑技术的高速发展和与之相伴随的社会各界展开的激烈讨论的推进，人类基因组编辑在内的新兴科学技术研发，必须尊重人类价值观本身，而不是只考虑经济价值逐步成为共识被确立。通过可遗传基因组编辑等技术可以影响未出生的生命和未来世代的特征，能够改变生命本身的要素，影响人类的行为。在这种背景下，相关行政法的制定不仅注重规范、限制和消除包括人类基因组编辑在内的新兴科技带来的外部性效应风险，还兼顾对人类基因组编辑技术发展的引导。

2015 年，《人类遗传资源采集、收集、买卖、出口、出境审批行政许可事项服务指南》适用于对在中国境内从事的中国人类遗传资源采集、收集、买卖、出口、出境等事项的规范和管理。顾名思义，该服务指南规定的是有关办理人类遗传资源行政许可审批的操作步骤和具体办事指引。

2015 年，《干细胞临床研究管理办法（试行）》适用于在医疗机构开展的干细胞临床研究。干细胞临床研究，是指应用人自体或异体来源的干细胞经体外操作后输入（或植入）人体，用于疾病预防或治疗的临床研究。根据这一定义，干细胞临床研究只能以疾病预防和治疗为目的。开展干细胞临床研究的医疗机构是干细胞制剂和临床研究质量管理的责任主体。原国家卫生计生委与原国家食品药品监管总局负责干细胞临床研究政策制定和宏观管理，共同组建干细胞临床研究专家委员会和伦理专家委员会，为干细胞临床研究规范管理提供技术支撑和伦理指导。同时该办法要求干细胞临床研究机构须具有与所开展干细胞临床研究相适应的、由高水平专家组成的学术委员会和伦理委员会。机构伦理委员会负责对干细胞临床研究项目进行独立伦理审查，国家和省级干细胞临床研究专家委员会和伦理专家委员会仅对机构伦理委员会的伦理审查进行监督。

《涉及人的生物医学研究伦理审查办法》相较 2007 年的《涉及人的生物医学研

---

① 参见王康：《基因编辑婴儿事件受害人的请求权》，载《法律科学（西北政法大学学报）》2020 年第 3 期。

究伦理审查办法(试行)》进行了较大程度的结构调整和细化。其一,在涉及人的生物医学研究具体活动的列举上,补充规定了第3种活动类型:采用流行病学,社会学、心理学等方法收集、记录、使用、报告或者储存有关人的样本、医疗记录、行为等科学研究资料的活动。其二,在伦理委员会方面,明确强调“医疗卫生机构未设立伦理委员会的,不得开展涉及人的生物医学研究工作”,对伦理委员会委员的领域、人数、性别、民族、任期等进行了补充细化,使伦理委员会的组成更加明确。其三,进一步提炼了6项涉及人的生物医学研究的伦理原则:知情同意原则、控制风险原则、免费和补偿原则、保护隐私原则、依法赔偿原则、弱势群体特殊保护原则。其四,对申请材料、审核内容、基本标准都进行了发展、丰富和完善。其五,增加规定了跟踪审查制度。其六,设专章专门规定知情同意,表现出对当事人知情权和同意权的重视,对人格尊严与自由的保障。其七,增设法律责任专章,对行为类型、具体处罚措施均予以规定。

2017年,《生物技术研究开发安全管理办法》对生物技术研究开发实行分级管理。按照生物技术研究开发活动潜在风险程度,分为高风险等级、较高风险等级和一般风险等级。涉及存在重大风险的人类基因编辑等基因工程的研究开发活动被归入高风险等级之中;涉及存在较大风险的人类基因编辑等基因工程的研究开发活动被归入较高风险等级;涉及存在一般风险的人类基因编辑等基因工程的研究开发活动被归入一般风险等级。

2017年,《细胞治疗产品研究与评价技术指导原则(试行)》同样明确其不适用于生殖相关细胞。除风险控制,该指导原则主要规定了药学研究、非临床研究、临床研究等具体技术性问题。

2018年,国家卫健委对《医疗技术临床应用管理办法》进行了修订,无论在篇章结构上还是具体内容上都进行了较大幅度的修改,结构层次更丰富合理,规制内容更清晰并具有可操作性。增补、修改、完善的主要内容包括:其一,增加规定国家建立医疗技术临床应用负面清单管理制度,其他临床应用的医疗技术由决定使用该类技术的医疗机构自我管理。其二,不同于修订前将医疗技术分为三类不同风险级别的医疗技术,修订后的《医疗技术临床应用管理办法》将医疗技术分为禁止类技术和限制类技术。未纳入禁止类技术和限制类技术目录的医疗技术,医疗机构可以根据自身功能、任务、技术能力等自行决定开展临床应用。未经本机构伦理委员会审查通过的医疗技术，特别是限制类医疗技术，不得应用于临床。

2019 年，《生物医学新技术临床应用管理条例(征求意见稿)》建立了生物医学新技术临床研究和转化应用行政审批制度；规定了学术审查和伦理审查的主要内容；强调机构主体责任；加大了违规处罚力度；并与药品和医疗器械管理进行衔接。人类可遗传基因组编辑技术临床应用时须遵从本条例的管理规定。

此外，2019 年，《人类遗传资源管理条例》的主要内容与《人类遗传资源管理暂行办法》存在相似之处，如对人类遗传资源的界定，对于重要遗传家系、特定地区人类遗传资源的特别规定等。该条例主要从人类遗传资源的采集和保藏、利用和对外提供四种行为模式展开规制，但不能全面、有效地解决人类基因编辑技术的风险控制问题。

2020 年，《生物安全法》正式通过，其立法宗旨之一在于促进我国生物技术健康发展。该法在第四章以专章的形式规定了“生物技术研究、开发与应用安全”，规定在我国从事生物技术研究应当符合伦理原则。从事生物技术临床研究，应当在具备相应条件的医疗机构内进行，进入人体临床研究操作的，应由符合相应条件的卫生专业技术人员执行。第六章专章规定人类遗传资源与生物资源安全，加强对我国人类遗传资源和生物资源采集、保藏、利用、对外提供等活动的管理和监督。

这一阶段我国在相关制度顶层设计方面取得了进展，但具体的制度架构设计、人员配置和规则设定还有待进一步细化和完善。基于风险未知性和不确定性这一特征，预防性的规制较事后监管更能发挥作用。“预防原则应当成为政府以法律的手段因应科技风险的主要原则。政府应当以尽可能严格的监管方式来承担自己的责任。”①

三、人类可遗传基因组编辑行政法规制的实践困境

我国直接或者间接规制基因编辑技术的行政法规范经历了 20 多年的发展，从基本立场来看，对于基因编辑活动，允许基于治疗疾病或者预防目的的相关研究，未禁止非生殖目的的人类基因编辑实验。但不允许进行生殖性细胞基因改造，明确禁止将人类生殖系基因编辑临床应用于生殖，以及明确禁止培养人与其他物种的嵌合

① 陈景辉：《捍卫预防原则：科技风险的法律姿态》，载《华东政法大学学报》2018 年第 1 期。

体。从表现形式来看,多为技术管理层面的操作流程和技术伦理指导原则,偏重行为引导而责任配置方面不足,呈现缺乏统一理念、立法比较分散、系统性不强且规范效力等级较低的特征。[①] 在现有规范体系中,对人类基因材料的收集、储存、流动、实验研究、临床应用、基因检测或鉴定等全部过程的管理措施,涉及基因工程、遗传资源管理、医疗、国际合作及进出口检验检疫等领域,零散地存在于不同文件中,缺乏相互之间及与其他法律、法规或规章之间的有效衔接与合理协调,更未形成全方位、一体化的法律规制体系。[②] 由于我国对人类基因编辑活动相关的技术、应用、伦理问题尚未形成全面、系统的法律规范体系,缺乏一个上位法上的具有统一协调、统合、指导地位的行政法律规范,由此造成多头规制、边界模糊、实践运用混乱的现状,引发了实践运用中的一些困境。

(一)机构伦理审查委员会模式下的非独立质疑

随着科研自由与生物安全、道德伦理底线之间的张力日益凸显,以及人体编辑活动风险的不确定性及对未来世代利益的潜在影响,相关行政法律规范愈发重视伦理审查在促进科技有序良性发展中的重要地位。这体现在相关规范中或几条或专章地规定了伦理委员会的组建、职责与伦理审查的程序等,识别和规避可能发生的伦理风险,尽可能确保技术应用的谨慎、正当性、合目的性,使之符合人类当前和长远利益。可以发现,不同规范中的共同点是伦理审查委员会由进行相关科学研究及实施应用相关技术的机构组建。研究计划、试验方案需经所在机构建立的伦理委员会审议同意并签署批准意见后方可实施。这种机构伦理委员会掌握项目审批权、过程控制和监督权力的模式引发了程序正义的质疑:我国行政法概括性地把伦理审批权力下放给有资质的医疗机构,机构伦理委员会的设置不能有效发挥独立判断的作用,不能保证作出有效的伦理考量。

(二)就同一问题不同规定的问题

我国目前有多个行政法律规范对伦理委员会设置、组成等相关问题进行了规

① 参见陈姿含:《基因编辑法律规制实践研究:以民事诉讼目的为视角》,载《法学杂志》2020 年第 3 期。
② 参见王康:《人类基因编辑多维风险的法律规制》,载《求索》2017 年第 11 期。

定,如《涉及人的生物医学研究伦理审查办法》、《药物临床试验质量管理规范》(2020 年版)。生物医学研究本身会涉及多个部门的管理,各部门规制目的不同、利益追求不同,导致在具体规定内容方面存在一定的差异,引发不同领域、不同部门针对同一问题相关法律制度内容上的冲突和矛盾性。例如,《药物临床试验质量管理规范》(2020 年版)规定伦理委员会应有从事医药相关专业人员、非医药专业人员、法律专家及来自其他单位的人员,至少 5 人组成,并且有不同性别的委员。《涉及人的生物医学研究伦理审查办法(试行)》同样也是要求机构伦理委员会的委员人数不得少于 5 人。《涉及人的生物医学研究伦理审查办法》相较《涉及人的生物医学研究伦理审查办法(试行)》,将委员最低人数提高到 7 人。而《中医药临床研究伦理审查管理规范》又将最低人数要求降至 5 人。不同规定之间的龃龉给实践中的具体实施带来了一定的困惑,法律规范效力层级低对相应法律制度在实务中的实施构成了一些阻碍。除了人数上的不同,各个伦理委员会之间的职能界限也不够清晰。针对规定上的矛盾与不协调之处,未来可能需要以上位法的形式进行统一。已经设立的多个国家级伦理委员会,需要逐步明确职能划分或者进行整合,并提高伦理委员会的准入标准,加强资质审查,规范审查工作,提高审查水平。

(三)责任配置上的缺失

我国现行生物安全领域的行政法规范主要是一些技术管理办法或伦理指导原则,更多从行为指引角度展开,规定了相应机构和人员应该承担的义务,但在法律责任配置上刚性不强。由于行政处罚措施较轻,或者责任规范过于原则化,整体上显得实效不足。

相关行政法规范对法律责任的规定大量使用了引致的立法技术,笼统地规定承担相应的刑事责任或者民事责任。例如,《人类遗传资源管理条例》第 44 条规定,违反本条例规定,侵害他人合法权益的,依法承担民事责任;构成犯罪的,应当依法追究刑事责任。但事实上,我国《刑法》长期以来并未就人类基因等生物安全等问题规定相应的刑事责任,直至《刑法修正案(十一)》增设非法植入基因编辑、克隆胚胎罪。此外,在适用主体上,目前行政法律规范对基因编辑的规制主要是在基因医疗的框架下展开,适用范围主要局限于医疗、高校等科学研究机构及其科研人员,虽然设定了诸如警告、罚款等行政制裁措施,但对于与贺某奎事件相类似的,以个人行为为表现形式的人体基因编辑试验行为则不具有适用之余地。[①] 对于承担民事责任的转致性规范，有学者认为其实质意义有限。[②] 因为不管这些行政法律规范中是否对民事责任进行规定，都不会对受害人的损害赔偿请求权产生影响，并不具有真正的法律适用价值。

四、人类可遗传基因组编辑行政法规制的未来发展方向

（一）凝聚社会共识

由主管行政部门以部门规章的形式来规制基因编辑技术的应用，是我国目前规制生物医学、生命伦理的主要方式。人类可遗传基因组编辑的行政法规制，不仅仅是法律问题，还需充分考虑社会公众普遍可接受的一般伦理道德底线。“在任何情况下，都不能缺少那些容易受基因编辑副作用影响的人们的公开和包容的讨论”，需要开放和包容地让那些容易直接或间接地受遗传基因编辑不良后果影响的人们参与其中。[③] 在目前的相关行政法条款中，公众参与和对个体患者的利益考量仍显不足，需要进一步强化民主决策过程的透明性、公开性和包容性。在科学与民主、创新与公共利益之间取得平衡的办法之一是增加科技领域立法的透明度，强化公众参与。[④] 为了保护公共利益，确保公众接受安全、有效和合乎伦理的基因编辑活动，就重大伦理问题、涉及公共利益的公共议题，应通过社会公共辩论，形成社会共识。容易受基因编辑副作用影响的人们不仅包括父母、未来出生的人，还包括参与其中的科学家、医学家、伦理学家。基因编辑影响的不仅仅是个体利益，还关涉当下人类社会和未来世代的利益，因此凝聚的共识是社会每位成员的共识。应该有充分广泛和包容的社会讨论，由每个人来决定基因编辑技术应用到什么程度及其能够产生的效

---

① 参见石佳友、刘欢：《人体基因编辑的法律规制——从〈中华人民共和国民法典〉一千零九条出发》，载《西北工业大学学报（社会科学版）》2020 年第 4 期。

② 参见王康：《基因编辑婴儿事件受害人的请求权》，载《法律科学（西北政法大学学报）》2020 年第 3 期。

③ 参见《基因编辑和人类生殖：社会伦理及法律规制》，蒋莉译，载《苏州大学学报（法学版）》2018 年第 4 期。

④ 参见郑戈：《迈向生命宪制——法律如何回应基因编辑技术应用中的风险》，载《法商研究》2019 年第 2 期。

果，有效回应科技发展带来的社会挑战，促进有关社会、伦理、法律维度的公共辩论和共识的形成。

（二）形成全方位、全领域、全过程的规制体系

作为目前我国防止人类可遗传基因组编辑技术滥用最主要的一道防线，为将基因编辑科学研究的发展带来的负面效应降低到最低程度，行政法对人类可遗传基因组编辑活动的规制，需要形成事前、事中、事后监管的全方位、全领域、全过程的规制体系。针对目前的行政法相关规定，事前监管需要保障完善伦理委员会或者专家委员会的审批资格、审批流程、审批不当的处罚等规定的全面、统一和明确；事中监管需要落实重大事件或者重大变动的报告制度；事后监管除了强化行政处罚、做好与民事责任和刑事责任的衔接，还要落实后续跟踪。研究活动或者临床应用结束后，应当对受试者进行长期随访监测，评价基因编辑活动的长期安全性和有效性。对随访中发现的问题，应当及时报告机构学术、伦理委员会，及时组织进行评估鉴定，给予受试者相应的医学处理。建立可追溯的管理体系，以确保基因编辑全过程的可追溯性。

（三）行政监管与行业自律相结合

根据国务院《关于加强和规范事中事后监管的指导意见》，对新技术、新产业、新业态、新模式，要按照鼓励创新原则，留足发展空间，同时坚守质量和安全底线，严禁简单禁止或放任不管。要引导专业性极强的基因编辑活动健康规范发展，仅仅依靠行政监管是远远不够的，需要加强软法体系的建设，对基因编辑相关活动分类量身定制监管规则和标准，对出现的问题及时引导或处置，对潜在风险大、可能造成严重不良后果的，严格监管。可以考虑发展行业自律机制，借助行业的纪律处分和制裁、行业禁入机制等，提升行业自治水平。推动行业协会建立健全行业自律规范、自律公约和职业道德准则，规范会员行为。行业协会参与制定国家标准、行业规划和政策法规，制定发布行业产品和服务标准，将有助于提升专业性、可操作性和接受度。发挥行业协会在权益保护、纠纷处理、行业信用建设和信用监管等方面的作用。在行政监管执法中更多参考专业意见，推动行政监管与行业自律的一体化建设，实现鼓励创新与严格监管的有效平衡。

综上所述，根据我国人类胚胎基因编辑领域行政法规制的现实情况，可借鉴有益经验，对现有技术规范、伦理准则进行整合完善，致力于形成全面、清晰、明确、系统的规制基因编辑技术的行政法律体系，来有效应对目前人类基因编辑技术领域的规范可操作性欠缺、责任机制不足和职责不清的情况。通过社会公共辩论，形成社会共识，协同科技共同体本身的自律机制，对重点领域实行重点监管，提高技术规制、资源管理、权益保护的法律实效，以构建全方位、全过程、全领域的风险规制的行政法律体系。

第三节　人类可遗传基因组编辑的刑法规制

可以说，多年之前，人类就开始了对人类遗传奥秘的探求，从希望利用这些奥秘使人类远离一些疾病的困扰再到希望能够通过对这些秘密的改变达到使人类变得更强大、更美丽、更聪明的目的。2012 年，CRISPR/Cas9 系统被证实其能够作为新一代的基因编辑工具，该系统使定位及切割人类的任意一段基因组序列的工作量极大减少，而且任何一个有一定基础训练的生物学研究人员就可以操作该技术。一时间，不仅是科学界，资本也开始疯狂地涌入该市场。其被认为是继 DNA 双螺旋结构的发现之后最重要的生物学上的突破。然而，没有任何技术是完美无缺的，由于 CRISPR/Cas9 系统对错误的高容忍性，使其在删除或者修改某基因的时候很有可能会对目标范围之外的基因序列进行错误的切割，这就是该技术所具有的“脱靶效应”。而且，其中对人类胚胎进行试验还引发了一系列的生命伦理风险。随着全球首个“三亲婴儿”、全球首例人类基因编辑婴儿的出生，人类开始广泛关注该技术可能对人类所造成的潜在的生命健康、生命伦理风险以及该技术的正当性问题。有的学者认为，该技术尽管会给人类疾病的治疗、农业的生产等带来无尽的可能，但是即使《刑法修正案（十一）》第 39 条规定的非法植入基因编辑、克隆胚胎罪出台并适用，如果不对该技术继续加以严格规制，那么给人类造成的打击也是巨大的，因此有必要通过增设新的罪名来规制。[①] 但是，另有学者认为，刑法上的严格规制会导致该

---

① 参见姚万勤：《对通过新增罪名应对人工智能风险的质疑》，载《当代法学》2019 年第 3 期。

技术研究的大规模萎缩,最终对我国国力的提升不利,因此主张刑法要保持足够的谦抑性,给科学研究以足够的空间,广泛应用社会组织、行政法来进行规制,且只要能在目前的基础上控制风险,就没必要增加相应的罪名。仔细分析上述两种观点,可以看到它们都认为刑法应该对上述风险有所作为,但在多大程度上作为依旧争论不休。

一、人类基因编辑刑法规制概述

基因编辑主要是在基础研究、医学研究和动植物微生物育种三个方向上被广泛适用。① 技术本身就是一把“双刃剑”,人类基因编辑在推动社会发展的同时也存在一定的风险。然而,即使在《刑法修正案(十一)》第 39 条“将基因编辑、克隆的人类胚胎植入人体或者动物体内,或者将基因编辑、克隆的动物胚胎植入人体内,情节严重的”行为规定为犯罪的情况下,上述哪些人类基因编辑的行为应纳入刑法规制的范围之内至今仍是争论的焦点。

(一)人类基因编辑的现实镜像

社会危害性作为指导我国刑事立法和刑事司法的一项重要原则是指被刑事立法所规制和被刑事司法所惩处的行为所具有的危害社会的特征,也可以说是此行为对整个社会秩序的建立所造成损害的全部特征。② 虽然目前刑法学界对该理论存在争议,但通说仍然认为,任何行为的入罪都要首先通过社会危害性理论的检视。然而,人类基因编辑的社会危害性是不言而喻的。

1. 人类基因编辑行为会使人类个体的生命健康受到威胁。CRISPR/Cas9 作为新一代的基因编辑器,直接让人类的生物工程技术实现了质的飞跃,对人类的基因组可以进行修改、删除、修饰。CRISPR/Cas9 系统的发现使对人类基因的编辑变得像编辑软件程序一样简单。有人就把人体基因组系统与软件程序做了一个类比,诚然,软件程序是程序员用一个又一个的代码在电脑上敲击出来的,那么也就意味着

---

① 参见雷瑞鹏等主编:《人类基因组编辑——科学、伦理学与治理》,中国协和医科大学出版社 2019 年版,第 29 页。

② 参见王雅佳:《科技创新风险的刑法规制:实践、理念与范式》,载《科学学研究》2020 年第 4 期。

每个程序员对自己所敲击出来的每个代码是了解的。然而,不同的是,目前已知的人类基因组大约有30多亿个碱基对,每一个碱基对按照脱氧核苷酸(ATCG)的排列次序又有相应指数性的变化。那么,对于软件程序来说,如果随意增加、删除其中的代码,轻则出现缺陷,重则使整个运行的系统崩溃。反观人类的基因组系统,到目前为止,人类探知的人类基因的秘密还极其有限,人类对这些碱基对所构成的基因以及部分基因之间的联系甚至基因组组合在一起所形成的功能的认识就更加有限了。最后,我们不妨按照同样的逻辑设想,对于软件程序的缺陷,可以一直修改直到软件系统正常运转,但当通过基因编辑器删除、增加、修饰的人体基因出问题时,很可能就意味着一条生命的诞生或者是消亡。因此就目前我们还未全部掌握基因的秘密时,贸然对人类基因进行或插入,或删除,或修改的编辑工作,将会严重威胁被实行基因编辑个体的生命健康安全。更重要的是,上文我们提到的基因编辑的"脱靶效应",它的高容错性所导致的错误切割打击范围外的基因序列给人体造成的生命健康损害是实实在在的。

2. 人类基因编辑行为会严重危害到人类的共同福祉,影响人类的公平,危害公共安全。2016年,世界上第一例CRISPR/Cas9人体试验对准肺癌后,2017年年初,美国国家科学院发布了《人类基因组编辑:科学、伦理与治理》的报告,对人类基因编辑首度松口,允许在严格监管的基础上用基因编辑技术来改造人类的生殖细胞和胚胎。就在科学家以为艾滋病、癌症、遗传病等就要被攻克的同时,2018年,贺某奎事件把"人类基因编辑技术"推向了白热化。最后,贺某奎等3名被告人被定性为非法行医罪,并根据责任的大小被追究了刑期不同的刑事责任。根据我国相关法律法规的规定,国家是禁止以生殖为目的的基因编辑行为的。人们通过该事件也不禁思考,前述的基因编辑都是针对个体人类,任凭如何修改,人类的后代不会遗传这些修改,但如果基因编辑的客体变为人类胚胎,那么该被改变的基因就会一直被留在婴儿体内,而婴儿长大后在孕育下一代时又会把该基因遗传给胎儿,然后随着这些基因世代地传下去,人类整个族群的基因就会发生改变。目前,与人类衰老相关的大约1500个基因已经被科学家基本了解清楚,而且像龙虾、灯塔水母、水蛭等这种在自然界一直存在的永生基因是不是也能通过基因编辑技术使人类实现长生不老?更令人担忧的是,这种技术的简单易操作性也使风险呈指数级的增长。

（二）现有刑法对人类基因编辑的规制表现

1. 现有刑法能够规制的涉及人类基因编辑的犯罪

现有刑法能够规制的涉及人类基因编辑的犯罪是指在现有的刑法条文框架下，该行为的规制完全可以通过对现行的刑法法律条文或司法解释的使用来进行规制。人类基因编辑技术的发展，尤其是CRISPR/Cas9系统的发现使现阶段人类基因编辑技术更加低廉和易得，那么势必会使传统犯罪的实施更加便捷和多样。但这也并没有使传统的犯罪的社会危害性更加严重，因此，在现行刑法的规定下，对所涉及故意利用基因编辑技术犯罪的情形或者正当应用基因编辑技术却造成严重后果的情形，即使规定过于笼统和模糊，也可以通过司法解释予以明确。例如，利用基因编辑技术恶意删除、增加或修饰人类正常的DNA序列，使人类正常免疫或者其他系统损伤最终造成身体的损害或者死亡的可以通过故意杀人罪、故意伤害罪来规制。如果是那些尚未取得医生职业资格的科学家或者基因工作人员等，通过基因编辑技术删除、增加或修饰他人基因来进行基因治疗的，可以按照非法行医罪来规制。关于基因治疗，如果是具有医生职业资格的医务人员实行基因治疗造成严重后果的，可以以医疗事故罪或过失致人重伤、过失致人死亡罪来规制。该种行为至少在主观上是存在过失的，因为无论基于“旧过失论”（以结果预见义务为中心）还是基于“新过失论”（违反结果避免义务），过失的成立都需要行为人对基于基因编辑技术所引起的危害后果以及因果进程具有预见可能性。[①] 当然目前只允许通过对体细胞的基因编辑来进行基因治疗，而且仅仅限制在体外编辑的范围内。其他诸如对体细胞的体外编辑基因治疗以及生殖系基因治疗将在后面讨论。

2. 现有刑法对人类基因编辑规制的不足

现有刑法对人类基因编辑规制的不足的犯罪，是指现有刑法虽然把该行为规定为犯罪，但对该行为的规制存在立法不够科学的问题。具体而言，《刑法修正案（十一）》第39条非法植入基因编辑、克隆胚胎罪的修订对于目前人类基因编辑的规制以及基因编辑技术的发展是有积极意义的。虽然该条是对贺某奎事件后的回应性

---

① 参见姚万勤：《基因编辑技术应用的刑事风险与刑法应对——兼及〈刑法修正案（十一）〉第39条的规定》，载《大连理工大学学报（社会科学版）》2021年第2期。

立法，回应了国民对于该案所引起的不安感，但通过刑法规制此类行为，既符合了人类代际伦理正义的要求，又保证了现代化社会的顺利进程；但是，对该行为的规制也存在对所侵害法益的类别归纳不够准确的问题。法益，通常是指法律所保护的利益，具体指“个人、国家、社会有必要原样保持并通过法律加以保护的一定的利益。”①根据保护对象的不同，通常把法益分为个人法益、社会法益以及国家法益三类。“身体、生命、自由、名誉、财产等属于个人法益；公众的生命、身体、财产、对文书的社会信赖等都属于社会法益；国家的存在、国家的作用、刑事司法作用等属于国家法益”。② 该条规定作为第336条之一成为《刑法》第336条规定的补充，立法者把该行为规定在《刑法》第六章第五节危害公共卫生罪当中，可以看出其认为该行为侵犯的是国家的卫生管理秩序。然而，仔细研究该行为就不难发现，不管是将基因编辑、克隆的人类胚胎植入人体或者动物体内，还是将基因编辑、克隆的动物胚胎植入人体内，其违反的法益都不是“国家的卫生管理秩序”所能囊括的，因为此种生殖系的基因编辑一旦实施那么将会触及人类最基本的生命伦理道德，不仅会出现严重的基因歧视，甚至还会破坏全人类的福祉。因此刑法在规制该行为时应该更多考虑的是社会法益，即公众的生命、健康财产等的安全。

3. 现有刑法无法规制的涉及人类基因编辑的犯罪

现行刑法无法规制的涉及人类基因编辑的犯罪，是指在CRISPR/Cas9系统出现之前，在基因编辑技术能够有望大规模应用于医学领域之前，人类并没有也不可能探讨这类对社会有着严重危害性的行为。而这类行为在目前的刑法框架下无法进行规制。现行刑法中罪名的构成要件中没有囊括一些利用基因编辑技术在医学上滥用的行为。具体包括对体细胞进行体内编辑的基因治疗以及将基因编辑技术用作增强的目的。而这里的增强功能又分为出于医学目的的增强以及非医学目的的增强。其中一些目前可以通过《刑法修正案(十一)》第39条来规制，如将基因编辑用于使胚胎遗传改变来预防某类遗传病的行为。但大多数用作增强目的的人类基因编辑技术在目前刑法的框架下得不到有效的规制。这里用作增强目的的人类基因编辑技术就包括前文中所提到的利用基因编辑技术增强自己的肌肉，改变自己的

① 井田良「讲义刑法学・总论」(有斐阁,2008年)15頁。

② 陈家林:《外国刑法理论的思潮与流变》,中国人民公安大学出版社2017年版,第82页。

皮肤、瞳孔颜色、身高以及寿命,预防疾病等。另外对生殖系(包括胚胎、受精卵、精子、卵子及配子的前提细胞基因组)的基因编辑的行为也是需要刑法进行规制的。目前,生殖系基因编辑不仅其安全和有效性问题没有得到根本的解决,而且如果以生殖为目的,当编辑的基因会遗传给下一代时,将会给整个人类福祉带来威胁。

二、刑法规制人类基因编辑风险的必要与反思

(一)刑法规制人类基因编辑风险的必要性

"社会作为人类的有机集合体,表明的是一种秩序观,而刑法以其特殊的严厉制裁措施为手段,能够最大限度地维护这种秩序。"①刑法作为其他部门法的保障法,针对日益扩张的人类基因编辑风险,对其进行严格规制虽然在目前学界还存在较大的争议,但是基于以下的理由,通过刑法进行规制有其正当性。

1. 通过刑法遏制风险契合风险刑法的价值追求。正是由于人类基因编辑具有的上述风险,如何应对其风险必然成为现阶段需要重点考虑的问题。贝克提出的风险社会理论短时间内风靡全球,并为风险刑法的诞生提供了前提性要件,特别是提升了人们的风险意识,将生态危机与科技发展带来的风险凸显出来。② 因而对于风险的规制,刑法表现出:其一,主要是对危险犯进行规制;其二,目的在于控制风险;其三,刑法的保护机能被不断强化。③ 因此,既是为了应对这种不确定的风险,也是为了最大限度缓解公众对风险社会的强烈不安感,立法者采取全面加强对公众生活的刑事干预以及通过设置抽象危险犯的方式提前刑法对行为的处罚。④ 具体而言,第一,风险刑法干涉范围的扩大并非毫无依据地一味扩大,其规制的应当是重大的刑事风险。正如前文所论,人类基因编辑所造成的危害结果往往难以估计,不仅对他人的生命财产等造成较大的损失,而且严重者会造成一个民族发生灭亡的风险,因此通过刑法适当的介入会对全社会法益的保护起到一定的促进作用。第二,风险刑法体现出的处罚重心的转移也并非毫无克制。对于一些行为设置的相关罪名也

① 姚万勤:《从盲目到评估:克服刑法规范科学性不足的另一种尝试》,载《法治研究》2018 年第 3 期。

② 参见张辉:《生物安全法律规制研究:经济法视域的解读》,厦门大学出版社 2019 年版,第 45 页。

③ 参见周铭川:《风险刑法理论研究》,上海人民出版社 2017 年版,第 81 页。

④ 同上书,第 80 页。

是建立在客观分析的基础之上。总而言之,通过刑法干预人类基因编辑风险,符合风险刑法的价值追求。

2. 基于现代化的反身性,也需要刑法确保社会现代化的进程。随着工业化进程的不断深入,在现代化的发展路径中越来越遭受到反现代性思潮的干扰,由此现代化的反身性理论诞生。特别是在工业化的进程中,这种现代性与反身现代性交织,凸显出内在的矛盾。“工业化社会的反身现代性主要起因于工业化过程中个体化取向,主张个体理性的张扬,强调自我为中心的权利建构。”①显然,在现代社会中,即便是在现代化的进程之中,如果不能确保人类以自我为中心的权利的建构,那么这种现代化也并非值得称道的优中之选。随着人类基因编辑技术的发展,一旦放任该项技术恣意蔓延,那么不仅会给社会代际伦理正义造成破坏,而且还会进一步破坏人类的共同福祉。② 人类会在基因编辑的泛滥之中而难以为继。因此,通过刑法对其进行规制,既符合人类代际正义的要求,也是确保现代化进程的不二选择。

(二)刑法大规模介入基因编辑的反思

诚然,如前所说,人类基因编辑有着很大的风险,刑法对其进行规制有一定的必要性。但也不意味着人类基因编辑的一切风险都需要刑法发挥前置法的方式来进行规制。基本理由如下。

1. 刑法大规模地介入人类基因编辑领域与刑法的谦抑性原则

无论是立法活动还是司法过程,都是建立在一定的刑法理念的基础之上,也需要根据生活实际情况作出判断后才能给予恰当的立场。目前,虽然我国依然在立法观问题上还存在较大分歧,但是,“刑法立法究竟是坚持传统刑法谦抑主义立场,还是采取积极扩张的立法技术,根本上决定于特定时期国家秉持的刑法价值立场”。③那么,在现阶段是坚持积极的刑事立法观还是坚持传统刑法谦抑性更具有合理性?不同的学者给出的答案并不一致。例如,周光权教授作为积极的立法观的倡导者认

---

① 张辉:《生物安全法律规制研究:经济法视域的解读》,厦门大学出版社 2019 年版,第 41 页。

② 参见马党库、姚万勤:《基因编辑技术的医学应用:立场共识、风险透视与未来完善》,载《中国卫生事业管理》2020 年第 10 期。

③ 郎胜、朱孝清、梁根林主编:《时代变迁与刑法现代化》(上册),中国人民公安大学出版社 2017 年版,第 86 页。

为,由于目前的社会形势、刑法所要面对的社会风险已经发生了翻天覆地的变化,因而其所倡导的积极立法观是具有现实性的,而反观刑法谦抑性所倡导的以约束立法权为核心的理念在如今情势下是否足够妥当值得商榷。① 学界对该种立法观的批评主要受到传统刑法观,即古典理念型刑法观的观念的影响。所谓刑法的谦抑性,是指刑法并非规制所有行为,只有在不得已的情况下才作为规制行为的最后手段。②"该原则包含了刑法的补充性、不完整性(断片性)以及宽容性(自由尊重性)。"③具体就人类基因编辑而言,第一,刑法规制所有人类基因编辑的行为有违刑法的补充性。刑法的补充性,是指刑法应当作为法益保护的最后手段,只有当前置法功能失效之后,刑法才介入行为的规制。而现实中,为了缓解社会公众普遍的不安,有一些是在民法、行政法方面还不足以充分规制的情况下就直接动用刑法,这显然与刑法的补充性相悖。目前,虽然所涉人类基因编辑的前置性规范有《民法典》《科学技术进步法》《人胚胎干细胞研究伦理指导原则》《生物安全法》,但这些大多都是原则性的规定,在涉及具体技术应用场景时,法律的监管就显得尤为缺失。因此,人类基因编辑的风险不是都能靠刑法规制就可以得到有效解决的。第二,通过刑法直接介入人类基因编辑的风险违反刑法的断片性。刑法的断片性或不完整性,是指刑法不应介入人类生活的方方面面,就人类基因编辑的风险来说是有等级之分的,对于那些可以允许和容忍的风险,在其目前还没有转化成实际危害或者还没有实际损害的危险之时,刑法就应该表现得足够克制,只对那些具有刑事可罚性的行为进行处罚。第三,通过刑法直接介入人类基因编辑的风险违反刑法的宽容性。刑法的宽容性反对刑法对国民生活的恣意干涉,要求刑法处罚的范围和程度都要得当。④ 因而,虽然我国目前社会生活发生了翻天覆地的变化,一些行为随着社会的变迁可能也呈现无罪化的趋向,而有的行为随着社会的发展也越来越表征出社会危害性,批评的声音认为一味地坚持刑法立法的谦抑性显然并不符合社会的发展规律。但是,具体就人类基因编辑来说,人们认为或许在 CRISPR/Cas9 尚未发展之前,人类基因编辑风险并未凸显出来,因而在较早时期,通过刑法干预的社会基础并不成熟。而当下,随着

① 参见周光权:《积极刑法立法观在中国的确立》,载《法学研究》2016 年第 4 期。
② 参见[日]大谷实:《刑法总论》,黎宏译,法律出版社 2003 年版,第 4 页。
③ [日]平野龙一:《刑法的基础》,黎宏译,中国政法大学出版社 2016 年版,第 9 页。
④ 参见熊永明、胡祥福:《刑法谦抑性研究》,群众出版社 2007 年版,第 84 页。

生物技术的发展,通过基因编辑技术编辑人类体内基因,甚至通过该技术创造新的物种也并非"天方夜谭"。如果对此现象不通过刑法予以干预,必然会对全体社会公共利益造成侵害。但依然并不能把所有涉人类基因编辑的风险都直接纳入刑法的法律规制之下。

2. 刑法大范围介入与科技创新的负面效应

"科技兴则民族兴,科技强则国家强。"如果通过刑法大范围地介入科技创新活动,可能带来两个方面的负面结果:

第一,影响基因编辑研究人员与技术人员的积极性。众所周知,要想取得一项科研突破,必须依靠人、财、物等发挥合力,在科技创新中,人的因素第一,人才第一,体现得更突出。我国在现代化人才培养方面起步较晚,培养的规模与质量等方面仍有待提高。如果通过刑法大范围地介入科研创新活动中,也就意味着科研人员在科研创新活动中哪怕有些许的失误而造成了严重的结果就要承担相应的刑事责任,那么试问,还有哪位科学研究人员还会心甘情愿地将自己终生奉献给科学事业?据此可见,刑法大范围地介入科技创新活动将不可避免地打击科研人员的积极性。

第二,不利于基因编辑研究人员与技术人员发挥主观能动性。众所周知,科技创新活动具有一个明显的特性:科研结果的不确定性。也就是说,通过这些科技创新最终是否能实现目标,以及在多大程度上实现目标,都存在不确定性。同样的试验过程,由于操作人员的不同可能会出现不同的结果。如果某些人操作出现了某种严重的危害社会的结果,就要通过刑法干预,而另外的人通过同样的方法但是没有出现危害社会的结果,就无须承担刑事责任。如此,也就意味着,是否对他人实施刑罚处罚,完全被偶然的科研结果所支配,这在一定程度上会使科研人员感觉到严重的不公正,从而也不利于其发挥主观能动性。

三、人类基因编辑风险刑法规制的完善

技术的创新与刑法的规制之间的矛盾并非不可调和,刑法对人类基因编辑技术的规制得当不仅不会限制人类基因编辑技术的发展,还会反过来保障人类基因编辑技术的健康发展。

(一)刑法应对人类基因编辑犯罪的思路

人类基因编辑技术的发展是我国科技创新的重要一环。基因编辑技术的突破会给我国的医疗建设带来巨大的益处,最终惠及普通民众。并非人类基因编辑的所有风险都需要刑法对其进行规制。因此,应当首先对人类基因编辑的风险进行分类,只有那些具有严重社会危害性的、具有刑事处罚性的风险才能纳入刑法的规制当中。具体来说,可引入客观归责论对这些风险进行具体的判断。

随着现代社会风险的扩张,由于风险的不确定性,行为是否对危害结果的发生有贡献越来越变得难以确定。以往,人们不需要对基于偶然、不可抗力等产生的结果负责,但是在现代风险社会当中,人们需要根据产生风险的内因和组织化体系的特质以及对于危险的责任分配对结果进行归责。[①] 所以,客观归责理论在现代社会的一个重要目的就是在面对社会发展不断产生的风险时,作为一种限制风险的理论,解决哪些行为对哪些结果在客观上可以归责。[②] "客观归责理论的核心就是面对现代社会已经发展为一个'体系化的危险社会'的现实,如在一个高度信息化的时代,一个细小的攻击就可能导致网络社会的毁灭,而且社会赖以生存的基础也有发生动摇的危险。"[③]虽然各个学者对客观归责论的内容看法各不相同,但目前对其内容基本可以形成共识的包括"行为人制造出法律所不允许的风险、行为人实现法律所不允许的风险以及结果存在于构成要件的保护范围内"三个方面,具体该风险是否需要刑法对其进行规制则需要根据风险的不同类型进行阶层性的判断。

就人类基因编辑风险来说,根据风险所处的不同阶段,可以将人类基因编辑风险分为"风险制造阶段"以及"风险实现阶段"两种不同类型,下面将从客观归责的角度对人类基因编辑风险作一个系统的划分,以确定刑法介入人类基因编辑的限度。

一是人类基因编辑的风险制造阶段。此阶段的风险主要指相关的技术人员在研发技术过程中所产生或存在的风险。具体就人类基因编辑来说,是指相关技术人员在进行与人类基因编辑的基础研究、临床前研究以及临床研究所存在的风险。如

---

① 参见童德华:《刑法中客观归属论的合理性研究》,法律出版社2012年版,第159页。

② 参见陈兴良:《从归因到归责:客观归责理论研究》,载《法学研究》2006年第2期。

③ 山中敬一「刑法总论」(成文堂,1999年)48頁。

何在该阶段对相关的基因编辑行为进行归责存在“积极说”与“消极说”两种不同的主张。德国主张通过“消极说”排除对行为的归责，即下列几种情况可以排除客观的归属，“减少危险、没有制造危险以及制造出被允许的危险”。① 首先是没有制造危险的场合，对于人类基因编辑的基础研究以及临床前研究来说，虽然对用于研究的胚胎的法律地位一直有不同的看法，但是在我国占主流的说法依然认为人类胚胎还不是人。那么在此阶段的研究对人类来说只有益处，大量的基础研究和临床研究有利于进一步提高基因编辑技术的效率、降低基因编辑技术的成本，更重要的是减少该技术的脱靶性。我国科学家用的胚胎也是有严格范围限制的，因此不存在风险。其次是被允许的危险的场合，“允许的风险指的是对于伴随着社会生活上不可避免地存在法益侵害危险的行为，基于对社会的有用性，即便发生法益侵害的结果，也在一定范围内允许”。② 那么，具体在判断“允许的风险”时，又应当遵循什么样的标准？有学者就指出，“风险允许与否有两条判断的主轴：一是利益大小的问题；二是风险大小的问题。两者在决定风险程度的大小时呈现一种反向相关的关系”。③“我们应为了追求一个更高度的生活利益而接受某些行为的附带风险。”④这里其实蕴含了一个法益衡量的概念，如果基因编辑所带来的利益远远大于其所附带的风险的话，那么该风险就是被允许的。人类基因编辑的临床研究就属于此类被允许的风险。因此基于该临床研究造成的损害后果不应归责于行为人。因而如果对上述风险不加区分地通过刑法规制，那么势必会带来人类基因编辑技术的萎缩以及停滞。

二是在人类基因编辑的风险实现阶段，主要是指人类基因编辑技术的临床应用阶段，通过“未实现风险”、“未实现不被法律所允许的危险”以及“结果不在注意规范的保护范围之内”等消极要件进行排除。⑤ 具体而言：首先，未实现风险。虽然该行为对结果的发生有一定的危险，但是该行为与结果之间只是偶然的不同寻常的联系，因此不应对正当使用该技术的人追究责任。例如，人类基因编辑技术可以广泛用于动植物育种、基础研究以及医疗研究，然而如果被人恶意用来制造基因武器，那

---

① 参见［德］克劳斯·罗克辛：《德国刑法学总论》（第1卷），王世洲译，法律出版社2005年版，第12页。
② 郝艳兵：《风险刑法——以危险犯为中心的展开》，中国政法大学出版社2012年版，第32页。
③ 同上。
④ 黄荣坚：《基础刑法学》（第3版上册），中国人民大学出版社2009年版，第193页。
⑤ 参见姚万勤：《中立的帮助行为与客观归责理论》，载《法学家》2017年第6期。

么该结果不能归责于正当使用该技术的行为人。其次,未实现不被允许的风险。对人类体细胞非用于增强目的的基因治疗具有的风险属于被允许的风险,人的体细胞基因治疗已经进行了长达35年,有些在临床试验阶段,有些已经被批准进行临床应用,其风险受益比是可以被公众所接受和认可的。而且,目前,英国已经有一例病患成功应用基因编辑体细胞解除了病痛。最后,结果不在注意规范的保护范围之内。发生的损害结果必须在避险风险的规范保护范围之内,是在法律所不容许的风险存在因果联系的结果之外的一项判断客观归责的重要标准。[①] 例如,甲希望乙基于基因治疗死亡,而积极加入了人类基因编辑的临床试验研究中,在该技术被批准临床应用时告知乙,乙最终由于基因治疗死亡,那么该结果也不应归责于甲。

(二)刑法应对人类基因编辑犯罪的具体路径

以上运用客观归责理论只是解决了人类基因编辑犯罪中通过消极要件排除刑法进行规制的风险。那么,如上文所说,目前除了现行刑法可以规制的人类基因编辑犯罪,还有一些是现行刑法规制不足或者根本没有进行规制的行为。为了维护刑法的稳定性以及罪刑法定原则,可以通过增设相关罪名来修正现行刑法规制不足以及立法空白。那么,增设相关罪名需要受到怎样的限制,可以通过"超前立法"的理论来做进一步的阐释。"事后立法"是刑事立法的常见形式,但在符合一定的前提下,"超前立法"也被认为是正当的。首先,对未来社会形势判断无误。也就是说,在未来该形势将会以大概率事件出现。如果不是有大概率出现的话,也就意味着该立法可能会成为束之高阁的"僵尸"法条。其次,规制的事项即便在未来也是具有严重的社会危害性。无论是在现在还是未来,严重的社会危害性是立法或司法必须遵守的基本原则,因此,该事项在未来也是值得刑法规定的具有严重的社会危害性的行为。具体就滥用人类基因编辑技术而言,通过前文的人类基因编辑的现实镜像来看,无疑是满足以上两个条件的。

有学者认为,应当增设"基因犯罪"这一类罪名,具体包括7个罪名。[②] 本书认为,可以增设"滥用基因编辑技术罪"。在具体法条的位置以及构成要件的内容,可

---

① 参见林山田:《刑法通论》(上册),北京大学出版社2012年版,第142页。

② 参见于慧玲:《人类辅助生殖基因医疗技术滥用的风险与刑法规制——以"基因编辑婴儿事件"为例》,载《东岳论丛》2019年第12期。

以进一步作以下解读。

滥用基因编辑技术有如下情形的:(1)用于人类生殖系基因治疗,情节严重的。(2)用于增强目的的人类基因编辑,情节严重的,处3年以上5年以下有期徒刑;造成严重后果的,处5年以上10年以下有期徒刑;造成特别严重后果的,处10年以上有期徒刑、无期徒刑以及死刑。此外,在法定刑的设置上,笔者认为,首先,本罪应当规定在危害公共安全的犯罪之下,应当属于重罪。因此,本罪的起刑点为3年有期徒刑。其次,在法定刑的档次上,需要依据犯罪人实施的具体情节的严重性与否来进一步细化。最高的法定刑配置死刑规定,旨在处罚那些对全体人类的正当利益造成威胁和侵害的行为人。

第三章　人类可遗传基因组编辑中的权利保护

1997 年上映的反乌托邦科幻影片《千钧一发》(Gattaca)描绘了一个“基因至上”的残酷未来世界:在那里,科技的力量胜过一切,基因决定命运成为金科玉律;社会崇尚制造完美人,自然受孕的产物成了社会的残次品,经过增强基因的人比未被增强基因的人享有着更多优势、福利甚至特权。如同种族歧视与性别歧视,基因决定论(Genetic-determinist)的存在,让人们认定扭曲的 DNA 链条即是命运的绳索,“上帝的孩子”再怎么努力都是枉然。然而,“瑕疵人”们所遭受的基因歧视(Genoism)的背面,是人造人自出生起就被寄予的“必须完美”的负担。随着近 10 年来基因科技的不断发展,《千钧一发》所描绘的世界似乎距离我们的现实越来越近。由于人类基因编辑活动造成的损害不仅无法预测而且不可逆,因此“预防”应作为协同规范机制的重要内容。为了避免《千钧一发》中推崇基因决定论、损害人类尊严和价值的世界的到来,也为了保护基因组被修改的人的权利,国家在制度设计上应思考如何配套建构人格权保护的具体规则,包括尊严原则、知情同意权利、生命身体和健康权、隐私权和个人信息保护,并以此作为人体基因编辑多维度治理的重要组成部分。

第一节　人的尊严问题

基因编辑婴儿事件发生后,多有学者认为:人类可遗传基因组编辑技术的发展使人类可以“扮演上帝”,代替自然的方式通过人为干预创造和改变自身,但在人类获得极度的自由,“试图超越人的概念而变成另一种更高级的存在”①的同时,首先

---

① 朱振:《基因编辑必然违背人性尊严吗?》,载《法制与社会发展》2019 年第 4 期。

需要讨论的便是基因编辑婴儿是否使被编辑婴儿(个体尊严)和人类物种(物种尊严)的"尊严"遭到贬损?

"尊严"是国家宪法、国际条约、人权宣言、宗教教义和各种哲学著作中常引用的一个关键概念。而当充满道德悖论和权利冲突的生命伦理两难问题使学界惯用原则无法适用于学术观点的佐证时,"尊严"这一更基础的伦理价值便发挥作用,成为生命伦理学领域的常用概念。① 现代许多与生命科学新技术应用相关的道德讨论,如有关克隆技术、人工生殖技术、"代孕"、安乐死的道德与伦理的讨论几乎都与"尊严"相关。② "维护人的尊严"成为各方的理论基点,既可以成为反对者的强硬理由,也可以为支持者提供辩护。看似这一概念在价值层面得到前所未有的广泛认可,但各方实际并不存在一个概念上的共识。基因编辑领域的讨论正是如此。

不论在伦理学领域还是法学领域,"人的尊严"都是基因编辑支持者与反对者们"结束论争的王牌"。以侵犯人的尊严为名义反对任何形式的基因编辑是目前的主流观点,其认为基因编辑技术的应用在客观上存在对人类遗传资源的修改和操控,改变了人类生命诞生的自然模式,生育变成了对人的生产,构成了对人之为人的基本属性的破坏。同时,基因编辑存在将人工具化和客体化的风险,使人类共同体面临道德、安全与社会认知等多角度的危机。支持者亦以人的尊严作为辩论基础,以德沃金为代表,主张人的尊严取决于人的自主自决,国家应在公民生育自由前保持中立。同时,基因编辑的直接目标无疑是追求更理想的生命状态,这与古早优生学对血脉、种族的盲目追求不同,这种科学的生育选择防止了自然缺陷的产生,这不仅有利于个人尊严,也促进了公共利益。③ 由此,辩论双方以同一概念作为主要依据,却最终阐发出截然不同的观点,以至于有学者提出,尊严概念只是含糊的重述或无助于讨论的口号,应当摒弃人的尊严概念。④ 产生这一吊诡现象的重要原因在于"尊严"概念本身的复杂性和模糊性。

---

① 参见韩跃红:《生命伦理学语境中人的尊严》,载《伦理学研究》2015 年第 1 期。

② 参见王云岭、高鉴国:《论"尊严"概念在生命伦理学中的价值》,载《昆明理工大学学报(社会科学版)》2015 年第 3 期。

③ 参见俞伟:《宪法学视野中的人类基因编辑》,载《福建论坛(人文社会科学版)》2021 年第 3 期。

④ See Ruth Macklin, *Dignity is a Useless Concept*, 327 British Medical Journal 1419(2003).

一、人的尊严概念不确定的原因

"人的尊严"之所以具有内涵不确定、极具可塑性的特征,原因之一是这一概念有数个不同的理论来源。尽管每一段理论来源均为生命伦理学的发展贡献一定价值,但也为这一概念的具体运用带来了操作上的难题。

其一,古典时期对"尊严"一词的建构。该词起源于拉丁文的"*dignus*"和"*dignitas*",在古希腊和古罗马的文学作品中意为"值得尊敬和尊重"。在古希腊和古罗马人的观念中,尊严取决于等级、社会地位和行为举止等特征,作为一种个体的成就和社会承认的结果。此种意义的尊严并非人人皆可拥有,它既可以后天获取,也可能丧失,因此,只不过是一种或然的尊严。[①] 这一时期的尊严理论问题在于,在当前生命医学飞速发展的时代,如果尊严以"卓越"为基础,那么新技术对个体能力的增强是否意味着其可以获得尊重,从而增进了人格尊严? 同时,这一理论下的"尊严"并不普遍及于所有人。与之相对的是以斯多葛学派和受其影响的哲学家西塞罗为代表的固有的尊严,即尊严是所有人类的真正可能性,无论社会地位或成就如何,任何选择以符合自然的方式生活的人都可以得到尊严。然而,斯多葛学派对万物采取了一种脱离的态度,如"能从你身上拿走的东西都不是好东西"的原则,并且对人的病痛采取漠不关心的态度,大大限制了其在生命伦理讨论中的运用。

其二,基督教对"人的尊严"的证立。《圣经》的第一章中描写道:"上帝按照自己的形象创造人。"通过这种创造,作为上帝的孩子和相似者,人类与动物区分开来,拥有了固有的和不可侵犯的尊严。运用这一理论,可以认为,作为上帝的创造物,人类有义务"修复"自然,并试图通过任何可能的手段保护生命。因此,任何科学进步都可以被用于改善创造物,包括基因编辑。然而,也可认为,这是对上帝的蔑视,干扰了神所安排的生命过程。而由于基督教教义对人类尊严的指向不同,它在生命伦理讨论中的适用并不清晰和明确。正因如此,鲁斯 · 麦克林(Ruth Macklin)认为是宗教教条引发了对"人格尊严"的狂热,[②]史蒂文 · 平克(Steven Pinker)批评"尊严"

① 参见王晖:《人之尊严的理念与制度化》,载《中国法学》2014 年第 4 期。

② See Ruth Macklin, *Dignity is a Useless Concept*, 327 British Medical Journal 1429(2003).

是神学保守主义用以阻碍医学进步的工具。①

其三，康德的道德哲学。18世纪德国哲学家伊曼努尔·康德(Immanuel Kant)将普遍的人的尊严建立在严格的理性基础上。在其看来，尊严是属于所有人类的内在价值，将人类与自然界中的其他生命进行区分。并且所有的人都拥有尊严，因为他们有道德支配下的理性。也就是说，人不仅能够自主地进行行为，而且还能对自己的行为负责。康德的人格尊严学说要求平等地尊重所有的人，并禁止仅仅把自己和他人当成工具。② 康德对自主性的赞美和"人是目的"的论证无疑对现代伦理思想，特别是生命伦理学中进行人体试验自愿、知情同意等原则，产生巨大影响。然而，将康德的道德哲学应用于生命伦理学存在下述问题。首先，如果只有充分自主的理性意志是人格尊严的所在，那么人类是否由人工辅助生殖技术所产生，或者是否运用技术增强特定能力，又有什么关系？其次，如果尊严取决于充分自主的理性意志，那么还没有理性自主能力的未成年人，或者缺乏理性自主能力的精神障碍患者，是否不具有人的尊严？

其四，各国宪法和国际宣言。正如克里斯托弗·麦克鲁登(Christopher McCrudden)所言，"人的尊严"在法律中的使用成倍增加，尤其是在第二次世界大战之后。就像迅速蔓延的语言流行病一般，"人的尊严"这一表述被明确包含在几乎所有主要的人权宣言和条约中。③《联合国宪章》(1945年)的序言申明："我联合国人民同兹决心，欲免后世再遭今代人类两度身历惨不堪言之战祸，重申基本人权，人格尊严与价值，以及男女与大小各国平等权利之信念……"《世界人权宣言》序言类似："对人类家庭所有成员的固有尊严及其平等的和不移的权利的承认，乃是世界自由、正义与和平的基础。"《联合国宪章》第1条宣布："人人生而自由，在尊严和权利上一律平等。"第22条进一步提到了尊严，申明个人尊严仰赖于经济、社会和文化方面各种权利的实现。《公民权利和政治权利国际公约》和《经济、社会、文化权利国际公约》的序言均申明，人的尊严是世界自由、正义与和平之基础，并且这两项公约

① See Steven Pinker, *The Stupidity of Dignity: Conservative Bioethics' Latest, Most Dangerous Ploy*, 238 The New Republic 28(2008).

② 参见胡玉鸿：《个人的独特性与人的尊严之证成》，载《法学评论》2021年第2期。

③ See Christopher McCrudden, *Human Dignity and Judicial Interpretation of Human Rights*, 19 The European Journal of International Law 655(2008).

所保障的人权"源于人的固有尊严"。联合国大会的《联合国千年宣言》多次提到了尊严原则。特别是,人的尊严被认为是联合国系统的一个核心价值,各国元首和政府首脑"有在全球维护人的尊严、平等与公平原则的集体责任"。唯一的例外是《欧洲保障人权和根本自由公约》(也称《欧洲人权公约》)中没有"尊严"一词。欧洲人权法院前任院长让-保罗·科斯塔(Jean-Paul Costa)表示,个中缘由可能在于《欧洲人权公约》意图创建一个务实的、以实践为导向的文书。① 随着2002年第13号废除死刑的附加议定书的通过,《欧洲人权公约》将人的尊严纳入其措辞中,但没有作为一项单独的人权。但欧洲人权法院的判例事实上填补了这一空白,它根据"人的尊严"解释了该公约的某些条款。② 在"克里斯汀·古德温(Christine Goodwin)诉英国案"中,法院甚至认为"人类尊严和人类自由"是《欧洲人权公约》的"本质"(essence)。③ 此外,《欧洲联盟基本权利宪章》将这一概念提升为整个欧洲联盟人权大厦的基石,在序言申明"欧盟意识到其精神和道德遗产,建立在人类尊严、自由、平等和团结等不可分割的普遍价值之上",以"尊严"作为第一章,在第1条宣布"人类尊严是不可侵犯的。必须予以尊重和保护"。④ 除了国际层面的文书之外,1945年以来至少162个国家的宪法明确提到了人的尊严。⑤

在生命伦理国际文件中也是如此。由于意识到生命科学的迅速发展以及其中某些应用对人类尊严和个人的权利及自由可能产生的伦理问题,在人类基因组计划开展后不久,联合国教育、科学及文化组织成立了国际生命伦理学委员会(International Bioethics Committee, IBC),"跟踪生命科学及其应用的进展,以确保对人类尊严和自由的尊重"。⑥ 它在生物技术领域通过了3项软法文件,在这一领域具

① See Jean-Paul Costa, *Human Dignity in the Jurisprudence of the European Court of Human Rights*, Christopher McCrudden (ed.), 192 Understanding Human Dignity-Proceedings of the British Academy 393 (2013).

② Ibid.

③ See Christine Goodwin v. the UK (no. 28957/95), Para. 90.

④ See European Union (EU) Charter of Fundamental Rights of the European Union (2000/C 364/01).

⑤ See Doron Shultziner & Guy E. Carmi, *Human Dignity in National Constitutions: Functions, Promises and Dangers*, 62 The American Journal of Comparative Law 461 (2014).

⑥ See *International Bioethics Committee (IBC)*, UNESCO Accessed July 30, 2022. https://en.unesco.org/themes/ethics-science-and-technology/ibc.

有相当高的指导意义。例如，1997年，《世界人类基因组与人权宣言》[①]在序言中提到了尊严。虽然在本宣言中承认，“对人类基因组的研究及其应用为改善个人及全人类的健康状况开辟了广阔的前景”，但强调这种研究同时应充分尊重人的尊严，并禁止基于遗传特点的任何歧视。[②] 宣言以题为“人的尊严和人类基因组”的章节开始，宣布“人类基因组意味着人类家庭所有成员在根本上是统一的，也意味着对其固有的尊严和多样性的承认”。[③] “无论其遗传特征如何，每个人的尊严和权利都有权得到尊重。”[④]第2条b款对“尊严”的含义作了更深入的阐述，指出“这种尊严要求不能把个人简单地归结为其遗传特征，并要求尊重其独一无二的特点和多样性”。[⑤]同样的概念在第6条、[⑥]第10条、[⑦]第11条、[⑧]第12条a款、[⑨]第15条[⑩]和第21条[⑪]条中也基本重复。值得注意的是，如上文曾提及，1997年的《世界人类基因组与人权宣言》在第24条似乎将“生殖系干预”（Germline interventions）单独列为可能侵犯

① 联合国教科文组织：《世界人类基因组与人权宣言》，1997年11月11日联合国教科文组织大会第29届会议通过，联合国大会1998年12月9日第53/152号决议批准。

② 《世界人类基因组与人权宣言》“序言”第6段。

③ 《世界人类基因组与人权宣言》第1条。

④ 《世界人类基因组与人权宣言》第2条a款。

⑤ 《世界人类基因组与人权宣言》第2条b款。

⑥ 《世界人类基因组与人权宣言》第6条规定：“任何人都不应因其遗传特征而受到歧视，因此类歧视的目的或作用均危及他的人权和基本自由以及对其尊严的承认。”

⑦ 《世界人类基因组与人权宣言》第10条规定：“任何有关人类基因组及其应用方面的研究，尤其是生物学、遗传学和医学方面的研究，都必须以尊重个人的、或在某种情况下尊重有关群体的人权、基本自由和人的尊严为前提。”

⑧ 《世界人类基因组与人权宣言》第11条规定：“违背人的尊严的一些做法，如用克隆技术繁殖人的做法，是不能允许的。要求各国和各有关国际组织进行合作，以便根据本《宣言》所陈述的原则，鉴别这些做法，并在国家或国际一级采取各种必要的措施。”

⑨ 《世界人类基因组与人权宣言》第12条a款规定：“每个人都应本着尊重其尊严和权利的精神，利用生物学、遗传学和医学在人类基因组方面的进步。”

⑩ 《世界人类基因组与人权宣言》第15条规定：“各国均应采取适当的措施，确定在遵守本《宣言》所规定之原则的情况下，自由从事人类基因组研究活动，以确保尊重人权、基本自由和人的尊严，以及维护公众的健康。各国应努力确保这些研究的成果不用于非和平目的。”

⑪ 《世界人类基因组与人权宣言》第21条规定：“各国应采取适当措施，鼓励开展其他各种研究、培训和信息传播活动，进一步提高整个社会及其每个成员面对生物学、遗传学和医学领域的研究及其应用可能提出的维护人的尊严的各种根本问题而应承担的责任的认识。各国还应就该问题促进在国际上开展广泛的辩论，确保各种社会、文化、宗教和哲学思潮的自由表达。”

人的尊严的一个例子。[①] 类似地，2003 年，《国际人类基因数据宣言》[②]也多次使用“人的尊严、人权和基本自由”的表述来表明国家所承担的保护义务的对象。“尊严”出现在宣言的宗旨中，[③]并禁止使用遗传数据侵犯人的尊严，[④]禁止违背尊严的行为。[⑤] 2005 年，《世界生物伦理与人权宣言》[⑥]也多次提到“尊严”。除序言部分外，《世界生物伦理与人权宣言》的宗旨部分强调，“(c)根据国际人权法的精神，确保尊重人的生命从而促进尊重人的尊严，保护人权和基本自由；(d)强调科学技术的研究和发展必须遵循本宣言所阐述的伦理原则，尊重人的尊严、人权和基本自由，同时承认科研自由的重要性以及科技发展所带来的益处”。[⑦] 第 3 条第 1 款宣布“人的尊严、人权和基本自由应得到充分尊重”，第 2 款载有人的尊严原则的推论，“个人的利益和福祉高于单纯的科学利益或社会利益”，人不应该仅仅成为科学利益或社会利益的工具，因为科学只是为个人利益和福祉服务的一种手段。[⑧] 尊重人的尊严的义务在第 10 条规定的平等、公正和公平，[⑨]第 11 条规定的不歧视和不诋毁，[⑩]第 12 条规定的尊重文化多样性和多元化，[⑪]第 28 条规定的反对违反人权、基本自由和人

---

① 《世界人类基因组与人权宣言》第 24 条规定：“教科文组织国际生命伦理学委员会应努力传播本《宣言》所述原则和深入研究由于这些原则的执行和有关技术的变化而提出的各种问题。它应组织与有关方面，如与各个易受伤害群体的有益的磋商。它应根据教科文组织的法定程序向大会提出建议，并就《宣言》的落实工作，特别是就鉴别那些可能违背人的尊严的做法，如对生殖细胞系进行干预的做法提出意见。”

② 联合国教科文组织：《国际人类基因数据宣言》，2003 年 10 月 16 日联合国教科文组织大会第 32 届会议通过。

③ 《国际人类基因数据宣言》第 1 条 a 款。

④ 《国际人类基因数据宣言》第 7 条 a 款。

⑤ 《国际人类基因数据宣言》第 27 条 a 款。

⑥ 联合国教科文组织：《世界生物伦理与人权宣言》，2005 年 10 月 19 日联合国教科文组织大会第 33 届会议通过。

⑦ 《世界生物伦理与人权宣言》第 2 条。

⑧ 《世界生物伦理与人权宣言》第 3 条。

⑨ 《世界生物伦理与人权宣言》第 10 条规定：“尊严和权利面前人人平等的基本原则应得到尊重，以确保所有人得到公正和公平的对待。”

⑩ 《世界生物伦理与人权宣言》第 11 条规定：“不得以任何理由侵犯人的尊严、人权和基本自由，歧视和诋毁个人或群体。”

⑪ 《世界生物伦理与人权宣言》第 12 条规定：“文化多样性和多元化应当受到应有的重视。但不得以此为由侵犯人的尊严、人权和基本自由，也不得因此而违反本宣言阐述的各项原则或者限制各项原则的适用范围。”

的尊严的行为[①]中得到了确认。欧洲理事会1997年通过的《奥维耶多公约》的全称中存在"尊严"一词:《在生物学和医学应用方面保护人权和人类尊严的公约》(Convention for the Protection of Human Rights and Dignity of the Human Being with regard to the Application of Biology and Medicine)。[②] 该公约的序言中提到了"尊严",提及"滥用生物学和医学可能导致危害人类尊严的行为"。第1条一般性地规定,"缔约方……应保护所有人的尊严和身份"。

"尊严"一词在一般人权文书中广泛出现,主要是受到第二次世界大战影响。第二次世界大战是人类历史的一个转折点。战争的残酷,对生命的无视和侮辱,以及对数百万人的系统性和有计划的处决,对世界人民造成了创伤。由此,出现了由联合国所代表的新的政治秩序和意识形态框架。在这一过程中,"人的尊严"和"人权"是最能体现第二次世界大战后这种转变的概念。人的尊严象征着一种对战争及其所代表的权利侵犯的完全拒绝。[③] 由此,"人的尊严"作为人权的奠基,作为具有普遍意义的价值观念,与国家同意"脱钩";并且被用于实质意义上的法律保障,确保人类受到应有的尊重和保护,不受到侮辱和贬低。这样一种对人的尊严的肯定,反映了战后各国之间的政治共识,即"人类有权享有基本人权和自由"。这在当时的背景下是很有意义的。因为第二次世界大战后最重要的不是就尊严的内涵与外延达成共识,而是解决一个实际问题,即确保战争期间严重侵犯人权的行为不会再发生。然而,正如多伦·舒尔茨纳(Doron Shultziner)所强调的,虽然人的尊严在这些文件中扮演着价值基石和权利来源的角色,其看似是一个人尽皆知、不证自明的概念,但人的尊严的内涵、具体对象、指涉范围和具体功能从未被明确。[④]

相较之下,国际生命伦理法文书似乎比传统的人权法更有力地强调了人的尊严

---

① 《世界生物伦理与人权宣言》第28条规定:"本宣言的任何条款均不得解释为任何国家、任何群体或个人有权参与或作出任何违反人权、基本自由和人的尊严的活动或行为。"

② Convention for the Protection of Human Rights and Dignity of the Human Being with Regard to the Application of Biology and Medicine: Convention on Human Rights and Biomedicine (opened for signatures on 4 April 1997, entered into force 12 January 1999) ETS No. 164 (Oviedo Convention).

③ See Yehoshua Arieli, *On the Necessary and Sufficient Conditions for the Emergence of the Dignity of Man and His Rights*, D. Kretzmer and E. Klein (eds.), The Concept of Human Dignity in Human Rights Discourse, Brill, 2002, p. 1 – 17.

④ See Doron Shultziner, *Human Dignity-functions and Meanings*, in J. Malpas & N. Lickiss (eds), Perspectives on Human Dignity: A Conversation, Springer, 2007, p. 73 – 92.

的重要性。① 事实上,与国际人权文书中赋予人的尊严以背景作用不同,国际生命伦理法把它放在首位,作为与这一学科有关的规范的终极理由。在这种情况下,尊严不被理解为一种独立的法律保障,而是一种论据,用以证明在生命伦理学领域制定特殊的规范、限制、暂停,甚至是禁止某类行为。例如,就生殖性克隆而言,1998 年世界卫生组织在"人类健康中克隆问题的伦理,科学和社会影响"决议的序言中回顾,"谴责以生殖为目的的人类克隆,因为它违背了人类的尊严",并且在正文重申"进行克隆复制人类个体从伦理角度来说不能接受并与人类尊严和完整性相悖",由此敦促成员国采取法律或司法措施等禁止生殖性克隆。②《禁止人的生殖性克隆国际公约》特设委员会的报告中提及与会者同意人的生殖性克隆应当予以禁止,因为其涉及道德、宗教、伦理问题,并对人的尊严产生深远影响。③ 联合国大会第 58/250 号决议《联合国关于人的克隆的宣言》宣告:"会员国应当考虑禁止违背人类尊严和对人的生命的保护的一切形式的人的克隆。"另外,上文中所提的《世界人类基因组与人权宣言》第 11 条指出,不应容许人的生殖性克隆等违背人类尊严的做法。

然而,其同样存在内容上的不确定性的问题,上述文书中所规定的"人的尊严"的概念无法在生命伦理的辩论中提供清晰明确的指导。尽管《世界人类基因组与人权宣言》第 2 条 b 款对"尊严"的含义即"这种尊严要求不能把个人简单地归结为其遗传特征",和《世界生物伦理与人权宣言》第 3 条第 2 款"个人的利益和福祉高于单纯的科学利益或社会利益"有一定的指导意义,但在实践中运用还有一定距离,如史蒂文·平克批评尊严概念是"一个主观的、毫无确定性的"概念,④鲁斯·麦克林则认为尊严是一个无用的概念,不过是一个标语,其不外乎是对于人或其自主权的尊重。而尊重人已经是生命伦理学的一个充分的原则,它包含了获得自愿、知情同意的需要;保护隐私的要求;避免歧视和虐待行为的要求。⑤ 那么"尊严"一词"完全可以被'尊重'取

---

① Roberto Andorno, Global Bioethics at UNESCO: *In Defence of the Universal Declaration on Bioethics and Human Rights*, 33 Journal of Medical Ethics 150 (2007).

② 第五十一届世界卫生大会:《人类健康中克隆问题的伦理,科学和社会影响》,载世界卫生组织网 2003 年 9 月 26 日,https://apps.who.int/iris/handle/10665/84061。

③ 《禁止人的生殖性克隆国际公约特设委员会的报告》[第五十七届会议 补编第 51 号(A/57/51)],UNdocs.org(Mar. 8, 2002),载 https://undocs.org/pdf? symbol=zh/A/57/51%20(SUPP)。

④ See Steven Pinker, *The Stupidity of Dignity: Conservative Bioethics' Latest, Most Dangerous Ploy*, 238 The New Republic 30(2008).

⑤ See Ruth Macklin, *Dignity is a Useless Concept*, 327 British Medical Journal 1419(2003).

而代之,可以没有任何内容损失地从医学伦理学和生命伦理学中删去”。[①]

基于上述历史的介绍,古典的尊严概念在人的价值的一般意义上,以卓越为基础,可能会导致对于新兴生命科学技术的一律支持,并且其带有贵族化和非平等倾向;而斯多葛式的人类尊严概念在生命伦理学中的作用是有限的,因为它对外部世界(包括身体的痛苦)持漠不关心的态度。尽管《圣经》中关于人的尊严的论述有其价值,但它实际上是模糊的。康德的道德哲学和第二次世界大战后的宪法和国际宣言都支持人人享有尊严。然而,康德的人的尊严思想带有某些理论包袱,限制了它在生命伦理学中的效用。而宪法和宣言在没有明确阐述其基础和内容的情况下使用“尊严”,让人怀疑这个概念本身可能是多余的。基于人之尊严的冗余性、空洞性以及宗教文化性,人格尊严成为众多人反对和攻击的目标。[②] 但内容和逻辑上的冗余、概念不明确、缺乏指导性,并不意味着这一概念没有意义。因为从概念性质上讲,“尊严”类似于自由、民主等,不是一个自然类概念,而是一个诠释性概念,一个本质上可争议的概念,即对尊严这个概念本身就存在着不同的解释性观念。[③] 当人们把这些价值看作基础性的价值时,如何恰当地构造这些价值就会产生更大的争议。[④]在这一情况下,下文将在基因编辑的框架下适当界定它而非抛弃它。

而在界定“人的尊严”时便会发现,虽然尊严常被认为是用以保护人类所固有的特质,[⑤]但其内涵的不确定性,原因便在于定义方法的不同。人的尊严可以有正面定义,即人的尊严是什么,和反面定义,即何时构成对人的尊严的贬损。一方面,法律上的人的尊严可以大致被描述为“人的固有价值、独立性与本质”、“人永远应是目的本身”或“人的自我决定与自我发展”。[⑥] 可见,正面定义虽提供一定指引,但由于固有价值、目的、自我决定等词汇仍可解释,因此不能满足法律的确定性要求。另一方面,“当一个具体的个人,被贬抑为客体、只是手段或可被取代之状况时,人性尊严

① 参见韩跃红:《“尊严”概念于生命伦理学无用吗?》,载《昆明理工大学学报(社会科学版)》2012 年第 6 期。

② 参见王晖:《人之尊严的理念与制度化》,载《中国法学》2014 年第 4 期。

③ 参见朱振:《基因编辑必然违背人性尊严吗?》,载《法制与社会发展》2019 年第 4 期。

④ 参见[美]杰里米·沃尔德伦、张卓明:《尊严是人权的基础吗?》,载《法治现代化研究》2019 年第 2 期。

⑤ 参见张龑:《人之尊严:世俗化时代的法权基础》,载《中国人民大学学报》2019 年第 5 期。

⑥ 参见俞伟:《宪法学视野中的人类基因编辑》,载《福建论坛(人文社会科学版)》2021 年第 3 期。

已受侵害”。该观点由德国学者杜立希(Günter Dürig)提出,德国联邦宪法法院以此“客体公式”(objektive formel)检验人性尊严是否遭受侵犯,强调人不再成为国家行为的目的,而沦为手段、客体时,人的尊严即受到侵犯。①

不难看出,基因编辑的支持者倾向于使用正面定义,即尊严是个体所有的,不受干扰地自我决定和自我发展;而反对者则善用反面定义,即个体在这种情况下将被物化或商品化,人性尊严受到侵害。但这两项观点都具有明显的局限性,就支持者而言,其简单地将“尊严”等同于个体的自主意识或“卓越”的可能性,而忽视了个人同社会环境的关联;而就反对者而言,其看似传承了康德哲学中的人的目的价值,但却忽略了康德对自主性的赞美,即个体的自我发展和自担风险;忽略了“尊严保障的是个人非常私密的部分,不受任何来自国家或其他个体的检视”。②

这种由定义方法所引起的矛盾并非“人的尊严”理论在处理基因编辑时所遇到的特有问题,而是其概念高度抽象性与背后价值多元性带来的常见结果。为了应对上述情况,以与死刑和人格尊严相关的判例为例,法官在判决时通常会结合个案场景,区分可能涉及的不同法益并对人的尊严概念进行填充之后方才作出判断。例如,剥夺他人固有生命权有可能侵犯了人的尊严,但死刑是极端的例外。尽管全球趋势是废除死刑,但如果其施加和执行遵循严格的限制以及国际和国内法规定的保障措施,继续使用死刑本身并不构成侵犯人的尊严的行为。③ 但同时,一些死刑的具体做法,如绞刑、④石刑、⑤死囚牢⑥等,由于其过于血腥残暴则可能构成不人道和有辱人格。⑦ 在基因编辑问题上,同样也需要在具体情境中进行解释和评价。只有在规范与事实的评价性关系中我们才能真正发现尊严是如何从一种哲学观念转化为具体宪法规范的,也才能消弭理论的不融贯,真正发挥尊严理论的实践功效。⑧

---

① 参见李昌盛:《“坏人”也有“尊严”》,载《人民法院报》2010 年 8 月 13 日,第 7 版。

② 参见张龑:《人之尊严:世俗化时代的法权基础》,载《中国人民大学学报》2019 年第 5 期。

③ 酷刑和其他残忍、不人道或有辱人格的待遇或处罚问题特别报告员的临时报告[第六十七届会议(A/67/279)],UN. org (Aug. 9, 2012), https://digitallibrary. un. org/record/733853/files/A_67_279 – ZH. pdf.

④ ECtHR Judgement 2 March 2010 in Al-Saadoon & Mufdhi v. United Kingdom, Application No. 61498/08.

⑤ ECtHR Judgement of 11 July 2000 in Jabari v. Turkey, Application No. 40035/9.

⑥ ECtHR Judgement of 7 July 1989 in Soering v. United Kingdom, Application No. 14038/88, Series A, No. 161.

⑦ 酷刑和其他残忍、不人道或有辱人格的待遇或处罚问题特别报告员的临时报告[第六十七届会议(A/67/279)],UN. org (Aug. 9, 2012), https://digitallibrary. un. org/record/733853/files/A_67_279 – ZH. pdf.

⑧ 参见王旭:《宪法上的尊严理论及其体系化》,载《法学研究》2016 年第 1 期。

二、在具体情境中判断基因编辑与人的尊严的关系

考虑我国《宪法》保障人的普遍性尊严，也保障人的物种尊严，[①]因此在本部分的具体情境讨论中，将关注“基因编辑婴儿的个体尊严”和“人类物种的物种尊严”两个层次的“人的尊严”。个体尊严是作为人类个体所享有的尊严，在此仅讨论基因编辑婴儿的尊严，物种尊严则是人类作为整体所享有的尊严。由于体细胞基因编辑仅涉及被编辑的单独的个人，与其他广泛应用的医学临床干预并无实质性区别，并未对人们的伦理认知造成大的影响，[②]因此下文的讨论将集中于可遗传基因组编辑，区分以治疗为目的的基因编辑和以增强为目的的基因编辑对人的尊严的影响。

（一）以治疗为目的的基因编辑

上文曾提及，基因治疗指通过分子生物学技术，将目的基因导入患者体内，直接和正确地修复患者细胞错误的基因表达，从而使疾病得以治疗。生殖系基因治疗与其他治疗方法大大不同，因为它并不仅仅是治疗疾病，而是旨在患者的后代中永久性地消除遗传性基因疾病，完全改变疾病的进程。

有学者所认为的基因被编辑个体工具化的状况、生命被操控的状况、自尊和尊严感扭曲的状况[③]在基因治疗中并不会出现。其一，学者所用以论证的“人的尊严体现在人体最根本的遗传物质的‘自在’属性”，[④]在此不具有论证的正当性与合理性。基因的自在有序控制自然不应为外界手段所扰乱，但基因治疗所针对的情形是基因的错误表达，常常是缺乏替代性治疗手段的罕见遗传病，基因编辑在此就成为患者的唯一希望。此时被编辑个体并非为工具，而恰恰是治疗的目的所在，何以构成对其尊严的贬损？其二，有学者认为“基因编辑的实际操作过程中难免需要利用生物化学试剂控制基因编辑的反应，对基因编辑婴儿的生命构成了威胁”，[⑤]而事实上基因编辑作为一项药物或技术应用于临床时，仅在其安全性和有效性无虞之后，

---

① 参见章小杉：《人类胚胎基因编辑的宪法界限：一个基于尊严的分析》，载《大连理工大学学报（社会科学版）》2020 年第 5 期。

② 参见孙海波：《基因编辑的法哲学辨思》，载《比较法研究》2019 年第 6 期。

③ 参见刘亚飞等：《论“基因编辑婴儿”对人的尊严的挑战》，载《医学与哲学》2019 年第 11 期。

④ 同上。

⑤ 同上。

国家方会对其进行审批许可,并且在个案实践中,需要经过严格的伦理审查和生物安全审查。简单的人工选择对于精致的生命来说是粗糙的,毕竟受限于当前科学技术发展和认知水平的限制,人类尚且无从参透生命进化的奥秘,但将基因编辑限缩于修复特定基因突变、治疗特定罕见基因疾病,仅仅是恢复了个人基因的完整性,而非是简单的人工选择。其三,学者所主张"基因被编辑个体对自我评价和外界评价的感知无法预测,人格尊严受到贬损"①也缺乏合理性。首先,如下文所言,由于取得未来被编辑婴儿的同意缺乏可能性,因此代际同意的实现将通过严密保护父母的知情同意权来达成。其次,从一般人的理性而言,在经过基因编辑而恢复健康和未经基因编辑早夭或罹患重大疾病之间,选择前者明显更有利于个人的最大利益。②申言之,经过严格的伦理审查,符合法律要求的基因治疗可以帮助处于潜在弱势的婴儿在出生时达致与正常人相似的健康状态,并在此基础上实现自主发展与人格塑形,进而拥有富有尊严的生活。③ 最后,有学者所用以论证被编辑个体尊严感受挫的事例,如"被视为作弊的无须付出努力即可轻易获得高智商和强体力"④明显是在基因增强的讨论范围内,因此与基因治疗无涉。综上所述,不区分基因治疗与基因增强,一概而论地认为基因治疗与人的尊严存在抵牾是不客观的。在确保技术安全、符合伦理要求的情况下,以治疗为目的的基因编辑实际上是合乎而非违背基因编辑婴儿的尊严。

人的物种尊严要求保护人的本质不受人类行为的侵犯。在人类物种的尊严受到侵犯的例子中,直接受到侵犯的对象并不是一个特定的人类个体,而是与尊严相关的典型本质。⑤ 这种人类本质有时被归结为一种发展出各种能力的潜能,⑥有时被等同于人类的基因完整性。⑦ 但不论是何种解释,由于基因治疗是针对生物基因缺陷而引起的基因疾病,进行基因修补、敲除与插入,以达至治愈的目的,不会模糊

① 刘亚飞等:《论"基因编辑婴儿"对人的尊严的挑战》,载《医学与哲学》2019 年第 11 期。
② 参见章小杉:《人类胚胎基因编辑的宪法界限:一个基于尊严的分析》,载《大连理工大学学报(社会科学版)》2020 年第 5 期。
③ 参见俞伟:《宪法学视野中的人类基因编辑》,载《福建论坛(人文社会科学版)》2021 年第 3 期。
④ 刘亚飞等:《论"基因编辑婴儿"对人的尊严的挑战》,载《医学与哲学》2019 年第 11 期。
⑤ 参见李亚明:《生命伦理学中人的尊严问题研究》,中国社会科学出版社 2019 年版,第 45 ~ 67 页。
⑥ 同上。
⑦ 参见章小杉:《人类胚胎基因编辑的宪法界限:一个基于尊严的分析》,载《大连理工大学学报(社会科学版)》2020 年第 5 期。

人与其他生物的生殖系差别，反而有助于维护和修复生物的基因完整性。其实质依旧是遵循生命进化的规律，关心人类内在的生命倾向性需求。[①] 并且治疗以恢复潜在患病婴儿的健康，达到正常人的水平，因此有助于人类群体的平等和社会公正。而针对人类基因池受到污染的论调，基因治疗并不会给人类基因池带来任何新的东西，反而是如若不对突变基因进行修补和敲除将导致有害突变在人类基因池中不断累积，并且现今环境污染所引起的基因突变与基因编辑相比，事实上有过之而无不及，因而基因池污染一说不具有说服力。综上所述，以治疗为目的的基因编辑也合乎人的物种尊严。

（二）以增强为目的的基因编辑

以增强为目的的基因编辑，是指通过科技手段增强人的特定性状，优化个体的生理或心理条件，增强个体的智力、体力等能力。结合上文对基因治疗中人的尊严的分析可见，于基因增强来说，情况大不相同。其一，从基因编辑的初衷来看，如果说基因治疗试图恢复被编辑者的自我决定和自我发展的潜能，那么基因增强就是将父母的喜好强加于被增强者，将被增强者的自主置于父母的自主之下。[②] 与疾病的治愈不同，父母所偏好的基因性状在不同价值观和审美观之下不一定具有正面价值。其二，被增强者此时确实被置于客体的地位，将个人简单地归结为其遗传特征，是父母或研究者实现其目的的手段而已，与出于喜好而对应用程序进行的定制化设定无二。其三，增强是使某项能力通过技术手段超出正常阈值，破坏了被编辑者的基因完整性，从根本上威胁人的尊严。[③] 其四，从基因编辑的后果来看，增强式的基因编辑为被增强者预设了特定的人生路径选择，如前述所提及的电影《千钧一发》中的被编辑而拥有12根手指的钢琴家，他们不再拥有为自己制定人生规划的权利，其自治自决的尊严也就无从实现，将导致被编辑者的自尊和尊严感出现扭曲。[④] 其五，极有可能的情况是，基因增强在相当长的时间内仅可及于少数权贵阶层，这种技术

---

① 参见陶应时、王国豫：《人类胚胎基因编辑技术的伦理考究——基于人的完整性视域》，载《科学技术哲学研究》2019年第1期。

② 参见俞伟：《宪法学视野中的人类基因编辑》，载《福建论坛（人文社会科学版）》2021年第3期。

③ 参见章小杉：《人类胚胎基因编辑的宪法界限：一个基于尊严的分析》，载《大连理工大学学报（社会科学版）》2020年第5期。

④ 参见刘亚飞等：《论"基因编辑婴儿"对人的尊严的挑战》，载《医学与哲学》2019年第11期。

使用的不平等可能导致对没有使用增强技术的人的歧视,并且加剧社会阶级分裂。对于学者来说,基因增强可以使人类个体在道德、智力,以及社会交往等方面充分发展,从而有利于获得更高的尊严。不过这种想法在现阶段过于理想化,一方面,在短期内难以实现该项技术的均等获得,则极有可能被垄断用于增强未来世代的特定能力。另一方面,正如学者所言,拥有好的天赋仅是获得更好尊严的条件而已,人性本善与人性本恶尚无定论,这种可能性与最终人的尊严的增进无直接关联。综上所述,以增强为目的的基因编辑违背基因编辑婴儿的尊严。

类似地,运用基因编辑技术进行的人类增强活动打破了人类的自然的演进过程,以技术手段超越了人的自然极限。换言之,是以一种侵入式的方式,使人的生命体有了"非人"的成分。① 这影响了人类作为一个物种的基因完整性。并且,基因增强隐含的价值取向是,具有某种性状特征的个体具有更大的内在价值或是社会价值,这样一种文化上的趋势对人类价值平等的要求构成显著的威胁。据此,以增强为目的的基因编辑同样违背人类的物种尊严。

综上所述,基因编辑并不必然违背人的尊严,这里的"不必然"与对技术的法律规制相关,而这与我国当前对人类基因编辑试验采取的基本政策一致:可以进行以医疗或研究为目的的体细胞基因编辑基础研究、临床前试验或临床应用,可以进行生殖细胞基因编辑基础研究,但禁止进行生殖细胞基因编辑临床试验和应用,禁止培养人与其他生物的嵌合体胚胎,禁止克隆人。② 在此,有三点需要注意,其一,"如何在治疗与增强之间划定界限"存在困难,对此可以考察美国国家科学学院和英国皇家学会 2020 年联合发布的《人类可遗传基因组编辑》中的做法。③《人类可遗传基因组编辑》先行明确可以允许开展基因编辑治疗实践的情形,即人类可遗传基因组编辑的应用仅限于严重的单基因疾病(导致严重的发病率或者过早死亡的疾病)。另外,当前就基因编辑的公共讨论大多限于治疗和增强的二分法,应当加强对中间

---

① 参见陶应时、王国豫:《人类胚胎基因编辑技术的伦理考究——基于人的完整性视域》,载《科学技术哲学研究》2019 年第 1 期。

② 参见王康:《"基因编辑婴儿"人体试验中的法律责任——基于中国现行法律框架的解释学分析》,载《重庆大学学报(社会科学版)》2019 年第 5 期。

③ See Eli Y. Adashi & I. Glenn Cohen, *Heritable Human Genome Editing*: *The International Commission Report*, 324 JAMA 1941(2020).

状态,如预防情形是否符合人的尊严要求的公共辩论。① 同时,应当深化伦理学研究和跨学科讨论,从理论层面将治疗与增强之间的光谱进一步细化。其二。根据人的尊严的要求,基础研究和临床试验需要遵循科学性原则。一方面,人类基因组编辑的基础研究和临床试验应以医学研究为目的。为维护人格尊严,人体的器官和组织不得买卖,《人体器官移植条例》第 3 条和《中华人民共和国献血法》第 11 条均有明确规定。人的生物样本及信息若要用于研究,需要得到合法授权(包括伦理审查和知情同意),在做好隐私保护的前提下,可收取基于样本采集、储存、运输的成本费用和合理的科技服务费,必须以医学科学研究为目的,绝不能以追求商业价值为目的,否则就是将"人"物化,违背了伦理道德。尤其是配子、受精卵和人类胚胎,更鲜明地具有一定的人格属性,不仅仅是纯粹的"物"。另一方面,人类基因组编辑的基础研究和临床试验都必须是建立在基础性研究的科学验证之上的。开展人类基因组编辑必须有严谨的科学态度,不能急功近利,更不能为经济利益所驱使而放弃原则。在临床中必须具备充足的基础条件才能够进行。例如,当体细胞基因治疗安全有效性在临床上被大规模地验证后;并且这些基因干预方式建立了安全可靠的动物模型。其三,应当动态评估人类基因组编辑临床试验的可行性,同时,以治疗为目的的基因编辑必须遵循最后选择原则,即在某种疾病采取所有疗法都无效或微效时,才可以考虑该项技术的应用。

第二节　知情同意原则

知情同意是人体医学试验和临床实践的主要伦理要求之一,是保护受试者或患者权益的重要措施。人体医学研究涉及受试者的生命权、健康权、身体权、隐私权、治疗权、补偿权等;而尊重和维护这些权益的重要方式就是取得受试者的知情同意,这也是受试者最基础、最核心的权利。

知情同意原则反映出对遗传资源提供者、受试者、患者自主决定权的重视,其权

① See Derek So et al., *Disease Resistance and the Definition of Genetic Enhancement*, Frontiers in Genetics (April 10, 2017), https://www.frontiersin.org/articles/10.3389/fgene.2017.00040/full#B27.

利基础分别来自宪法和民法两个不同层次。① 基于宪法的角度，自主权是人的尊严的核心，受到宪法保护，国家有尊重与保障的义务。② 而在民法的理论框架下，经过概念的提炼与建构，自主决定权应为一项抽象人格权，具体指“自然人享有的意志以发展人格为目的，对于生命、身体、健康、姓名等具体外在人格要素的控制与塑造的抽象人格权”。③ 我国《民法典》第990条第2款的规定，即通过兜底性条款的方式保护自然人人格利益，确立了抽象人格权在人格权体系中的重要地位。④ 当前我国医疗领域及个人信息领域普遍强调知情同意权的基础性地位，知情同意权具体包括知情权与同意权（也有文章称为自我决定权）两部分，知情权要求医疗研究人员应充分向受试者或患者告知可能影响其决定的有关事项，告知义务的履行不在于获取同意而在于帮助受试者或患者做出其认为最符合自身利益的选择。同意权意味着受试者或患者没有必须同意的义务，其可以同意参与试验或治疗也可以拒绝，并且即使在知情同意书上签了字，其仍保有随时撤回同意、退出试验的权利，而无须提出任何理由，也不会受到责罚。

一、知情同意书的格式条款属性

我国《民法典》第496条第1款规定：“格式条款是当事人为了重复使用而预先拟定，并在订立合同时未与对方协商的条款。”因此，在人体医学试验的法律关系中，作为提供知情同意书并采集受试者生物样本、健康信息或实施试验的一方。研究者相对受试者而言，无疑属于“基于支配地位的一方”，由其预先拟定、且未经与受试者协商，适用于所有受试者的知情同意书中的条款，显然符合《民法典》中规定的“格式条款”的法律性质。在诊疗关系之中患者所签署的知情同意书也是同样。结合《民法典》对格式条款的要求，知情同意书的条款必须遵循公平原则，各条款的解释应该是唯一的，研究者必须“充分告知”，确保人类遗传资源提供者、受试者和患者“完全理解”。下文以临床试验知情同意书为例进行具体分析。

---

① 参见田野：《大数据时代知情同意原则的困境与出路——以生物资料库的个人信息保护为例》，载《法制与社会发展》2018年第6期。

② 参见王蒲生：《〈民法典〉视域下患者知情同意权的规则阐释与合同进路》，载《求索》2021年第3期。

③ 参见杨立新、刘召成：《论作为抽象人格权的自我决定权》，载《学海》2010年第5期。

④ 参见王利明：《〈民法典〉人格权编的立法亮点、特色与适用》，载《法律适用》2020年第17期。

其一,知情同意书的条款必须遵循公平原则。根据《民法典》的规定,知情同意书中未遵循公平原则的条款会被认为是无效条款。因为“采用格式条款订立合同的,提供格式条款的一方(研究者)应当遵循公平原则确定当事人之间的权利和义务”,一旦出现“不合理地免除或者减轻其责任、加重对方责任、限制对方主要权利、排除对方主要权利”等违反公平原则的条款,该条款将被认定为无效条款,不发生法律效力。

为确保知情同意书中条款的公平性,国家相关规定均赋予了伦理委员会相应的职责,如《药物临床试验质量管理规范》(2020 年版)除明确规定“伦理委员会应当审查知情同意书中不能采用使受试者或者其监护人放弃其合法权益的内容,也不能含有为研究者和临床试验机构、申办者及其代理机构免除其应当负责任的内容”①外,还规定为了更好地判断在临床试验中能否确保受试者的权益和安全以及基本医疗,伦理委员会可以要求提供知情同意书内容以外的资料和信息,②也就是说知情同意书及其更新件、提供给受试者的其他书面资料、受试者补偿信息(包括补偿方式、数额和计划)等文件均须经伦理委员会审核,其目的均在于确保知情同意书中所包含的条款必须做到足够公平。

其二,知情同意书中各条款的解释应该是唯一的。一般情况下,一旦合同双方对合同条款的理解存在两种以上解释时,其解释原则是根据合同的相关条款、性质、目的及诚信原则等进行解释,但知情同意书则不同,因为其中条款是由格式条款提供方单方拟定,故《民法典》第 498 条规定,“对格式条款的理解发生争议的,应当按照通常理解予以解释。对格式条款有两种以上解释的,应当作出不利于提供格式条款一方的解释。格式条款和非格式条款不一致的,应当采用非格式条款”。从研究者的角度出发,如果想要完全实现签署知情同意书想要达到的合同目的,确保其条款在理解上不存在歧义是必需的。

其三,研究者必须“充分告知”,确保受试者“完全理解”。研究者的“充分告知”,必须达到使受试者“完全理解”的程度,这不仅是 GCP 等规范性文件的要求,③更是《民法典》的要求,因为作为格式条款的提供方,研究者必须履行“采取合理的

① 《药物临床试验质量管理规范》(2020 年版)第 12 条第 2 款第 7 项。

② 《药物临床试验质量管理规范》(2020 年版)第 12 条第 2 款第 4 项。

③ 《药物临床试验质量管理规范》(2020 年版)第 23 条。

方式提示对方注意免除或者减轻其责任等与对方有重大利害关系的条款,按照对方的要求,对该条款予以说明”的义务,一旦未履行该提示或说明义务,“致使对方没有注意或者理解与其有重大利害关系的条款的,对方可以主张该条款不成为合同的内容”。

以 GCP 为例,这样的法定义务具体体现为其中的相关规定,即研究者应当使用经伦理委员会同意的最新版的知情同意书和其他提供给受试者的信息,研究者获得可能影响受试者继续参加试验的新信息时,应当及时告知受试者或者其监护人,供其权衡是否继续参加该临床试验,如有必要,受试者应当再次签署知情同意书。知情同意书等提供给受试者的口头和书面资料均应当采用通俗易懂的语言和表达方式,使受试者或者其监护人、见证人易于理解。在签署知情同意书之前,研究者或者指定研究人员应当给予受试者或者其监护人充分的时间和机会了解临床试验的详细情况,并详尽回答受试者或者其监护人提出的与临床试验相关的问题等,便于其自主决定是否参加该项临床试验。

二、基础研究阶段对人类遗传资源后续利用情况的概括知情同意

在基础研究阶段,基因编辑涉及对人体细胞、组织等人类遗传资源的使用。为强化对自然人的身体、健康权的保护及维护人格尊严,人体细胞、组织、器官不得买卖,《民法典》第 1007 条、《中华人民共和国献血法》第 11 条和《人体器官移植条例》第 3 条均有明确规定。人的生物样本和健康信息若要用于研究,需要得到合法授权,包括经过严格的伦理审查和征得提供者的知情同意。国务院 2019 年发布的《人类遗传资源管理条例》对此做出了规定,其中第一章总则部分在第 9 条总括性地规定了在采集、保藏、利用、对外提供我国人类遗传资源的情况下,需要取得人类遗传资源提供者的事先知情同意。但各分章具体内容仅对“采集”情况下的知情同意作出规定,即第 12 条对于采集人类遗传资源情况下应告知提供者的具体内容作出规定,包括采集目的、采集用途、对健康可能产生的影响、个人隐私保护措施及其享有的自愿参与和随时无条件退出的权利;并且要求告知信息应全面、完整、真实、准确,提供者作出的知情同意应为书面形式。而针对后续“利用”“对外提供”人类遗传资源的情况是否需要经过个人知情同意均缺乏明文规定。第 39 条针对违反条例行为所规定的罚则内容也仅与“采集”活动相联系。就此,可以认为,若采集人类遗传资

源时已知未来的用途将特定用于基因编辑，则需要对提供者（受试者）进行告知，征得其具体的知情同意；并且如果需要利用为某特定用途采集的剩余标本或者遗传数据进行基因编辑或其他目的研究，必须再次获得受试者同意并经伦理审查委员会批准。① 但在生物样本捐赠，即采集时尚不知提供者的健康信息和生物样本将会用于何种研究的情况下，如若该生物样本后续用于基因编辑的基础研究，是否需要获得提供者的再次知情同意，答案并不明朗。

从法律解释视角而言，《人类遗传资源管理条例》第 9 条的规定从文义上看似要求后续“利用”等环节也需要取得提供者的知情同意，但结合该条例的分则内容设计，即第三章利用和对外提供部分并未对知情同意作出规定，第五章法律责任也仅涉及采集活动中对于知情同意的违反，从体系解释的角度可知，本法实际上仅要求在采集环节取得提供者的“概括知情同意”（broad consent）即可。这一解释也与我国在 2016 年发布的《涉及人的生物医学研究伦理审查办法》保持一致，其中规定生物样本捐献者已经签署了知情同意书，同意所有捐献样本及相关信息可用于所有医学研究的情况下，经伦理委员会审查批准后，可免除签署知情同意书；若对生物样本数据库中有身份标识的人体生物学样本或者相关临床病史资料，再次使用进行研究的，即样本身份可识别的情况下，应当重新获得提供者同意。《涉及人的临床研究伦理审查委员会建设指南（2020 版）》对此规定也相同。

在实践中，我国有关人类遗传资源的研究和利用也采用“概括知情同意”的做法，例如，《南昌大学第一附属医院生物样本捐献者知情同意书》中表明“您的样本将来可能会用于各种疾病的发生、发展机制方面的研究，包括遗传学方面的研究，直至样本用完或您撤销知情同意”。② 由此可见，此项知情同意是一项面向未来的笼统的同意，即提供者在向人类遗传资源中心库（生物样本库）捐献健康信息和生物样本时，签署一份知情同意文件，概括性授权后续对该资源进行任何形式的科学研究；同时，为了保障提供者的权益，在使用生物样本时进行匿名化处理，“再次与样本使

① 2016 年《涉及人的生物医学研究伦理审查办法》第 39 条规定了两种经伦理审查委员会审查批准后，可以免除征询知情同意的情形：（1）利用可识别身份信息的人体材料或者数据进行研究，已无法找到该受试者，且研究项目不涉及个人隐私和商业利益；（2）生物样本捐献者已经签署了知情同意书，同意所捐献样本及相关信息可用于所有医学研究。

② 参见《南昌大学第一附属医院生物样本捐献者知情同意书》，载南昌大学第一附属医院官网，http://www.cdyfy.com/upload_new/files/2021/1/1892636510.pdf。

用者共同签订捐赠者隐私保密承诺”，并且“任何使用均需经过伦理委员会的严格审查”。上海医药临床研究中心独立伦理委员会起草的《上海重大疾病临床生物样本库伦理管理指南》第11条也明确表明“中心伦理委员会建议对新收集的样本可采用‘一次总体同意’的模式”。①

同时，由于基础研究涉及生物样本捐献者的基因隐私权，因此可以适用2021年11月生效的《中华人民共和国个人信息保护法》（以下简称《个人信息保护法》）。该法规定针对一般个人信息的利用，个人统一作出概括同意即可；而针对包括生物识别信息在内的敏感个人信息②的保护，则要求处理者处理敏感个人信息只能基于个人的单独同意。然而法律却并未明确“单独同意”的具体实现方式。实践中，生物样本库一般在知情同意书中单章规定“保障个人隐私的措施”，这种做法是否满足“单独同意”的要求尚不明确。并且，处理敏感个人信息应当向个人告知相关事项，包括一般事项：(1)处理者的名称或者姓名和联系方式；(2)个人信息的处理目的、处理方式，处理的个人信息种类、保存期限；(3)个人行使本法规定权利的方式和程序；(4)法律、行政法规规定应当告知的其他事项。还包括额外的告知事项，即处理敏感个人信息的必要性及对个人主体的影响。对此，当前以生物样本库收集到的生物样本和信息捐赠者的生物识别信息为例。一般情况下，在签署知情同意书时，生物样本库尚无从确定后续样本使用者的身份、样本使用的目的、保存期限等信息，更无从确定该信息处理的必要性和潜在影响。鉴于此，生物样本库存在一定的合规风险，需要及时更新其获取捐献者知情同意的模式。

目前，我国现有的针对人类遗传资源所采用的概括知情同意模式有待进一步完善。尽管现行模式确有一定的优点，一方面，采用一次性授权的方式降低了资源信息等利用的成本，促进了人类遗传资源公共性和社会性价值的充分发挥，并且符合生物样本库的特性，即样本入库时实际上无从预测将来可能在何时，由何人，如何使用，如何销毁这些生物样本和信息；另一方面，尊重提供者的概括授权意愿，通过匿名化或编码保障提供者的隐私权，并经由伦理委员会严格审查避免后续利用与伦理

① 参见《上海重大疾病临床生物样本库伦理管理指南》，载《医学与哲学(A)》2014年第3期。

② 《个人信息保护法》第28条第1款规定：“敏感个人信息是一旦泄露或者非法使用，容易导致自然人的人格尊严受到侵害或者人身、财产安全受到危害的个人信息，包括生物识别、宗教信仰、特定身份、医疗健康、金融账户、行踪轨迹等信息，以及不满十四周岁未成年人的个人信息。”

道德和公共利益相悖。除此之外,还应保障提供者保留撤回同意的权利,较好地实现了功利主义和人本主义的平衡。但其不足也不容忽视,其一,生物样本库的信息具有极高的敏感性,一旦泄露或者非法使用,可能导致信息主体受到歧视或者人身、财产安全受到严重危害,①采取概括知情同意无法适应该类信息的特性,也无法满足当前《个人信息保护法》的要求;其二,欠缺对提供者自主意志的周延保障,不能很好地处理部分提供者排斥将自身健康信息和生物样本用于人类基因组编辑研究的情况;其三,当前匿名化的处理方式并不足以保护提供者的隐私,基因组数据具有高度可识别性和稳定性,其本质上是可识别的,因此应该受到更严格的去识别化标准管制,而非仅仅是移除其中的部分标签。②

与现有模式相对的"具体知情同意"(specific consent)模式似乎可以很好地回应这一问题,即针对人类遗传资源的研究和利用,只要涉及对样本进行新用途的使用,就必须再次对提供者进行明确和具体的告知并获得其同意。这一模式可以最大化地保障提供者对其健康信息和生物样本的自主决定权,但同时也使知情同意的流程更加复杂,研究者不断告知、提供者不断同意背后存在着难度大、耗时久、成本高的问题。③ 事实上,在生物医学领域,面对"高敏感度的信息特性、技术门槛和不对等地位,以及快速迭代的技术手段和处理目的"所带来的针对知情同意原则的挑战,④学者们已经进行了深入的反思,并提出了各种各样的改革方案,如附排除条款的同意(consent with exclusion clauses),即在知情同意书当中加入特别的条款,排除某些类型的组织样本利用;⑤再如分类、分层与分阶段同意(tiered-layered-staged consent),这种模式将研究相关的所有信息按照一定的标准进行分类、分层,并分阶段地提供给参加者自由选择。⑥ 动态同意(dynamic consent)的模式主张运用现代网

① 参见胡文涛:《我国个人敏感信息界定之构想》,载《中国法学》2018 年第 5 期。

② See Fida Kamal Dankar, Andrey Ptitsyn & Samar Dankar, *The Development of Large-scale De-identified Biomedical Databases in the Age of Genomics-principles and Challenges*, 12 Human Genomics 1(2018).

③ 参见高旭东、焦艳玲:《人类遗传资源研究和利用中知情同意模式的伦理选择》,载《中国医学伦理学》2021 年第 4 期。

④ 参见石佳友、刘思齐:《人脸识别技术中的个人信息保护——兼论动态同意模式的建构》,载《财经法学》2021 年第 2 期。

⑤ See Zubin Master & David B. Resnik, *Incorporating Exclusion Clauses into Informed Consent for Biobanking*, 22 Quarterly of Healthcare Ethics 203(2013).

⑥ See Eline M. Bunnik et al., *A Tiered-layered-staged Model for Informed Consent in Personal Genome Testing*, 21 European Journal of Human Genetics 596(2012).

络信息技术手段在生物样本库和提供者之间搭建一个交流平台，使信息披露与知情同意成为一个持续、动态、开放的过程。① 总体而言，在当前学界的探讨中，知情同意作为一项大原则并没有被放弃，并且概括同意在各种化解知情同意困境的新模式中仍占据主导地位，使初始同意获得适度扩张的涵摄性，同时辅之以适用条件、适用范围和监督审查机制的制约。② 因此，针对提供者是人类基因组编辑坚定的反对者的情形，附排除条款的同意即可解决这一问题。但由于生物样本的使用领域众多且未知，为更周延地保障提供者的参与感和撤回权，动态知情同意的授权模式具有参考价值。

同时，对于当前概括知情同意模式的实际运用，各人类遗传资源库应注意：(1)在欠缺概括知情同意书的情况下，如医疗机构仅根据诊疗合同采集患者生物样本，并不涉及剩余样本后续使用的授权，那么只要生物样本提供者没有变更原临床诊疗目的的知情同意授权，医疗机构所掌握的生物样本和信息都应按照《医疗废物管理条例》处理，而不能用于研究。即使以"非商业利用的医学研究目的、患者隐私不泄露、实施知情同意会导致研究不可进行"等原因来辩护，机构伦理委员会批准研究"免除知情同意"，也可能存在个体自主意愿与社会利益的冲突。③ (2)涉及人类遗传资源后续使用的知情同意，医疗机构应避免在患者入院告知中让患者作出概括知情同意的授权，因为这一做法实际上没有给患者选择的机会，反而存在胁迫或不当引诱的嫌疑。更合适的方式是单独提供一份生物样本捐献者知情同意书，在充分告知的情况下，由患者作出知情同意声明。(3)生物样本捐献者知情同意书中应当包括捐献者联系生物样本库保管员的方式，以及获知样本未来使用的途径；生物材料可预见的用途，既包括已经完全确定的研究，也包括部分未知或完全未知的研究。④ (4)针对最初的概括知情同意，在涉及儿童样本或信息的情况下，除征得其父

---

① See Jane Kaye et al., *Dynamic Consent: A Patient Interface for Twenty-first Century Research Networks*, European Journal of Human Genetics, 2015, 23(2): 141. Daniel B. Thiel et al., *Testing an Online, Dynamic Consent Portal for Large Population Biobank Research*, 18 Public Health Genomics 26(2015).

② 参见田野：《大数据时代知情同意原则的困境与出路——以生物资料库的个人信息保护为例》，载《法制与社会发展》2018 年第 6 期。

③ 参见蒋辉等：《预授权制度在医疗机构的伦理审查和知情同意实施——基于涉及人的健康信息和生物样本研究》，载《中国医学伦理学》2021 年第 4 期。

④ 参见国际医学科学组织理事会(CIOMS)、世界卫生组织(WHO)制定：《涉及人的健康相关研究国际伦理准则(2016 年版)》，朱伟译，上海交通大学出版社 2019 年版，第 43 页。

母或法定监护人的同意外,需要制定儿童达到法定年龄后取得其本人知情同意的计划。[①] (5)针对后续开展的针对生物样本或信息的研究活动,虽不再征得提供者的知情同意,但必须经过伦理委员会的严格监督和批准,如审查具体的研究是否符合之前在广泛知情同意中描述的研究范围。(6)在可行的情况下,尝试持续向提供者告知研究进展的信息,如在研究中发现有关提供者重大健康情况,以适当方式,遵循伦理规范和程序要求告知提供者。(7)捐献者或其法定代理人应该能够对其捐献的生物样本或信息撤回继续储存或使用的同意。在撤回同意后,不允许再将生物样本或信息用于未来研究。[②]

三、临床试验阶段和临床治疗阶段涉人类基因组编辑技术运用的特殊知情同意要求

进入临床试验[③]和临床治疗阶段,知情同意权利的保护重点发生变化。由于基础研究阶段不涉及针对人体进行研究,因此知情同意的核心在于保障生物样本和健康信息提供者对于研究用途的知情权;而进入到临床试验阶段,由于是以人体为对象的试验,关系到受试者个人的生命和健康,风险较高,临床治疗阶段也是类似。因此,受试者和患者是否能自主决定参加试验和接受治疗、是否是基于充分知情的基础上作出决定便十分重要。

我国法律层级涉及保护受试者知情同意权的规定较原则化,仅限于规定受试者享有知情同意权利及知情同意书的适格签署主体,而不涉及对知情同意书的具体要求,如《民法典》1008 条第 1 款仅规定“……向受试者或者受试者的监护人告知试验目的、用途和可能产生的风险等详细情况,并经其书面同意”,类似的有《中华人民共和国基本医疗卫生与健康促进法》第 32 条、《中华人民共和国医师法》第 26 条、《中华人民共和国药品管理法》第 21 条、《中华人民共和国疫苗管理法》第 18 条。

知情同意要求的具体规定多见于部门规章等规范性文件,以 GCP 第四章研究

---

① 参见訾明杰等:《泛化知情同意的临床操作及思考》,载《中国医学伦理学》2020 年第 3 期。

② 参见国际医学科学组织理事会(CIOMS)、世界卫生组织(WHO)制定:《涉及人的健康相关研究国际伦理准则(2016 年版)》,朱伟译,上海交通大学出版社 2019 年版,第 44 页。

③ 人体临床试验,又被称为人体试验,是指在病人或健康志愿者等受试者的人体上进行系统性研究,以了解新药、医疗器械或者发展新的预防和治疗方法的疗效与安全性。参见黄薇主编:《中华人民共和国民法典人格权编解读》,中国法制出版社 2020 年版,第 85 页。

者之第23条至第24条为例,其对知情同意书和提供给受试者的其他资料应包括的内容采用列举的方式作出详细规定,包括临床试验概况、受试者需要遵守的试验步骤(包括创伤性医疗操作)、受试者的义务、临床试验所涉及试验性的内容、试验预期的获益以及不能获益的可能性、其他可选的药物和治疗方法及其重要的潜在获益和风险、参加该试验的预计受试者人数等共计20项。同时,对知情同意的签署作出详细规定,如知情同意的签署应设定了解冷静期,签署应在筛选检查之前,知情同意书的版本、内容与伦理委员会批准的应当一致,涉及试验方案等修改时应重新签署,签署主体应满足未成年人、儿童、限制民事行为能力人等多种情形下的规定。类似地,国家卫生健康委员会2021年3月发布的《涉及人的生命科学和医学研究伦理审查办法(征求意见稿)》第四章专章规定"知情同意",明确了知情同意书的内容、再次征询获取知情同意的情形及豁免知情同意的情形。国家卫生健康委医学伦理专家委员会办公室联合中国医院协会发布的《涉及人的临床研究伦理审查委员会建设指南(2020版)》不仅在第四章"伦理审查委员会审查内容及要求"部分对征得受试者书面知情同意、口头知情同意、事后知情同意、豁免再次征得知情同意、豁免知情同意等均作出规定,并且对伦理审查所需知情同意文件、临床遗传学研究的伦理审查对于知情同意的特别要求、精神障碍患者作为受试者参加临床研究有效的知情同意、干细胞临床研究风险受益比改变情况下应重新获得知情同意等作出规定。

就患者知情同意权而言,根据《民法典》第1219条的规定,在一般情况下,医务人员向患者告知病情及医疗措施已经尽到医务人员合理注意义务;在需要手术、特殊检查、特殊治疗时,还需要将医疗风险、替代方案等予以具体说明,并取得其明确同意。不能或者不宜向患者说明的,应当向患者的近亲属说明,并取得其明确同意。由此,医务人员负有对患者的告知义务。从责任角度来看,医务人员违反告知义务,医疗机构是责任主体。

关于人类可遗传基因组编辑中的知情同意要求,事实上此时的受试者是尚未发育成人的胚胎,其明显不是知情同意书的适格签署主体,因此其中最重要也是最有争议的问题即是"代际同意的合理性问题",即作为胚胎供体的受试"父母"是否有资格在遗传筛查和专家意见的基础上代替人类早期胚胎(其未来的"孩子")行使知情同意权,就某种事关他们生命状态的基因编辑行为作出决定?[①]

学界对此问题尚无定论,一些学者的观点倾向于父母为基因编辑婴儿作出的代际同意剥夺了孩子作为"其生活唯一作者"的机会,严重违背伦理学中的自决原则,因此不可接受;[②]在政策层面,美国国立卫生研究院(NIH)也以"未获得后代的同意,就通过编辑生殖细胞系基因对后代施加影响"为由而禁止资助此类胚胎基因编辑研究。[③] 另外一些学者的观点认为,可以允许仅在极其特殊的情况下授权代际同意,如特定的人类胚胎患有严重的遗传缺陷时。[④] 还有一些学者认为"受试父母具备一般意义上的知情同意的能力,可以对选择的后果进行合理的判断,故而也可以参照儿童参与新药临床试验的做法,获批代理同意的资格",但为了保护基因编辑婴儿的利益,受试父母的知情同意应在其"知情同意权"的部分充分得到制度保障,同时代理同意应遵循一定的原则。[⑤] 更有一些学者极端地认为"基于亲权,父母被允许至少在孩子未成年或非常幼小时塑造孩子,父母的这种自由乃至权威将延伸至基因编辑技术,从而使其获得免受政府干涉的基因编辑自由",只要父母没有损害孩子的重大利益,即应该承认他们作出的代际同意。[⑥]

从法律角度切入,考虑父母一般被推定是以其子女的最大利益行事,当父母为其子女作出某项医疗相关的决定时,即使该项决定不完全符合当前的医疗标准,法律一般也会给予极大的尊重,仅在父母存在虐待儿童或忽视儿童利益的情况下进行干预,立法上允许患者近亲属在特定情形下进行知情同意也体现了这一价值取向,但是如何在充分保障父母知情同意的基础上,建构充分保障后代权益的规则,防止父母滥用权利侵犯公共利益即成为待解决的关键问题。

对此,针对人类基因组编辑技术在临床试验阶段所需要征得的知情同意,由于涉及对未来世代权益的保护,除其一般性以药物、医疗器械、涉及人的生命科学和医

① 参见李建军、王添:《人类胚胎基因编辑研究引发的伦理争辩》,载《科学与社会》2016 年第 3 期。

② See Jonathan Pugh, *Autonomy, Natality and Freedom: A Liberal Re-examination of Habermas in the Enhancement Debate*, 29 Bioethics 145(2015).

③ See Francis S. Collins, *Statement on NIH Funding of Research Using Gene-editing Technologies in Human Embryos*, National Institutes of Health(Apr. 28, 2015), http://www.nih.gov/about/director/04292015_statement_gene_editing_technologies.htm.

④ 参见李建军、王添:《人类胚胎基因编辑研究引发的伦理争辩》,载《科学与社会》2016 年第 3 期。

⑤ 参见田文凤、张新庆:《基因编辑婴儿引发的代理同意难题解析》,载《科学与社会》2019 年第 2 期。

⑥ 参见马驰:《人类基因编辑的权利基础》,载《华东政法大学学报》2019 年第 5 期。

学研究的形式所需要符合的合规要求,如知情同意书语言的描述应当通俗易懂,表达方式亲和,使受试者或者监护人、代理人,或者见证人容易理解;知情同意书不应当含有会引起受试者放弃合法权益以及免除医疗器械临床试验机构和主要研究者、申办者应当负责任的内容外,还需符合《涉及人的临床研究伦理审查委员会建设指南(2020 版)》"附则二　遗传学和生殖医学研究伦理审查"和"附则六　干细胞临床研究伦理审查"的相关特别规定。包括:(1)"临床遗传学研究伦理审查要点"对于知情同意的规定,要求研究机构、医疗机构书面告知会对采集后的遗传数据和信息采取保密措施,"应详细告知受试者对遗传数据的收集目的、收集方法(包括介入性或非介入性方法)、数据的处理(匿名化)、数据的使用以及数据的保管等。数据的使用不得超过知情同意告知的范围"。(2)"干细胞临床研究伦理审查"对于风险告知的规定,"研究人员、临床医生与医疗机构应该让受试者在有足够决策能力的情况下行使有效的知情同意。无论是在科研还是医疗的背景下,都应该向受试者提供有关干细胞创新疗法风险的确切信息,以及干细胞创新疗法的发展现状"。从解释论上应当包括:研究机构、医疗机构必须向受试者提供伦理审查资料并进行说明,证明研究机构具有基因编辑研究、试验的资格,禁止夸大人类基因组基因编辑可能带来的益处,禁止隐瞒、低估此项操作可能带来的不适与风险,充分告知目标疾病现有的治疗情况、现有治疗药物的不足、试验用药物的前期研究结果、替代的研究方法等。(3)"干细胞临床研究伦理审查"关于"最低风险""风险受益评估"相关的规定,"如果受试者缺乏自我决策能力,应该采用法定监护人代理同意,并且严格保护受试者避免由于非治疗程序的增加带来的风险超出最低风险。当对缺乏知情同意能力的受试者进行干预疗法试验时,研究过程中出现的风险应该限制在最低风险,除非与之相关的治疗获益远大于风险。在法定监护人的代理同意情况下,如果细胞干预临床研究或替代疗法研究进程中有大的风险与受益比的改变,必须重新获得法定监护人的知情同意"。在具体实践中,研究机构、医疗机构应当根据试验进行的具体状况,及时告知父母可能会出现的风险,例如,技术脱靶、基因变异、因编辑无效果可能面临堕胎或者出生长大之后发病,由父母享有无条件随时退出试验的权利。

另外,在后续立法时可以考虑借鉴有益经验,如指导全球健康研究的由国际医学科学组织理事会(The Council for International Organizations of Medical Sciences, CIOMS)联合世界卫生组织制定的《涉及人的健康相关研究国际伦理准则》(2016 年版)规定,以孕妇作为研究参与者时,“研究者和研究伦理委员会,必须确保充分告知潜在的研究参与者,研究带给孕妇(包括未来的生育)、孕妇的妊娠、胎儿及其未来后代的风险。告知的信息还须包括,对于潜在个体受益最大化、风险最小化拟采取的措施。当有关风险的证据未知或相互矛盾时,须将其作为知情同意过程的一部分,告知孕妇。只有该妇女自己才能最终决定,这样的风险对她本人、胎儿或婴儿是否可接受。还须告知这些妇女,胎儿或婴儿异常的因果关系往往难以确定”。① 美国法中也规定孕妇参与研究需要满足额外的要求,②如在研究仅对基因编辑婴儿有益的情况下,需要取得父亲一方的同意,③并且知情同意书需要注明研究对基因编辑婴儿的合理可预见的影响。④

第三节 生命权、身体权与健康权保护

在“人体试验受试者权利保护”的框架下,维护人类基因组编辑试验中受试者的健康利益是最重要且最基本的,这一观点为学界所认可。⑤ 保护受试者的身体权与健康权不仅作为一项伦理原则,被《日内瓦宣言》《纽伦堡法典》《赫尔辛基宣言》等所确认,并且作为一项法律规则,被我国国内法,特别是《民法典》专门强调。⑥

具体而言,大多数学者的相关研究从技术和伦理风险的层面论证“人类基因组编辑研究基于安全性关注引发的伦理争辩”,⑦这主要是由于基因编辑技术的应用

① 参见国际医学科学组织理事会(CIOMS)、世界卫生组织(WHO)制定:《涉及人的健康相关研究国际伦理准则(2016年版)》,朱伟译,上海交通大学出版社2019年版,第74页。
② 45 C.F.R. § 46.204 (2019).
③ 45 C.F.R. § 46.204(e) (2019).
④ 45 C.F.R. § 46.204(f) (2019).
⑤ 参见易显飞:《人类生殖细胞基因编辑的伦理问题及其消解》,载《武汉大学学报(哲学社会科学版)》2019年第4期;李建军、王添:《人类胚胎基因编辑研究引发的伦理争辩》,载《科学与社会》2016年第3期。
⑥ 参见石佳友、庞伟伟:《人体基因编辑活动的民法规制:以〈民法典〉第1009条的适用为例》,载《西北大学学报(哲学社会科学版)》2020年第6期。
⑦ 参见易显飞:《人类生殖细胞基因编辑的伦理问题及其消解》,载《武汉大学学报(哲学社会科学版)》2019年第4期;李建军、王添:《人类胚胎基因编辑研究引发的伦理争辩》,载《科学与社会》2016年第3期;陈轶翔:《基因编辑技术何去何从》,载《世界科学》2016年第1期。

研究虽然预示着人类健康与福利改善的巨大可能性，但相比于其他治疗手段，其存在更巨大的风险和不确定性，如“手术脱靶所带来的患癌风险，或者即使基因编辑没有脱靶，但被成功编辑的细胞所可能存在其他副作用，包括人体剧烈的免疫反应等”。① 基于此，学者一般建议“谨慎地思考和评估各种可能的风险和不确定性，并对此设置预警性规制以最大化地减少这些新技术应用可能给人类带来的毁灭性的伤害”。② 于此浅尝辄止，而未能具体说明现有法律规则何以满足保障受试者身体权与健康权的需要。

就法律规则而言，《民法典》第1002～1005条对自然人的生命权、身体权、健康权作出一般规定，而《民法典》第1009条的关于从事与人体基因、人体胚胎等有关的医学和科研活动的规定专门强调了“不得危害人体健康”这一活动界限，同时《民法典》其他相关条文对人体健康、人体胚胎等有关的医学和科研活动所引发的损害的救济，就一般原则（第1165条）、特殊情形（第1165条、第1166条等）、责任承担方式（第179条）、民事责任优先（第187条）等问题作出了相应的规定。③

《民法典》第1009条规定“不得危害人体健康”。第一，从调整范围而言，本条调整“与人体基因、人体胚胎等有关的医学和科研活动”，因此与第1008条限于人体临床试验阶段不同，第1009条是全阶段的行为准则规范，包含基础研究、临床试验和临床应用等。第二，从保护对象而言，“不得危害人体健康”。一方面，强调不得损害人体基因、人体胚胎等人类遗传资源提供者（如体内基因编辑疗法的临床试验受试者、基因编辑婴儿的母亲）的健康；另一方面，强调不得损害借助与人体基因、人体胚胎等有关的医学和科研活动所出生的人（如基因编辑婴儿）的健康。④ 如果基因编辑行为损害了他们的健康，则应承担相应的侵权赔偿责任。第三，就“人体健康”的内涵而言，从文义解释上看，第1009条使用了不得危害“人体健康”而非“健康权”的表述；从体系上看，本条规范处于人格权编“生命权、身体权和健康权”一章。因而，此处的“人体健康”应作广义理解，包含狭义的“生命权、身体权和健康权”，因为基

① 参见朱晓峰：《人类基因编辑研究自由的法律界限与责任》，载《武汉大学学报（哲学社会科学版）》2019年第4期。

② 参见李建军、王添：《人类胚胎基因编辑研究引发的伦理争辩》，载《科学与社会》2016年第3期。

③ 参见石佳友、庞伟伟：《人体基因编辑活动的民法规制：以〈民法典〉第1009条的适用为例》，载《西北大学学报（哲学社会科学版）》2020年第6期。

④ 同上。

因编辑所引发的人体健康问题包括导致生命、身体受损。这也符合《民法典》规范基因编辑活动旨在达到的权益保护的立法目的。① 第四，从适用上看，"人体健康应包括两个方面，一是人之身体外在的一致性或完整性，二是人之身体内在性或内在机理的正常运行"。② 在外在层面，人类基因组编辑技术的运用涉及在活体基因组中进行 DNA 插入、删除、修改或替换，从而改变身体特征，因此必然导致人体遗传信息完整性的损害。但当人体健康的两个方面存在冲突时，为了维持人体内在机理的正常运行可以允许在一定程度上牺牲人的身体外在完整性，如为坏疽病患者截肢。而在内在层面，则是一般关注的人体健康，应当着重注意该"危害人体健康"应特指对保护对象的健康造成法律允许范围之外的损害。③ 由于当前基因编辑技术尚不成熟，尽管技术风险的不确定性和不可逆性有所降低，但现今该技术危害人体健康的风险系数依然居高不下，如可能造成遗传镶嵌现象和脱靶效应，构成此处的"危害人体健康"，应无法得到相关主管部门批准并经伦理委员会审查同意。在后续技术的风险降低到可接受程度后，如与人类基因组编辑相关的医学和科研活动虽有助于人体的健康运行，但也有危及人体健康的可能性，则由专业的学术共同体进行比例性评估，并经相关主管部门批准并经伦理委员会审查同意方可实施。受试者或者其近亲属不配合研究方案的指引而导致的人身损害、受试者原患疾病的自然进展导致的人身损害等不构成此处的"危害人体健康"。不依从或违背伦理审查委员会批准的试验方案而导致的人身损害则构成此处的"危害人体健康"。

同时，为避免"危害人体健康"，国家相关规定对研究人员、研究申办者、伦理审查委员会提出了更加细化的要求，如应贯彻控制风险原则、维护受试者利益优位，即受试者人身安全、健康权益优位于科学和社会利益。④ 临床研究人员对受试者保护负有首要责任。研究应该由胜任的研究人员以负责任的方式进行。虽然人类基因组编辑相关的医学和科研活动常涉及重要的科学价值，但任何情况下均不应该为获

① 参见石佳友、刘忠炫：《人体基因编辑的多维度治理——以〈民法典〉第 1009 条的解释为出发点》，载《中国应用法学》2021 年第 1 期。

② 参见朱晓峰：《人类基因编辑研究自由的法律界限与责任》，载《武汉大学学报（哲学社会科学版）》2019 年第 4 期。

③ 参见石佳友、庞伟伟：《人体基因编辑活动的民法规制：以〈民法典〉第 1009 条的适用为例》，载《西北大学学报（哲学社会科学版）》2020 年第 6 期。

④ 《涉及人的生物医学研究伦理审查办法》第 18 条。

得更多的临床科学知识、为了未来大多数患者的健康利益而置当前研究中受试者的生命权、身体权和健康权于不顾。① 伦理审查委员会应当重点审查“受试者可能遭受的风险程度与研究预期受益相比是否在合理范围之内”以及“对受试者在研究中可能承受的风险是否有预防和应对措施”。② 对于特殊受试者,如未成年人、孕妇等特殊人群的身体权和健康权保护有其特殊规范,而且,孕妇作为人类基因组编辑试验研究参与者是一个复杂的问题,因而这不仅可能给胎儿以及孕妇本身带来风险和潜在个体受益外,还可能给未来后代带来相应的风险或受益。涉及孕妇的研究,必须在充分考虑所有可获得的数据,如临床前妊娠动物模型研究、非妊娠人群研究、回顾性观察研究以及妊娠登记处的数据,之后才能启动。《涉及人的临床研究伦理审查委员会建设指南(2020 版)》明确规定,由于干细胞临床研究对胎儿潜在的风险,禁止招募孕妇作为受试者;在辅助生殖临床研究中,如果研究的对象为宫内胎儿,则要求研究的风险应不大于最低风险,且研究获取的知识无法通过其他受试者获得。并且,“孕妇和其配偶必须具有完全民事行为能力,对相关研究风险,尤其是对胎儿可能承受的风险完全知情,孕妇和其配偶有权决定妊娠终止的时间”。

第四节　隐私权与个人信息保护

一、前端权利的保护

基因组编辑的基础研究和临床研究中均需要注意保护受试者和基因编辑婴儿的“生物识别信息”,《民法典》第 1034 条确认“生物识别信息”属于“个人信息”的范畴,第 1035 条规定处理个人信息的,应当遵循合法、正当、必要原则。虽然生物识别信息等被纳入个人信息的范畴,适应了目前生物识别技术发展的现实需求,体现了我国人格权立法的前瞻性与先进性,③但是由于《民法典》并没有对生物识别信息进行细化规定,因此需要考察单行立法中就个人生物识别信息收集利用的规定。

---

① 《涉及人的临床研究伦理审查委员会建设指南(2020 版)》第一部分序言。

② 《涉及人的生物医学研究伦理审查办法》第 20 条。

③ 参见冉克平:《论个人生物识别信息及其法律保护》,载《社会科学辑刊》2020 年第 6 期。

根据个人信息保护的基本理论,以信息被非法处理可能产生的危害后果为标准,个人信息可被区分为一般个人信息和个人敏感信息。个人敏感信息是指一旦泄露或者非法使用,可能导致信息主体受到歧视或者人身、财产安全受到严重危害的个人信息,包括个人生物特征信息、医疗健康等信息。① 对此《个人信息保护法》在对个人信息处理规则进行一般规定的基础上,在第二章第二节专节规定了敏感个人信息的处理规则。其中,明确了敏感个人信息的范围,包含生物识别、医疗健康等信息,②处理敏感个人信息的前提、③必要条件④和个人信息处理者应尽的义务,⑤以及强化了对未成年人个人信息的保护。⑥

基于上述处理规则,首先,个人生物识别信息在《个人信息保护法》中没有明确定义。依据《信息安全技术　个人信息安全规范》的规定,常见的个人生物识别信息包括基因、指纹、声纹、掌纹、虹膜、面部识别特征等。⑦ 本部分所讨论的基因信息属于个人生物识别信息。其次,处理敏感个人信息要求具备特定目的、充分的必要性以及严格保护措施。所谓特定目的,是指某一具体且确定的目的,这一要求与《个人信息保护法》第6条所规定的"明确、合理的目的"相比而言标准更高。充分的必要性,《民法典》和《中华人民共和国网络安全法》均对个人信息处理提出了"正当、合法、必要"的原则性要求,但是该两部法律均未对处理敏感个人信息时的"充分必要性"进行进一步解释和明确。为此,可以适度引入比例原则的理念,即必要性可以理解为:在处理个人敏感信息时,应限于收集为实现特定处理目的所需的最少个人信

---

① 参见胡文涛:《我国个人敏感信息界定之构想》,载《中国法学》2018年第5期。

② 《个人信息保护法》第28条第1款规定:"敏感个人信息是一旦泄露或者非法使用,容易导致自然人的人格尊严受到侵害或者人身、财产安全受到危害的个人信息,包括生物识别、宗教信仰、特定身份、医疗健康、金融账户、行踪轨迹等信息,以及不满十四周岁未成年人的个人信息。"

③ 《个人信息保护法》第28条第2款规定:"只有在具有特定的目的和充分的必要性,并采取严格保护措施的情形下,个人信息处理者方可处理敏感个人信息。"

④ 《个人信息保护法》第29条规定:"处理敏感个人信息应当取得个人的单独同意;法律、行政法规规定处理敏感个人信息应当取得书面同意的,从其规定。"

⑤ 《个人信息保护法》第30条规定:"个人信息处理者处理敏感个人信息的,除本法第十七条第一款规定的事项外,还应当向个人告知处理敏感个人信息的必要性以及对个人权益的影响;依照本法规定可以不向个人告知的除外。"

⑥ 《个人信息保护法》第31条规定:"个人信息处理者处理不满十四周岁未成年人个人信息的,应当取得未成年人的父母或者其他监护人的同意。个人信息处理者处理不满十四周岁未成年人个人信息的,应当制定专门的个人信息处理规则。"

⑦ 《信息安全技术　个人信息安全规范》第5.4条　收集个人信息时的授权同意。

息和采取对个人影响最低的方式进行处理。严格保护措施，则是与一般个人信息处理相比，对敏感个人信息应采取更充分的保护措施，以保障其所处理的敏感个人信息的安全，如对信息进行匿名化处理、生物样本库与样本使用者共同签订生物样本和信息捐赠者隐私保密承诺等。再次，为了强化敏感个人信息的保护，法律要求处理者处理敏感个人信息只能基于个人的单独同意。最后，处理敏感个人信息应当向个人告知一般事项①和额外的告知事项，包括处理敏感个人信息的必要性及对个人主体的影响。

《信息安全技术　个人信息安全规范》的附录B也将个人生物识别信息列为个人敏感信息。个人生物识别信息的唯一性使此类信息一旦泄露就无法通过修改的方式弥补，可能导致个人受到损害或歧视性待遇，因此有必要专门针对个人生物识别信息进行规范。②《信息安全技术　个人信息安全规范》对个人生物识别信息这类敏感个人信息在存储、披露环节提出了特殊要求，主要处理要点包括：其一，个人生物识别信息与个人身份信息分开存储；其二，原则上不存储原始的个人生物识别信息，而应尽可能采取其他对个人权益侵害更小的替代措施，如仅存储摘要信息等；③其三，个人生物识别信息原则上不得共享转让，确需共享、转让的，应单独向个人信息主体告知目的、接收方身份等，并征得其明示同意；④其四，不得公开披露个人生物识别信息。⑤

由于目前所涉及的基因信息等属于人类遗传资源信息的范畴，因此可以适用《人类遗传资源管理条例》。该条例对于我国人类遗传资源信息的采集、保藏、利用、对外提供活动作出了严格规范，包括事前审批制度、对外资的限制、符合伦理原则等。除在本章第三节知情同意权保护所提及的采集时应满足的知情同意要求外，本

① 《个人信息保护法》第17条规定："个人信息处理者在处理个人信息前，应当以显著方式、清晰易懂的语言真实、准确、完整地向个人告知下列事项：（一）个人信息处理者的名称或者姓名和联系方式；（二）个人信息的处理目的、处理方式，处理的个人信息种类、保存期限；（三）个人行使本法规定权利的方式和程序；（四）法律、行政法规规定应当告知的其他事项。前款规定事项发生变更的，应当将变更部分告知个人。个人信息处理者通过制定个人信息处理规则的方式告知第一款规定事项的，处理规则应当公开，并且便于查阅和保存。"

② 《信息安全技术　个人信息安全规范》第3.2条　个人敏感信息。

③ 《信息安全技术　个人信息安全规范》第6.1条　个人敏感信息的传输和存储。

④ 《信息安全技术　个人信息安全规范》第9.2条　个人信息的共享、转让i项。

⑤ 《信息安全技术　个人信息安全规范》第9.4条　个人信息公开披露f项。

条例要求：保藏我国人类遗传资源，仅当科技部批准后方能实施；①利用我国人类遗传资源开展国际合作科学研究，仅当科技部批准后方能实施；②向外方单位提供人类遗传资源信息影响我国公众健康、国家安全和社会公共利益的，应当事先通过科技部的安全审查。将人类遗传资源信息向外方单位提供或开放使用，应向科技部备案并提交信息备份；③禁止外方单位在我国境内采集、保藏我国人类遗传资源、向境外提供我国人类遗传资源。④

具体到涉及人的生物医学试验，法律一般要求研究者和申报者对于个人生物特征信息负有保密义务，但不涉及对隐私保护义务的具体要求，例如，《药物临床试验质量管理规范》(2020 年版)规定在临床试验的信息和受试者信息处理过程中应当注意避免信息的非法或者未授权的查阅、公开、散播、修改、损毁、丢失。⑤

而较细致的规定出现在《涉及人的临床研究伦理审查委员会建设指南(2020 版)》。其一，在伦理审查委员会的审查原则中提出对研究受试者的隐私和敏感个人信息的保护要求。其二，伦理审查委员会审查知情同意文件的内容时，指南规定在特殊情况下，如果受试者担忧知情同意书暴露其隐私信息，经伦理审查委员会批准，研究人员可以仅征得受试者的口头知情同意。其三，要求伦理审查委员会需确保研究项目有充分措施以保护受试者隐私并维护受试者个人信息的保密性；当出于受试者健康需要、科学研究和重大公共利益需要，使用受试者个人健康信息时，须经有效授权。其四，项目研究负责人向伦理审查委员会递交的文件中需要包括“对受试者隐私和机密信息的保护措施，对谁可能接触或获得研究记录的说明”。其五，针对临床遗传学研究，隐私保护需要考虑与受试者及其家系成员生命健康风险相关的意外发现的告知。除了上述规定外，该指南提出了值得研究的一些问题，包括：遗传数据难以匿名化的问题，标识身份的数据在研究中泄露的风险问题，去标识化后数据的推演辨识问题，社区污名化或歧视问题，大数据处理的隐私保护问题。

考察《涉及人的临床研究伦理审查委员会建设指南(2020 版)》所提出的待解决

---

① 《人类遗传资源管理条例》第 14 条。
② 《人类遗传资源管理条例》第 22 条。
③ 《人类遗传资源管理条例》第 28 条。
④ 《人类遗传资源管理条例》第 7 条、第 41 条。
⑤ 《药物临床试验质量管理规范》(2020 年版)第 25 条。

的问题，结合学界研究的进展，可以认为基因隐私保护的重点和难点是，基因信息难以匿名化带来的隐私保护前端难题，和基因信息泄露导致的后端基因歧视。而这两个问题的根源在于基因数据的特征，首先，基因数据具有高度可识别性和稳定性。仅使用30条DNA链的序列，就可以识别数据主体，并且很少发生改变。① 因此，基因数据被认为本质上是可识别的，应该受到更严格的去识别化标准管制。② 其次，基因数据具有共享性与继承性。基因数据提供的不只是数据主体的个人信息，同时也提供了主体整个家族血系的信息。③ 这不仅指数式扩大了基因歧视的潜在风险，也同时可能产生溢出效应，用于正当化其他形式的歧视，如种族歧视。最后，基因数据具有高度的敏感性和隐蔽性，其属于隐性身体性状，关涉个体的尊严、自由等重要人格权益，并且可能在就业和保险领域中对他们不利。因此，基因信息的保护的重要性更高，基因歧视的法益侵害性也更高。④

根据上文的立法分析，我国当前保障隐私数据安全的做法主要是，一方面，对于基因数据的使用，需要得到伦理审查委员会的批准。批准的决定要求：受试者对具体数据使用的知情同意；或者当取得同意被认为不现实时，如果研究的受益大于风险，伦理审查委员会可以批准适用受试者个人健康信息。这一程序性保护要求伦理审查委员会对使用请求应进行严格审查。另一方面，数据处理应该进行严格的保密措施，如充分去识别性和匿名化。

二、后端基因歧视的避免

当前做法的问题在于，如果所有数据访问都依赖伦理审查委员会完整流程的批

---

① See Fida Kamal Dankar, Andrey Ptitsyn & Samar Dankar, *The Development of Large-scale De-identified Biomedical Databases in the Age of Genomics-principles and Challenges*, 12 Human Genomics 1(2018).

② 为了试图证明已被采用的去识别化技术并不能提供合格保护，我国研究人员证明可将已经去识别化的数据库中95%的数据精确匹配到成年人个人。现行的去识别化实践并不足以保护隐私。See L. Na et al., *Feasibility of Reidentifying Individuals in Large National Physical Activity Data Sets from Which Protected Health Information Has Been Removed with Use of Machine Learning*, 1 JAMA Netw Open e186040(2018).

③ 参见田野：《论基因研究中的族群权利保护》，载《大连理工大学学报(社会科学版)》2019年第3期。

④ 参见王康：《基因正义论——以民法典编纂与基因歧视司法个案为背景》，载《法学评论》2019年第6期。

准,可能会大大拖延项目的启动。[①] 并且,基于上述基因数据的特征分析,真正的匿名化很难实现。与此同时,为了鼓励受试者参与研究,从而推动精准医疗等产业的发展,对提高受试者的参与度的呼吁越来越多,这就要求个人能够成为自己数据的监护人,允许他们访问自己的数据,修改数据,设置访问规则,并随意修改规则。[②] 鉴于此,学者为了解决基因信息难以匿名化带来的隐私保护前端难题和基因信息泄露导致的后端基因歧视问题,分别从技术和立法两方面着力。[③] 技术发展并非本书的重点研究范围,[④]就立法而言,学者建议在出现有效的隐私保护技术之前,可以通过反基因歧视法来减轻基因数据泄露的影响。[⑤] 广为引用的基因歧视的定义主要有两类:其一,那托维茨(Natowicz)与比林斯(Billings)等人认为,基因歧视是指"单独基于个人基因构造与'正常'基因组的差异,而歧视该个人或其家族成员";[⑥]其二,戈斯汀(Gostin)认为基因歧视是"根据诊断性或预后性基因检测信息,而拒绝权利、优惠或机会"。[⑦] 前者的定义并没有对何谓歧视加以界定;而后者的定义对于基因携带者究竟有何权利没有加以说明。在此基础上,结合歧视的一般定义,可以将基因歧视定义为:单独基于个人基因构造与"正常"基因组的差异,而对该个人或其家庭成员进行不合理的差别待遇。[⑧]

---

① 就比较法来看,美国采取的是分层管理的模式,以涉及二次使用的数据是否带有可识别标识为依据,划分为匿名数据,可免除审查;去标识数据,进行非会议审查(建议审查);可识别数据,采用会议审查。参见张海洪:《健康数据二次使用研究的伦理审查探讨》,载《医学与哲学》2019 年第 3 期。

② See C. Schickhardt, H. Fleischer & E. C. Winkler, *Do Patients and Research Subjects Have a Right to Receive Their Genomic Raw Data? An Ethical and Legal Analysis*, 21 BMC Med Ethics 7(2020).

③ See Fida Kamal Dankar, Andrey Ptitsyn & Samar Dankar, *The Development of Large-scale De-identified Biomedical Databases in the Age of Genomics-principles and Challenges*, 12 Human Genomics 1(2018).

④ 技术方案,see M. Naveed et al., *Privacy in the Genomic Era*, 48 ACM Comput Surv CSUR 6(2015).

⑤ See F. K. Dankar, A. Ptitsyn & S. K. Dankar, *The Development of Large-scale De-identified Biomedical Databases in the Age of Genomics-principles and Challenges*, 12 Human Genomics 19(2018).

⑥ See Marvin R. Natowicz et al., *Genetic Discrimination and the Law*, American Journal of Human Genetics, 1992, 50(3): 465. Paul R. Billings et al., *Discrimination as a Consequence of Genetic Testing*, 50 American Journal of Human Genetics 476(1992).

⑦ See Larry Gostin, *Genetic Discrimination*, *The Use of Genetically Based Diagnostic and Prognostic Tests by Employers and Insurers*, 17 American Journal of Law & Medicine 109(1991).

⑧ 一般所认为的歧视的法律构成要件:(1)存在差别性待遇,可以表现为对某一类人或某一群体的排斥或优惠;(2)被区分人群本身的情况具有足够的可比性;(3)区别对待不存在客观合理的理由;(4)区别对待并不符合比例原则。参见陆海娜:《我国对平等就业权的国家保护——以国际法为视角》,法律出版社 2015 年版,第 9 ~ 13 页。

与残障歧视和基于健康状况(如艾滋病患者)的歧视不同,基因作为歧视的理由(ground of discrimination)具有一定的特殊性,学者多以此作为反对根据基因进行差别待遇的论据。其一,基因并非个人所能控制,并且基因风险在社会中分配不均,那么基因造成的不幸自然不应由少数人承担。① 其二,当前基因信息常常是基于基因检测(genetic testing)获取到的,但事实上这类信息存在不确定性,预测价值有限,并不能作为绝对指标。② 其三,根据基因特征进行差别待遇可能引发"寒蝉效应",如为了避免雇主获取基因信息从而影响其就业,人们避免参与基因研究或避免利用诊断测试规避本可避免的健康风险,这不仅有损个人的健康利益也有损公众的研究利益。③ 其四,如上文所言,基因信息超出了携带者个体的范围,个人的基因信息可能会披露其他家庭成员的重要信息,如果个人携带的特定变异基因或致病基因遭到歧视,则其家族中的其他成员也有遭受歧视的风险。④

当前学界的讨论集中于就业和保险两个领域,并且关注基于基因检测行为所获得的基因信息,而忽视了基因干预行为,如基因编辑背后潜在的基因歧视。⑤ 但就我国法而言,在现有规范的基础上,基因歧视就是一种典型的平等权侵权行为,其侵权责任的归责基础在于过错。在基因歧视侵权责任的构成要件上,应同时具备损害、加害行为、因果关系与过错等过错责任必需的共同要件。基因编辑背景下的基因歧视并没有特殊性,但需要注意在认定行为是否构成不合理的差别对待时,前端缺乏正当理由,雇主或保险公司等主体不仅不能通过要求或欺诈性地进行基因检测,也不能故意非法获取,甚至仅仅是询问此类信息;而后端缺乏正当理由,也不能仅以基因信息为依据作出雇用决定行为。⑥

从"基因编辑婴儿事件"中被编辑婴儿的隐私权与个人信息保护而言,在现阶

① See Anne Mainsbridge, *Employers and Genetic Information: A New Frontier for Discrimination*, 2 Macquarie Law Journal 61(2002).

② See Paul R. Billings et al., *Discrimination as a Consequence of Genetic Testing*, 50 American Journal of Human Genetics 476(1992).

③ See Els Geelen et al., *Unravelling Fears of Genetic Discrimination: An Exploratory Study of Dutch HCM Families in An Era of Genetic Non-discrimination Acts*, 20 European Journal of Human Genetics 1018 (2012).

④ 参见田野:《论基因研究中的族群权利保护》,载《大连理工大学学报(社会科学版)》2019 年第 3 期。

⑤ See Yann Joly et al., *Looking Beyond Gina: Policy Approaches to Address Genetic Discrimination*, 21 Review of Genomics and Human Genetics 491(2020).

⑥ 参见王康:《基因平等权:应对基因歧视的私法政策》,载《东方法学》2013 年第 6 期。

段,应当严格保护好被编辑婴儿的隐私和个人信息,并基于其平等权,避免其受到歧视。在其成年后,有权获得与其身世相关的信息。①

人格尊严原则,知情同意原则,生命权、身体权与健康权保护,隐私权与个人信息保护对基因编辑技术的发展提出要求,不仅包括对相关技术是否能够开展研究和应用,还包括如何进行研究和应用。当前也存在对于基因编辑婴儿结婚、生育等权利的讨论,应当认为:虽然基因编辑婴儿构成了一个特殊的群体,但并不妨碍其作为人类个体所拥有的基本权利。对其基本权利进行限制甚至剥夺,需要有充分的正当理由,如基于维护公共利益,而且限制的手段与程度必须与所要达到的目的之间成比例。

① 人有权知悉其身世信息也是一项新型的人格权。参见石佳友:《人权与人格权的关系——从人格权的独立成编出发》,载《法学评论》2017 年第 6 期。

第四章　人类基因组编辑的伦理审查

20世纪80年代，德国社会学家乌尔里希·贝克在其风险社会理论（Risk Society Theory）中指出，人类已经进入风险社会，规模化、系统性的风险正在加剧，这是工业化和现代化过程中不可避免的“副产品”。① 其中，新兴的科技风险，如同悬在人类头上的达摩克利斯之剑，引发了社会风险的倍数效应，贺某奎“基因编辑婴儿”事件就是现代科技风险的典型。学者认为，“在现代科学技术面前，人类由完整的价值体开始变成生物学意义的价值碎片，完整意义上的人类价值逐渐遭到分解，人类的存在价值趋于分裂，科学技术的开发与应用不可避免带来深刻的人类主体性问题”。② 正是基于可能威胁作为主体的人之尊严、自主性和完整性的行为性质，人类基因组编辑活动的伦理风险成为学界和公众关注的核心问题之一。事实上，科学只能解决“是什么”的问题，无法为行动和决策的是非价值标准进行设定和评估，后者是伦理学的研究命题。相较基因技术对生命健康附加的未知风险，基因编辑对人之本质和人的尊严的冲击危害更甚。治理框架下，科技伦理治理的强势登场已是必然。所谓科技伦理治理，就是将与科技相关的伦理原则纳入治理之中，丰富治理的目标以及修改或增添治理的手段。③ 就科技伦理治理的标准而言，有学者认为，“应该做什么”的实质性伦理问题和“应该如何做”的程序性伦理问题渗透在我们一切工作之中。④ 因而，科技伦理审查的实质是对基因编辑所涉的生物医学研究伦理标准进行检验和评价，进而作为开展相关活动的基础。而基因编辑伦理审查工作的开展前提就在于相应的审查机制的有效性。作为规制伦理风险的阀门，有效的伦理审查是强

① 参见［德］乌尔里希·贝克：《风险社会》，何博闻译，译林出版社2004年版，第18~19页。
② 韩大元：《维护人的尊严是文明社会的基本共识》，载《探索与争鸣》2018年第12期。
③ 参见《新兴科技伦理治理问题研讨会第一次会议纪要》，载《中国卫生事业管理》2020年第2期。
④ 参见邱仁宗：《基因编辑技术的研究和应用：伦理学的视角》，载《医学与哲学（A）》2016年第7期。

化科技伦理治理的题中之意。完善的伦理审查机制是规范基因编辑活动的前提，也是确保基因编辑活动符合伦理性与秩序性的核心。因此，完善人类基因组编辑活动的伦理审查机制具有明确的问题导向支撑和重要的理论实践价值。

第一节 人类基因组编辑伦理审查概述

一、人类基因组编辑中的伦理冲突

论者强调，“在对待‘基因编辑婴儿’等类似事件中，生命伦理学、医事法学、卫生法学以及生命法学各自的视角与关注的面向是存在极大差异的”。[①] 本质上，在不同学科和视角差异的背后，蕴含的是多元化和差异化的利益在不同维度、不同群体以及不同诉求之间的映射。2018 年 7 月，英国纳菲尔德生命伦理学理事会(Nuffield Council on Bioethics)在其发布的《基因组编辑和人类生殖：社会与伦理问题》报告中认为，与基因编辑有关的伦理争议主要涉及三类主体的利益：个人、社会以及人类共同体。[②] 尽管在不同的基因编辑类型项下涉及的利益略有差异，但前述报告中的分类较完整地展示了基因编辑中可能涉及的利害群体。

在人类基因组编辑事件中，个体利益主要涉及受试者和基于编辑胚胎存活的婴儿两类。其中，与基因编辑有关的活动首先应当获得受试者“事先、自愿和明确同意”，以保障其知情同意权，这也是尊严自由和非强迫性原则的必然要求，并且应当保障受试者的生命健康，贯彻最小风险的伦理准则。较复杂的是编辑婴儿的权益保护问题，在既有法律框架下，可以基于“不当出生(wrongful birth)”或“不当生命(wrongful life)”等侵权事由提起诉讼要求赔偿，但在解释上，对受损害的法益、“不当的基因操作”、健康风险损害及因果关系等的评价面临一定困难。[③] 更棘手的问题是，此种基因编辑行为明显超出一般意义上的医疗或生育行为，会对人类出生的

① 刘长秋：《“基因编辑婴儿事件”与生命法学之证成》，载《东方法学》2019 年第 1 期。

② See Nuffield Council on Bioethics, *Genome Editing and Human Reproduction: Social and Ethical Issues*, 2018, p. 58.

③ 参见王康：《基因编辑婴儿事件受害人的请求权》，载《法律科学(西北政法大学学报)》2020 年第 3 期。

偶然性和自然性造成冲击,婴儿父母是否有权同意此种基因编辑行为存在正当性疑问,因而婴儿的尊严和自主权也面临被侵害的风险,此后基因编辑婴儿此类特殊群体的隐私和个人信息保护也是必须面临的问题。

除个体层面外,人类胚胎基因编辑行为会对社会和整个人类共同体产生渗透式的长远影响,甚至会深刻地改变既有的人类认知和世界格局。人类胚胎基因编辑行为核心的伦理风险就在于该技术冲击了人的主体性和人的尊严。婴儿存活率的提高和人均寿命的延长与现代医学发展密切相关,但生命始终保持了其固有的自然样态,常规医学行为并未实质上干预生命进程和人之原始属性,而生殖系基因编辑技术却从根本上转变了出生的偶然或自然状态。基因编辑对人类社会伦理底线的挑战在于,“通过技术对曾经被视为具有神圣性的人的自然体加以改造、设计和控制……人之存在这幅图像具有完整性(personal integrity),基因干预只要破坏或改变这幅图像,就有可能会造成对人之尊严的侵犯”。[①] 并且此种人的再造,“会对道德哲学和法律哲学关于‘人’的理解造成根本冲击,有可能会改变近代以来法律关于人的定义、主体性、自由意志、行为自由、责任承担等问题的理解,而这些方面都是现代性法哲学不证自明的概念基础”。[②]

更激烈的争议是,编辑婴儿作为人的自由意志和个体选择可能无法得到保障,甚至会沦为父母追求“基因完美”的手段与工具,这与康德强调的“人是目的,而非手段”的哲学基础严重背离,引发对人的客体化和物化的担忧。干预人的自然演化状态的行为,实际上是将人类个体作为基因试验对象,个体成为达成基因优化、完美人类的目的性工具。人类生殖系细胞的基因编辑导致人生命自然属性的减弱和“技术—社会”属性的增强,对人类生命的筛选、编辑、修改,使生命的进化过程俨然变成一个技术选择过程,而生命设计更引发了生命价值商业化的反尊严后果。[③] 此外,基因编辑同样是一种基因优劣的筛选过程,从生命伊始阶段即对人的发展作出“优”与“劣”的道德价值评判,极易演化为新时代的基因种族主义与优生主义。囿于人类理性的有限性、认知的局限性、伦理道德标准的时空演化性,优劣的价值判断可能成为

① 孙海波:《基因编辑的法哲学辨思》,载《比较法研究》2019 年第 6 期。

② 朱振:《基因编辑必然违背人性尊严吗?》,载《法制与社会发展》2019 年第 4 期。

③ 参见易显飞:《人类生殖细胞基因编辑的伦理问题及其消解》,载《武汉大学学报(哲学社会科学版)》2019 年第 4 期。

少数人的垄断权力和实现狂热目的的不正当手段，族群歧视、分配公正、平等性、社会排斥等问题凸显，基因和人类发展的多样性也易受影响。最后，在生殖系基因编辑中，此种更改遗传信息的行为具有单向性命令的特征，实际承受基因编辑后果的未来世代没有可能表达其意愿，后代人的自主性和自决权被忽视，进一步加剧了代际冲突。

二、开展人类基因组编辑伦理审查的必要性

（一）对科技风险预防原则的贯彻

"基因科学就是一种巨大的诱惑，它远远不只是经济利益，更是一种存在论级别的生命升级诱惑，即人试图超越人的概念而变成另一种更好、更高级的存在。这是主体性思维的一种极端梦想。"①姑且不论此种"升级诱惑"能否真实地实现，但在当下，人类基因组编辑活动确实引发了不同面向的风险，若不对此种风险及时干预和矫正，风险的现实化危害将难以估量。目前，人类基因组编辑至少存在技术风险、法律风险、伦理风险、社会风险和发展风险等几种主要的风险类型。具体而言，"人类基因编辑在技术上具有高度的不确定性和不可逆性，在伦理上可能冲击着人的尊严和生存价值，在社会上可能导致新的社会不平等及人本身的异化，在法律政策上尚未确定清晰的走向"。② 整体上，前述的人类基因组编辑风险可以被归纳为两类：一是基于技术本身的原初性风险，二是技术后期引发的衍生性风险。当下，基于医疗目的的体细胞基因编辑具有相当的医学价值，技术风险有限，其本身不涉及对可遗传性信息的更改，因此并未引发过度的伦理争议。基因编辑技术的风险主要是指以增强为目标的基因编辑以及生殖系基因编辑引发的风险。

一般而言，基因编辑或基因组编辑，是指对特定生物体的目标基因进行定点修饰的一种基因工程技术。人类基因组编辑存在前述的权益保护和伦理冲突问题，因此相关基因工程能否应用于人类仍然存在争议。欧盟议会认为，"基因工程应用于人类违反了伦理道德和对人的尊重原则，并侵犯了基本人权"，而新自由主义优生学

① 赵汀阳：《"自造人"：主体性思维的极端梦想》，载《探索与争鸣》2018 年第 12 期。
② 参见王康：《人类基因编辑多维风险的法律规制》，载《求索》2017 年第 11 期。

代表者则以"伦理个人主义或自由主义"为基因工程辩护。① 在此争论中,伦理标准问题是争议的实质,争议双方对基因编辑技术存在的风险并无疑义。目前,CRISPR/Cas9 是基因编辑领域的第三代基因编辑工具,已经取得一定程度的科学效益。不可否认,作为生命科学领域的一项技术变革,基因编辑技术在基础研究、基因诊断、重大遗传疾病治疗、异种移植等领域有着巨大潜力。而且,"技术自身的属性和逻辑具有相对的客观性,绝大多数技术有着可靠的技术原理作为支撑,经过技术试验和改进可以产生稳定可预期的效果"。② 然而,所谓的技术中立,也仅仅强调技术作为工具可能的价值中立性,这也无法掩盖技术本身固有的风险性,基因编辑技术的准确性和安全性始终受到质疑,最典型的是该技术可能产生的"脱靶效应",此类技术瑕疵将极大增加未来婴儿罹患癌症和其他恶性疾病的不可预知风险。③ 有学者认为,风险不是指那些已经现实发生的损害或损害危险,而是指一种利益与损害、机会与危险并存的具有科学不确定性的事物,而这种科学风险的不确定性,能够成为对其进行规制的事实基础。④ 正是基于风险的未知性和不确定性,预防性的规制较之事后监管更能发挥作用。质言之,"预防原则应当成为政府以法律的手段应对科技风险的主要原则。政府应当以尽可能严格的监管方式来承担自己的责任"。⑤

(二)对科技伦理治理趋势的回应

全球视野下,各国政府不断加强对基因编辑活动的立法规制,国际和地区组织通过了系列公约、宣言等配套规范,科研机构间就基因编辑活动开展深入交流与对话并发布专业研究报告,多元化的协同规范体系正在形成,为人类有效应对新型科技风险注入新的活力。不同国别、区域和性质的规范,为我国的基因编辑规制的国际参与提供了重要契机,从而增强我国在此领域的国际话语权。就国家立法而言,

---

① 参见朱振:《反对完美?——关于人类基因编辑的道德与法律哲学思考》,载《华东政法大学学报》2018 年第 1 期。

② 郑玉双:《破解技术中立难题——法律与科技之关系的法理学再思》,载《华东政法大学学报》2018 年第 1 期。

③ 参见陶应时、王国豫、毛新志:《人类胚胎基因编辑技术的潜在风险述介》,载《自然辩证法研究》2018 年第 6 期。

④ 参见王康:《基因改造生物环境风险的法律防范》,载《法制与社会发展》2016 年第 6 期。

⑤ 陈景辉:《捍卫预防原则:科技风险的法律姿态》,载《华东政法大学学报》2018 年第 1 期。

有英国1990年的《人类受精与胚胎学法案》，德国1991年的《胚胎保护法》，法国2004年的《生命伦理法》，澳大利亚2006年的《禁止人类克隆生殖与人类胚胎研究管理修订法案》等。[①] 其中，2004年意大利议会通过的《医学辅助生殖法》由于深受天主教影响，更是以严厉保守著称，对配子捐赠、"代孕"、胚胎冷冻和基因诊断进行严厉禁止，引发激烈争议。[②] 国际和区域组织层面，联合国教科文组织先后通过《世界人类基因组与人权宣言》《国际人类基因数据宣言》《世界生物伦理与人权宣言》等组织文件，设定诸多人体基因研究的基本原则与倡议规范。欧洲理事会1997年通过的《人权和生物医学公约》[1997 European Convention on Human Rights and Biomedicine（Qviedo Convention），又称《奥维耶多公约》]是目前生物医学领域旨在保护人权的唯一有法律约束力的国际文件，拥有多个缔约国。[③]

与此同时，专业机构间的合作交流与利益共享不断进行。2015年12月，中国科学院、英国皇家协会和美国国家科学院等在美国华盛顿联合发起了第一届人类基因组编辑峰会；2018年11月第二届人类基因组编辑国际峰会于我国香港特别行政区召开。两次峰会就基因编辑的科技进展、风险挑战、伦理问题、监管框架、公众参与等问题深入探讨，认为生殖细胞编辑技术的临床应用是不负责任的，必须谨慎对待。此外，2017年2月人类基因编辑委员会发布的《人类基因组编辑：科学、伦理与治理》报告，[④]2018年7月英国纳菲尔德生命伦理学理事会发布的《基因组编辑和人类生殖：社会与伦理问题》报告，[⑤]2020年9月人类生殖系基因组编辑临床应用国际委员会发布的《人类可遗传基因组编辑》报告，[⑥]是目前国际领域针对规范基因编辑活动发布的最权威的科学研究和综合性决策报告，就基因编辑的利益风险评估、一般性监管原则和伦理标准等提供了框架式建议。

---

① 参见唐伟华：《对作为经验的欧美人类种系基因编辑立法的省思》，载《科学与社会》2019年第4期。

② 参见杨芳：《意大利〈医学辅助生殖法〉研究》，载《东方法学》2015年第6期。

③ 参见宋晓晖：《生殖系基因编辑技术干预的伦理与治理原则研究》，载《中国政法大学学报》2019年第4期。

④ See National Academies of Sciences, Engineering & Medicine, *Human Genome Editing: Science, Ethics, and Governance*, The National Academies Press, 2017, p. 1 – 13.

⑤ See Nuffield Council on Bioethics, *Genome Editing and Human Reproduction: Social and Ethical Issues*, 2018, p. 1 – 3.

⑥ See National Academy of Sciences, *Heritable Human Genome Editing*, The National Academies Press, 2020, p. 1 – 17.

然而,法律系统无法覆盖社会变革和转型过程中的全部问题,也无法对应多元主体的全部利益和价值结构,因此在回应社会变革和应对转型风险方面效果有限。① 从本质上来说,为应对新型和不确定的技术风险,需要实现规制路径的有效革新,核心是变革既有的规制理念与模式,具体而言就是要实现从"传统行政管理"到"现代多元治理"的转变。世界银行《2017 世界发展报告:治理与法律》认为,治理是指国家与非国家行动者(non-state actors)相互影响,以在形塑权力的一系列正规和非正规的规则框架中形成和实施政策的进程。② 从管理到治理,旨在推动理念价值和行为模式的协同性、多元化以及高效能。"治理"的出现是对韦伯所提出的基于权威、等级和强大的官僚主义的统治理论范式的质疑和否认。③ 一方面,科技治理需要回应国家管理、社群福祉、研究自由与科技创新、个体权利保护等差异化的利益诉求,同时需要多元化主体的协同参与,形成法律规范、行业规范和自律规范互补与关联的有机规范体系,并确保责任机制的充分落地,进而降低规制成本,提升制度效益。另一方面,科技治理在关注既有技术风险的同时,也必须将科技伦理纳入治理视野,加强伦理审查,确保人的基本尊严、自由与权利,保障人的主体性。此外,治理本身要求规制手段和程序的合理与正当性,应当充分平衡基因科技带来的风险、负担和受益,保障信息的披露、开放与共享,注重决策过程中利益相关者和公众的参与。

(三)基因编辑活动中的弱势保护

伦理审查制度是第二次世界大战后的产物,源于对战争时期德国纳粹和日本等实施的违背伦理的人体试验的反思。尽管各个国家在伦理审查委员会的具体名称、模式、运作、审查标准等方面存在一定的差异,但是伦理审查委员会自诞生之日起,就具有明确的价值导向,即以保护受试者的权益为核心。《世界人类基因组与人权宣言》第 10 条明确指出:"任何有关人类基因组及其应用方面的研究,尤其是生物学、遗传学和医学方面的研究,都必须以尊重个人的,或在某种情况下尊重有关群体的人权、基本自由和人的尊严为前提。"我国《涉及人的临床研究伦理审查委员会建设指南(2020 版)》强调,伦理审查委员会和伦理审查的主要职责是对满足科学价值

① 参见杜辉:《面向共治格局的法治形态及其展开》,载《法学研究》2019 年第 4 期。

② See World Bank, *World Development Report: Governance and Law*, 2017, p. 3.

③ 参见石佳友:《治理体系的完善与民法典的时代精神》,载《法学研究》2016 年第 1 期。

和社会价值的研究项中受试者的保护，其宗旨是保护研究受试者的权利和福祉。因而，伦理审查机制具有倾斜性保护的基本特征，旨在矫正人体试验研究活动中研究者和受试者不对等的主体地位。以涉及人的生物医学研究为例，研究者往往是具备专业生物医学知识和背景的医疗机构及其科研人员，受试者通常为一般的自然个体，两者在知识背景、风险认知、经济状况、社会阶层等方面存在明显差异，后者具有明显的脆弱性（vulnerability）。若不对此种生物医学研究展开有效的伦理审查，可能出现负面的激励效应，产生剥削性质的“丛林法则”，造成对受试者权益的肆意侵害。

事实上，伦理审查制度的核心就在于基于风险预防之目的对相应的生物医学活动开展审查，预防伦理风险，以保障受试者的尊严和其他合法权益。基因编辑技术本身具有不同的类型划分，而不同场景下的技术与伦理风险差别明显。整体而言，基于治疗目的的体细胞基因编辑所直接引发的伦理风险要小于生殖系细胞基因编辑和增强型目的基因编辑。可以明确的是，无论何种基因编辑行为，都存在相当程度的风险。正因如此，引入基因编辑的伦理审查制度具有应对不确定科学风险，以及由此引发的伦理风险的正当性。就伦理审查委员会的运行机制而言，其主要是通过对生物医学活动进行伦理审查来实现对科研行为的伦理规制。在此意义上，伦理审查委员会体现出其在规范科技活动中的伦理管控功能，有学者将其称为医学伦理调控，即“依据生物医学伦理学原理和相关道德规范调节和引导高科技进入医学领域的实施过程，使高科技和医学造福于人类，符合人类当前和长远利益”。[①] 技术本身的局限性只有通过技术进步解决；但是，道德对于技术的匡正规导，可以确立技术应用的合理价值目的性、使用的正当性与严谨性。[②] 伦理审查的核心是识别和预防可能的伦理风险，因此风险隔离是伦理审查的基础目的，而其根本目的则在于通过合理的规范程序实现对受试者的保护，以实现弱势意义上的平等对待和实质公平。因而，针对基因编辑的伦理审查代表了现代治理理念下的程序正义——“看得见的正义”，强调伦理审查的过程性、规范性与标准化。

---

① 李利君、卢光琇：《ART 临床应用伦理调控的特点》，载《伦理学研究》2004 年第 6 期。

② 参见高兆明：《技术祛魅与道德祛魅——现代生命技术道德合理性限度反思》，载《中国社会科学》2003 年第 3 期。

第二节 人类基因组编辑伦理审查机制的发展沿革

一、伦理审查制度的历史渊源

目前,国际组织和一些国家一般未就基因编辑活动设立专门的伦理审查制度,而是将其放置于既有的生物医学研究伦理审查机制中规制。就制度渊源而言,世界范围内的伦理审查制度肇始于1946年的《纽伦堡法典》,这是第二次世界大战后纽伦堡国际军事法庭针对德国纳粹进行的军事审判决议的一部分,以回顾和反思纳粹在战争期间针对犹太人、战俘等进行的惨无人道的人体试验。《纽伦堡法典》提出了包括受试者自愿同意、社会效果、科学性、不伤害、自主退出等10项人体医学研究应当遵守的伦理道德准则。《纽伦堡法典》是人类历史上第一部针对人体医学试验进行伦理规制的国际文件,具有深远的历史意义。《纽伦堡法典》的制定实施,是人类对医学人道主义认识的深化与发展,是人类对医学理性认识的一次飞跃,其提出的人类规范医学人体试验应当遵循的一系列的原则与规范,为医学人体试验走向规范化提供了蓝本,奠定了基础。① 1964年,第18届世界医学会大会在芬兰召开,并正式通过了《赫尔辛基宣言》,作为对涉及人体受试者的医学研究的伦理原则的一项声明,宣言在《纽伦堡法典》10项伦理原则的基础上进行了完善与发展,进一步加强了对受试者的保护,特别是强调对弱势群体的利益关切。1975年,在日本东京召开的第29届世界医学会大会上,《赫尔辛基宣言》作出了重大修订,首次提出了设立伦理委员会的建议,认为"每个涉及人体受试者实验程序的设计和执行都应在一份实验方案中明确规定,该方案应转交由特别指定的独立委员会进行审议、评价和指导"。

随着20世纪80年代艾滋病毒的流行,大规模的疫苗和药物试验,以及生物医学技术的快速发展和跨国试验的开展,新的伦理问题层出不穷。1993年,国际医学科学组织理事会与世界卫生组织合作共同制定了《涉及人类受试者生物医学研究的国际伦理准则》,并于2002年在日内瓦进行修订,提出了所有涉及人体研究都应遵循的对人的尊重、有利、公正3项基本伦理原则,以及其余20项的具体伦理准则。

① 参见王德国:《浅论〈纽伦堡法典〉制定实施的重要意义》,载《中国医学伦理学》2005年第5期。

此外，世界卫生组织于2000年发布的《生物医学研究伦理审查委员会操作指南》，在生物医学研究伦理审查的质量和一致性的发展方面具有重要促进意义，特别是为具体的伦理委员会建设和职能开展提供了较详细的程序指导。2016年，国际医学科学组织理事会对《涉及人类受试者生物医学研究的国际伦理准则》进行修订，扩充其适用范围，变更为《涉及人的健康相关研究国际伦理指南》，并就社区参与，生物材料和相关数据的收集、存储与使用，网络与数据工具利用中的隐私和个人信息保护问题进行关注，体现了伦理审查的时代性。从前述历史进程可以看出，伦理审查制度首先在国际层面得以确立，且开始之初具有附属性质，《纽伦堡法典》也仅仅作为军事审判决议的一部分而提出，不具有法律的强制约束力。此后，伦理审查制度逐步取得国际共识，诸多国际组织开始致力于一般伦理标准、具体伦理制度和伦理审查委员会的建设等专门性的工作，并发布了诸如《赫尔辛基宣言》等权威性文件，此种国际趋势直接影响了国内法的发展。

在诸多的国际规范和倡议的推动下，相关国家逐步开始建立起本国的针对生物医学研究人体试验的伦理审查机制。整体而言，主要存在机构伦理审查委员会和区域伦理审查委员会两种伦理审查模式，前者以美国为代表，后者以英国和瑞典为代表。美国是世界上最早建立伦理审查委员会的国家。20世纪中叶，针对医疗资源分配问题，如器官移植等，美国的部分机构通过专家委员会的形式进行决议，此类非正式的伦理决策组织成为伦理委员会的雏形。此后，一系列的违背医学伦理和侵害受试者合法权益的负面人体试验被相继披露，如1956年的柳溪肝炎研究事件，1963年的犹太人慢性病医院癌症研究事件，而1972年的塔斯基吉梅毒试验事件则直接引发了激烈的社会争议。在前述背景下，美国政府以联邦立法[《美国联邦法规汇编(CFR)》]的形式正式对人体医学试验应当取得伦理审查委员会审查进行了明确要求。值得注意的是，美国1974年的《国家研究法案》设立了保护生物医学和行为研究受试者国家委员会，该委员会发布了著名的有关生物医学研究伦理准则的《贝尔蒙报告》。此后，美国进一步设立了国家层面的总统生命伦理研究委员会，针对特定议题发布相关的研究报告，为当局提供决策和咨询建议。① 目前，美国依然以机构伦理审查委员会为主开展伦理审查，并建立独立的伦理审查委员会资格认证体系，第

① 参见李秋甫、李正风：《美国"伦理委员会"的历史沿革与制度创新》，载《中国软科学》2021年第8期。

三方商业伦理审查机构和基于多中心临床研究需要的区域伦理审查委员会也不断涌现,呈现出多元化的审查体系建设。

与美国不同的是,英国并未采用机构伦理审查委员会的模式,而是建立了规模化的区域伦理审查委员会。英国的伦理审查委员会建设开始于20世纪60年代,这一时期主要是一种自发性的伦理审查行为,法律并未强制规定。在立法层面,1991年,英格兰卫生部通过发布指导性文件的方式在全国卫生服务体系中成立地区性的伦理审查委员会,负责对在某一地区开展的临床试验方案进行伦理学审评,并于1997年设立了多中心伦理审查委员会。① 此后,英国设立伦理审查委员会中央办公室,并于2007年改建为"全国伦理研究服务体系",②通过发布伦理审查委员会标准化操作规程和管理要求加强对伦理审查委员会的监管。与此类似的是,瑞典在2004年的《伦理审查法案》中,也确立了六个区域性的伦理审查委员会,负责具体地区的伦理审查工作,并且在中央层面设立了全国性的伦理审查委员会。整体而言,不同模式下的伦理审查机制各具优势,机构伦理审查委员会有助于提升伦理审查工作的效率,而区域伦理审查委员会则具备更高的独立性。选择何种伦理审查模式,往往取决于一国特殊的国情和历史实践。从发展趋势看,两种不同的审查模式正呈现积极的融合与互补态势。

二、我国伦理审查制度的发展

我国对伦理审查制度的探索始于20世纪末期,经理论研究、实践发展和国家立法的综合性推动,于21世纪初逐步建立起以机构伦理审查委员会(Institutional Review Board,IRB)为核心的伦理审查体系。在我国伦理审查建设初期,行业性质的学术研究和理论倡导起到一定的建构作用,③为后续的国家立法和实务工作的开展奠定了良好的制度和理论基础,生命伦理、医学伦理审查的伦理观念和伦理意识得到有效的传播。但是,此时所提倡和建立的伦理委员会,只专注于临床伦理咨询,

---

① 参见张雪、尹梅主编:《伦理审查委员会——理论研究及实践探索》,高等教育出版社2014年版,第23页。

② 参见魏芬芳等:《多国或一国多中心临床试验联合伦理审查机制研究》,载《中国药物警戒》2017年第8期。

③ 参见陈勇川:《回顾与展望:我国生物医学研究伦理审查的发展趋势》,载《医学与哲学》2020年第15期。

如医患关系、临床疑难病例伦理讨论或对医务人员的伦理困惑提出建议。

随着生物医学研究的逐渐增多，以及国际合作研究的推动，我国于 20 世纪 90 年代正式开启对生物医学伦理审查机制的建构工作。1991 年，我国在国际合作项目时，为了符合研究要求，成立了相应的伦理审查委员会。① 1993 年，原卫生部药政管理局制定了《人的体细胞治疗及基因治疗临床研究质控要点》，②明确要求有关体细胞治疗与基因治疗的临床研究方案应当包括“本单位（相当于 IRB）的审查意见，包括对治疗方案的必要性、可行性、安全性以及对参加研究的临床单位与人员的资料审查意见”，通知指出本单位的意见相当于机构伦理审查委员会的审查意见。1995 年，原卫生部制定的《临床药理基地管理指导原则》③直接提出“医学伦理委员会”的建设要求，即“每个临床药理基地或所在单位均应建立一个独立的由 5 ~ 7 人组成的医学伦理委员会，负责审查临床试验方案（Protocol）是否符合医德要求”。1998 年，原卫生部制定了《药品临床试验管理规范（试行）》。1999 年，原国家药品监督管理局正式以部门规章的形式发布了《药品临床试验管理规范》，④该规范第 8 条强调：“在药品临床试验的过程中，必须对受试者的个人权益给予充分的保护，并确保试验的科学性和可靠性。伦理委员会与知情同意书是保障受试者权益的主要措施。”第 9 条明确指出：“为确保临床试验中受试者的权益并为之提供公众保证，应在参加临床试验的医疗机构内成立伦理委员会……”至此，我国首先在药品临床试验领域，确立了设立伦理审查委员会的法律强制性要求。2000 年，原卫生部成立医学伦理专家委员会，旨在进一步推动我国的生物医学研究伦理审查工作、传播伦理理念、开展重大医学伦理问题研究等。这一时期，伦理委员会的建设进入法治轨道，初步建立起现代化的伦理审查制度，但此时的伦理委员会仍属于部分医疗领域的法律要求，且组织建设和审查规则较原则化，缺乏具体有效的建设规范。

我国体系化的伦理审查制度的建设则主要集中于 21 世纪初期，并呈现出明显的部门化和领域式的立法特点。在药物临床试验领域，2003 年，原国家食品药品监督管理局修订并发布新的《药物临床试验质量管理规范》，对药物临床试验的伦理审

---

① 参见邓蕊：《科研伦理审查在中国——历史、现状与反思》，载《自然辩证法研究》2011 年第 8 期。

② 卫药政发〔1993〕第 205 号，1993 年 5 月 5 日。

③ 卫药发〔1995〕第 14 号，1995 年 2 月 11 日。

④ 中华人民共和国国家药品监督管理局令第 13 号，1999 年 9 月 1 日。

查工作进行了部分细化与完善，涉及伦理委员会的人员组成、伦理审查方式、具体审查内容等。2010 年，为了规范和指导伦理委员会的药物临床试验伦理审查工作，提高药物临床试验伦理审查工作质量，原国家食品药品监督管理局制定了《药物临床试验伦理审查工作指导原则》，①就伦理委员会的组织与管理、伦理委员会的职责要求、伦理审查的申请与受理、伦理委员会的伦理审查、伦理审查的决定与送达、伦理审查后的跟踪审查、伦理委员会审查文件的管理等内容进行了详细的规定，性质上属于药物临床试验伦理审查工作的标准化操作规程。2020 年，国家药监局、国家卫生健康委再次发布新版《药物临床试验质量管理规范》，此次规范相较之前的版本最核心的改动即为在第三章专设伦理委员会一章，专门规范伦理委员会的伦理审查工作。在医疗器械临床试验领域，2003 年，原国家食品药品监督管理局制定了《医疗器械临床试验规定》，②在个别条文中零散地就伦理委员会对医疗器械临床试验方案的伦理审查进行规制。2016 年，《医疗器械临床试验质量管理规范》③（已失效）正式废止了《医疗器械临床试验规定》，明确要求"临床试验应当获得医疗器械临床试验机构伦理委员会的同意"，并在"伦理委员会职责"一章中明确了伦理委员会的具体建设和工作职责。

与此同时，在其他的医疗技术领域，伦理审查委员会的制度建设也如火如荼地开展。2001 年，《人类辅助生殖技术管理办法》④和《人类精子库管理办法》⑤明确要求申请开展人类辅助生殖技术和申请设置人类精子库的医疗机构应当设置医学伦理委员会。2003 年《人胚胎干细胞研究伦理指导原则》⑥第 9 条规定："从事人胚胎干细胞的研究单位应成立包括生物学、医学、法律或社会学等有关方面的研究和管理人员组成的伦理委员会，其职责是对人胚胎干细胞研究的伦理学及科学性进行综合审查、咨询与监督。"2007 年《人体器官移植条例》则是首个在行政法层面对伦理审查工作进行规范的规定，该条例第 11 条规定："医疗机构从事人体器官移植，应当

---

① 国食药监注〔2010〕第 436 号，2010 年 11 月 2 日。

② 中华人民共和国国家食品药品监督管理局令第 5 号，2003 年 12 月 22 日。

③ 中华人民共和国国家食品药品监督管理总局、中华人民共和国国家卫生和计划生育委员会令第 25 号，2016 年 3 月 1 日。

④ 中华人民共和国卫生部令第 14 号，2001 年 2 月 20 日。

⑤ 中华人民共和国卫生部令第 15 号，2001 年 2 月 20 日。

⑥ 国科发生字〔2003〕460 号，2003 年 12 月 24 日。

成立由医学、法学、伦理学等方面专家组成的人体器官移植技术临床应用与伦理委员会。”需要注意的是，上述伦理审查委员会主要聚焦于临床实践中的伦理问题，而非研究。

在我国的伦理审查机制建设中，更具代表性的制度建构规范则是2007年的《涉及人的生物医学研究伦理审查办法(试行)》，①2016年原国家卫计委以部门规章的形式通过了新的《涉及人的生物医学研究伦理审查办法》。②《涉及人的生物医学研究伦理审查办法》是针对涉及人的生物医学研究领域开展伦理审查进行规制的一般性规范，由于生物医学研究的广泛性，无论是注册类的药物和器械临床试验，还是其他的非注册类医疗技术开展，包括研究者自己发起的医学研究，均应遵守该伦理审查办法，在一定程度上该办法具有伦理审查领域“基本法”的性质。办法不仅对伦理委员会的组织架构、人员配给、审查职责进行了规定，更是进一步明确了伦理审查的基本标准和操作要求，并对伦理委员会的独立性、利益冲突、外部监管等诸多核心内容进行了框架性建设。至此，我国的伦理审查制度基本完成制度化建设，本土化的伦理审查体系日臻完善。在既有的伦理审查体系中，形成了以药物、医疗器械和其他生物医学研究技术为主要审查对象的伦理审查制度。2017年，中共中央办公厅、国务院办公厅印发了《关于深化审评审批制度改革鼓励药品医疗器械创新的意见》，就完善伦理审查委员会机制方面，进一步提出设立区域伦理审查委员会的意见，旨在指导临床试验机构伦理审查工作，接受不具备伦理审查条件的机构或注册申请人委托对临床试验方案进行伦理审查，并监督临床试验开展情况。2021年，国家卫健委发布《涉及人的生命科学和医学研究伦理审查办法(征求意见稿)》，不仅扩大了此前生物医学研究伦理审查的范围，更是在区域伦理审查委员会的设置、生命科学和医学研究伦理准则、责任承担等制度建设方面进行了积极探索。

三、我国伦理审查制度有待完善

尽管我国的伦理审查制度已经初步实现规范化与制度化建设，但依然有待完善。首先，既有的伦理审查体系呈现明显的部门化倾向，缺乏统一的制度化建设。

① 卫科教发〔2007〕17号，2007年1月11日。

② 中华人民共和国国家卫生和计划生育委员会令第11号，2016年10月12日。

《药物临床试验质量管理规范》负责规范药物临床试验领域的伦理审查工作,《医疗器械临床试验质量管理规范》以医疗器械临床试验规制为主,胚胎干细胞和其他细胞治疗研究则另有其他规定。《涉及人的生物医学研究伦理审查办法》也主要规范各类医疗卫生机构开展涉及人的生物医学研究伦理审查工作,针对其他组织和个人的生物医学研究伦理审查则需要通过法律解释技术解决规则的适用问题。在前述的多样化伦理审查规范中,具体规则繁杂且存在一定的冲突,差异化的术语和机构设置也加大了规则的适用难度。同一机构开展不同的伦理审查工作需要适用零散的审查规则,在一定程度上限制了伦理审查的制度效应。其次,伦理审查规范存在法律位阶偏低和层级效力不足的问题。在主要的伦理审查规范中,《人体器官移植条例》是唯一的行政法规,《涉及人的生物医学研究伦理审查办法》属于部门规章,其他伦理审查文件多属于行政层面的规范性文件,多部门的立法也难以解决部门利益冲突的问题。根据《立法法》等对不同性质法律法规的权限配置,前述的伦理审查规范无法全面地对涉及伦理审查的各个方面进行规制。典型的如行政处罚的设置,《中华人民共和国行政处罚法》直接规定规范性文件不得设定行政处罚,部门规章仅可以在法律、行政法规规定的给予行政处罚的行为、种类和幅度的范围内作出具体规定,这就导致既有的伦理审查在责任配置上有所不足。除此之外,既有的伦理审查文件抽象性和原则化的规定,也增加了其本身的适用难度,在伦理审查制度的实质层面,统一的伦理审查委员会资格认证体系、有效的独立性保障机制、规范化的操作规程和责任机制也存在不完善的情形。实践中,尽管当前各种伦理委员会数量庞大,但其伦理审查的能力却参差不齐,基层伦理委员会的建设水平有限,存在操作标准不统一,利益冲突解决机制不完善,专业能力不足,人才培养和教育培训不够等诸多难题。①

我国基因编辑伦理审查机制也存在改善的余地。首先,标准机制的不完善。尽管现行立法已经对伦理审查的原则、内容、审查方式和审查标准有所明确,但技术性规范特别是高质量标准化操作规程(指南)的缺失使伦理委员会的审查工作没有明确的行为指引。立法与操作规程具有明显区别,前者在于构建伦理审查的基本框架

① 参见谢卓君、龚学德:《我国医院伦理委员会运行机制研究综述》,载《中国医学伦理学》2021 年第 4 期。

和核心规章制度，后者在于确保伦理审查规则的具体化和可操作性，在此意义上操作规程具有法律文本所不具备的实践性特征。此外，针对基因编辑等新兴生物科技的伦理审查对审查主体的专业性和领域背景有着更严格的要求，我国尚未建立统一的伦理审查委员会认证或准入体系，伦理委员会缺乏统一的设立标准，影响审查制度功能的实现。其次，独立机制的不完善。我国目前采取了机构伦理委员会的审查模式，这一模式具有浓厚的行政规制色彩，伦理委员会内设于研究机构并对机构研究活动展开伦理审查，似有“裁判”与“运动员”一体化之嫌，加之机构内委员存在各种利益冲突，使审查过程中的道德独立性面临巨大挑战，其审查工作的独立性颇受质疑。最后，责任机制的不完善。现有伦理审查制度未能明确伦理审查主体的义务履行标准以及未合理履行审查义务的法律责任，导致伦理委员会的权利、义务和责任之间缺少体系效应，带来义务不清、责任不明的混乱局面。

“在我国，伦理对人类基因编辑研究提出的要求，主要反映在涉及人类基因编辑伦理准则的实体问题和伦理审查的程序控制问题上。”①实体伦理拟解决行为的边界问题，但实体伦理需要依据程序伦理实现功能发挥，伦理审查制度则是程序控制的法律表达。因而，针对基因编辑的伦理审查代表了现代治理理念下的程序正义，强调伦理审查的过程性、规范性与标准化。有学者认为，程序正义是一种法律理念，应当强调规范依据、主体的行为与正当程序等基本要素。② 具体到基因编辑伦理审查中，要求适格的审查主体依据标准的审查规范在合理程序范围内有效履行审查职责，此可作为评价伦理审查制度合理与否的基本标准。伦理审查主体的适格性、审查程序的标准化、审查机制的独立性以及责任机制的落地是整个伦理审查活动有效开展的前提，也是人类基因组编辑伦理审查机制的掣肘所在。因此，伦理审查的标准机制、独立机制和责任机制是前述伦理审查制度的问题症结和改进方向所在，标准机制旨在提供统一的伦理审查制度规范，独立机制旨在确保伦理审查程序的正当性，责任机制则旨在通过反向激励确保伦理审查效果的实现。

---

① 朱晓峰：《人类基因编辑研究自由的法律界限与责任》，载《武汉大学学报（哲学社会科学版）》2019 年第 4 期。

② 参见赵旭东：《程序正义概念与标准的再认识》，载《法律科学（西北政法学院学报）》2003 年第 6 期。

第三节　人类基因组编辑伦理审查机制的完善

一、人类基因组编辑伦理审查标准机制的完善

（一）以程序规范为核心的标准化操作规程

有关人类基因组编辑的伦理审查机制是现代科技伦理治理的重要体现，党的十九届四中全会决议明确要求，“……健全符合科研规律的科技管理体制和政策体系，……健全科技伦理治理体制”。治理是一个互动决策的过程，具有规范性与价值取向，治理不仅提供了一套类似管理的组织形态与问题分析框架，更重要的是，治理包含了现代化的规范价值，标准化和规范性的程序是现代治理的外在特征。有学者指出，就基因编辑的规制而言，应当形成强程序性要求，在关于基因事务的相关决策上必须符合严格的程序要求，既包括技术程序，也包括决策程序。[①] 此种程序性的要求，在伦理审查制度中的直接体现就是伦理审查标准操作规程，也就是基于特定目的为保障实施的一致性而制定的详细的书面操作说明。

伦理审查标准操作规程旨在确保伦理委员会开展伦理审查工作的规范性、统一性与标准化。一方面，标准化的操作规程使伦理委员会的审查工作具有明确的规则指引，尽管现行立法已经对伦理审查的原则、内容、审查方式和审查标准有所规范，但立法与操作规程仍有明显区别，前者在于构建伦理审查的基本框架和核心规章制度，后者在于确保伦理审查规则的具体化和可操作性。在此意义上，操作规程具有法律文本所不具备的实践性特征，此类操作规程不仅使整个伦理审查工作有章可循，也限制了审查人员的恣意行为，最终保障审查工作的形式统一。另一方面，标准化的操作规程确保了不同审查机构针对类似的伦理审查问题得出较一致的价值判断，即“类案同判”，这不仅是伦理审查标准性的要求，也是审查公信力和程序正义的体现。伦理审查效果的相对一致性是确保伦理审查机制权威性和专业性的必要条件，差异化明显的审查标准不仅会导致伦理审查工作的无序性，更会滋生权力滥用

① 参见郑玉双：《生命科技与人类命运：基因编辑的法理反思》，载《法制与社会发展》2019 年第 4 期。

的负面情形，最终影响伦理审查的质量，难以实现受试者的权益保护目标。除此之外，标准化的操作规程有助于提升伦理审查效率，各个伦理委员会依据合理的审查标准与规则有序地履行审查职能，不必一事一议或花费大量的时间精力用于伦理规则的查询、理解和探讨，此类操作规程也为伦理委员会的工作考核与责任划定提供了参考基础。

目前，在国家立法层面仍未制定有效的伦理审查操作规程，但有关机构已经发布了部分具有影响力的规范文件以增强伦理审查的标准化。国家卫生健康委医学伦理专家委员会办公室、中国医院协会于 2019 年和 2020 年相继发布《涉及人的临床研究伦理审查委员会建设指南(2019 版)》和《涉及人的临床研究伦理审查委员会建设指南(2020 版)》，对伦理审查委员会的宗旨与原则、伦理审查委员会组织与管理、伦理审查委员会职权、伦理审查委员会审查内容及要求、伦理审查委员会审查方式和类别、伦理审查需要的材料以及准备工作、组织审查会议、利益冲突管理政策等核心内容进行了规范化建设与倡导。地方层面，如深圳市市场监督管理局通过制定《涉及人的生物医学研究伦理审查规范》等地方标准对伦理审查工作予以规范。如前分析，标准化操作规程的核心目的在于促进整个伦理审查机制的工作统一化与标准化。尽管从国家到地方，权威机构制定了富有成效的工作指南和标准，但此种规范性文件的发布，仅仅起到过渡性的指引作用，由于其本身不具有高层级和强制性的规范效力，其适用的有效性和广泛性也存在疑问。因此，国家卫生健康部门有必要在国家层面制定统一化的伦理审查标准操作规程，并授权地方以此为基础，根据本地伦理审查的具体情况，适当修正前述操作规程，进而形成中央宏观统筹为主，地方具体实践为辅的体系化伦理审查工作规范体系。从而在统一的标准化操作规程的基础上，探索生命伦理法等伦理审查基本法的立法，并将核心的标准规程框架提升至法律层面的规范性要求，促进伦理审查制度的法治化。

在既有伦理审查程序中，伦理审查委员会往往较重视项目的初始审查，而事中和事后的跟踪审查机制亦有待完善，因而未能形成连贯的一体化审查机制，跟踪审查的不完善是当下伦理审查监督机制的弊病所在，极大地影响了整个伦理审查制度效能的发挥。跟踪审查，是指伦理审查委员会为了使人体试验受试者的权益得到充分保护，根据一定的规范、标准和方式对已经通过初始审查的研究项目所进行的审查、监督和评价，并依据跟踪审查的结果对研究项目作出同意研究继续进行、修订研究方案、暂停研究或终止研究等决定,跟踪审查不仅有利于保证研究项目按照审批方案实施,保障受试者权益,更有助于提升医学研究领域的科学性与可信度。① 实证调研数据显示,"有半数的医学科研项目没有进行跟踪审查,尤其是国家级、省部级、市级课题仅在申报立项之初进行一次伦理审查,但是项目立项后的执行过程,特别是课题的方案是否有修改,知情同意书执行情况如何、研究过程中有无不良事件以及项目完成后的结果如何等,大部分伦理委员会都未进行及时跟踪审查"。② 初始审查和跟踪审查构成整个伦理审查机制的工作核心,后者因为审查的持续性和动态性,在规范生物医学研究活动和保障受试者权益方面有着更明显的促进作用。因此,在伦理审查的标准化操作规程建设中应当进一步加大对生物医学研究的跟踪审查力度规范。考虑大数据和信息化的快速发展,具体的责任机构和卫生行政部门应当进一步加大伦理审查的信息化系统建设。在伦理审查项目中,除了研究项目负责人应当将该研究项目的主要内容、伦理审查决定在医学研究登记备案信息系统进行登记外,伦理审查委员会也应当通过合理的方式将伦理审查的核心信息予以登记,特别是确保跟踪审查的全流程电子记录和以时间点为基础的审核任务进度控制,监督机构则可以通过合理的网络化留痕机制,发挥外部的监管职能。

(二)以审查能力为核心的主体资格认证

基于国际国内伦理审查的一般性指南和原则,特别是现行法律规范中关于伦理审查制度的要求,各个伦理委员会已经根据自身的伦理审查实践形成了基础的操作规程或行业规范,此种软法、习惯法或示范法对立法层面的伦理审查机制起到了极大的补充作用,多元化的规范供给治理体系正在形成。实践中,更突出的标准化问题,则体现为伦理委员会的审查能力建设上。一方面,面对日益复杂的生物医学研究,如器官移植、人类辅助生殖、基因编辑等,部分伦理委员会受限于人才储备和硬件设施,部分伦理委员缺乏专业的技术与伦理背景,无法有效地应对审查活动。并且,部分机构在伦理委员的设立上存在恣意性,伦理委员缺乏系统性、阶段性、循序

① 参见张雪、尹梅、刘丹茹:《伦理审查委员会跟踪审查制度探析》,载《医学与哲学(A)》2012 年第 4 期。

② 孟丽君、李义庭:《北京地区三级医疗机构涉及人的生物医学研究伦理审查现况研究》,载《中国医学伦理学》2021 年第 6 期。

渐进的规范培训，以及缺乏正规的预审模拟、程序及实质性审议引导。[①] 另一方面，委员会自身在组织架构、人员配置、审议机制、制度管理方面存在一定的不规范现象，这一点在资源条件有限的基层医院和其他研究机构更突出。有学者认为，虽然我国各个医疗和研究机构中的伦理委员会数量不断增多，但各个伦理委员会的质量参差不齐，主要原因在于缺乏严格的认证和准入制度。[②]

我国的伦理委员会以备案制为主，并未有明确的资格认证和审查机制。根据2016年《涉及人的生物医学研究伦理审查办法》第14条的规定，医疗卫生机构应当在伦理委员会设立之日起3个月内向本机构的执业登记机关备案。《药物临床试验质量管理规范》(2020年版)指出，伦理委员会的委员组成、备案管理应当符合卫生健康主管部门的要求。一个功能良好的伦理审查组织体系，具备科学或方法学方面专业知识的委员，是有效的伦理审查基础结构的重要体现。[③] 因此，以提升审查能力为核心的伦理委员会及委员资格认证制度的建设是解决前述问题的关键，旨在设定伦理审查的最低限度准入门槛，明确伦理委员会的成立标准，强化伦理审查质量和整个伦理审查制度的统一性、规范化和权威性。

目前，尽管《涉及人的生物医学研究伦理审查办法》等法规在伦理委员会的具体建设内容上进行了一定的规范，但整体较宏观，也未以资格认证和前置审查的方式保障前述委员会建设要求的落地。当前，在个别医学研究领域，有关卫生行政部门在注册类的机构资格认定复核工作中对伦理委员会的资格标准进行附属性的审查。例如，2009年，原国家食品药品监督管理局发布的《药物临床试验机构资格认定复核检查标准》[④]对伦理委员会的相关设置和检查标准进行了明确，包括委员会的人员组成、独立履行伦理审查职责的能力、与管理制度和伦理审查工作相关的标准操作规程、工作档案记录、有关培训等。为保障伦理审查的规范与质量，未来应当建立统一的伦理委员会资格认证体系，并合理参照有益经验制定认证标准。

需要明确的是，我国的伦理审查制度建设起步晚，以非官方的认证体系为主要

---

① 参见李红英、陈旻、李振良：《机构伦理委员会能力建设与监管问题(A)》，载《医学与哲学》2016年第11期。

② 参见方兴：《高新生命技术背景下的伦理委员会法律地位探析》，载《医学与哲学(A)》2012年第8期。

③ 参见邱仁宗、翟晓梅：《在国际背景下我国伦理审查的能力建设：理念和实践》，载《中国医学伦理学》2008年第2期。

④ 国家食品药品监督管理局公告2009年第65号，2009年11月2日。

参照不完全符合我国的实际国情，更实际的做法是，倡导阶段性的改革思路，由卫生行政部门为主导设立基础的委员会资格认证体系，核心是明确以审查能力和规范的审查制度为基础的认证标准。此后，再逐步探索第三方认证体系的进场，并由行政部门适当监管。

二、人类基因组编辑伦理审查机制的完善

（一）基因编辑伦理审查中的利益问题

伦理审查的独立性源于伦理审查机制具有的程序正义的一般品格，根据程序正义的一般理念，形式程序的合理性、裁判者的中立性、利益群体的参与性以及权责一致性都是其重要外在表现。程序正义在实证法体系中的严格表述应当为正当程序，是现代行政法的基本原则，也是法秩序的一般精神。正当程序原则源自英国1215年制定的《自由大宪章》，就其制度生成，应当溯及英国普通法传统中的自然正义，其规定了公正行使权力的“最低限度”的程序要求。[①] 一般而言，自然正义包含两大主要内容：一是任何人不得成为自己案件的法官；二是应当听取当事人的意见。在最初的程序正义中，裁判独立性或中立性占据至关重要的地位，是自然正义的首要原则。这是因为，法官若无法独立于纠纷双方，则不具有居中裁判的可能性，裁判结果也就丧失了起码的客观性与公正性。循此逻辑，在机制运作层面，基因编辑伦理审查具有准司法的性质，伦理审查机构作为裁判者，对基因编辑活动中研究者和受试者的权利义务及伦理风险予以审查，进而作为相关研究活动能否开展的基础。因此，伦理审查主体的独立性是保障审查结果公正性的前提。

何谓独立性，概言之，就是伦理委员会公正地、客观地、不受第三方影响地履行伦理审查职责。伦理审查的独立性，既强调伦理委员道德判断上的独立性，也要求机构运行上的独立。在监督框架下，主要侧重于通过对伦理委员会在客观层面的独立运行保障，从而间接保证其主观判断上的道德独立。独立性是伦理委员会赖以生存的理由，而独立性的实质是谨防利益冲突，即伦理委员会及其委员在经济和非经

① 参见周佑勇：《行政法的正当程序原则》，载《中国社会科学》2004年第4期。

济的利益与其职责之间的冲突。①《涉及人的临床研究伦理审查委员会建设指南(2020版)》将利益冲突定义为当伦理审查委员会委员因与所审查的临床研究项目之间存在相关利益,影响他/她从保护受试者的角度出发,对研究项目做出公正独立的审查。利益冲突的产生常见于伦理审查委员会委员与审查项目之间存在经济上、物质上、机构以及社会关系上的利益关系。我国目前的伦理审查采取了机构伦理委员会的审查模式,这一模式不仅具有浓厚的行政规制色彩,而且由于伦理委员会属于内设机构的这一事实,似有裁判与运动员一体化之嫌,其审查工作的独立性颇受质疑。有学者指出:"目前我国绝大部分机构伦理委员会并未解决其自身的行政建制问题,均为挂靠在科研(医务)等处室下的办公机构,人员也往往身兼数职,这种人员岗位身份不明、定位不清的行政建制在责任伦理和效应伦理上是无法真正做到责任到人和履职尽责的。"②

事实上,在机构内设伦理委员会的审查模式中,伦理委员会存在诸多难以避免的利益冲突。

首先,基于附属性的利益冲突,这也是机构伦理委员会的核心利益冲突所在。当前,伦理委员会主要设立于医疗卫生机构内部,一般不具有独立的主体资质,且行政级别低,属于医疗卫生机构的内设部门,接受医疗卫生机构的管理与领导。《涉及人的生物医学研究伦理审查办法》强调,医疗卫生机构是伦理审查工作的管理责任主体,有权评估伦理委员会工作质量,并根据需要调整伦理委员会委员。由于伦理委员会在财政、人事、管理等方面对机构具有天然的依附性,而机构又是直接开展相关生物医学研究的主体,一旦涉及重大的机构利益,伦理委员会的审查权便难以得到有效保障。

其次,基于社会关系性的利益冲突。在儒家思想和宗法体制的文化影响下,中国社会是一个以个人为中心并基于亲属、地缘等社会关系而产生亲疏远近变化的关系网,费孝通先生形象地将此种社会关系称之为"差序格局"。目前,伦理委员会的委员组成包含了院内委员和院外委员,部分科研管理或业务部门的负责人也同时担任委员会委员。委员会委员与机构申报者之间的工作社会关系属性密切,甚至委员

① 参见沈铭贤、胡庆澧、丘祥兴:《实质正义与程序正义——伦理委员会SOP解读》,载《医学与哲学(人文社会医学版)》2010年第3期。

② 陈勇川:《回顾与展望:我国生物医学研究伦理审查的发展趋势》,载《医学与哲学》2020年第15期。

自身存在与伦理审查项目研究者的身份重叠现象,此种"熟人关系"直接影响了伦理委员在项目审查中的利益独立性。

最后,基于获益性的利益冲突。研究机构从事生物医学研究,其自身内部同时设立伦理委员会对此种研究活动进行伦理审查,体现出明显的"科学技术界的自我立法以及科学行政"属性,这是一种科技制造风险并自行提供解决方案的模式,伦理中立性难以保证,甚至会产生话语垄断。① 质言之,伦理审查本身与科技利益密切关联,部分伦理委员的核心身份是科学研究者,在某种程度上同属于科学利益共同体。而委员会作为机构的一部分,与机构利益具有一致性,机构获益的同时委员会也从中获利,如财政科研经费的增加。因此,无论是纯粹的科技突破,抑或是单位荣誉,甚至是研究成果的考核和物质奖励,都可能使机构伦理委员会与本单位机构研究利益保持同一,进而影响其审查的独立性。

(二)内外部双重视角下的独立性建设

伦理审查机制的独立性已经成为当下生物医学研究的伦理共识。世界医学会制定的《赫尔辛基宣言》第 23 条规定要求,研究伦理委员会的工作必须透明,必须独立于研究者、申办者和其他任何不当影响之外。联合国教科文组织通过的《世界人类基因组与人权宣言》《国际人类基因数据宣言》《世界生物伦理与人权宣言》都倡导设立、促进并支持独立的、多学科的、多元化的伦理委员会。国际医学科学组织理事会《涉及人类受试者生物医学研究的国际伦理准则》也强调,要建立并加强独立和有能力的伦理学审查。就我国而言,《涉及人的生物医学研究伦理审查办法》、《药物临床试验质量管理规范》(2020 年版)也对伦理委员会的独立性进行了明确要求。如何防止伦理审查独立机制的弱化,最大限度地避免伦理委员会的利益冲突,是当下伦理审查机制完善的重点。如前分析,独立性问题的核心在于解决伦理审查中可能出现的利益冲突问题,进而影响伦理委员会的合理判断。实际上,从利益冲突的类型看,规制重点应当是避免第三方主体对伦理委员会的职权干预,以及伦理委员会自身审查的客观性。鉴于此,需要从伦理审查制度的内部和外部建设两个方面进

① 参见郑戈:《迈向生命宪制——法律如何回应基因编辑技术应用中的风险》,载《法商研究》2019 年第 2 期。

行完善。

伦理审查独立机制的内部建设核心在于缓和伦理委员会与科研机构之间的附属性关系。首先,机制建设层面的独立性。鉴于机构与委员会之间管理与被管理的实质行政关系,在维持机构伦理委员会审查模式的背景下,很难从根本层面破解此种附属性难题。可能的缓和措施,在于最大限度地保障伦理委员会的组织建设独立性,使之减少对机构的行政依赖。具体而言,应当进一步加强伦理委员会在资金、人事、场地、设备等方面的独立性保障,探索独立的行政建制,并纳入卫生行政主管部门对医疗机构的考核体系中。其次,机制运行层面的独立性。回避制度是解决制度运行中利益冲突的有效手段。《涉及人的生物医学研究伦理审查办法》第21条也明确要求,伦理委员与研究项目有利益关系的应当回避。这里涉及的问题是,如何识别利益冲突。笔者认为,应当进一步建立明确的利益冲突询问和申明制度,加强伦理审查的前端控制,委员会应当对委员进行利益冲突核查,由委员出具利益冲突申明承诺,并记录在案。

伦理审查独立机制的外部建设主要在于维持伦理委员会的利益中立性。当下,我国基因编辑的伦理审查属于一种行政规制模式,多体现为效力层级有限的行政法规,特别是部门规章层面。其中,对审查机制独立性的建设偏于宏观抽象和内部化,由于难以摆脱"机构—委员会"之间的行政管理束缚,此种利益冲突的内部规制措施的效果很有限。基于此,有学者认为,应当构建以宪法、民法、刑法和行政法为功能导向的协同规制路径。[①] 从权力分立的视角看,权力的外部监督往往具有更高的制度激励功能。基于协同共治的理念,可以考虑从外部视角对委员会的审查独立性进行规制,具体而言,可以参照风险分级管理的思路,以审查能力、利益冲突、伦理风险的程度为标准,同时考虑制度改革成本,构建多层次的审查体系。对于伦理风险轻微的伦理审查项目,如针对体细胞基因编辑的基础研究,可以由本单位的伦理审查委员会开展伦理审查;针对风险较大或者伦理争议较明显的项目,如针对体细胞基因编辑的临床试验,可以考虑建立交叉式或者外审式的伦理审查制度;而对于极具伦理冲突和风险的项目,典型的就是生殖系基因编辑的临床研究(在伦理和法律允

① 参见石佳友、庞伟伟:《人类基因编辑活动的协同规制——以〈民法典〉第1009条为切入点》,载《法学论坛》2021年第4期。

许开展的前提下),需要建立双审制或高级别委员会审查的伦理审查制度。

当然,前述措施依然是机构伦理委员会审查模式下的一种自我完善,这是因为考虑制度建设可能带来的改革成本较高。我国的伦理审查制度肇始于20世纪末期,已经初步形成了具有审查效能的系统化建设,尽管在部分运行机制层面存在值得完善的地方,但整体而言,现有的审查制度发挥了值得肯定的伦理调控功能。通过内部机制的改革,既有的审查模式可以满足未来在人类基因组编辑研究方面的伦理审查需要,因此"推倒重来"式的全新审查制度建设既无必要,又徒增成本,应当审慎为之。当然,这并不是说仅在现有的审查模式中进行"小修小补",核心在于是否有改革的必要性。正因如此,相当部分的学者认为,为了保证伦理审查的体系化和独立性,"应当建立国家层面的生命伦理委员会或基因技术委员会,确立人类基因编辑、人类胚胎实验的个案审批制",①前述观点笔者殊表赞同。

三、人类基因组编辑伦理审查责任机制的完善

(一)伦理审查中的责任伦理

权利与义务的规范配给与有序协调是整个法律体系建构的前提,进而得以明确法律主体的权利与行为界限;通过苛加其必要的指向性义务,特别是通过必要的责任机制,推动法律主体尽职履责以及合理作为。不仅如此,前述法律逻辑在实施层面已经推及至包括伦理道德在内的一般性社会规范之中。研究者也观察到,既有伦理学多是以行为为中心,尤其是义务论伦理学,主要关注人们的行为和手段。基因工程因为涉及人类的生命、特性和遗传方面的改造,关系尤其重大,应该加强对行为动机及其后果的关注,并采取必要的预防措施,②这实际也体现出对伦理性权利、义务和责任的配置思考。在有关基因编辑的伦理审查制度中,伦理委员会及其委员的审查工作实际是以审查权、审查行为和审查义务为中心进行体系化构建的,因而,责任机制作为一种权利规范行使和义务有效履行的反向激励机制必不可少。伦理审

---

① 参见王康:《"基因编辑婴儿"人体试验中的法律责任——基于中国现行法律框架的解释学分析》,载《重庆大学学报(社会科学版)》2019年第5期。

② 参见何怀宏:《基因工程的伦理动机与消极后果预防》,载《武汉大学学报(哲学社会科学版)》2020年第5期。

查中的责任机制实际上是责任伦理理念的具体贯彻。责任总是植根于社会关系中，具有鲜明的实践性。责任伦理是伦理行为主体在履行伦理原则、伦理规范后，对实践的后果所承担的责任。责任伦理主要解决的问题不是理念上的责任问题，而是实践中和实践后发生的责任问题。[①] 从法治视角来看，责任伦理强调的是伦理行为的法律责任承担的问题。一方面，伦理委员会及其委员享有伦理审查权，应当履行必要的伦理审查义务。另一方面，伦理委员会及其委员未尽到合理的审查义务，则应当承担相应的法律责任。本质上，责任伦理是对负面的伦理效应的一种回应，旨在通过不利的否定性评价与责任后果，倒逼行为主体恪尽伦理义务；伦理的法律化之后，此种伦理义务则演变成强制的法律责任。此种责任机制也体现出现代法治中的权力监督与权责一致的价值理念。

就具体的责任而言，《民法典》第1009条确立了人类基因组编辑活动的一般行为准则，第1008条设立了相应的临床试验要求，明确要求人类基因组编辑行为应当遵守国家有关规定，不得危害人体健康，不得违背伦理道德，不得损害公共利益。《民法典》侵权责任编第六章关于医疗损害责任的规定，则为受害人要求研究者承担民事赔偿责任提供了请求权基础。同时，《人类辅助生殖技术管理办法》《干细胞临床研究管理办法（试行）》《涉及人的生物医学研究伦理审查办法》《生物技术研究开发安全管理办法》《医疗技术临床应用管理办法》都对医疗机构或机构人员设定了大量的行政责任。《刑法修正案（十一）》也新增了非法从事人类基因编辑、克隆胚胎犯罪，非法基因编辑正式纳入刑法范畴。需要明确的是，人类基因组编辑中的责任伦理主要包括两类：一是研究者的行为责任，即贺某奎等实施人类基因组编辑行为的责任；二是伦理审查主体的行为责任，即伦理委员会及其委员未尽合理审查义务的责任。当前，我国的相关立法主要以基因编辑行为人的实施责任和医疗机构的管理责任为主。《涉及人的生物医学研究伦理审查办法》第46条也仅仅规定了伦理委员会未建立相关制度、未合理审查或备案的行政责任。显然，由于责任机制的不完善，特别是民事责任的模糊，无法有效地推动伦理审查机制的落地与功能发挥。

① 参见杜治政：《有关责任伦理几个问题的认识》，载《医学与哲学》2020年第6期。

（二）伦理审查主体的审查义务与责任

在确定具体的责任承担之前，需要首先解决责任主体的适格问题。就伦理委员会的法律性质或法律地位而言，存在诸多争议。“行政主体说”认为，伦理委员会为法律法规授权行使行政权的主体，其审查行为的性质为行政许可行为。① “内设机构说”认为，机构伦理委员会仅行使增加机构的伦理自觉和内部伦理控制的职能，保障作为行政相对人的研究机构、医疗机构及有关研究人员和医务人员对伦理性法律规范的执行，不可能行使行政职能。② “折中说”认为，机构伦理委员会不具有民事主体地位，不具备行政主体资格，但具有一定的行政职能。③ 具体分析而言，由于伦理委员会缺乏独立的责任财产，且并未通过法人等登记程序取得主体资质，应当不属于独立的民事主体。即使认为委员会的审查行为具有某种行政性质，但是此种审查行为却缺少可复议性和可诉性，且审查行为的结果一般指向的是机构内部的研究人员，在此意义上很难认为这是一种典型的行政行为，进而推断委员会属于行政主体。整体而言，将伦理委员会定位为内设机构更合理。但是，这并不妨碍未来对其独立的法律地位的探索，特别是通过标准机制中的认证和注册制度，使之能有效地独立承担相应的法律责任，特别是民事赔偿责任，推动伦理审查工作的有效开展。

目前，《涉及人的生物医学研究伦理审查办法》已经就伦理审查委员会“未按照伦理审查原则和相关规章制度进行审查”的行政责任进行了明确规定，一定程度上突出了审查主体的权责一致性。同时，《涉及人的生物医学研究伦理审查办法》第49条也对其他类型的责任设置了兜底性规定：“违反本办法规定的机构和个人，给他人人身、财产造成损害的，应当依法承担民事责任；构成犯罪的，依法追究刑事责任。”我国刑法也增加了明确的非法基因编辑罪名，加之非法行医罪等刑事责任，已经为人类基因组编辑行为划定了严格的行为底线。当下，有关审查主体民事责任的相关规定则并不明确，特别是具体的责任标准。与其他审查和裁判机制不同的是，

---

① 参见王宏斌、王樱儒：《法律视角下的医学伦理委员会制度之完善》，载《医学与哲学（A）》2017年第9期。

② 参见李志强、蔡昱：《医学伦理法律化视角下伦理委员会法律问题探析》，载《广西社会科学》2011年第10期。

③ 参见滕黎、蒲川：《伦理审查委员会的法律地位初探》，载《医学与哲学（人文社会医学版）》2009年第8期。

基因编辑的伦理审查负担着对影响个体、社会和整个人类族群的未知生物科技风险进行规制和预防的重大职能，必然要求审查主体承担更高的审查义务和审查职责，这里的审查主体不仅指伦理委员会，也强调实际行使审查职权的伦理委员。因此，设定伦理委员会及其委员的具体审查义务尤为重要。

在既有的法律体系中，规定机构中履行特定职权的主体承担法定义务和责任的规范不在少数。《中华人民共和国企业破产法》第 130 条规定："管理人未依照本法规定勤勉尽责，忠实执行职务的，人民法院可以依法处以罚款；给债权人、债务人或者第三人造成损失的，依法承担赔偿责任。"《中华人民共和国公司法》第 147 条第 1 款规定："董事、监事、高级管理人员……对公司负有忠实义务和勤勉义务。"无论是破产程序中的管理人，还是公司的董事、监事、高级管理人员等管理人员，本质上与伦理委员具有相似性，都是基于一定的身份而享有特殊权力，都旨在保障特定的群体利益。因而，可以参照前述管理人员的管理义务，将勤勉审查义务作为伦理委员会及其委员的一般性义务。勤勉义务是指，行为人合理、谨慎地履行义务，一般采取理性人的客观标准，即一个合理谨慎的人在相似情形下所应表现的谨慎、勤勉和技能履行职责。① 在人类基因组编辑的伦理审查中，勤勉义务则要求伦理委员会及其委员严格遵守伦理审查规范，谨慎行使审查职权，尽职履行审查义务。但是需要注意的是，"勤勉义务体现的是过程导向而非结果导向，其注重法律法规所规定的职责是否妥善完成，而不问完成效果，是否成功或有效并不必然影响勤勉义务的完成"。② 就伦理审查委员会未尽勤勉义务的责任承担标准而言，应当明确科学研究的复杂性、风险的不确定性和变迁性等特点，同时为了激励伦理委员高效履行审查职责，避免不合理地加重审查负担，保障行为自由，避免动辄则咎，应当以重大过失作为承担责任的判断标准。

基于不同性质的伦理审查工作，伦理委员会审查责任的法律性质存在一定差异。2021 年，《涉及人的生命科学和医学研究伦理审查办法（征求意见稿）》进一步明确了机构伦理审查委员会的具体工作职责，即"对本机构或委托机构开展的涉及人的生命科学和医学研究项目进行伦理审查"。相较《涉及人的生物医学研究伦理

---

① 参见叶金强：《董事违反勤勉义务判断标准的具体化》，载《比较法研究》2018 年第 6 期。

② 潘玮璘、戴红兵：《董事高管勤勉义务的豁免功能与责任构成》，载《中国应用法学》2019 年第 4 期。

审查办法》关于伦理委员会“对本机构开展涉及人的生物医学研究项目进行伦理审查”的规定，新的立法拟在赋予机构伦理委员会接受机构外伦理审查委托的职责。就本单位的伦理审查工作而言，委员会及其委员的审查行为可以定性为一种职务行为，对第三人的民事赔偿责任，适用用人者责任的规定，一般由机构承担替代责任。用人单位承担侵权责任后，可以向有故意或者重大过失的工作人员追偿（《民法典》第1191条）。针对其他委托单位的伦理审查工作，可以借助专家责任的一般理论来解决民事赔偿问题。所谓的专家责任，是指“在执业过程中，专家没有以通常的专业技能和注意程度提供服务，提供的服务存在缺陷致人损害而由专家个体或其执业机构依法承担的民事责任”。① 以专家与受害人之间是否存在合同关系为标准，专家责任一般被区分为对委托人责任和对第三人责任。② 考虑伦理审查的公共利益属性，特别是基因编辑科学风险的未知性，无论是对委托人还是第三人，都不宜科以伦理委员会过重的审查责任，避免引发消极防御式的审查行为，不利于科学研究的发展。原则上仍应当以重大过失作为责任基准，伦理委员也仅就严重违背职业操守和审查制度的行为承担责任。

（三）伦理审查的外部监管

责任伦理理念下，不仅要求伦理审查主体的权力职能和责任机制的协调与一致，通过合理的法律责任配置激励伦理委员会及其委员积极有效地履行伦理审查义务，更需要外部的有序监管确保审查主体职责的行使与效果。权利、义务、责任与监管是现代法治进程的重要程序表彰和规范配给体系。各个规则群的协同与协调是制度效能充分发挥的前提与基础。从广义上讲，责任机制与监管机制是责任伦理落地的实质手段，旨在补缺行为主体自律机制的不足或不稳定性。在涉及人的生物医学研究活动中，药物临床试验、医疗器械临床试验和新的医疗技术的开展均涉及伦理审查的问题，而差异化和分散化的伦理审查监管制度建设不仅极大增加了监督管理成本，影响监管效率，更容易产生监管规避、灰色地带等监管漏洞问题。鉴于此，诸多国家建立了统一的伦理审查监管制度，通过专门的监管机构开展对伦理审查委

---

① 赵林青：《专家契约责任探析》，载《宁夏社会科学》2007年第2期。

② 参见周友军：《专家对第三人责任的规范模式与具体规则》，载《当代法学》2013年第1期。

员会的监督管理工作。许多国家设立了高级别的委员会或机构专门负责对本国伦理审查委员会的监管，如澳大利亚的全国卫生与医学研究委员会，加拿大的国家人类研究伦理委员会，瑞典的中央伦理审查委员会等。①

第四节　国家科技伦理咨询机构

2019 年 7 月，习近平总书记主持召开中央全面深化改革委员会第九次会议并发表重要讲话，会议审议通过了《国家科技伦理委员会组建方案》等文件，第一次提出了建立“国家科技伦理委员会”。会议指出，科技伦理是科技活动必须遵守的价值准则。组建国家科技伦理委员会，目的是加强统筹规范和指导协调，推动构建覆盖全面、导向明确、规范有序、协调一致的科技伦理治理体系。要抓紧完善制度规范，健全治理机制，强化伦理监管，细化相关法律法规和伦理审查规则，规范各类科学研究活动。② 2020 年 10 月 21 日，科技部正式对外公开宣布，我国已成立国家科技伦理委员会。2021 年 7 月 28 日，科技部发布的《关于加强科技伦理治理的指导意见（征求意见稿）》明确了国家科技伦理委员会的职能、定位，并对成员单位职责分工做了初步规定。③ 2021 年 12 月 17 日，中央全面深化改革委员会第二十三次会议审议通过了《关于加强科技伦理治理的指导意见》。会议指出，党的十八大以来，党中央组建国家科技伦理委员会，完善治理体制机制，推动科技伦理治理取得积极进展。要坚持促进创新与防范风险相统一、制度规范与自我约束相结合，强化底线思维和风险意识，把科技伦理要求贯穿到科学研究、技术开发等科技活动全过程，覆盖到科技创新各领域，加强监测预警和前瞻研究，及时从规制上做好应对，确保科技活动风险可

① 参见朱琳：《西方伦理委员会监管对我国的启示》，载《西部中医药》2017 年第 3 期。

② 参见李东：《组建国家科技伦理委员会！习近平为规范前沿科技发展指明方向》，载央视网，http://m.news.cctv.com/2019/07/26/ARTIjgtDRJqLcUmEO4FgQ54k190726.shtml。

③ 参见孙自法：《中国已成立国家科技伦理委员会》，载中国新闻网，https://www.chinanews.com.cn/gn/2020/10－21/9319022.shtml。该报道称，从中国国务院新闻办公室 2020 年 10 月 21 日在北京举行的“深入实施创新驱动发展战略，加快建设创新型国家”新闻发布会上获悉，作为不断深化科技体制改革、进一步改善创新生态的一项进展，中国已成立国家科技伦理委员会。科技部在发布会上向媒体提供的“十三五”时期中国科技创新进展情况称，成立国家科技伦理委员会，推动覆盖全面、导向正确、规范有序、统筹协调的科技伦理治理体系建设。

控。要避免把科技伦理问题泛化,努力实现科技创新高质量发展与高水平安全的良性互动。因此,2021年12月24日修订的《科学技术进步法》第103条第1款首次以法律形式对国家科技伦理委员会作出了规定:"国家建立科技伦理委员会,完善科技伦理制度规范,加强科技伦理教育和研究,健全审查、评估、监管体系。"本条规定历史性确立了国家科技伦理委员会的法律地位及其职责。组建国家科技伦理委员会的目的,在于"推动覆盖全面、导向正确、规范有序、统筹协调的科技伦理治理体系建设"。科技部《关于加强科技伦理治理的指导意见(征求意见稿)》提出,加强科技伦理治理,将有助于"有效防范科技创新可能带来的伦理风险,推动科技向善,实现高水平科技自立自强"。

具体而言,对科技伦理治理的强调,以及科技伦理治理的制度化、法治化,是为了应对进入21世纪以来,全球科技创新和新一轮科技革命及产业变革正重构全球创新版图、重塑全球经济结构带来的震撼和影响。正如习近平总书记指出:"以人工智能、量子信息、移动通信、物联网、区块链为代表的新一代信息技术加速突破应用,以合成生物学、基因编辑、脑科学、再生医学等为代表的生命科学领域孕育新的变革,融合机器人、数字化、新材料的先进制造技术正在加速推进制造业向智能化、服务化、绿色化转型,以清洁高效可持续为目标的能源技术加速发展将引发全球能源变革,空间和海洋技术正在拓展人类生存发展新疆域。总之,信息、生命、制造、能源、空间、海洋等的原创突破为前沿技术、颠覆性技术提供了更多创新源泉,学科之间、科学和技术之间、技术之间、自然科学和人文社会科学之间日益呈现交叉融合趋势。科学技术从来没有像今天这样深刻影响着国家前途命运,从来没有像今天这样深刻影响着人民生活福祉"。① 其中,(人类)基因组乃是生命科学史迄今为止最具影响力的发现之一,而2018年发生的贺某奎事件,则在一定程度上促进和加速了国家科技伦理委员会的成立和建设。正是出于这个原因,本节专门就国家科技伦理委员会问题展开探讨。在本节的第一部分,我们将对全球范围内具有代表性的国家生命伦理委员会的制度架构进行简要的介绍和比较研究;在本节的第二部分,将对我国新建立的国家科技伦理委员会的制度建设展开初步讨论。

---

① 李东:《组建国家科技伦理委员会!习近平为规范前沿科技发展指明方向》,载央视网,http://m.news.cctv.com/2019/07/26/ARTIjgtDRJqLcUmEO4EgQ54k190726.shtml。

一、全球范围内具有代表性的国家生命伦理委员会建设实践

生命伦理的研究到目前已经有70多年的历史。1946年制定的《纽伦堡法典》确立了一系列人体试验和生命伦理的基本原则。1948年国际医学大会颁布《医学伦理学日内瓦协议法》，则被认为是西方现代医学伦理学诞生的标志。一般认为，生命伦理"主要涉及人体的发病机制、药物试验和公共卫生的研究，科技伦理则涉及物理、化学、能源、环境、人工智能、数据伦理等"。因此，科技伦理的范畴要大于生命伦理。目前，绝大多数国家只有国家级的生命伦理委员会，我国的国家科技伦理委员会是全球范围内第一个以科技伦理命名的国家级委员会。

限于篇幅，本节对具有代表性的国家生命伦理委员会进行简要介绍，这3个委员会分别是法国国家生命科学与健康伦理咨询委员会（Comite Consultatif National d'Ethique pour les Sciences de la Vie etdeią Sante，CCNE）、英国的纳菲尔德理事会（The Nuffield Council）和美国的总统生命伦理研究委员会（President Commission for the Study of Bioethical Issues，PCSBI）。

（一）法国国家生命科学与健康伦理咨询委员会

法国国家生命科学与健康伦理咨询委员会，是根据弗朗索瓦·密特朗（François Mitterrand）于1983年2月23日的法令创建的，该委员会的使命被界定为"针对生物学、医学和公共卫生学领域的知识进步所带来的伦理和社会问题提供咨询意见"（CCNE可以给各种政府机构或研究机构提供咨询）。① 它的前身是法国国家卫生与医学研究所（INSERM）[相当于美国的国立卫生研究院（NIH）]的伦理委员会。CCNE积极地通过发布报告的方式确立行为准则和提供相关的专业知识，将对人的医学研究制度化，其大量的观点和报告的内容涉及人体试验、人类胚胎研究以及辅助生殖技术、遗传信息的获取和基因组编辑等。尽管CCNE没有任何执法权，但它仍然是法国生命伦理制度框架中的关键角色，它所发布的报告是法国国民议会辩论中被引用最多的资料（见表4－1）。

---

① 参见CCNE官方网站，载https://www.ccne-ethique.fr/fr/pages/textes-fondateurs。

表 4 –1　CCNE 创立和职能扩展所依据的法律和法令

法律/法令	内容
1983 年第 83 – 132 号法令	根据总统令创建成立 CCNE
1994 年 7 月 29 日法令	CCNE 注册
1997 年 5 月的法令	关于卫生和生命科学全国协商伦理委员会的法令
2004 年 8 月 6 日的法令	生命伦理法的修订和 CCNE 权力的扩展
2005 年第 2005 – 390 号法令	关于组织、运作、指定成员和提交 CCNE 方法的法令
2011 年 7 月 7 日第 2011 – 814 号法律	与生命伦理相关
2015 年 11 月 4 日第 2015 – 1403 号法令	关于某些独立行政当局和独立公共当局成员的抽签任命方法
2011 年 7 月 7 日第 2011 – 814 号法律	在其第 1.46.48 条、第 1.46.49 条中赋予 CCNE 新的权力和义务，这些条款已编入公共卫生法典第 L. 1412 – 1 条至第 L. 1412 – 6 条。这些规定扩展了 CCNE 的使命

1. CCNE 的职权范围

首先，委员会的职责在于对面临艰难(道德)困境的研究方案，进行强制的审核，而不管(涉及人体)的试验的执行机构是谁；其次，委员会对其认为重要的生物医学实践的伦理问题可以采取应对行动；最后，也是非常重要的一点，委员会有权向政府部门提供关于立法和监管的咨询和建议，尤其是可以提供立法方案草案建议(legislative proposals)，当然，由于委员会是咨议性质的机构，所以不具备执法权。

2. CCNE 的人员构成

CCNE 由科学家、医生、哲学家、法学家、各类宗教信仰的神学家(这个类别于 2013 年 9 月被政府废止)和记者组成，是法国唯一一个完全不依赖任何政府监管机构的由法国及国际人士组成的独立的国家级咨询委员会，但其成员的任命方式由法国法律确定。CCNE 由 1 名主席、39 名委员以及名誉主席组成。CCNE 的人员组成结构具体如表 4 – 2 所示。

表4－2　CCNE的人员构成

人员	产生方式
主席(1名)	CCNE主席由法兰西共和国总统任命,任期2年,可连任。委员会委员任期4年(可连任一次),每两年换届一半人选。 CCNE第一任主席是让·伯纳德(Jean Bernard)教授(1983～1993年),接下来是让－皮埃尔·尚热(Jean-Pierre Changeux)教授(1993～1999年)、迪迪埃·西卡德(Didier Sicard)教授(1999～2007年)、阿兰·格里姆菲尔德(Alain Grimfeld)教授(2010～2012年)、让－克洛德·阿梅森(Jean-Claude Ameisen)教授(2012～2016年)和让－弗朗索瓦·德尔弗雷西(Jean-François Delfraissy)教授(2016年12月4日任命,2019年连任至今)
委员(共39名)	具体组成见下
5位"主要哲学和精神思想领袖"人物	由共和国总统任命
19位知名人士	因"他们的能力和对道德问题的兴趣"而被选中,包括: (1)由议会两院(国民议会和参议院)的主席各自任命的1名代表和1名参议员; (2)由本理事会副主席任命的国务理事会成员; (3)最高法院第一院长任命的最高法院顾问; (4)由总理委任的人; (5)由法务大臣、法务大臣任命的人; (6)2名由负责研究的部长任命的人士; (7)由工业部长任命的人; (8)由社会事务的部长任命的人; (9)由负责教育的部长任命的人; (10)由负责劳工的部长任命的人; (11)由负责卫生的部长任命的4名人士; (12)由部长任命的负责通信的人; (13)由负责家庭事务的部长任命的人; (14)由负责妇女权利的部长任命的人

续表

人员	产生方式
15 位属于“研究部门”的人物	(1)科学院院士,由院长任命; (2)由其主席任命的美国国家医学科学院成员; (3)由管理人任命的法兰西学院代表; (4)巴斯德研究所的代表,由其主任任命; (5)来自国家卫生与医学研究所或国家科学研究中心(CNRS)的 4 名研究人员和 2 名工程师、技术人员或管理人员,由这 2 个组织的总干事各任命一半; (6)2 名出现在国家卫生与医学研究所选举名单上的教师——研究人员或医院和大学的教学和医院工作人员,由该研究所的总干事任命; (7)由大学校长会议任命的两名教师研究人员或医院和大学的教学和医院工作人员; (8)1 名属于国家农艺研究所专职研究人员队伍的研究员,由该研究所总裁兼首席执行官任命
秘书长	负责协调委员会的工作

3. 任期及相关规则

根据 2017 年 1 月 20 日第 2017 - 55 号法律第 24 条规定,本委员会主席的任期为 2 年,可连选连任。委员会其他成员的任期为 4 年,可连任一次,但须符合章程第二章第 3 条的规定。第 3 条主要涉及委员会成员的性别平等问题,规定除主席外的委员会成员中,女性人数与男性人数之差不得大于 1。为此,在 2016 年 4 月 13 日之后的历次修改中都对委员的性别进行规定:

(1)如果某个机构提名任命的委员人数为偶数,那么女性与男性人数必须相同;

(2)如果某个机构只能指定 1 名委员,应当交替指定 1 名女性和 1 名男性候选人;

(3)需要指定多于 1 个的奇数成员的机构,应当交替指定更多的女性或更多的男性,且每个机构任命的女性人数与男性人数之间的差异不能大于 1。

此外,该章程第二章第 4 条规定,如果因任何其他原因死亡、辞职或终止职务,则在剩余任期空缺时任命的成员,其性别必须与其接替者的性别相同。

4. CCNE 的工作机制及涉及胚胎和遗传学问题的生命科学领域立法

1984 年 5 月 22 日,CCNE 发表了其第一份意见,标题为《基于治疗、诊断和科学目的对死亡的人类胚胎和胎儿组织取样》。从那时起,该委员会就胚胎状态、产前诊断、器官捐献条件、获取和使用干细胞、生命终结权(安乐死)、健康等议题公开发表了100条意见或报告。2019年9月,CCNE发布了其第133号意见,题目为《基因编辑的伦理挑战:在希望和审慎之间》。

但由于CCNE没有执法权,仅仅靠伦理准则,该委员会很难去解决科研人员和受试者之间的冲突问题,因此,立法被提上了议事日程。该委员会的职权也被随后的一系列法令所修正、明确和固化,同时,委员会也不断推动相关的立法工作。1988年,根据CCNE的指示,法国最高行政法院(Conseil d'état)开展了一项名为"从伦理到法律:生命科学"(De l'éthique au droit: sciences de la vie)的研究,该报告建议针对相关生命科学与生物科技的快速发展所引起的潜在公共政策的问题,应通过公开辩论来征求社会意见,进行立法活动的准备工作。① 1988年12月20日,法国通过了88-1138号法案,②又称为Huriet-Sérusclat法,③涉及保护参与生物医学研究的参与者,并依照该法设立了生物医学试验受试者保护咨询委员会(Comités consultatifs de protection des personnes dans la recherche biomédicale, CCPPRB),④CCPPRB出具的审查意见是进行任何人体医学实验的前提,审查意见虽不具有约束力但可以为医学研究管理机构提供参考。

1994年,3项关于生命伦理的单行立法生效,分别是第94-548号法案,涉及健康领域研究数据的处理;⑤第94-653号法案,涉及对人类身体的尊重;⑥第94-654号法案,涉及有关人类身体的部分及产物的捐赠与利用、医学辅助生殖和产前诊断,⑦

---

① See Conseil d'État, *De l'éthique au droit: sciences de la vie: Notes et études documentaires*, Paris La Documentation française, 1988, p.4810.

② Loi n. 88-1138 du 20 décembre 1988 relative à la protection des personnes qui se prêtent à desrecherches biomédicales.

③ 因为是参议员克洛德·胡里特(Claude Huriet)和弗兰特·塞鲁斯克拉特(Franck Sérusclat)共同发起倡导设立了这部法律。

④ 于里埃(Huriet)医生曾指出,该法案的立法背景:"法国在生命科学、医学领域的立法现状很让人费解,这一领域既没有任何法律保护个人利益,也没有任何法律保护医生和研究人员的权利,而使研究人员和医生处在违法的境地,这一情况特别不利于医药行业的发展。"

⑤ Loi n. 94-548 du 1er juillet 1994 relative au traitement de données nominatives ayant pour fin la recherche dans le domaine de la santé et modifiant la loi n. 78-17 du 6 janvier 1978 relative à l'informatique, aux fichiers et aux libertés.

⑥ Loi n. 94-653 du 29 juillet 1994 relative au respect du corps humain.

⑦ Loi n. 94-654 du 29 juillet 1994 relative au don et à l'utilisation des éléments et produits du corps humain, à l'assistance médicale à la procréation et au diagnostic prénatal.

这3部法律为法国生命伦理学的发展制定了具体的规制框架。1999年的多莉羊克隆事件,导致2004年8月6日对第94-654号法案的修订。在这次修法中,"生命伦理"一词首次作为法案名称出现在法国的实在法中。依据该法,法国成立了生物医学署(ABM),致力器官移植、干细胞、胚胎移植和遗传学研究,并直接向议会、政府和CCNE报告其活动和法律的实施情况。2011年7月7日通过的第2011-814号法案,[①]对2004年的生命伦理规定进行修订。在机制设计上,授权CCNE定期组织公众公开辩论,称为"生命伦理大会"(États généraux de la bioéthique)。生命伦理大会由被选为代表社会多样性的公民组成,对公民进行培训和参加大会的专家根据独立、多元和多学科的标准来选择。[②] 任何涉及生物学、医学和健康领域的知识进步所带来的伦理问题和社会问题的立法倡议,都必须先以生命伦理大会的形式进行公开辩论。在没有立法倡议的情况下,CCNE需要至少每5年组织一次生命伦理大会。根据大会内部达成的结论,由CCNE起草报告,将其提交给法国议会的科技选择评估办公室(Office Parlementaire d'Évaluation des Choix Scientifiques et Technologiques, OPECST)进行评估。[③]

(二)英国纳菲尔德生命伦理学理事会

纳菲尔德生命伦理学理事会(Nuffield Council on Bioethics)是一个英国的独立慈善机构,负责检查和报告由生物和医学研究的新进展引发的生命伦理和健康问题。该理事会成立于1991年,由纳菲尔德基金会、医学研究委员会和维亚康姆信托基金资助。虽然理事会是一家独立的、带有民间性质的非营利组织,但其在很大程度上扮演了英国的国家生命伦理委员会的角色,世界卫生组织的相关报告也对此进行了确认。事实上,纳菲尔德生命伦理理事会的成立,就是为了回应外界对英国缺乏负责评估生物医学和生命科学技术发展的伦理影响的国家级机构的担忧。

1. 理事会的目标与工作领域

纳菲尔德生命伦理学理事会成立的目标,[④]是通过及时考虑生物和医学研究提

① Loi n. 2011-814 du 7 juillet 2011 relative à la bioéthique.
② Ibid., art. 46. Code de la santé publique(CSP), arts. L1412-1-1 and L1412-3-1.
③ Ibid., art. 47.
④ 参见纳菲尔德生命伦理学理事会官方网站,载https://www.nuffieldbioethics.org/。

出的伦理问题为政策和公共辩论提供信息，以便以符合公共价值观的方式实现社会助益。

理事会工作领域包括：

(1)识别和定义由生物和医学研究的最新发展引起、涉及或可能涉及公共利益的伦理问题；

(2)在相关利益有关方的适当参与下，安排对此类问题的独立审查；

(3)告知并参与有关这些伦理问题的政策和媒体辩论，并就与理事会已发表或正在进行的工作，以及相关或衍生的新问题提供知情评论；

(4)向政府或其他相关机构提出政策建议，并通过发布的报告、简报和其他适当的产出传播其工作成果。

理事会通过让公众、专业人士、政治和政策利益有关方参与进来，以确保理事会了解并响应他们感兴趣和关注的主要问题。由此，理事会可以接纳广泛的专业知识和意见，以开发出一系列高质量的产出和研究成果。理事会因此为专业和政策领域的当代生命伦理讨论作出贡献，通过及时、实用和其他相关的方式向政府或其他机构提出建议。理事会还通过在国内和国际媒体、政策和专业论坛上发挥积极作用，引领英国国内外关于生命伦理问题的公开讨论。

理事会认为其职权表述不要求其在所有报告中采用相同的道德框架或同一套原则。因此，理事会不受特定哲学流派的价值观(如功利主义、义务论、美德伦理学)或生命伦理学方法的约束，如“生命伦理学四项原则”(自主、正义、善行、非恶意)，或巴塞罗那原则(自主、尊严、正直、脆弱性)等。

2. 纳菲尔德生命伦理学理事会的治理架构

管理委员会(Governing Board)。理事会的最高决策机构是管理委员会，于2017年成立。管理委员会负责审核与监督理事会的工作，确保理事会在其职权范围内运作，并根据拨款条款和资助条款以及战略计划的目标开销。具体而言，管理委员会批准理事会的主题选择、预算和年度工作计划，并监督风险管理和财务运营。管理委员会每年召开两次会议，纳菲尔德生命伦理理事会主席和主任列席治理委员会会议。管理委员会主席和它的其他成员是独立的，由资助者任命和支付报酬。

理事成员委员会(Membership Committee)。理事会设置“理事成员委员会”，负责向理事会推荐未来的理事会成员，委员会主席来自外部。

理事会成员会议(Council Members)。理事会(成员)会议的主要作用是审议战略方向、确定主题、审查正在进行的工作以及监督产出和活动的范围及质量等问题。理事会成员会议在项目关键阶段对工作组的工作进行严格审查,以便于报告的最终通过。纳菲尔德生命伦理理事会主席由纳菲尔德基金会与其他资助者协商任命。主席任期5年。理事会成员来自科学、医学、社会学、哲学和法律等相关专业领域,任期最初为3年,可延长3年任期。当出现空缺时,理事会会广泛宣传。理事会的成员咨询小组从广告回复者中选出未来成员并向理事会提出建议。纳菲尔德生命伦理学理事会现有理事成员共18人(包括理事会主席),成员包括科学家、公共卫生学者、出庭律师、作家、哲学和法学学者、遗传学者、教育学学者、心理学学者、社会学学者、老年问题非政府组织负责人、伊斯兰问题研究者和商业界人士,其历任主席如下:

大卫・阿查德(David Archard)教授(2017年至今);

乔纳森・蒙哥马利(Jonathan Montgomery)教授(2012~2017年);

阿尔伯特・韦尔(Albert Weale)教授(2008~2012年);

鲍勃・赫普尔(Bob Hepple)教授/爵士(2003~2007年);

伊恩・肯尼迪(Ian Kennedy)教授/爵士(1998~2002年);

奥尼尔(O'Neill)男爵夫人(1996~1998年);

帕特里克・奈恩(Patrick Nairne)爵士(1991~1996年)。

经理执行团队(executive)。执行团队提供项目管理支持,协助起草和研究理事会的出版物。执行团队的工作人员组织研讨会、会议、活动,并在专业和公开会议上代表理事会。该团队还履行管理理事会的财务、行政和对外关系职能。高级工作人员向理事会简要介绍其工作计划的进展,并就未来的主题提供建议等。纳菲尔德生命伦理学理事会目前的经理执行团队成员约15人。

3. 资助

该委员会于1991年至1994年完全由纳菲尔德基金会资助。自1994年以来,该委员会一直由纳菲尔德基金会、医学研究委员会和威康信托基金以5年滚动制度联合资助。在每个5年期结束时,通过外部审查以保证持续支持。在最近一次融资投标完成后,资金资助已确认至2022年。

4. 工作方式与工作成果

该理事会通过“水平扫描项目”选择要研究的主题,该项目旨在确定与生物和医学研究相关的发展前沿问题。理事会成员每季度开会讨论正在进行的工作，审查引发伦理问题的医学和生物学研究的最新进展，并选择和确定需要进一步探索的主题。理事会以其深入调查研究而闻名，研究过程通常需要 18～24 个月，由专家工作组监督，并通过广泛的咨询和研究获取信息。理事会成员得到执行团队的支持，其进行研究、参加和组织会议和活动、传播工作并跟进理事会的建议。

理事会为政策制定者提供新兴科技与生物医药技术发展涉及的伦理和社会问题的政策简报（一般不超过 8 页），通过生命伦理简报提供围绕特定主题的伦理问题摘要，向议员简要介绍即将举行的辩论，回应政策磋商并直接与决策者和对该工作领域感兴趣的人进行接触。理事会最有全球影响力的产品，是“纳菲尔德”生命伦理学报告。自 1993 年以来，理事会已经发表了 36 份报告，其中包括我们熟知的 2018 年关于人类可遗传基因组编辑的报告，其他有涉及大规模公共卫生危机应急伦理、人类胚胎培植、医美问题、儿童和临床研究问题、生物医药和健康产业大数据、新兴生物技术、线粒体 DNA 紊乱、生物燃料、动物研究伦理、基因检测、第三世界国家的转基因粮食问题、遗传和人类行为、干细胞、异种移植、精神紊乱与遗传、人体组织研究等。这些公开报告因其作者的深厚学养和在国际学术界的影响力、对新兴技术发展和伦理社会问题捕捉的敏感性，以及报告本身的高质量与可读性，得以在全球生命伦理学研究者以及政策决策者间广为流传，在不同时间和场域，对不同国家的相关领域学术研究的议程设定、新兴技术的发展和可及、精英智识辩论、公共话语塑造，以及规制和立法等，均产生不同程度的影响，因此该理事会也被外界公认为是一家在生命伦理学研究领域享有世界声誉的英国智库。

（三）美国总统生命伦理问题研究委员会

总统生命伦理问题研究委员会（Presidential Commission for the Study of Bioethical Issues，PCSBI）根据奥巴马于 2009 年 11 月 24 日签署的第 13521 号总统行政命令创建。PCSBI 就生物医学和相关科学技术领域的进步引起的生命伦理问题向奥巴马提供建议。它取代了由乔治·W. 布什任命的总统生命伦理理事会（The President's Council on Bioethics，该理事会为布什政府提供生命伦理方面的政策和治理建议），以及更早之前在克林顿政府时期设立的国家生命伦理咨询委员会（National Bioethics Advisory Commission，1996～2001 年）。

总统生命伦理问题研究委员会由一名专职工作人员提供后勤保障,该工作人员为其活动提供了研究、交流、管理和行政支持。丽莎·李(Lisa M. Lee)(2012~2017年)和瓦莱丽·博纳姆(Valerie Bonham)(2010~2011年)分别担任过执行董事。生命伦理委员会的研究人员、高级顾问和顾问包括公共卫生科学家、教育家、律师、哲学家、遗传学家和历史学家等。

PCISBI 于 2010 年制定了章程,并分别在 2012 年、2014 年和 2016 年进行了修订。根据 2016 年修订后的章程,PCSBI 的延续必须由总统决定(第 4 版章程决定该委员会将授权存续到 2017 年 9 月 30 日)。2017 年特朗普上台后,没有签署延续 PCSBI 的相关行政令,PCSBI 由此被解散,迄今也没有恢复。目前,其部分职能被美国国家科学院(NAS)和拜登于 2021 年上台后新整合的白宫科技政策办公室(White House Office of Science and Technology Policy,OSTP)所取代(NAS 近年出版了多份关于人类基因组编辑方面的权威报告)。

PCSBI 虽然已经被解散,但其存在和运作机制依然值得研究。PCSBI 的法律基础,是美国公法 92-463 的诸条款及其随后的修订条款(5 U. S. C. App.),这些法律条款为 PCSBI 的组建和运作提供了法律基础。

1. PCSBI 的目的和活动范围

PCSBI 的目的,是就生物医药和相关科技领域的进展引发的伦理问题向总统提供建议。由此确定和推动相关政策实践,以确保科学实验、健康服务、技术创新以一种伦理上负责任的方式进行。PCSBI 不会就具体科研项目进行伦理审查或批准,但如果认为合适,其将就行政当局、政府机构和公众推荐的事项进行考量。

PCSBI 的具体工作包括:(1)识别和审核生物医药、健康服务及其他科技领域进展可能导致的生命伦理、法律和社会潜在影响;(2)就相应的法律、规制和政策行动提供建议;(3)批判性审视各方观点,探索有益的国际合作解决之道。

PCSBI 的审视可以聚焦于特定的技术,如干细胞制造、基因测序的知识产权、生物标记物、神经科学和机器人科技等;但也可以超越单纯的技术,聚焦于保护人类受试参与者、科研诚信、利益冲突问题,以及科技与人权等。

2. 管理流程与架构

报告。PCSBI 直接对总统提出建议,美国卫生和人类服务部(HHS)负责依据《联邦咨询委员会法案》(Federal Advisory Committee Act,FACA)第 6 段 b 款的要求，填写完成相关跟踪报告。

支持及预算。HHS 负责依法为 PCSBI 提供资金和行政支持，并设立项目办公室和配备员工。项目办公室设在卫生部助理部长办公室（Office of Assistant Secretary for Health，OASH），OASH 负责监督该部门的主要公共卫生办公室和项目、多个总统和秘书咨询委员会、全美 10 个地区卫生办公室以及外科医生办公室和美国公共卫生服务委员会等。而 OASH 本身则是 HHS 秘书办（Office of Secretary，负责所有行政事务）的一个分支。PCSBI 主席的职务要求，总统行政办公室下属各机构有义务依法提供相关信息或提供相应帮助。PCSBI 年预算约 275 万美元（其中包括差旅在内的行政开销 135 万多美元，人员工资费用 139 万多美元）。

管理架构。对 PSCBI 提供支持的项目办公室设有一位执行主任，他同时也是一位设定联邦官员（Designated Federal Officer，DFO），由 HHS 的部长经与 PCSBI 主席和副主席协商后任命，这个官员位置的任命依据也是 FACA。根据该法，DFO 或联邦政府雇员主持或出席每次咨询委员会会议，并被指定和授权，只要她/他认为符合公共利益，即可以停止任何此类会议。该项目主任在卫生部助理部长（ASH）的领导下工作，但也在一个一般性的政策框架内（该框架由立法、行政部门、HHS 设定，兼顾本届政府、HHS 和 ASH 的政策和偏好），听命于得到授权的官员。该执行主任有权参加 PCSBI 及其分委会的所有会议，并准备所有会议议程，由主席和副主席最终确定，且有权出于公共利益要求休会。

会议组织。PCSBI 一年至少组织四次会议，此外可以组织听证。会议和听证都是公开的，除非 HHS 部长或得到授权的官员依法决定不予公开（或部分不公开），但这种情况下，需要提交一份报告，列明参会者及地址、会议内容和日期，以及该财年内所有 PCSDI 活动和建议的摘要。该报告副本需要提交卫生部负责委员会问题的管理官员（Committee Management Officer）。

委员会成员构成。PCSBI 的专家委员会应当不超过 13 名成员。成员来自生命伦理、科学、医药卫生、技术、工程、法律、哲学、神学，以及其他人文与社会科学领域的专家，均由总统任命。其中，至少 1 名（但不超过 3 名）人士应当是由总统从行政部门确定的生命伦理学家或科学家，他们本身就是政府雇员。从私营部门或其他部门进入委员会的成员，将被视为政府的“特殊雇员”。总统将从成员中任命一位委员会主席和一位委员会副主席，主席主持所有会议，确定会议议程；副主席在主席缺席时履行主席职责，同时负责主席分配的工作。委员会成员任期2年，可连选连任。成员在继任者尚未任命时，继续留任，即便任期已到。继任者因此只能在剩下的日期履职，但可以连选连任。成员任职期间不领取政府津贴，但可以报销差旅等费用，包括差旅补助。

分委会设置。委员会设立分委会，分委会成员包括委员会成员和非成员身份的特别顾问。非成员特别顾问由委员会正副主席、执行主任在与上级主管领导协商后选定，分委会的活动须遵守FACA关于分委会的指南规定，并向委员会提交报告。

二、中国国家科技伦理委员会

如前所述，科技伦理的范畴比生命伦理宽一些。但科技伦理治理的要义，依然离不开人的主体（Human Subject）或者人的健康这一议题，因此两者存在很大的共性。在科技部发布的《关于加强科技伦理治理的指导意见（征求意见稿）》中，也体现出这一点。其在第3点“构建科技伦理治理体制”中指出，“国家科技伦理委员会指导和统筹协调推进全国科技伦理治理体系建设工作，是科技伦理最高咨询、审查、规制、组织协调机构。科技部承担国家科技伦理委员会秘书处日常工作，国家科技伦理委员会各成员单位按照职责分工负责科技伦理规范制定、审查监管、宣传教育等相关工作。地方各级政府和相关行业主管部门具体负责本地方、本系统科技伦理治理工作”。这是迄今为止对国家科技伦理委员会最全面的一个定义和权威表述。从该条规定可以看出：(1)国家科技伦理委员会指导和统筹协调全国科技伦理治理工作；(2)工作范围包括咨询、规制、组织协调和审查；(3)秘书处设置在科技部；(4)国家科技伦理委员会的构成单位多元化，是一个多部门合作机制；(5)各部门间有职责分工；(6)地方各级政府和行业主管部门以属地或工作领域（系统）为原则，负责伦理治理工作。

从上面的表述可以看出，国家科技伦理委员会是我国科技伦理治理顶层设计中的最高权力机构，从中央到地方，有着很大的行政管理和协调权力；国家科技伦理委员会本身是一个规制机构，有一定程度的行政立法权，其又是一个监管机构，即有执法权；其同时又具有伦理审查功能的机制，但这一机制如何运作，如何避免角色和利益冲突，尚需进一步明确。

关于国家科技伦理委员会的规制和监管职能，《关于加强科技伦理治理的指导

意见(征求意见稿)》第4点中指出:

1. 要细化科技伦理规范和标准。制定生命科学、医学、人工智能等重点领域的科技伦理规范、指南等,研制科技伦理相关标准,完善科技伦理标准体系,明确科技伦理要求,引导和规范科技人员合规开展科技活动。

2. 要完善科技伦理监管制度。明晰科技伦理的监管职责,完善科技伦理监管流程和科技伦理审查、风险处置、违规处理等监管规则。建立科技伦理(审查)委员会的设立标准、运行机制和内控制度等。不得把未经中国政府批准的认证机构的认证作为评价、考核或资助科技伦理(审查)委员会的标准或条件。

3. 提高科技伦理治理法治化水平。加强科技伦理重点领域的立法研究,及时将重要的科技伦理规范上升为法律法规,强化对违背科技伦理要求行为的责任追究。

从这几点意见来看,国家科技伦理委员会未来将承担依照不同场景区分后的各种"伦理指南""伦理规范"等大量"软法"的制定,关于分场景软法的制定,前面的章节已经有过论述,此处不再赘述。因此,国家科技伦理委员会拥有相应的监管职能,但这一职能也需要进一步细化和明确,在不同的政府部门间做好协调;国家科技伦理委员会在监管当中的职权和角色也要明确,如有无行政处罚权、复议的程序和相应部委的执法角色分工等。

《关于加强科技伦理治理的指导意见(征求意见稿)》第7点"组织实施"中规定:"各级党委和政府要高度重视科技伦理治理,强化底线思维,细化、落实党中央、国务院关于健全科技伦理体系,加强科技伦理治理的各项工作部署,完善组织领导机制,明确分工,扎实推进,着力防范科技创新带来的重大伦理风险。相关行业主管部门和各地方应定期向国家科技伦理委员会报告履行科技伦理监管职责工作情况并接受监督。"这意味着,国家科技伦理委员会在科技伦理治理领域,对地方有领导和监督的权限,因此其不仅是一个行业性规制和监管机制,还是一个自上而下的涉及行政管理的机构体系。

整体而言,《关于加强科技伦理治理的指导意见(征求意见稿)》将为中国的科技伦理治理初步搭建起一个战略框架。当然,科技伦理治理和科技伦理委员会建设,还需要有很长的路要走,其制度设计和管理架构,也迫切需要进一步细化,并在实践中进一步完善。具体而言,下一步应考虑如下几个方面的问题:

1. 国家科技伦理委员会具有规制和监管功能,即立法和司法(执法)以及行政功能的一体化,这就需要我们在规制和监管制度的完善方面做更多的工作。例如,如何在立法和执法间建立防火墙,如何避免内部的利益冲突等。

2. 依照《关于加强科技伦理治理的指导意见(征求意见稿)》,国家科技伦理委员会具有审查(伦理审查)功能。原则上,全球范围内的国家生命伦理委员会不具有具体问题/科研项目的伦理审查功能,委员会一般是为政府提供权威性的政策意见和报告,有着(科技伦理政策)最高咨询机构的性质。但是,在科技伦理委员会之下,可以分类设立伦理审查委员会(如医院伦理审查委员会、科技伦理审查委员会等),但需要明确一下两种关系:

(1)国家科技伦理委员会和各种伦理审查委员会之间的关系;

(2)各类别伦理审查委员会之间的关系及其协调,以及相应的监管体系。

3. 进一步理顺和协调与地方政府的关系,做好顶层设计。例如,地方政府的相关立法权限和国家科技伦理委员会是何种关系?地方政府的相关决策,是否一定需要通过国家科技伦理委员会的审议?与地方进行协调的机制和抓手是什么(如是否需要在科技厅建立相应项目办公室)?这些还都需要进一步探讨、研究。

4. 国家科技伦理委员会的内部管理架构、委员的遴选、任期、经费、部门协调机制、委员的工作程序等,也需要在实践中逐步探索和明确。

第五章　人类辅助生殖技术的法律规制

人类胚胎的基因编辑在本质上是一个由辅助生殖所引发的问题。生育不仅是个体之间的私密性话题，也是人类社会永恒的公共性议题之一。费孝通先生指出，生育维系着人类社会结构的完整性以及促成了社会分子的新陈代谢，人类种族在这一过程中得以延续，人类个体也因此得以生存。[①] 然而，据学者研究，不孕不育目前已成为当前影响人类健康的第三大问题。尤其是近几十年以来，受婚姻和生育年龄的推迟、自然环境污染加剧、膳食结构不合理、生活节奏加快等众多因素的影响，不孕不育正呈现出明显上升的趋势。[②] 人类辅助生殖技术（Assisted Reproductive Technology，ART）的出现使人类逐渐能够对生育过程进行人为干预和操控，在解决不孕不育和优生优育等问题方面极大地增进了人类的福祉。自 1978 年世界首例试管婴儿在英国诞生以来，ART 在世界范围内得到推广和应用。据统计，目前我国每年试管婴儿数量逾 20 万例次，成为世界范围内 ART 治疗的第一大国。[③] 因此，作为一种“新兴技术”，ART 的重要特征之一就是其会产生一些人们从来没有预见过的新的伦理问题。[④] 法律作为最低限度的伦理共识也无法在这一过程中“独善其身”。从 2014 年的“宜兴冷冻胚胎案”到 2016 年的“全国首例‘代孕’子女监护权案”，再到 2018 年的“基因编辑婴儿事件”，无不昭示着 ART 正在不断地重塑人类社会关系，传统治理模式的预设场景发生了重大变化。

---

① 参见费孝通：《乡土中国 生育制度 乡土重建》，长江文艺出版社 2019 年版，第 137 ~ 153 页。

② 参见孙文希、胡凌娟：《国内外不孕不育症现状及我国的干预策略探讨》，载《人口与健康》2019 年第 12 期。

③ 参见张燕、言懿：《辅助生殖第一大国》，载《中国经济周刊》2021 年第 11 期。

④ 参见雷瑞鹏、邱仁宗：《新兴技术中的伦理和监管问题》，载《山东科技大学学报（社会科学版）》2019 年第 4 期。

就目前而言,ART 的治理体系存在技术治理、伦理治理和法律治理三条主线。虽然三者各自秉持着不同的治理逻辑,但关系也并非不可调和。一方面,技术治理作为一种政策工具,其秩序载体是社会治理的制度;另一方面,伦理作为一种价值共识,它构成沟通技术治理与法律治理之间的"媒介",人们在合乎伦理的技术治理和法律治理的过程中获得符合自身期望的"效益",技术或者制度也由此获得了信任和合法性。[①] 由此可见,适度调适技术、伦理与法律三种治理机制是实现 ART 领域治理体系和治理能力现代化的重点。

第一节　人类辅助生殖的技术背景

我国《人类辅助生殖技术管理办法》第 24 条规定,本办法所称人类辅助生殖技术是指运用医学技术和方法对配子、合子、胚胎进行人工操作,以达到受孕目的的技术,分为人工授精(Artificial Insemination, AI)和体外受精 - 胚胎移植技术(In Vitro Fertilization and Embryo Transfer, IVF-ET)及其各种衍生技术。美国国家科学院和美国国家医学院将 ART 界定为"一种通过实验室处理配子(卵子和精子)或胚胎的生育治疗手段"。[②] 日本法务省在起草相关法律的过程中将"生殖辅助医疗"定义为"基于辅助生殖之目的而实施的医疗行为,具体包括人工授精、体外受精、显微授精、代孕等"。[③] 以上定义表明,ART 的目的在于帮助患有不孕不育症的夫妇生育后代。但随着技术的发展和成熟,其使用范围早已突破传统的"医学"界限。为便于后续分析讨论,我们将 ART 的使用目的区分为医学和非医学两大类,探究这些技术与可遗传基因组编辑之间的关联。此处的医学目的,是指帮助个体恢复、实现或替代人类正常生理机能,在辅助生殖领域可以理解为帮助不孕不育症夫妇生育后代。

---

① 参见王长征、彭小兵:《技术治理与制度道德》,载《自然辩证法研究》2020 年第 6 期。

② National Academy of Sciences, *Heritable Human Genome Editing*, The National Academies Press, 2020, p. 200.

③ 日本法務省「精子・卵子・胚の提供等による生殖補助医療により出生した子の親子関係に関する民法の特例に関する要綱中間試案」による,访问链接:https://www.moj.go.jp/MINJI/minji07_00071.html。

一、ART 的医学目的之运用

（一）人工授精技术

AI 的具体操作方式是，采用人工的方式将精子注入女性生殖道内以代替两性的自然结合，最终达到使女方受孕的目的。根据精子的来源不同，又可分为夫精人工授精（Artificial Insemination by Husband Semem，AIH）技术和供精人工授精（Artificial Insemination by Donor Semem，AID）技术两类。其中，AIH 所使用的精子来自女性的配偶，AID 使用的精子来自女性配偶以外的第三方男性。由于 AIH 的过程与自然生育最接近，因此通常不会引发伦理上的争议。

就技术的角度而言，AI 属于常规的助孕技术，主要适用于男性无法在自然生育过程中提供精子或者提供的精子质量不佳等原因而导致的不孕不育。与此同时，女性在这一过程中必须提供能够正常发育的卵子以及拥有健全的输卵管。此外，由于 AI 仅仅是通过人工操作的过程代替了两性生殖的过程，不会对精子和卵子的结合过程进行干预，因此无法进行基因筛查以避免遗传性疾病等操作。

（二）体外受精－胚胎移植技术

如果女性不能提供健康的卵子，或者女性的输卵管闭塞无法进行修复手术或者手术失败，又或者基于男女双方的原因而导致的不能生育，则需要通过 IVF-ET 实现受孕。IVF-ET 包括促排卵、取卵、体外受精和体外培养、胚胎移植四个阶段。具体而言，首先是将提取出的卵子置于培养皿内，经加入选取的精子后，使精卵在体外完成受精并发育成早期胚胎，并最终将该早期胚胎植入女性子宫的过程。值得注意的是，一般而言，在 ART 过程中提取的精子、卵子以及其后形成的胚胎需要进行冷冻储存，由此形成了配子/胚胎冷冻技术。

IVF-ET 通常被称作“第一代试管婴儿技术”。在 IVF-ET 的基础上，为治疗不同的临床不孕不育症状，先后衍生出了第二代、第三代和第四代试管婴儿技术，分别为胞质内单精子注射（Intracytoplasmic Sperm Injection，ICSI）、胚胎植入前遗传学诊断（Preimplantation Genetic Diagnosis，PGD）和胚胎植入前遗传学筛查（Preimplantation Genetic Screening，PGS）、卵母细胞胞浆置换技术（Germinal Vesicle Transfer，GVT）

等。应当说明的是,不同代际之间的试管婴儿技术之间并非纵向上的取代关系,而是根据患者的具体适应状况进行选择。

ICSI 是选择形态正常的单个精子注射到卵细胞胞浆内,使两者结合受精,形成受精卵后在体外培养为胚胎并移植到女性子宫内的过程。此项技术同样是针对男性原因而导致的不孕不育,但由于单个的精子缺少"自然选择"的过程,如果其携带有异常染色体,则可能存在较大的遗传病风险。根据遗传学研究显示,男性不孕不育患者经 ICSI 治疗后不仅可能将异常染色体遗传给后代,且新发染色体异常和遗传性异常较普通群体均明显增高。①

PGD/PGS 的目的在于帮助不孕不育夫妇生育健康的后代。这两项技术均是在精子和卵子结合成受精卵后,植入女性子宫之前,对胚胎进行的遗传学检测。其中,PGD 主要用于单基因相关遗传病、染色体病、性连锁遗传病、线粒体遗传疾病及可能生育异常患儿的高风险人群等。性连锁遗传病,是指致病突变发生在性染色体上,通过 PGD 可以判断胚胎是否携带该突变或通过鉴定胚胎的性别来判断胚胎是否携带突变,以将没有突变的胚胎移植到女性子宫中。这一过程的目的是生育健康后代,其间接结果是对胚胎的性别进行筛选,如为了避免纯合子母亲生育患有血友病(X 连锁隐性遗传)的后代,通过 PGD 筛选出女性胚胎。如果夫妻双方在没有明确的家族遗传史的情况下出现反复流产或者体外受精反复失败等情况,则可以通过 PGS 检查胚胎的染色体数目和结构是否异常,从而有效提高妊娠的成功率。

GVT 是将质量不佳的卵子与健康的卵子之间进行卵核置换,以增强卵子的活力,从而提高受孕的成功率。与其他 ART 仅诞生携带男女双方的遗传基因不同,通过 GVT 诞生的后代将携带不孕不育夫妇和第三方女性的遗传物质,导致了遗传学上至少"一父二母"的结果。也可能同时出现 2 个父亲(遗传学父亲、抚养父亲)和 4 个母亲(遗传学母亲、孕育母亲、抚养母亲以及胞浆移植和原核置换后的线粒体 DNA 遗传学母亲)。② 由于胚胎同时拥有两个生物学意义上的母亲,人们不免对"第四代试管婴儿"的遗传特征产生质疑,加之该类技术的安全性仍待验证,包括我国在

---

① See M. Bonduelle et al., *Prenatal Testing in ICSI Pregnancies: Incidence of Chromosomal Anomalies in 1586 Karyotypes and Relation to Sperm Parameters*, 17 Hum Reprod 2600(2002). 转引自李桑琳、李艳萍:《胞浆内单精子注射技术的安全性》,载《国外医学(计划生育/生殖健康分册)》2006 年第 4 期。

② 参见肖小丹:《第四代试管婴儿技术缔造"三亲婴儿"》,载《首都食品与医药》2017 年第 5 期。

内的多数国家目前并未允许这一技术的临床应用。①

（三）第三方协助下的辅助生殖（Third Party-Assisted ART）

当夫妇通过不育症治疗或传统的 ART 干预后仍无法生育时，他们可以尝试在第三方的帮助之下生育。该方式包括精子捐赠、卵子捐赠、“代孕”和胚胎捐赠。第三方捐赠配子（卵子和精子）通常适用于夫妇一方有严重遗传疾病、配子质量极低、无法产生配子，或男方输精管复通失败、射精障碍等。如果女性的身体健康无法承受妊娠风险，可以将该女性的卵子与其配偶的精子在体外结合后培养为胚胎，随后移植到另一位女性（“代孕者”）的子宫内，即“代孕”（Surrogacy）。通过该方式生育的后代，其在遗传上与“代孕者”不存在关联。胚胎捐赠，也被称为胚胎领养（Embryo Adoption），是指女性子宫被移植入一枚与自己没有遗传关系的胚胎。女性可以通过该种方式生育领养儿童，同时体验生育过程。胚胎领养从形式上看与“代孕”别无二致，一般应用在夫妇无法通过常规 ART 获得后代，经历反复 IVF 失败，或担心将遗传疾病传递给后代等情形。

（四）无创产前检测（Non-Invasive Prenatal Testing，NIPT）

无创产前检测，是指通过捕捉妊娠女性外周血中游离的胚胎或胎儿 DNA 进行基因检测。该技术目前主要用于检测胚胎和胎儿是否存在染色体异常，如 21－三体、18－三体和 13－三体等。此外，还可以对这些游离 DNA 进行全基因组测序（Whole Genome Sequence，WGS），从而对胚胎和胎儿的全基因组进行分析。虽然 NIPT 严格上说不属于 ART，但在可遗传基因组编辑中，NIPT 是验证胚胎基因编辑是否成功的重要手段。

除以上已应用于人类之上的 ART 外，一些仍处于研究阶段的技术在未来可能会应用于人类生育，如人造子宫，②以及通过诱导多能干细胞（Induced Pluripotent

---

① 如《人类辅助生殖技术规范》规定：“禁止实施以治疗不育为目的的人卵胞浆移植及核移植技术。”《人类辅助生殖技术和人类精子库伦理原则》规定：“在尚未解决人卵胞浆移植和人卵核移植技术安全性问题之前，医务人员不得实施以治疗不育为目的的人卵胞浆移植和人卵核移植技术。”

② See E. A. Partridge et al., *An Extra-Uterine System to Physiologically Support the Extreme Premature Lamb*, 8 Nature Communications 15112（2017）.

Stem Cells, iPS)获得配子等。①

二、ART 的非医学目的应用

ART 被普遍视为实现医学目的手段,包括生育后代和获得健康后代。尽管医学以及医学目的本身缺乏一致认可的定义,但医学界和公众普遍认为医学应与健康相关。但健康这一概念仍旧模糊且缺乏一致定义。这似乎提示人们,就像精神类药物用于提升应试学生的短期记忆力和集中力、生长激素用于增高、外科手术用于美容一样,ART 也会被用于传统医学目的之外的领域。人类对欲望和各自利益的追求使技术的应用范围不断扩大,远远超出其最初的使用目的,ART 亦不例外。

(一)高龄生育

由于个人或政策原因,如再次择偶、"失独"、二胎或三胎开放等,一些夫妇选择在 50 岁,甚至 60 岁高龄生育。此时,高龄夫妇通过自然过程生育的概率极低,但可以通过 IVF-ET、卵子胞浆置换提升生育率。然而,人类的生育能力随着年龄的增长不断衰退,这通常被看作一种生理过程而非病理现象。这表示无法生育是一种自然衰老的过程,而非患有不孕不育症。但在个人生育利益、生育政策的影响下,ART 已被用于克服因衰老而导致的不孕不育,如高龄女性在绝经后通过第三方供卵或未来通过 iPS 细胞获得卵子,与丈夫的精子结合后移植回高龄女性子宫,或通过"代孕"产子。

(二)延迟生育

人类配子的质量随着个体年龄的增长不断降低,卵子更是如此。一些人当下并未寻找到自己心仪的另一半,并因打拼事业致使短时间内不会选择生育。与此同时,为了在日后希望生育时仍旧可以维持较高的生育率,她们会选择在年轻时将配子冷冻待日后使用。此外,一些人在年轻时选择做丁克(Double Income no Kids),并

---

① See C. A. Easley, C. R. Simerly & G. Schatten, *Gamete Derivation from Embryonic Stem Cells, Induced Pluripotent Stem Cells or Somatic Cell Nuclear Transfer-Derived Embryonic Stem Cells: State of the Art*, 27 Reproduction, Fertility, and Development 89(2014).

通过绝育达到避孕的目的。绝育可以通过再通手术恢复，但有一定概率无法复通，进而导致不孕不育。为避免自己日后改变想法，同时确保配子质量、提高生育率等，一些人会在绝育手术前冷冻配子，以此来保存自己的生育力。

（三）独身生育

独身者是指推崇、信仰和坚持不组建家庭或不与家人一起生活的个体。一些独身者虽然不希望与异性或同性组建家庭，但希望拥有自己的孩子。ART 为排斥与异性通过自然生育的人群提供了获得后代的机会。对于独身女性，技术人员可以通过将捐赠的精子与独身女性的卵子结合形成受精卵和胚胎，后植入到该女性的子宫中妊娠产子。对于独身男性，技术人员可以通过卵子捐赠获得卵子，并在体外与此男性的精子结合形成受精卵和胚胎，后植入"代孕"母亲体内产子。他们通常并无不孕不育症，而是因为个人价值取向而拒绝自然生育，ART 的应用并非出于医学目的，而是社会学目的。

（四）个体原因"代孕"

此处的社会原因"代孕"是指夫妇本可以自己生育，但避免妊娠可能对一方或双方工作、生活和健康造成负面影响，或希望在短时间内生育多个后代，而通过"代孕"生育后代的过程。此处的健康考量并不是指女性因妊娠会对生命产生巨大威胁，如患有肺动脉高压等不宜妊娠的疾病，而是指个体不希望承受妊娠过程中的任何创伤和风险，并将创伤的风险转嫁给她人。如一些对外貌要求较高的职业，或妊娠可能会影响职业发展时，一些个体可能会选择"代孕"产子。即使夫妇通过自然生育产子，但希望同一时间内生育多个后代，则可以通过"代孕"实现，如"广州八胞胎事件"。对于这些夫妇来说，从医学上看他们可以通过自然的方式生育后代，但出于各种社会原因而选择"代孕"生子，即出于非医学目的使用 ART。同性、独身者也可以被归为社会原因"代孕"，但因与其他类别重叠，所以在此进行区分。

（五）性别选择

通过自然方式生育，后代的性别是无法被选择的。但是 PGD 可以在体外对胚胎进行性别鉴定，帮助选择特定性别的胚胎移植到女性子宫。在偏好特定性别或歧视特定性别的社会中，在生育时一些人会选择后代的性别。[①] 此外，有些夫妇为了平衡家庭内部的性别比例，借助 ART 进行性别筛选，如夫妇已有一个儿子，希望二胎生育女儿。[②] 以上的性别选择并非为了降低后代患连锁遗传疾病的风险，而是为了满足主观上的性别偏好。此种行为可能会造成人群性别比例失衡，加深性别歧视等社会问题。[③]

（六）非健康基因筛选

PGD 不仅可以用于筛选出不携带有某些致病基因的胚胎，还可以确定体外形成的胚胎中哪些胚胎携带有父母具有的且与健康无直接相关性的基因，具体而言，包括决定孩子的瞳孔颜色、肤色、发质、身高、智力、体型和记忆等基因。PGD 技术能够让夫妇从这些胚胎中选择符合他们偏好的胚胎移植到妻子一方的体内。相反，与健康相关的基因，是指基因突变导致个体偏离人类身体机能（疾病），或发生偏离（发病）的概率高于人类平均值。很多非健康类性状受多基因和环境共同的影响，基因的作用可能相比于其他影响因素相对较小，但不可否认的是，基因确实会发挥一定作用。例如，绝对音感是成为音乐家的重要条件。虽然尚未发现明确与绝对音感相关的基因，但随着遗传学研究的推进，知识的不断积累，可能会在有关语言或其他认知能力的遗传基础上明确定位一些相关基因。[④] 对于那些拥有此类基因的父母，如父母一方便是音乐家，他们可能希望后代展现音乐天赋，希望与绝对音感相关的基因遗传给后代。然而，是否具有绝对音感至少目前并不被当作判断一个人是否患病或健康的依据，这意味着此类应用并非出于医学目的，而是出于父母的偏好，是社会目的的 ART 应用。

---

① See Z. Chi et al., *Changing Gender Preference in China Today: Implications for the Sex Ratio*, 20 Indian Journal of Gender Studies 51 (2013).

② See S. M. Capelouto et al., *Sex Selection for Non-Medical Indications: a Survey of Current Pre-implantation Genetic Screening Practices among U. S. ART Clinics*, 35 Journal of Assisted Reproduction and Genetics 409 (2018).

③ See R. Kippen, E. Gray & A. Evans, *High and Growing Disapproval of Sex-selection Technology in Australia*, 15 Reproductive Health 134 (2018).

④ See J. A. Robertson, *Extending Preimplantation Genetic Diagnosis: Medical and Non-medical Uses*, 29 Journal of Medical Ethics 213 (2003).

三、与人类基因组编辑的关联

以上介绍的 ART 均可与人类可遗传基因组编辑产生关联。通过 IVF-ET 或 ICSI 可将人类精子和卵子结合形成受精卵并在体外培养为胚胎，随后通过基因组编辑技术（如 CRISPR/Cas9）对受精卵或胚胎进行编辑。为确保编辑的准确性，可通过 PGD 对编辑后的胚胎进行检测，并在被编辑胚胎移植到母体（包括“代孕”母亲）后的一段时间内通过 NIPT 检测胎儿的基因组。在不对受精卵或胚胎进行直接编辑之外，编辑卵子、精原细胞或 iPS 细胞也可实现可遗传基因组编辑。[①] 随后，通过 AI、IVF-ET 或 ICSI 手段将基因组编辑的胚胎植入母体。当卵子具有合并线粒体疾病，或受孕率较低时，基因组编辑的同时还需合并使用 MD 和卵子胞浆转移。如果人造子宫技术足以成熟到应用于人类胚胎和胎儿的培养，则通过基因组编辑的后代还可以通过该技术在体外培育到足月“降生”，而无须将胚胎移植到女性子宫之中。

第二节　人类体外胚胎的法律地位

一、经典案例

（一）“无锡冷冻胚胎案”[②]

2012 年 8 月，沈某与刘某在南京市鼓楼医院实施体外受精 - 胚胎移植助孕手术。2012 年 9 月，沈某、刘某与鼓楼医院签订《胚胎和囊胚冷冻、解冻及移植知情同意书》。鼓楼医院在该知情同意书中声明：胚胎不能无限期保存，目前鼓楼医院生殖中心冷冻保存期限为 1 年，首次费用为 3 个月，如需继续冷冻，需补交费用，逾期不予保存；如果超过保存期，沈某、刘某同意将胚胎丢弃。2013 年 3 月 20 日，沈某与刘某夫妇发生车祸，刘某当日死亡，沈某于 3 月 25 日死亡。但沈某、刘某的 4 枚受精胚

---

① See Nuffield Council on Bioethics, *Genome Editing and Human Reproduction*: *Social and Ethical issues*, 2018, p. 40.

② 参见无锡市中级人民法院民事判决书，(2014) 锡民终字第 01235 号。

胎仍在鼓楼医院生殖中心保存。因对这4枚受精胚胎的监管权和处置权发生争议，沈某之父母沈某南、邵某妹遂将刘某之父母刘某法、胡某仙诉至法院。

原审法院认为，公民的合法权益受法律保护。沈某与刘某因自身原因而无法自然生育，为实现生育目的，夫妻双方至鼓楼医院施行体外受精——胚胎移植手术。现夫妻双方已死亡，双方父母均遭受了巨大的痛苦，沈某南、邵某妹主张沈某与刘某夫妻手术过程中留下的胚胎作为其生命延续的标志，应由其负责保管。但施行体外受精-胚胎移植手术过程中产生的受精胚胎为具有发展为生命的潜能，含有未来生命特征的特殊之物，不能像一般之物一样任意转让或继承，故其不能成为继承的标的。同时，夫妻双方对其权利的行使应受到限制，即必须符合我国人口和计划生育法律法规，不违背社会伦理和道德，并且必须以生育为目的，不能买卖胚胎等。沈某与刘某夫妻均已死亡，通过手术达到生育的目的已无法实现，故两人对手术过程中留下的胚胎所享有的受限制的权利不能被继承。综上所述，对于沈某南、邵某妹提出的其与刘某法、胡某仙之间，应由其监管处置胚胎的诉请，法院不予支持。

上诉人沈某南、邵某妹不服原审判决，向无锡市中级人民法院提出上诉。二审法院认为，在我国现行法律对胚胎的法律属性没有明确规定的情况下，结合该案实际，应考虑以下因素以确定涉案胚胎的相关权利归属：一是伦理。施行体外受精-胚胎移植手术过程中产生的受精胚胎，具有潜在的生命特质，不仅含有沈某、刘某的DNA等遗传物质，而且含有双方父母及两个家族的遗传信息，双方父母与涉案胚胎亦具有生命伦理上的密切关联性。二是情感。白发人送黑发人，乃人生至悲之事，更何况暮年遽丧独子、独女！沈某、刘某意外死亡，其父母承欢膝下、纵享天伦之乐不再，'失独'之痛，非常人所能体味。而沈某、刘某遗留下来的胚胎，则成为双方家族血脉的唯一载体，承载着哀思寄托、精神慰藉、情感抚慰等人格利益。涉案胚胎由双方父母监管和处置，既合乎人伦，亦可适度减轻其丧子失女之痛楚。三是特殊利益保护。胚胎是介于人与物之间的过渡存在，具有孕育成生命的潜质，比非生命体具有更高的道德地位，应受到特殊尊重与保护。在沈某、刘某意外死亡后，其父母不但是世界上唯一关心胚胎命运的主体，而且亦应当是胚胎的最密切倾向性利益的享有者。综上所述，判决沈某、刘某父母享有涉案胚胎的监管权和处置权于情于理是恰当的。当然，权利主体在行使监管权和处置权时，应当遵守法律且不得违背公序良俗和损害他人之利益。

（二）“Davis v. Davis 案”①

玛丽·苏·戴维斯(Mary Sue Davis)和小路易斯·戴维斯(Junior Lewis Davis)于1980年4月结婚。之后,玛丽·苏·戴维斯怀孕,但却发生输卵管妊娠。因此,她选择摘除右侧输卵管。在第五次输卵管妊娠之后,玛丽·苏·戴维斯决定将左侧输卵管结扎。这导致她丧失了自然受孕的能力。戴维斯夫妇原本打算收养一个孩子,但孩子的亲生父母最后又改变了主意。由于其他的收养方式过于昂贵,体外受精就成了戴维斯夫妇实现为人父母梦想的唯一选择。1988年12月,医生从玛丽·苏·戴维斯的子宫内取出了9个卵子用于受精。当时,戴维斯夫妇没有想过离婚;对于诸如离婚后如何处理受精胚胎的问题,双方没有讨论,也未达成协议。完成受精之后,戴维斯夫妇又实施了移植手术,剩下的受精胚胎被低温保存。但手术没有使玛丽·苏·戴维斯成功怀孕,并且,小路易斯·戴维斯还提出了离婚。如何处理“冷冻胚胎”的问题使离婚程序变得复杂。

法国遗传学家杰罗姆·勒琼(Jerome Lejeune)博士把这里讨论的包含4~8个细胞的组织体称为“早期的人”、“微小的人”和他的“亲属”。

初审法院认为,即便胚胎和前胚胎不存在像勒琼博士所认为的那种区别,勒琼博士关于“人类生命从受孕的那一刻开始”的论断也一定是正确的。基于这一命题,审判法官得出结论,有争议的8个细胞实体不是胚胎前期,而是“试管中的婴儿”。他随后援引了父爱主义理论,并指出,出生而不是摧毁受精胚胎更符合儿童利益最大化原则。审判法官发现玛丽·苏·戴维斯愿意提供这样的(让“试管中的婴儿”出生的)机会,但小路易斯·戴维斯不愿意,于是审判法官授予她“试管中的婴儿”的“监护权”。

上诉法院明确反对初审法官的推理以及结论。上诉法院认为:“总而言之,我们认为有关试管受精产生的前胚胎处置的争议应该首先通过观察配子的提供方的偏好来解决。如果他们的意愿无法确定或者存在争议,则应执行他们事先达成的处置协议。如果没有先前协议,则必须权衡各方在使用或不使用前胚胎方面的相对利益。通常而言,假如另一方有合理的可能性通过使用争议的前胚胎以外的方法实现

① See Davis v. Davis, 842 S. W. 2d 588 (1992).

生育目的,主张不生育的一方应占优势。如果没有其他合理的选择,那么使用前胚胎来怀孕的主张应该被考虑。然而,如果寻求控制胚胎的一方仅仅倾向于将其捐赠给另一对夫妇,那么反对一方显然具有更大的利益,应该优先被保护。”

二、理论分析

通过上述案例可知,在人类体外胚胎相关法律问题中,人类体外胚胎的法律属性问题最基础,也最主要。但是,对于该问题至今仍然众说纷纭。不仅“主体说”“客体说”“折中说”长期争锋,而且“新型权利说”也逐渐产生。与之同时,还出现了区分不同情形确定其法律属性的主张。因此,继续对该问题进行深入分析仍然非常必要。

(一)既有研究的普遍性不足检视

从既有研究来看,多数学者在讨论人类体外胚胎的法律属性问题时都会专门分析不同学说的优劣。与之形成鲜明对比的是,既有研究在整体上的得失长期以来却鲜有人关注。事实上,从宏观层面检视既有研究的普遍性不足远比从微观层面比较不同学说的优劣更有价值。就整体而言,既有研究极具价值,但仍存在以下普遍性不足:

第一,从研究视野来看,既有研究普遍局限在法学学科内,而对其他学科关注不够。由于人类体外胚胎的法律属性问题是一个法学问题,因此,在法学学科内探讨该问题不仅是必要的,而且是必需的。事实上,很多法学学科内的成果对于人类体外胚胎的法律属性问题的研究至关重要。例如,有学者梳理罗马法资料后发现,“把胚胎看作特殊自然人的观念是罗马法系的传统内容”。[①] 但必须强调的是,人类体外胚胎的法律属性问题尽管是一个法学问题,但却并非一个仅在法学学科内探讨就能得出圆满结论的法学问题。从抽象层面来看,这是因为法学“已经不是一个自给自足的学科”;[②]从具体层面来看,这是因为法律传统并非影响人类体外胚胎法律属性的唯一主要因素。事实上,从认为“把胚胎看作特殊自然人的观念是罗马法系的

---

① 徐国栋:《体外受精胎胚的法律地位研究》,载《法制与社会发展》2005 年第 5 期。

② 苏力:《也许正在发生——中国当代法学发展的一个概览》,载《比较法研究》2001 年第 3 期。

传统内容”的学者的后续研究来看,其已开始强调宗教传统对人类体外胚胎法律属性问题的巨大影响。[①] 但就整体而言,尽管既有研究都会提及必要的生物学、医学乃至伦理学等学科的知识,但往往都是一笔带过,并未专门分析其对人类体外胚胎的法律属性问题的影响。[②] 从目前收集的资料来看,仅有个别成果堪称例外。例如,有学者简要分析了人类体外胚胎的生物特性、道德地位以及社会政策等因素对其法律属性的影响。[③]

第二,从研究视角来看,既有研究普遍停留在静态视角下,而对动态视角重视不够。从既有的研究来看,几乎所有研究认识到人类体外胚胎是具有发展成主体潜能的组织。但既有研究更多的是从“双重性”的视角来探讨这种具有特殊潜能的组织的法律属性问题。尽管该视角也有一定合理性,因为其也能反映出人类体外胚胎既不同于典型主体也不同于典型客体的特点,但也存在先天不足。因为只在“双重性”视角下分析,人类体外胚胎的特殊性将会被淡化,从而导致其与其他尽管也具有伦理价值或人格因素但并不具有发育成主体潜能的事物(如人体器官、骨灰、遗体和遗照等)混为一谈。为避免该问题,既有研究所选用的“双重性”视角应升级为“动态性”视角。尽管两种视角都是在“主体—客体”体系下分析问题,但却存在巨大差别。形象地讲,如果说主体和客体是一个线段的两个端点,那么人类体外胚胎的法律属性问题便可视为一个在两个端点之间再点一新点的问题。从既有研究来看,“主体说”选择了靠近主体的位置,“客体说”选择了靠近客体的位置,而“折中说”选择了靠近中间的位置。尽管上述思路都能在一定程度上反映出人类体外胚胎的特殊性,但却忽视了一个非常重要的问题。即无论人类体外胚胎在该“主体—客体”线

① 参见徐国栋:《人工受孕体在当代意大利立法和判例中的地位》,载《华东政法大学学报》2015 年第 5 期。

② 当然,这既是就法学界而言的,也包括其他学科。事实上,不少学者也注意到了其他学科知识对于人类体外胚胎法律属性问题的影响。如我国台湾地区学者曾品杰在相关成果的开篇就提及了宗教(伦理)对于人类体外胚胎法律属性的影响。参见曾品杰:《论人工胚胎之法律地位——从法国法谈起》,载《交大法学》2016 年第 1 期。

③ 参见吴坤、夏吟兰:《论冷冻胚胎的法律性质及处置原则——以宜兴冷冻胚胎继承案为切入点》,载《法律适用(司法案例)》2017 年第 22 期。

段中的初始位置为何，其发育历程都会是一个不断靠近主体一端的动态过程。① 事实上，人类体外胚胎本身所具有的动态性即具有发育成主体的潜能天然期待在动态性视角下探讨其法律属性问题。既有研究在普遍意识到前者的情况下却普遍忽视了后者，这显然是一大遗憾。

第三，从研究方法来看，既有研究普遍聚焦在域外实践上，而对本土资源挖掘不够。尽管人类体外胚胎是随着通常被认为具有中立性的科学技术的发展而出现的产物，并且其法律属性问题是各个国家和地区共同面临的问题。② 事实上，对于人类体外胚胎的法律属性问题来说，尽管域外相关立法、判例和学说具有参考价值，但参考价值相对有限。这一方面是因为，人类体外胚胎的法律属性问题是一个近几十年来才出现的新问题，域外研究未必比域内先进很多；另一方面是因为，人类体外胚胎的法律属性问题是一个深受本土文化影响的问题，域外研究即便较先进，也很难适用于域内。换言之，在探讨该问题时，研究者的关注点可以、应该也必须放在域内而非域外。但从研究现状来看，不少法学论文③的比较法色彩非常浓厚，反倒是一些伦理学论文④的本土意识尤为强烈。从某种意义上说，过分关注域外也是域内学界迟迟无法形成共识的一个重要原因。因为在域外方案并不唯一且各有利弊的情况下，沉迷其中难免会眼花缭乱，感觉无所适从。当然，以上只是就整体而言的。事实上，

① 在目前所收集资料的范围内，并未发现强调动态性视角的研究，但部分研究的论述中似乎隐藏动态视角的影子。例如，徐国栋教授曾经指出："如果受孕体能不受阻碍地转化为胎儿，他的主体性就强，相反，他的客体性就强。实际上，他们的法律地位就经常摇摆于主体与客体之间。"这种"摇摆"所体现的显然也是一种动态视角，只不过徐国栋教授并未明确指出而已。参见徐国栋：《人工受孕体在当代意大利立法和判例中的地位》，载《华东政法大学学报》2015 年第 5 期。

② 有学者认为，目前域内学者对"折中说"过分推崇就是受到了域外的误导。参见吴坤、夏吟兰：《论冷冻胚胎的法律性质及处置原则——以宜兴冷冻胚胎继承案为切入点》，载《法律适用（司法案例）》2017 年第 22 期。

③ 仅在目前搜集资料的范围内，就发现多篇比较法色彩非常浓厚的法学论文。参见徐国栋：《体外受精胎胚的法律地位研究》，载《法制与社会发展》2005 年第 5 期；徐国栋：《人工受孕体在当代意大利立法和判例中的地位》，载《华东政法大学学报》2015 年第 5 期；叶名怡：《法国法上的人工胚胎》，载《华东政法大学学报》2015 年第 5 期；周江洪：《法制化途中的人工胚胎法律地位——日本法状况及其学说简评》，载《华东政法大学学报》2015 年第 5 期；李昊：《冷冻胚胎的法律性质及其处置模式——以美国法为中心》，载《华东政法大学学报》2015 年第 5 期；李佳伦：《英国法对人体胚胎的民事法律地位的争议》，载《人民司法》2014 年第 13 期。

④ 参见曹永福：《应该赋予家庭对遗留胚胎的处置权——儒家生命伦理学的视角》，载《伦理学研究》2014 年第 6 期；曹永福：《"代孕辅助生殖"作为一项权利的伦理论证》，载《山东大学学报（哲学社会科学版）》2017 年第 4 期。

近年来，域内已有不少学者开始从伦理物、①人格物②等根植于本土的理论出发探讨人类体外胚胎的法律属性问题。

此外，既有研究还普遍存在以下问题：第一，误以为人类体外胚胎的法律属性问题是一个存在确定答案的问题。事实上，由于人类体外胚胎的法律属性问题本身就是一个受多重因素影响的问题，不同国家和地区都会结合自身情况作出最合身的选择，故而并不存在确定答案。第二，忽视了决定人类体外胚胎法律属性的根本性因素。需要注意的是，人类体外胚胎的法律属性问题尽管理论色彩非常浓厚，但单从理论层面分析很难圆满解决这一问题。这主要是因为，真正决定人类体外胚胎法律属性的，并非某种理论的说服力，而是特定历史时期内的社会共识。如果说某种理论建构科学，也是因为其描述准确，即其准确地描述了多数人当前所秉持的社会共识。遗憾的是，从既有研究来看，不少学者都以确定答案为预设前提，导致其难以客观看待其他学说；以理论说教为解决路径，导致其难以发现争议根源。

需要注意的是，尽管既有研究在研究视野、研究视角和研究方法等方面普遍存在不足，但这并不意味着其毫无意义。事实上，既有研究的价值是不容忽视的。一方面，这是因为很多既有研究之所以表现存在不足，主要是因为作者旨在专门阐述某一方面的问题，这些不足并非真正的不足。另一方面，这是因为即便既有研究存在不足，也是后续研究的重要基础。更何况，如前所述，部分既有研究已成功地避免了其中的一些不足。

（二）“或然主体说”的基本主张释解

尽管上述不足在既有研究中都是普遍存在的，但其中最突出的当属研究视角上的不足。事实上，由于人类体外胚胎具有发育成主体的潜能既是其最显著的特征，也是引发其法律属性问题的根源，因此，只要忽视动态视角，就不可能圆满解决人类体外胚胎的法律属性问题。换言之，在讨论人类体外胚胎的法律属性问题时，必须在动态视角下讨论。按照该思路，宜将人类体外胚胎定性为“或然主体”。该方案的基本主张如下：

---

① 参见杨立新：《人的冷冻胚胎的法律属性及其继承问题》，载《人民司法》2014 年第 13 期。

② 参见冷传莉：《“人格物”的司法困境与理论突围》，载《中国法学》2018 年第 5 期。

第一,由于人类体外胚胎确实具有发育成主体的潜能,给予其类似于主体的尊重并无不妥,因此可以将其作为或然“主体”。详言之:首先,从既有共识来看,可以将人类体外胚胎作为或然“主体”。尽管学界目前对人类体外胚胎的法律属性问题争议较大,但也并非毫无共识。事实上,既有研究普遍主张或认可应给予人类体外胚胎特别的尊重。① 这主要是因为,人类体外胚胎确实具有发育成主体的潜能。既然给予其特别保护的原因在于其确实具有发育成主体的潜能,那么这种特别保护的程度理应为类似于主体的程度。其次,从历史传统来看,可以将人类体外胚胎作为或然“主体”。如前所述,在罗马法的传统中,在胎儿最终能否发育成主体并不确定的情况下,也给予了其类似于主体的尊重。考虑科学技术的发展,当时的胎儿与今天的人类体外胚胎实际上具有类似的地位。既然历史上可给予前者类似于主体的尊重,在今天当然可给予后者类似于主体的尊重。再次,从类似参照来看,可以将人类体外胚胎作为或然“主体”。至少在具有人格象征意义的维度上,人类体外胚胎与尸体有类似之处。对于尸体,尽管其已全然丧失主体的地位,但仍然可以给予其类似于主体的尊重。与之对比,由于人类体外胚胎毕竟还具有发育成主体的可能,故而其应获得的尊重程度至少不应比尸体低。既然可给予后者类似于主体的尊重,给予前者同样的尊重至少不会明显不当。最后,从现行立法来看,可以将人类体外胚胎作为或然“主体”。尽管我国现行立法并未明确人类体外胚胎的法律地位及其保护限度,但也未排斥给予其适当尊重。换言之,给予其类似于主体的尊重至少是一种法无禁止、可以为之的选择。更何况,从《民法典》第1009条的表述来看,立法机关不仅已经充分意识到人类体外胚胎的重要价值,而且已经决定给予其特别的尊重。

第二,尽管人类体外胚胎确实具有发育成主体的潜能,但其最终能否成为主体并不确定,因此应该将其作为“或然”主体。详言之:首先,人类体外胚胎最终能否成为主体受保存技术的影响。尽管人类体外胚胎的发育历程也是一个自然历程,但这

---

① 例如,有学者指出,“‘冷冻胚胎’还不能被定性为人,但的确更接近真实的生命,因此需要获得特殊的尊重和对待”。参见孙良国:《夫妻间冷冻胚胎处理难题的法律解决》,载《国家检察官学院学报》2015年第1期。有学者进一步指出,就总体而言,大陆法系更倾向保护胚胎主体性尊严权利。参见王蔚:《宪法学视角下的冷冻胚胎权属纠纷案评析》,载《中国法律评论》2015年第4期。在“无锡冷冻胚胎案”中,二审法院在判决书中指出:“胚胎是介于人与物之间的过渡存在,具有孕育成生命的潜质,比非生命体具有更高的道德地位,应受到特殊尊重与保护。”

一历程却深受人为因素的影响，因为所有的人类体外胚胎都必须在人工环境中保存才能保持生物活性。尽管随着科学技术的发展，人类体外胚胎的保存成功率会不断提高，但无论如何也无法达到百分之百的程度。其次，人类体外胚胎最终能否成为主体受主体意志的影响。至少在包括我国在内的一些国家和地区，堕胎并不违法。这就意味着，在这些国家和地区，享有生育权的主体可以在法律规定的范围内基于自己的意志合法地剥夺胎儿的生命利益。不难想象，由于胎儿所处的发育阶段高于人类体外胚胎所处的发育阶段，故而胎儿的生命利益绝不会劣于人类体外胚胎。既然在承认堕胎权的国家和地区，享有生育权的主体可以在法律规定的范围内基于自己的意志合法地剥夺胎儿的生命利益，这些主体当然也可以在法律规定的范围内基于自己的意志合法地剥夺人类体外胚胎的生命利益。最后，人类体外胚胎最终能否成为主体受意外事件的影响。事实上，即便保存技术非常发达，享有法定权利的主体也未主动干预人类体外胚胎的发育进程，其最终能否发育成主体仍不确定。因为正如自然人的生命历程会受意外因素的影响一样，人类体外胚胎最终能否发育成主体也会受意外因素的影响。

第三，尽管人类体外胚胎确实具有发育成主体的潜能，但其受保护程度却不宜一概而论，因此应该将其作为“或然主体”。尽管人类体外胚胎原则上都应获得类似于主体的尊重，但这并不意味着所有的人类体外胚胎都应获得完全相同的保护。[①]因为其对不同主体的意义并不完全相同。[②] 详言之：首先，对于与人类体外胚胎存在生物学上的联系的主体和与人类体外胚胎没有生物学上的联系的主体来说，人类体外胚胎的意义相差甚远。由于任何主体都会天然珍视与自身存在生物学上的联系

---

① 事实上，之前就有学者指出，要“分种类、划阶段地给予特殊保护”。参见蒲纯钰：《论冷冻胚胎的法律属性及保护——围绕宜兴失独老人胚胎争夺案展开》，载《中华女子学院学报》2014 年第 6 期。此外，也有学者主张要区分不同的情形确定人类体外胚胎的属性。尽管这一思路未必完美，但其中蕴含的差异保护思想颇值借鉴。参见周华：《论类型化视角下体外胚胎之法律属性》，载《中南大学学报（社会科学版）》2015 年第 3 期。

② 之所以要给予人类体外胚胎类似主体的尊重，主要是因为其具有发育成主体的潜能；由于所有的人类胚胎都具有这一潜能，故而所有的人类体外胚胎都应当获得类似主体的尊重。与之不同的是，保护人类体外胚胎不仅是为了尊重其本身，同时，也是为了保护其所承载的其他利益（如主体的生育利益、精神利益等）；由于不同人类体外胚胎所承载的其他利益可能存在差别，故而应给予其有差别的保护。

的人类体外胚胎,[①]即便是同一枚人类体外胚胎,在不同主体看来,意义也会相差甚远。以“无锡冷冻胚胎案”为例,在保存机构看来,这些人类体外胚胎与其他人类体外胚胎相比,差别并不是很大;在部分民众看来,它们甚至可以被视为医疗废物。但在死者双方的父母看来,这些人类体外胚胎可能与其孙子女或外孙子女无异。其次,对于保存有多枚人类体外胚胎的主体和仅保存有一枚人类体外胚胎的主体来说,人类体外胚胎的意义存在差异。显然,倘若主体只保存了一枚人类体外胚胎,主体会尤为珍视之。当然,在虽然曾经保存有多枚人类体外胚胎但后来仅剩一枚的情况下,也是如此。再次,对于已经生育过子女的主体和尚未生育过子女主体来说,人类体外胚胎的意义并不相同。因为在前者看来,人类体外胚胎事关其能否实现为人父母愿望;而在后者看来,它们仅事关其能否再次生育子女。最后,对于生育能力并未显著下降的主体和生育能力已经显著下降的主体来说,人类体外胚胎的意义相差甚远。[②] 对于前者,人类体外胚胎尽管也非常重要,但再次培育的难度毕竟相对较小;但对于后者,由于再次培育的难度相对较大,因此必然会更珍视。对于已经完全丧失生育能力的主体来说,由于这些人类体外胚胎已经无法替代,因此其会倍加珍视。此外,对于不同性别的主体来说,人类体外胚胎的意义也会存在差异,因为两性为之形成所承受的生理痛苦并不相同。[③]

第四,尽管人类体外胚胎天然具有发育成主体的可能,但明显有别于真正意义上的主体,因此只能将其作为“或然主体”。[④] 详言之:首先,与真正的民事主体相比,人类体外胚胎的法律地位相对较低。民事主体的法律地位完全平等。在民事领

① 在“无锡冷冻胚胎案”中,二审法院也认可这一点。判决书明确指出:“施行体外受精—胚胎移植手术过程中产生的受精胚胎,具有潜在的生命特质,不仅含有沈某、刘某的 DNA 等遗传物质,而且含有双方父母两个家族的遗传信息,双方父母与涉案胚胎亦具有生命伦理上的密切关联性。”

② 在“丈夫单方废弃冷冻胚胎案”中,审理法院的法官认为:“35 岁以后,女性的卵巢功能和生育能力下降。相对来说,年轻女性较为容易接受胚胎废弃的事实。”参见陈文军:《丈夫废弃冷冻胚胎案件中的侵权责任认定》,载《法律适用》2018 年第 9 期。

③ 在“丈夫单方废弃冷冻胚胎案”中,审理法院的法官认为:“相较于取精,取卵过程伴有风险和痛苦,对身体有负面影响。”参见陈文军:《丈夫废弃冷冻胚胎案件中的侵权责任认定》,载《法律适用》2018 年第 9 期。

④ 需要注意的是,尽管“或然主体说”认为,人类体外胚胎并非真正意义上的主体,但这并不意味着在“或然主体说”这一表述中,“主体”二字就是毫无意义的。因为“主体”二字不仅可以提醒大家牢记人类体外胚胎具有发育成主体的潜能这一客观现实,而且可以呼应“或然主体说”的基本主张之一即应当给予人类体外胚胎类似主体的尊重,从而降低过度利用人类体外胚胎的风险。

域,如果一个主体的最基本的利益(如生命利益)竟然还会受到另一个主体的限制,那么要么是因为前者尚未成为真正意义上的民事主体,要么是因为后者根本就不是民事主体。① 由于人类体外胚胎的生命利益会受到民事主体生育权的限制,因此很难说其已经成为真正的民事主体。其法律地位更类似于古时之奴隶,只是生物学意义上的主体而非法律意义上的主体。其次,与真正的民事主体相比,人类体外胚胎的未来状态悬而未决。由于法律追求秩序稳定,因此天然排斥悬而未决。不难想象,主体制度对于稳定性的要求更高。事实上,对于已是民事主体的自然人,如其长期下落不明,即便其实际上并未死亡,法律也可以认为其已经死亡。② 对于人类体外胚胎,由于其保存时间可能较长,③因此其最终能否发育成自然人可能长期悬而未决。若赋予其主体地位,必然会危及法秩序的稳定。④ 再次,与真正的民事主体相比,人类体外胚胎的参与空间非常有限。对于民事主体,其从事民事活动的范围尽管存在差别,但这个范围通常都很广泛。但对于人类体外胚胎,情况就明显不同了。因为其只能参与到赠予等极为特殊的交往关系之中。并且,即便是在这些极为特殊且有限的交往关系中,其也只能作为获得利益的一方。在这样的情况下,即便勉强赋予其民事主体地位,现实意义也极为有限。最后,与真正的民事主体相比,人类体外胚胎的识别难度明显更大。由于民事主体需以自己的名义享有权利、承担义务,因此必须能以简单有效的方式进行区别。对于自然人,可通过姓名进行区别;对于法人和非法人组织,可通过名称进行区别。对于人类体外胚胎,虽然进行编号并无困难,但确保一一对应仍赖于技术辅助。

简言之,"或然主体说"是一种立足于人类体外胚胎尽管确实具有发育成主体的潜能、但最终能否发育成主体尚无法确定这一现实情况,主张一方面给予其类似于

---

① 在监护制度中,尽管监护人可以代替被监护人作出一些决定,但被监护人也并非完全受制于监护人;并且,监护人所作的一切决定都必须是为了被监护人的利益。

② 《民法典》第46条规定:"自然人有下列情形之一的,利害关系人可以向人民法院申请宣告该自然人死亡:(一)下落不明满四年;(二)因意外事件,下落不明满二年。因意外事件下落不明,经有关机关证明该自然人不可能生存的,申请宣告死亡不受二年时间的限制。"

③ 在英国,《人类受精与胚胎法案1990》中的保存期间上限最初为5年,后改为10年。参见张善斌、李雅男:《人类胚胎的法律地位及胚胎立法的制度构建》,载《科技与法律》2014年第2期。在我国,现有规范尚未限制人类体外胚胎的保存时间。

④ 这与胎儿显著不同。尽管其也只是具有转化为主体的可能,但由于其所需的等待时间相对较短且基本固定,故而,即便暂且视其已经出生、暂时性地赋予其主体地位,也不会过分危及法秩序的稳定性。

主体的尊重，另一方面区分不同情形给予其有差别的保护、同时也承认其并非真正意义上的主体的方案。不难发现，由于该说主张给予人类体外胚胎类似于主体的尊重，因此能确保人类体外胚胎有别于任何客体；由于该说主张给予人类体外胚胎有差别的保护，因此能适应不同情形；由于该说承认人类体外胚胎并非真正意义上的主体，因此能避免潜在的冲突。

（三）潜在质疑的回应

任何新方案的提出都会遭遇种种质疑，“或然主体说”当然也不例外。事实上，由于其视角选择与既有研究完全不同，因此其将面临的质疑可能会更大。稍加分析就会发现，“或然主体说”最可能面临的质疑如下：一是其与既有学说区别不大，有改头换面之嫌；二是其所作的回答过于模糊，有模棱两可之嫌；三是其与现行立法似有冲突，有弄巧成拙之嫌；四是其对司法实践价值有限，有华而不实之嫌。尽管上述质疑并非毫无缘由，但却难经推敲。具体情况如下：

第一，“或然主体说”与既有学说明显不同，绝非改头换面。由于“或然主体说”在主张给予人类体外胚胎类似于主体的尊重的同时又主张其并非真正意义的主体，这似乎与主张其为主体但为有限主体的“主体说”、主张其为客体但为特殊客体的“客体说”及主张其既非主体也非客体的“折中说”等观点如出一辙，因此难免会被质疑为“改头换面”。但稍加分析就会发现，其与既有学说明显不同。详言之：首先，“或然主体说”在整体思路上与既有学说明显不同。既有学说普遍期待一劳永逸地解决人类体外胚胎的法律属性问题。尽管这一愿景非常美好，但由于最终决定人类体外胚胎法律属性的社会共识一直处在发展变化中，故而注定是空中楼阁。“或然主体说”主张，从当前业已达成的社会共识出发探讨人类体外胚胎的法律属性问题，选择的是渐进式思路，与既有学说明显不同。其次，“或然主体说”在观察视角上与既有学说显著不同。如前所述，既有研究普遍是在静态视角下研究人类体外胚胎的法律属性问题。尽管在该视角下观察也会有所发现，但终究是管中窥豹。由于“或然主体说”选择在动态视角下观察，故而观察结论会更加全面准确。再次，“或然主体说”在处理方式上与既有学说明显不同。尽管人类体外胚胎能否作为主体的问题与其能否获得类似主体的尊重的问题密切相关，但却并不相同。遗憾的是，由于不少既有研究并未严格区分两者，故而所得结论往往有自相矛盾之嫌。“或然主体说”

不仅专门区分了两者，而且分别处理之，故而能够避免潜在冲突。最后，“或然主体说”在灵活程度上与既有学说显著不同。既有学说尽管注意到了理论层面的复杂性，但却忽视了现实生活的复杂性。事实上，在不同场景中，人类体外胚胎所应获得的保护程度本身就应存在差别。与既有学说相比，“或然主体说”更灵活，能妥善应对不同情形。

第二，“或然主体说”所作的回答并不模糊，绝非模棱两可。从表面上看，对于人类体外胚胎的法律属性问题，“或然主体说”的回答非常模糊；但稍加分析就会发现，事实并非如此。因为其已经给出了相当明确的判断。详言之：首先，“或然主体说”并不认为人类体外胚胎是真正意义上的主体。原因如前所述：一方面，人类体外胚胎不仅法律地位较低，而且未来状态可能长期悬而未决；另一方面，即便将人类体外胚胎界定为主体，其参与空间也非常有限，并且识别难度很大。尽管如此，“或然主体说”仍然主张给予人类体外胚胎类似主体的尊重。主要是因为其确实具有发育成主体的潜能。其次，“或然主体说”并不认为人类体外胚胎是特殊的客体。从表面上看，对于人类体外胚胎是否属于客体的问题，“或然主体说”并未回答。但稍加分析就会发现，由于“或然主体说”尤为强调人类体外胚胎具有发育成主体的潜能，并且认为这是包括特殊客体在内的任何客体都无法具备的能力，故而其基本主张实际上与人类体外胚胎是客体的观点存在天然张力。最后，“或然主体说”实际上也认为，人类体外胚胎是一种处于主体和客体之间的存在。如前所述，“或然主体说”一方面认为人类体外胚胎并非真正意义上的主体，另一方面又认为人类体外胚胎有别于任何客体。在这样的情况下，关于人类体外胚胎的法律属性问题，“或然主体说”的回答实际上是确定且唯一的，即人类体外胚胎是一种处于主体和客体之间的存在。只不过由于“或然主体说”尤为强调动态视角，故而，在“或然主体说”的框架下，这种处于主体和客体之间的存在是一种动态的存在。事实上，只要强调动态视角，就只能认为人类体外胚胎是一种处于主体和客体之间的存在。因为在动态视角下观察，人类体外胚胎并非位于主体和客体这两个端点之间的某个确定的点，而是由一系列不确定的点所组成的线段；因此，无论是将其归于主体一端还是归于客体一端，都是不合适的。可见，尽管“或然主体说”这一表述中带有“或然”二字，但对于人类体外胚胎的法律属性问题，其回答是非常明确的。

第三，“或然主体说”与现行立法并无冲突，绝非弄巧成拙。尽管学说可以超越现行立法，但与现行立法冲突的学说必将受到强烈质疑。从表面上看，“或然主体说”与我国现行立法之间存在天然张力。一方面，其主要主张之一即给予人类体外胚胎类似主体的尊重似与我国现行立法中自然人民事权利能力始于出生的规定①相冲突；另一方面，其主要主张之二即对人类体外胚胎进行差别保护又似与我国现行立法中民事主体的法律地位一律平等的规定②矛盾。但稍加分析就会发现，其与我国现行立法不仅并无冲突，而且高度契合。详言之：首先，“或然主体说”与我国现行立法中关于民事权利能力的规定并不矛盾。尽管“或然主体说”主张给予人类体外胚胎类似主体的尊重，但由于其只是主张给予其类似主体的“尊重”而非类似主体的“地位”，同时还只是“类似”主体的尊重而非“等同”主体的尊重，故而根本不可能与自然人民事权利能力始于出生的规定存在任何冲突。其次，“或然主体说”与我国现行立法中关于胎儿利益保护的规定③高度契合。尽管“或然主体说”并不认为人类体外胚胎已经是主体，但仍然主张给予其类似主体的尊重。可以说，这也是对主体进行延伸保护的一种举措，即将对主体的保护期间延伸至其成为主体之前。显然，这与我国现行立法中对尚未成为主体的胎儿的利益进行特别保护的规定高度契合。再次，“或然主体说”与我国现行立法中关于民事主体地位的规定并不矛盾。尽管“或然主体说”主张给予人类体外胚胎类似主体的尊重，但并不认可其民事主体地位。故而，尽管其主张差别保护，也不会违背我国现行立法中民事主体法律地位一律平等的规定。最后，“或然主体说”与我国现行立法中关于利益倾斜保护的规定高度契合。尽管我国现行立法尤为强调平等原则，但并不拘泥于形式层面的平等。事实上，我国《民法典》同时认可倾斜保护。④

第四，“或然主体说”对司法实践价值巨大，绝非华而不实。由于提出“或然主体说”的直接目标在于解决人类体外胚胎的法律属性问题，而非解决人类体外胚胎所引发的纠纷，故而也可能会被质疑为华而不实。但稍加分析就会发现，其对司法

① 《民法典》第13条规定：“自然人从出生时起到死亡时止，具有民事权利能力，依法享有民事权利，承担民事义务。”

② 《民法典》第4条规定：“民事主体在民事活动中的法律地位一律平等。”

③ 《民法典》第16条规定：“涉及遗产继承、接受赠与等胎儿利益保护的，胎儿视为具有民事权利能力。但是，胎儿娩出时为死体的，其民事权利能力自始不存在。”

④ 《民法典》第128条规定：“法律对未成年人、老年人、残疾人、妇女、消费者等的民事权利保护有特别规定的，依照其规定。”

实践来说价值巨大。详言之:首先,“或然主体说”尤为强调自由裁量。“或然主体说”认为,由于人类体外胚胎本身处于不断发育的过程中,再加上不同案件中的具体情况千差万别,所以应进行有差别的保护。由于如何进行有差别的保护的问题更适合交由法官判断,故而“或然主体说”天然强调应赋予法官广泛的自由裁量权。这对司法实践来说,意义尤为重大。其次,“或然主体说”专门设有保护底线。“或然主体说”认为,人类体外胚胎能否作为主体的问题尽管与其能否获得类似主体的尊重的问题密切相关,但也并不相同。事实上,尽管前者备受争议,但后者已有共识。在这样的情况下,也应该给予人类体外胚胎类似主体的尊重。该论断实际上为人类体外胚胎的法律保护划定了底线。对于司法实践来说,这也极具价值。再次,“或然主体说”已经指出考量因素。“或然主体说”认为,在不同的案件中,由于人类体外胚胎的受珍视程度并不相同,故而其受保护程度不应一概而论。尽管这一论述本身旨在证成差别保护的正当性,但也同时指出了在具体个案中确定保护程度时应该重点考虑的一个因素,即受珍视程度。对于司法实践来说,这显然极具价值。最后,“或然主体说”天然包含推定规则。由于“或然主体说”选择将主体而非客体作为确定人类体外胚胎受保护程度的基准,故而天然暗含推定规则,即在共识不足的情况下,除非存在特别理由,原则上应该像对待主体一样对待人类体外胚胎。该规则对于司法实践来说,也极为重要。

需要注意的是,尽管上文并未穷尽全部可能的质疑,但由于其已涉及其中最主要的几种,故而说服力仍不容小觑。事实上,由于上文已成功证明“或然主体说”不仅与既有学说明显不同而且对争议解决大有裨益,不仅与现行立法高度契合而且对司法实践极具意义。故而,即便其仍有不足,也终究是瑕不掩瑜。换言之,即便“或然主体说”并不完美,也完全称得上是一种异于既有学说、直面争议问题、合乎现行立法且利于司法实践的新方案。

(四)小结

不难发现,“或然主体说”的基本主张有3点:其一,为给予人类体外胚胎类似主体的尊重;其二,为区分不同情形给予人类体外胚胎有差别的保护;其三,为承认人类体外胚胎并非真正意义上的主体。尽管这3个主张略显零散,但也并非毫无主线。事实上,这3个基本主张的着眼点都是为了更好地尊重主体:由于人类体外胚胎具有发育成主体的潜能,为更好地尊重潜在主体,故而必须给予其类似主体的尊重;由于人类体外胚胎对于不同主体的意义并不相同,为更好地应对不同情形,故而必须给予其有差别的保护;由于人类体外胚胎只是具有发育成主体的潜能,为充分尊重已经获得法律上的主体地位的主体,故而必须否认其为真正意义的主体。

需要强调的是,尽管"或然主体说"与既有学说都不相同,但并不意味着其就是横空出世的。一方面,"或然主体说"的提出是以既有研究为基础的。对于动态视角,尽管既有研究普遍忽视,但部分研究的行文中已经透露出动态视角的意味。例如,徐国栋教授曾经指出:"他们的法律地位就经常摇摆于主体与客体之间。"①尽管"摇摆"并不同于"或然主体说"所认为的从客体一端向主体一端进行的、单向且不可逆的持续趋近过程,但毕竟已经透露出动态视角的意味。对于差别保护,之前就有学者指出,要"分种类、划阶段地给予特殊保护"。② 至于否认人类体外胚胎的主体地位,几乎是域内学者的一致意见。另一方面,"或然主体说"尽管与既有学说都不相同,但仍然可以将其归入既有学说。如前所述,由于"或然主体说"承认人类体外胚胎并非真正意义上的主体,故而很难将其归入"主体说"。与此同时,由于其尤为强调人类体外胚胎具有发育成主体的潜能,并且认为这是任何客体都无法具备的能力,故而也很难将其归入"客体说"。但是,由于"或然主体说"也认为人类体外胚胎是一种处于主体和客体之间的存在,即便将其归入"折中说",也没有任何不妥。只不过在"或然主体说"的理论框架中,这种处于主体和客体之间的存在会随着发育历程不断地趋向主体一端。从某种意义上讲,"或然主体说"完全可以视为一种更加强调动态视角和伦理价值的"折中说"。事实上,即便我们将"或然主体说"称为"动态折中说",也没有任何不妥。只不过考虑到前者更能凸显出人类体外胚胎的伦理属性,所以才选用了这一表述。

尤其值得一提的是,由于"或然主体说"的形成不仅受到了"(高度)盖然性""或

① 徐国栋:《人工受孕体在当代意大利立法和判例中的地位》,载《华东政法大学学报》2015 年第 5 期。

② 参见蒲纯钰:《论冷冻胚胎的法律属性及保护——围绕宜兴失独老人胚胎争夺案展开》,载《中华女子学院学报》2014 年第 6 期。此外,有学者甚至主张,要区分不同的情形确定人类体外胚胎的属性。稍加分析就会发现,这一思路中实际上也蕴含差异保护思想,因为人类体外胚胎的法律属性与其受保护程度密切相关。参见周华:《论类型化视角下体外胚胎之法律属性》,载《中南大学学报(社会科学版)》2015 年第 3 期。

有期间”①等法学概念的启发，而且受到了“概率”“期望”等数学概念以及“波粒二象性”“概率波”等物理学概念的影响，故而建构“或然主体说”的过程完全称得上是一个跨学科探索的过程。从这个意义上讲，“或然主体说”的提出也在一定程度上改变了既有研究视野过窄的问题。

三、相关问题

（一）人类体外胚胎的继承权问题

关于人类体外胚胎的继承权问题，在域外有一个著名的案例，即“里奥斯（Rios）夫妇案”。② 1984 年，一对富有的美国夫妇前往澳大利亚接受体外受精。但这对夫妇很快就因为空难去世，留下了 800 万美元的巨额遗产。对于如何处理这两枚胚胎以及其是否具有继承权的问题在澳大利亚引起了不小争议。为了更好地处理该问题，澳大利亚还成立专门委员会进行研究。该委员会最终认为，这对夫妇并不对人类体外胚胎享有所有权，人类体外胚胎本身并不享有继承权，但处于合理保存期的胚胎应当受到法律的保护。最终，维多利亚州专门通过法律要求这些人类体外胚胎被植入“代孕”母亲的子宫内，孩子出生后可以被领养，但其没有继承权。

尽管学界目前并未重点关注人类体外胚胎不享有继承权的原因，但潜在的原因实际上也不难猜测。详言之：

第一，承认人类体外胚胎的继承权可能会损害人类体外胚胎的自身利益。从表面上看，承认人类体外胚胎的继承权与承认胎儿的继承权一样，都是对其有利的，但稍加分析就会发现，两者还是存在重大区别。对于体外胚胎，由于其处于机构的保存之下，而不是像胎儿一样处于母体的保护之中，如承认其继承权，就可能引发潜在的继承人损害胚胎利益，甚至毁灭胚胎的道德风险。在遗产数额较大或者胚胎的“父母”均已去世的情况下，这种风险更是不容忽视的。

第二，承认人类体外胚胎具有继承权可能违背死者的意愿。很多人之所以人工

① “或有期间”的概念是中国人民大学法学院王轶教授所提出的重要概念。参见王轶：《诉讼时效制度三论》，载《法律适用》2008 年第 11 期。

② 具体案情参见李昊：《冷冻胚胎的法律性质及其处置模式——以美国法为中心》，载《华东政法大学学报》2015 年第 5 期。

辅助生殖技术进行生殖，主要就是因为本身存在生育障碍，不能正常提供配子，即这一胚胎与死亡一方可能并不存在生物学上的血缘关系，也不存在任何其他足以推定死者会愿意赋予其继承权的特殊关系，如共同生活、养育。在这样的情况下，承认人类体外胚胎的继承权很可能并不符合被继承人的内心真实意思。

（二）保存期限问题

1. 相关规定之梳理

对于人类体外胚胎的保存期限，不少国家都对此作了规定。例如，1990 年英国颁布了《人类受精与胚胎法案 1990》。最初，该法案对人类体外胚胎的保存期限所设定的上限为 5 年；在该法案修改后，这一期限规则变为在 5 年之后如果父母双方都同意延长的可以延长，但不能超过 10 年。① 在丹麦，人类体外胚胎最多能保存 2 年；德国和荷兰规定的期限为 5 ~ 10 年；奥地利、挪威、瑞士等国的保存期限相对较短，都为 1 年；②在日本，冷冻胚胎的保存期限是供体夫妻婚姻关系存续期间且必须是在女性的生育年龄内。③

2. 设置保存期限的潜在原因分析

对人类体外胚胎的保存期限加以限制的原因，尽管既有研究鲜有提及，但以下原因最可能：

第一，督促权利主体及时行使自己的权利。由于母亲生育年龄的增加会对妊娠的成功率产生不良影响，所以给人类体外胚胎的保存设定时间限制能够更好地督促供体夫妇及时行使自己的权利，④从而也利于人类体外胚胎自身的发育。

第二，科学技术本身的限制。由于人类体外胚胎需要在特殊的条件下才能保存，所以对科学技术的要求比较高。有资料认为，在 1988 年，人类体外胚胎保存的

---

① 参见张善斌、李雅男：《人类胚胎的法律地位及胚胎立法的制度构建》，载《科技与法律》2014 年第 2 期。

② 参见邵研：《论冷冻胚胎的法律属性及其处理原则——从宜兴“冷冻胚胎案”说起》，载《广西政法管理干部学院学报》2015 年第 2 期。

③ 参见张龙飞、李光曼：《体外胚胎的法律属性与处置权》，载《北京邮电大学学报（社会科学版）》2017 年第 2 期。

④ 同上。

极限时间是2年。[①] 在人类体外胚胎保存期限相对较短的情况下，如果合同约定的保存期限超过该限制，显然就会引发一系列问题。在一些情况下，甚至会危及夫妻生育权的行使。因为其在签订合同的时候可能会认为，至少在约定的期限内，人类体外胚胎是能够保持活性的。

第三，为了避免亲属关系混乱。有观点认为，[②]随着科学技术的发展，人类体外胚胎的保存期限可能无限延长。如果不对保存期限加以限制，将会出现配子提供者已经去世数年而他们的胚胎仍处于冷冻状态的情况。一旦该人类体外胚胎重新植入母体并发育成人，就会引发伦理危机，导致亲属关系混乱。

第四，减轻保存机构的负担。在现实生活中，存在很多无人认领或者无法联系权利人的人类体外胚胎，如果不对保存期限设定上限，就会导致医疗机构无法有效应对此类状况。就现实而言，即便是超过约定期限，医院方面出于种种原因，通常也不会毁灭胚胎，而是继续保存。从表面上看，这似乎是一个很好的解决方案，实际上却带来了诸多连锁反应。一方面，由于人类体外胚胎的保存条件较严格，医院需要支出巨额的保存成本；另一方面，这种现象的存在反而会“激励”权利人不及时缴费，甚至不与医院方面进行联系。

上述理由尽管不无道理，但至少部分理由仍需商榷。无限期保存会损害亲属关系的说法即为其中之一。事实上，我国很多现行立法都对亲属的范围作了界定。考虑自然人的寿命毕竟是有限的，如果人类体外胚胎的保存期限过长，即便该人类体外胚胎最终成功发育成了自然人，可能已经没有法律上的亲属在世。在法律上的亲属已经不存在的情况下，根本不可能引发所谓的亲属关系混乱的问题。

3. 将生育年龄上限作为保存期限上限的合理性检讨

从域外相关立法可以看到，部分国家（如日本）把女性的生育年龄上限作为保存期限的上限。这一做法并不合理，原因如下：

第一，从个体差异的角度来看，将女性的生育年龄的上限作为保存期限的上限并不合理。由于个体之间差异巨大，不同女性的生育年龄段差别较大，这就导致这一年龄的上限很难准确确定。

---

① 参见徐国栋：《体外受精胚胎的法律地位研究》，载《法制与社会发展》2005年第5期。

② 参见郃研：《论冷冻胚胎的法律属性及其处理原则——从宜兴“冷冻胚胎案”说起》，载《广西政法管理干部学院学报》2015年第2期。

第二，从功能承载的角度来看，将女性的生育年龄的上限作为保存期限的上限并不合理。尽管从自然意义上看，人类体外胚胎的天然功能就是生育，但这并不妨碍其同时具有其他功能，如纪念功能、抚慰功能；并且，这些功能也是非常重要的。如要求只有女方必须在生育年龄段内才能保存人类体外胚胎，显然就是无视人类体外胚胎所承载的其他功能。

第三，从保存目的的角度来看，将女性的生育年龄的上限作为保存期限的上限并不合理。在现实中存在部分女性即便在生育年龄段内也不具备生育能力，在这样的情况下，考虑所谓的生育年龄因素可以说是略显荒唐的。

第三节　人类辅助生殖技术的伦理考量

由上可知，ART 的不断更新换代扩张了人们行为的边界。在技术本身复杂性和人类利益需求多样性双重因素的作用下，诸多与此相关的伦理问题凸显，如人类体外胚胎的道德地位、“代孕”引发的自主性危机，以及配子的商品化。为应对这些现实的或者可能的道德问题，包括我国在内的部分国家和国际组织正试图通过跨区域的对话与合作建构起一套新的伦理约束机制。应当指出的是，辅助生殖技术涉及多项技术，且各项技术所引发的伦理学问题都有一定的特殊性。本部分仅对辅助生殖技术所引发的伦理学问题中那些共性的、重要的、法律的和具有社会寓意的问题进行分析与讨论。

一、非自然与自然

人们常常以“非自然”(unnatural)为由，表达自己对科学、技术和医学的担忧。某个人类行为被贴上“自然”或“非自然”的标签可能会影响公众对该行为的态度，或支持或反对，如一些人对转基因作物的反对，对有机食物的追捧，以及对不给予或撤除生命维持干预的支持。

所有辅助生殖技术都涉及对自然生育过程的干预，人们往往以非自然(unnatural)为由，反对这类技术在人类之上的应用。通过体外受精降生的婴儿起初被媒体错误地冠以“试管婴儿”，该名称反映了人们对 IVF 技术及其产物的定性——

非自然。也有人以“非自然”为由反对延迟生育、同性生育、高龄生育，认为这些行为是违背了人类生育的自然规律。在传统认知上，人类的自然生育应当是小于一定年龄的异性之间的繁衍行为。因为在这一过程中，人类的线粒体都是由母亲传递给后代的，卵子的核基因组不会与线粒体基因组相分离，更不会由第三方单独传递给后代。因此，他们也往往反对捐献线粒体。

在分析以非自然为由反对 ART 应用的论述后，可以看出，“自然”或“非自然”的表述都是具有价值负载的。[①] 第一，部分非自然论述是表达对违反自然过程的担忧，本质上是担心 ART 可能会给人类带来风险、伤害以及各种不确定性。第二，非自然表达了人们对 ART 以及其他新技术的厌恶、恶心、反感，以及下意识地将其与科幻作品进行关联。

然而，非自然并不等于是不好的或不符合伦理的，自然的未必一定是好的或符合伦理的。如地震、海啸、洪水可被视为自然的，这些自然灾害给人类生命健康和财产造成了巨大损失，人们希望避免这些事情的发生，而不是因为其属于自然的一部分，而认为在道德上认定其合理性，继而不对其进行干预和预防。医学作为非自然的产物，其在维系和促进人类健康、缓解病痛中发挥重要作用，人们并不因其非自然的属性而彻底否定医学存在的合理性及其伦理可辩护性，更没有立法禁止一些医学研究和干预。这意味着以是否自然作为支持或否定 ART 的使用并不恰当，而应当寻求这些表述之下的具体内涵。对于非自然的担忧究竟是源于对 ART 对后代造成的风险、伤害和不确定性的担忧，还是仅仅因其与现有生育方式不同而持否定态度，需要进一步确定。

但需要注意的是，通过非自然反对某项 ART 的应用虽然缺乏清晰的界定和合理性，但并非全无价值。此类论证提醒人们在讨论包括 ART 在内的新兴技术时应慎重选择用词，避免由于缺乏明确定义引发的误解。此外，该论证提醒人们在分析 ART 的使用是否符合伦理，是否规制 ART，以及如何规制 ART 时，应关注技术使用对个体、社会带来的风险，如伤害、不确定性、污名化、歧视和社会不公正等。

---

① See Nuffield Council of Bioethics, *Ideas about Naturalness in Public and Political Debates about Science, Technology and Medicine*, 2015, p. 9.

二、安全性、有效性与福祉

有关安全性和有效性的争论涵盖所有 ART 的研究与应用。ART 能否在确保亲代和子代安全的前提下,成功实现生育健康等其他符合个人或社会偏好的后代是技术应用的前提,这也是为何全球首例基因组编辑婴儿诞生后,该事件的主导者遭受来自全球科学家和公众批评的重要原因。

在第一例 IVF 婴儿诞生时,许多学者、公众质疑该技术可能会诞生出有严重缺陷的婴儿。他们担心 IVF 制造出“希腊神话中的独眼巨人”,或认为如果不能确定出生一个正常婴儿,那么 IVF 将是不符合伦理的。生命伦理学先驱丹·卡拉汉(Dan Callahan)认为,第一个健康的 IVF 婴儿出生之后,IVF 将是符合伦理的,但第一体外受精“可能是不符合伦理的”,因为我们无法保证这个孩子的出生是健康的。[①] 依据这一论述,几乎所有的医学创新都是“不符合伦理的”,不仅包括人类胚胎基因组编辑,也包括线粒体捐赠、PGD,以及配子冷冻和复苏等,因为医生和科研人员在第一次人体试验时是无法排除风险和不确定性的。在线粒体捐赠中,虽然捐赠者的线粒体可以避免后代线粒体疾病的发生,但同时因为捐赠者的线粒体可能无法重建核基因组并与线粒体基因组之间可能存在某种特殊的关联,从而导致其他疾病。对于胚胎的基因组编辑也是如此,在全基因组测序仍旧无法准确无误地检测全部基因组时,基因编辑工具可能导致基因组发生“脱靶”且未被人类察觉,并最终导致后代及其未来世代承担巨大的风险或伤害。

但是,风险和不确定性永远无法被消除,没有一种出生方式可以避免一切风险,无论是 ART 还是自然生育。风险可以被分为两个维度:一是性质,二是概率。对于 IVF 来说,在未开展过人类试验前,第一例 IVF 婴儿确实会承受较大的风险和不确定性,如婴儿存在严重缺陷。但通过动物实验和体外试验,这种风险发生的概率可以降低。在自然生育过程中,胎儿有一定概率患有遗传疾病或先天缺陷,如 21 - 三体综合征、唇裂,这种风险是无法被完全消除的,但人类并没有因为存在微小的风险甚至较高的风险决定永不生育,或认为从伦理上人们不应生育。对于 ART 是否应

---

① 参见[美]格雷戈里·E. 彭斯:《医学伦理学经典案例》,聂精保、胡林英译,湖南科学技术出版社 2010 年版,第 154 ~ 155 页。

当被应用,尤其是在人体上首次或早期应用时,确保100%安全有效,消除一切不确定性不是必要条件。人们应当关注的是尽全力在人体试验之前减小风险,提升有效性,并将技术应用的受益与风险进行权衡,确定安全性和有效性可被接受的最低限度,并动态评估受益与风险。

为实现前述目的,ART的使用应符合福祉原则。此处的福祉专指人类的“健康”。至于“健康”之外哪些内容可被称为福祉,应开展进一步研究进行界定。在ART中,应以生育健康后代为技术使用之目的,将后代的福祉置于首位。如PGD的应用应限于健康目的,如避免严重遗传疾病、严重疾病风险的传递,而不是在健康范围之外根据夫妇的偏好筛选后代。ART的适用还应确保被干预对象的健康,包括潜在父母和未来后代,使其获得健康受益,避免和降低风险、负担和伤害。在任何ART在人体之上应用前,必须有充分的证据证明该技术的安全性和有效性,如在线粒体转移临床试验和应用前,应开展体外研究和动物实验,验证和提升技术的安全性和有效性,避免由于线粒体转移导致后代(相比不进行移植)遭受更严重的伤害。

高龄生育、延迟生育、独身生育必须以后代的福祉为前提。生育不仅导致高龄夫妇自身的健康风险陡增,超出青年人生育,同时也影响后代的福祉。如60岁的夫妇生育后代,孩子可能尚未成年夫妇便可能因各种原因生病就医,导致夫妇需要监护人照顾的同时孩子也需要监护人的照顾,孩子的身心健康可能难以得到保障。同性生育和独身生育虽然可以避免前述问题,但在传统异性恋家庭之外抚养孩子是否有利于孩子的健康成长存在争议。如果以上这些需要使用ART的情境中,人们的判断为不符合后代的福祉,则即使潜在父母有强烈的意愿生育后代也不应向其提供ART,应当限制此类ART的应用。当然,利益攸关方可能会提出质疑,具体包括如何判断孩子的福祉,由谁判断,以及需要怎样的证据支持等。这些问题仍需要进一步研究,在此不作展开。

福祉的考量不局限于直接受ART影响的个体。从社会整体来看,一些ART可能不利于社会整体之福祉。在一些对某性别的后代存在偏好的地区,若不监管ART,PGD很可能被运用于非健康目的的性别筛选,由此导致该地区性别比例失衡,继而引发一系列的社会问题,不利于社会整体之福祉。

三、伤害悖论与同一性

PGD、线粒体捐献、可遗传基因组编辑都可用于帮助夫妇生育健康后代,支持此类应用的论证之一是避免伤害。但在有关生育的问题上,无论是自然生育还是通过ART生育,避免伤害的论证会面临“伤害悖论”(the paradox of harm)的挑战。

一个可能存在也可能不存在的人可以被伤害吗?以PGD为例:如果夫妇有严重的遗传疾病,为了确保生育的后代不再携带亲代的致病基因而选择通过PGD和IVF-ET生育,假设这对夫妇总共获得2枚胚胎,A未携带亲代的致病基因,B携带致病基因。毋庸置疑的是,A和B是两个完全不同的胚胎,如果他们被生下来也将是两个完全独立的个体。如果夫妇决定移植A,而不是B,则对于B来说他或她连存在的机会都没有。尽管如果使B降生意味着B会患病,但与从未在这个世界上存在过、体验过相比,是否出生要好于不出生?使B出生是否意味着对B造成了伤害?一个人因出生而受到伤害似乎是自相矛盾的,这是“伤害悖论”(the paradox of harm)在生育中的体现。

可以通过区分“伤害”一词的不同内涵尝试解决该悖论。第一种伤害定义的标准是基线概念(baseline concept)标准:伤害,是指某个人状况相比自己此前更差。依据基线概念,某个不存在的人是不可能被伤害的,因为其并不存在基线。在上面的例子中,B即使出生也没有受到伤害。第二种伤害定义的标准是常态概念(normality concept)标准:将目前不完善的状态与正常情况下本可存在的状态进行对比。如果存在可以生育健康(或不携带致病基因)后代的手段,如PGD、线粒体捐献或基因组编辑等,但并未使用这些手段并最终导致出生的后代患病,则可以称后代遭受了伤害。在上述例子中,因为潜在父母本可通过PGD生下健康的后代,那么B的诞生可被视为对B造成了伤害。另一种观点认为,若B出生之后的状态非常糟糕,还不如不让B出生。此时,在伦理和法律上,此种“存在不如不存在”的状态是“不当生命”(wrongful life)。

在使用伤害的常态概念为ART辩护时仍会遭受反驳,如B携带致病基因,无论如何也不会以健康的状态出生。不携带致病基因的A与B本就不是同一个体,没有可比性。但可遗传基因组编辑可以化解这一反驳,通过该技术对胚胎B进行基因组编辑,将致病基因修改为人类基因库业已存在的健康人的基因,进而使B可以不携带致病基因的状态出生(存在)。这表示B确实存在一种本可存在的状态,要好于未经编辑的"不完善"的状态。同样的论证也适用于可用来预防后代患有线粒体疾病的MD技术,是否患有致命、严重缩短生命或严重影响生命质量的线粒体疾病对于个人来说状态是不同的。①

伤害悖论既是哲学伦理学的命题,也是法律的命题。② 在法庭有关"不当生命"的案件中,一些已经出生的后代会起诉医疗机构或父母,声称自己的生活十分悲惨,以至于自己的存在本身就是一种民事伤害行为,医疗机构本应当提供充分且令人信服的信息以使父母选择终止妊娠。在可遗传基因组编辑被允许应用时,后代还可能会以父母未能"修复"致病基因,甚至未增强自己的基因而提起诉讼。在"不当出生"的案件中,申诉人关于自身受到伤害的根本理由并非"生活十分悲惨",而是生活低于常态。

PGD、MD和可遗传基因组编辑中会涉及同一性问题。但正如上文所论述,如果这些技术的应用意在预防严重遗传疾病,则福祉原则或不伤害原则可以为其正名。

四、尊重

辅助生殖技术的应用应以尊重人为前提,包括潜在父母、第三方协助者和未来后代、人类胚胎和胎儿。对于潜在父母的尊重主要包含尊重其尊严、自主性、隐私保密三个方面。

(一)尊严

所有人类的尊严都是平等的,因此所有人都拥有平等的权利。在人权上,人类尊严意味着所有人类都被赋予某种实质的他人如何对待他/她的限制,以及所有人类都具备国籍、种族、性别之外的固有特征。ART可以通过冷冻精子、卵子或胚胎帮助无法自然生育后代的个体实现生育愿望,最终实现生育权(reproductive rights)。

① 癌症患者患病前后的心理、精神和社会认知同样存在差异,即使是感冒这一不算严重的疾病,是否患病对于个体来说,状态/体验也存在巨大差异。

② 参见睢素利主编:《中国影响性涉医案件法律与伦理评析》,中国协和医科大学出版社2019年版,第52~53页。

通过“代孕”实现生育欲望必须以不践踏他人尊严为代价，这要求潜在父母、医护人员、机构和社会表达对“代孕”母亲和后代尊严的尊重，应将她们首先视为目的而非仅仅当作手段。具体而言，不应允许任何形式的“代孕”商业化，“代孕”母亲自身和他人都不应将“代孕”行为作为获取经济利益的手段。商业化“代孕”是对处于社会弱势地位者的剥削，是对“代孕”母亲尊严的贬低。与之类似，卵子、精子和胚胎也不得被商业化。除产生剥削外，商业化还会诱发或加深污名化和歧视。如根据供卵者的身份将卵子明码标价，这是对现有社会特征标签化和污名化的加深。

通过 MD 或 PGD 生育后代，会影响后代的基因组、涉及对生命的选择，而这可能会对人类尊严造成一定的威胁，应当引起我们的关注。这两类技术涉及潜在父母对后代的选择，这会引发人们对于亲子关系恶化的担忧。但对于以预防疾病为目的的 MD 或 PGD，潜在父母的目的在于后代健康，即实现后代的利益最大化，可被视为是对后代尊严的尊重，而非仅仅将后代作为实现潜在父母生育欲望的工具。但对于非健康目的的 PGD 筛选则不然，如在已形成的胚胎中选择携带有特定肤色或身高基因者进行移植，这部分是满足了潜在父母的偏好。换言之，也可被视为迎合某种社会（主流）价值。这种行为本身已难言将后代利益置于首位，而是将后代视为潜在父母或社会实现自身目的的手段，将后代异化为实现他们目的的工具，是对后代尊严的贬低。

ART 涉及人的出生、人类胚胎和胎儿的干预问题。虽然中国主流文化中并不将胚胎和胎儿视为人，但人的生长发育具有连续性。从受精卵形成直到足月降生，对于何时为人的节点均为人类自己的判断，并涉及价值判断。如果我们将人定义为具有意识经验能力的生物，则人类胚胎和胎儿可被视为具有发育成为人潜能的实体。在认同道德地位并非仅在有或无之间选择的前提下，胚胎和胎儿具有一定的道德地位。人类胚胎和胎儿显然与其他物不同，我们不能像对待一支铅笔、一张桌子一样任凭个人意愿随意处置。因此，人们在 ART 的研发和应用中，应当尊重人类胚胎和胎儿的道德地位，不应将其视作财产或商品，即无论在何时我们都不应当随意处置胚胎。在从事基础研究、临床研究和临床应用中，必须制订明确的操作规范，包括允许胚胎哪些遗传方面的操作，胚胎的保存和废弃。此外，由于基础研究涉及对胚胎不可逆的干预，如破坏和销毁，故当涉及胚胎的体外培养时，必须严格控制体外培养时间。①

在 MD 以及本书所关注的可遗传基因组编辑中，胎儿应被给予特别关注，不仅因为其具有发育成为人的潜能，也因为其固有的道德地位。尽管已有分别通过以上两种技术出生的孩子，但学术共同体仍认为当下的技术不够成熟。在辅助生殖技术的研究过程中，必定会经历胎儿发育这一阶段，并且所有技术的研发都无法保障100%的成功。在此过程必定会涉及放弃移植、人工流产、引产、夭折和出生后的各种不确定性。汉斯·尤纳斯（Hans Jonas）曾断言，未来的生殖遗传学技术只能通过"试错路径"（trial-error approach）来实现技术的成熟，而这将使该技术的应用无法得到伦理学辩护，即使技术的应用存在肉眼可见的（潜在）受益。简言之，在尤纳斯看来，实现受益的部分过程无法得到伦理学的辩护，把一部分胎儿及其后代仅仅作为手段而非目的在道德上无法被接受。这一论证十分有力，但无法彻底否定 ART 的使用。如果我们接受尤纳斯的论证，则当前所有的产前医疗干预，包括超声检查、外周血检测、绒毛膜穿刺、阴道检查等都应当被禁止。所有这些干预在最初应用以及现在都无法 100% 地避免对胎儿构成威胁。此外，将为了后代健康这一目的完全归结为潜在父母希望实现一己私利也是不妥的。无论是通过 MD 还是基因组编辑预防遗传疾病的传递，潜在父母的目的中可以包含对后代福祉的考量。设想如果不通过这些技术，或者说不参与试验，潜在父母通过自然方式生育可能会产生"不当生命"（wrongful life）的结局，后代将承受巨大痛苦。相比存在被流产的风险而言，这可能更难以被个体和社会所接受。但前述并非否定了尤纳斯观点的意义。在 ART 的使用中，尤其是临床研究和应用中，人工流产问题应得到特别关注。胎儿作为具有发育成为人潜能的特殊实体，应当被尊重，应将其本身作为目的，而非仅仅作为实现技术成熟或实现他人目的的手段。此外，在对胎儿进行干预时应尊重潜在父母，尤其是妊娠女性的自主性，充分告知其 ART 的风险、受益、可能的结局以及其他可能帮助她们实现生育愿望的技术及其相关信息。

（二）自主性

人的自主性被视为康德以来道德哲学的核心要义。在康德看来，人的理性是有

---

① See D. Cyranoski & S. Reardon, *Embryo Editing Sparks Epic Debate*, 520 Nature 593(2015).

限的,它同时受到两种法则的影响:纯粹理性是必然的领域,人受到自然因果律(或者说自然必然性)的支配,在这一领域,人不具有自主性和自由可言;实践理性是自由意志的领域,它遵从的是道德法则,道德律证明人的本体是自由的,此时,人可以不受任何经验条件限制而选择和决定自己的生活,因而是自主的。① 英国古典自由主义哲学家约翰·密尔(John Stuart Mill)也指出:"任何人的行为,只有涉及他人的那部分才算对社会负责。在仅只涉及本人的那部分,他的独立性在权利上则是绝对的。"②

一般而言,是否通过辅助生殖技术生育后代应当由潜在父母根据其自身情况自由决定。一个有效的决定应包括四方面:决策能力、充分信息、信息理解和自愿同意。对于希望使用辅助生殖技术的个体,首先应当判断其是否具备同意能力,能够理解决策相关信息并在此基础之上作出自己的判断。这提示我们,通常情况下,ART 的使用者应限于完全民事行为能力人。对于限制民事行为能力人和无民事行为能力人,如未成年人、处于发作期的精神疾病患者、昏迷的人,是否应被允许其使用 ART 必须以情境而定(如是否应允许她们进行冻卵、通过 IVF 生育后代或进行"代孕"等),考量该个体的最佳利益,并与后代利益进行权衡。在信息告知方面,医务人员应当提供充分的信息以供潜在父母作出选择使用,并协助她们理解信息。自愿的决定要求他人不应对潜在父母的决策施加不当的诱导或胁迫,因为这些干预都会破坏个体的自主性,③使潜在父母沦为他人或社会实现某个特定目的手段,贬低他们的尊严。或许正如学者所言,在某些特定情况下,"以情动人"本质上是"操纵"的一种表现形式。④ 当涉及第三方协助的 ART 使用,以及配子、合子研究用捐赠时,医务人员、科研人员同样需要尊重个体的自主性,明确捐赠的目的,捐赠过程及样本、数据使用过程中可能的风险、受益,以及是否提供补偿、撤回退出等信息,尊重个体的自主性。

自主性的问题也涉及未来后代。如通过 ART 降生的孩子是否有权知道自己的

---

① 参见邓晓芒:《〈实践理性批判·导言〉句读》,载《德国哲学》2015 年第 0 期。

② [英]约翰·密尔:《论自由》,许宝骙译,商务印书馆 2007 年版,第 11 页。

③ See Garnett M. Coercion, *The Wrong and the Bad*, Ethics, 2018, 128(3): 545 – 573; E. J. Emanuel, *Undue Inducement: Nonsense on Stilts*?, 5 The American Journal of Bioethics 9(2005).

④ 参见[美]汤姆·比彻姆、[美]詹姆士·邱卓思:《生命医学伦理原则》(第 5 版),李伦等译,北京大学出版社 2014 年版,第 93 页。

出生方式，尤其是通过第三方协助降生的后代，如第三方供精、供卵或“代孕”等。从社会和文化角度看，在中国，血缘关系是家庭构建的核心和基石，故为了稳定家庭关系，父母通常不愿意将涉及第三方协助出生的事实告知自己的孩子。我国现行法规也并未要求父母必须将此类信息告知孩子，即并未充分尊重后者的自主性。对于通过第三方协助降生的个体来说，了解自己的身世被一些人认为是构建个体同一性的关键，尤其是涉及第三方配子捐赠时，毕竟不同的遗传物质会产生不同的个体。因此，不难理解一些国家现行法律规定，通过第三方协助生育的后代在成年后有权知道第三方的部分信息，在保护第三方隐私的前提下尊重后代的自主性。类似地，在MD和可遗传基因组编辑技术的应用中，基因组的差异会影响个体的同一性，进而被一些个体视为重要的知情内容。当然，尊重自主性并非绝对的，必须考量保护隐私、公平性、福祉等其他原则。

（三）隐私保密

ART的使用过程中涉及多方信息，出于对人的尊重，医务人员、科研人员和其他能够接触这些信息的人都将保密作为首要义务。在ART的使用中，通过IVF出生的后代常被冠以“试管婴儿”，在词语上就隐含对该技术和由此出生后代的担忧和恐惧，而这可能会引发社会对由此出生后代的污名化和歧视。虽然隐私保密无法从根本上消除污名化和歧视，但保密可在一定程度上保护个体免受歧视和伤害。此外，对于第三方配子、合子捐赠者，他们常常出于利他的目的，并且其中一些人并不希望与潜在父母及其后代日后取得联系。故出于对她们的尊重，应当对其隐私进行保密，如不向潜在父母及后代提供捐赠者的真实姓名、地址和联系信息等可以识别出个体的信息。当然，完全去除可识别信息是不可能的，但医务人员、科研人员和相应机构应尽最大努力保护捐赠者的隐私，尽可能地提升信息可识别的成本。在后代希望了解第三方协助者信息时（或反之），如配子捐赠者或“代孕”母亲，应当在尊重双方同意和保护隐私的前提下进行，避免一方对另一方生活的侵扰。

五、社会正义

ART的使用会引发一系列社会正义问题，比如，辅助生殖技术的可及性、可得性和可负担性问题，以及PGD、可遗传基因组编辑等引发的歧视问题等。

（一）可及性、可得性和可负担性

在 ART 中，可及性、可得性和可负担性涉及 ART 是否存在、是否能够获得以及是否能够承担得起相应费用等问题。市场需求、ART 的研发、法律法规和政策都会对这些内容产生影响。健康问题和非健康需求可以推动技术的研发和应用，如患有严重线粒体疾病或极少数遗传疾病的夫妇无法通过当时现有技术实现生育血亲后代的愿望，这部分推动了相关技术的研发，以及法律法规的修改，如 MD 在英国的发展。[①] 这些 ART 的使用在一定程度上可以得到伦理辩护，但如果政府和私营部门没有投入了充足的资金用于研发，或为其应用提供资金、设备和人力等方面的投入，则仍旧无法实现 ART 的可及性，进而不利于那些只能通过此类技术方可实现生育后代的夫妇。法律法规和政策也会影响技术的可及性，目前我国有关禁止 MD 和可遗传基因组编辑技术的人体应用在一定程度上阻却了各方在该领域的研发和相应投入，进而影响技术可及性。而所有这些行为，无论个体、机构或政府，都涉及对社会公正的影响。

可得性涉及资源分配问题。尽管 IVF 技术十分成熟，一般公众可以在医疗机构获得，但当需求超出技术供给时，便会产生可得性问题。例如，对于一些无法自己产生正常卵子的女性，获得第三方捐赠的卵子是实现生育的重要途径，而卵子的数量短缺会导致 ART 的可得性下降。在实践中，一些需要第三方捐卵生育的夫妇可能需要等待 1 年甚至更长的时间方可获得卵子。可得性降低受多种因素的影响。例如，我国政策规定，卵子捐赠者仅限于需要通过 ART 协助生育的不孕不育症夫妇中的女性，极大地限制了卵子的供给。但是不可否认的是，政策的初衷出于善意，具体包括避免卵子的商品化，避免某些个体或机构为了追逐利益而剥削健康（单身或成婚）女性以获得卵子，从而降低女性因捐赠卵子而面临的健康风险。

即使技术存在，且供给充足，费用也可能限制个体获得 ART。以 IVF 为例，其成功率受诸多因素影响，整体维持在 50% 左右。一个 IVF 周期的费用在 3 万 ~ 5 万元，如果需要进行多个周期方可妊娠生育则费用将翻倍。这笔费用可能对于城市职

---

① See C. Herbrand, *Mitochondrial Replacement Techniques: Who are the Potential Users and will they Benefit?*, 31 Bioethics 46 (2017).

工并不算巨大,但对于刚刚脱离贫困或年收入在 1 万元以下的个体来说,可被视为巨款。因此,对于同样的技术,后者可能无法消费。支付制度对可得性的影响巨大,以中国为例,ART 的费用并不在医保报销的范围之内,所有 ART 费用均为自费。在需要 ART 的不孕不育个体范围内分析,这看似公正,因为所有人都没有获得补助,但实则不然。如前文所述,不孕不育症个体的社会、经济状况存在差异,存在先天和后天的不平等,国家医疗保障是否应当支持那些本就处于劣势地位的人。如依据罗尔斯(John Rawl)的差等公正原则,如果政府决定对 ART 的费用进行报销,在不孕不育症夫妇之中应首先考量将资源分配给那些无力支付的患者。从整体看,在资源有限的前提下,应当合理分配不孕不育个体与其他需要医疗干预的患者。

（二）污名化与歧视

通过 IVF 出生的孩子最早被媒体称为“试管婴儿”(test-tube baby)。这种说法隐含人类对于一些未知领域的恐惧和担忧。正如前文所述,IVF 并非像科幻电影里呈现的那样,在试管或透明玻璃罐中孕育人类。然而,无论是世界首例 IVF 婴儿诞生,还是当下医学界和公众对 ART 的讨论,“试管婴儿”一词仍被不断提及。

这一词语的使用会引发人们对特定人群的污名化。污名化可被理解为不同寻常的东西或道德品质败坏的人。“试管婴儿”这一称呼向人们暗示试管婴儿的诞生是一种“非自然”的事件,整个孕育的过程在试管中而非在女性的子宫中,他或她在没有精子和卵子的情况下在实验室中被创造出来。所有这些谕示通过该技术出生的孩子是不正常的,相对自然生育的后代而言是异类。当一个人被冠以“试管婴儿”后,她或他便难以被社会全面认可。此外,该特征很可能使孩子自己和周围人感到耻辱,继而整体社会否定或贬低试管婴儿存在的意义。实际上,这不仅是对后代尊严的贬低,也是对不孕不育症夫妇尊严的贬低。

ART 所引发的一大类问题是歧视问题,具体而言是基因歧视(genetic discrimination)。基因歧视可被定义为“根据基因的差别而给予个体、家庭、群体不公正的对待”。歧视有多种表现,可以是直接的,也可以很隐蔽。

人们对某些特征具有偏好,并对与之相关的基因型同样产生偏好,如对较高身材的偏好会导致父母希望后代具有与此相关的基因。当社会对这些特征的偏好影响个人合理的权利、机会或利益时,歧视就会产生。例如,在就业时,如选择餐饮业服务员,业主优先考虑身材较高的应聘者。疾病或健康问题同样是就业时考量的因素,用人单位会排除那些患病或有健康风险的个体,如在我国发生的“基因歧视第一案”。这些选择看似具有合理性,但在就业差别对待上,仅仅因为不同个体间基因型,且这些基因型并不影响职工履行岗位职责,不同给予差别对待即构成了歧视。通常而言,只要能够履行点餐、送餐的任务,个体就可以成为服务员。挑选较高身材的应聘者可能是出于对顾客观感的考量,或者为更进一步吸引顾客,进而获得更多的收入。在“基因歧视第一案”中,广东佛山政府部门拒绝录用携带有地中海贫血基因的考生。而这些考生仅仅是基因携带者,而非患者,他们的健康状况也并不影响他们履行用人单位的岗位职责。

基因歧视还可能发生在教育之中。在家庭对孩子教育支出越来越多的当下,父母希望孩子不要输在起跑线上,催生各类线上线下教育机构的野蛮增长和资本的追逐。一些“好”幼儿园、小学和中学会通过面试来决定是否招收学生,表面上看起来是合理的择优录取、公平竞争,但实则是一种不公平的扩大化,集中优质资源扩大“优劣”之间的鸿沟。在未来,或许学校还会要求在“桌上或桌下”索要孩子的遗传信息,以判断其是否具有更高的潜能。每个人的起跑线本就不平等,不仅涉及其所出生的家庭、地区和国家,还涉及其基因。父母如果不希望孩子输在“基因”上,他们可以通过 PGD 筛选出属于她们基因组合的最优个体,也可以通过基因组编辑获得当前认知水平上的最优个体。无论是就业还是教育上的歧视,都会增加潜在父母在生育选择上的压力。看似增加个体自由选择权的 ART,实则是对个体选择的束缚,增重了个体选择的责任。在社会不公正、技术稀缺或分配不公的背景下,ART 的应用将加剧社会不公正,加剧对一些人群的歧视。

ART 还可能会对某些人群造成间接歧视。PGD 和胚胎筛选、MD 和可遗传基因组编辑让更多不携带致病基因和线粒体遗传疾病的个体降生,这是否意味着向社会传递一种信号:已经被生下且患有严重遗传疾病的人是不值得被生下来的,是应当被“纠正”的人,这些人的价值要低于其他人。进言之,如果 PGD 的检测以及胚胎筛选的范围超出预防严重遗传疾病或其他健康目的,如肤色、发色、发质、瞳孔颜色、身高、智力、某种天赋等,可能会造成同样的影响。具体来说,社会可能会认为,没有携带某些基因的个体之价值要低人一等,进而造成污名化、歧视和事实上的生殖隔离。

ART 的使用可能会加深并扩大社会的负担。一方面,该技术加重潜在父母在

PGD、HHGE 或其他生育携带特定遗传物质的后代的手段之间选择的成本；另一方面，政府和社会可能会降低对残障、遗传病患者或未携带有特定遗传物质个体的支持。这受到技术本身的应用影响，也受到社会中个体至群体决策的多米诺效应影响。个体的脆弱性增强，社会整体对残障、遗传病患者或未携带特定遗传物质个体的包容度下降。当然，PGD 和 HHGE 或未来其他 ART 也具有缩小先天遗传不平等的潜能，也是一些学者认为使用这些 ART 具有合理性的原因之一。但是，发挥这一潜能的前提是技术的可及性、可负担性和可得性，以及社会对差异的包容。在当下的全球视野中，ART 无论在哪个地区或国家都不具备这样的前提条件，缺乏善治之下的 ART 不但不会缩小先天的遗传不平等，反而会增加后天的社会不公正，并将这种不公正“刻”在基因之中，加深未来的“社会不公正”。即使技术在未来某一日终究变得可及、可负担和可得，我们还需警惕 ART，尤其是 PGD 和 HHGE 走向“优生学”的老路。

第四节　人类辅助生殖技术的规范框架及其实践难题

通过对人类辅助生殖的技术背景和伦理考量因素的阐述，可进一步检视我国关于 ART 的现行规范框架，并在此基础上为将来的立法或者修法活动指明一定的方向。

一、我国关于 ART 的法律治理体系

在法律层面，我国《宪法》《民法典》《刑法》等法律中的部分条文可视作对 ART 的间接回应。《宪法》第 38 条规定了中华人民共和国公民的人格尊严不受侵犯。《民法典》更是将人格尊严作为其第四编“人格权编”的首要价值。[①]《民法典》第 109 条规定：“自然人的人格自由、人格尊严受法律保护。”该法第 990 条第 1 款列举了自然人和法人享有的各种具体人格权；该条第 2 款规定：“除前款规定的人格权外，自然人享有基于人身自由、人格尊严产生的其他人格权益。”该法第 1008 条规

① 参见王利明：《人格尊严：民法典人格权编的首要价值》，载《当代法学》2021 年第 1 期。

定，进行人体临床试验应当经过相关部门的审批和参与者的知情同意，以及确立了非商业化的原则。该法第1009条为从事与人体基因、人体胚胎有关的医学和科研活动划定了合法性、不伤害、伦理道德和公共利益4条“底线”。《刑法》第336条规定了非法行医罪。有部分学者主张，通过此一规定对ART中的违法行为（如“代孕”）进行治理。受“基因编辑婴儿事件”的影响，2020年12月，全国人大常委会颁布的《刑法修正案（十一）》第39条增加了一条，直接将以生殖为目的的人类基因编辑和克隆行为规定为犯罪行为。

事实上，与ART直接相关的规范多为卫生行政主管部门颁布的行政规章和行业指导性规范，包括：2001年2月颁布的《人类辅助生殖技术管理办法》，2003年6月一次性修订并公布的《人类辅助生殖技术规范》《人类精子库基本标准和技术规范》《人类辅助生殖技术和人类精子库伦理原则》等。这些规章的主要内容是行政监管，前者主要规定了ART的资格准入、实施、审批，以及相关的行政处罚；后者主要规定了ART具体实施过程中应当遵守的相关规范和伦理原则，主要包括有利于患者、知情同意、保护后代、公共利益、互盲和保密、非商业化以及伦理监督等原则。

总体而言，现行法律框架属于各自所调整的社会关系领域的基本法律，而难以对ART中涉及的具体争议问题作出细致回应。例如，虽然《宪法》和《民法典》均规定了人格尊严，但《宪法》在我国原则上不能直接作为法官裁判的依据；而《民法典》中的人格尊严，学界通说将其视为一般人格权的规范依据，主要发挥价值判定和条文补充的功能。① 比较法上，为使人格尊严的内涵更加具体化，司法实践在适用法律规范过程中先后推演出了人的先在性、自生命开始对人的尊重、人体的不可侵犯、禁止对人体的商业化利用等其他重要原则。② 反观我国法律法规，相关的行政监管规定大多已出台近20年，难以适应飞速发展的生命科学技术。根据《立法法》第80条第2款的规定，行政规章在我国法律体系内的定位应当属于“执行法律或者国务院的行政法规、决定、命令的事项”，不具有普遍的行为约束效力。在各种因素的交互作用之下，我国现行ART法律治理体系呈现了效力层次低、治理理念滞后和治理效

① 参见黄薇主编：《中华人民共和国民法典总则编解读》，中国法制出版社2020年版，第344页；最高人民法院民法典贯彻实施工作领导小组主编：《中华人民共和国民法典总则编理解与适用（下）》，人民法院出版社2020年版，第542～548页。

② 参见石佳友：《治理体系的完善与民法典的时代精神》，载《法学研究》2016年第1期。

果不足等弊端，无法有效处理技术发展导致的利益冲突。

二、法律实践中的难题

（一）第三方协助辅助生殖中的权利冲突

根据《人类辅助生殖技术和人类精子库伦理原则》，配子的捐赠者应当与受方夫妇、出生的后代之间保持互盲。医疗机构和医务人员也应当对捐赠者和受者的有关信息予以保密。一方面，对于捐赠者来说，社会主流话语对捐赠配子的行为评价通常较负面，捐赠者大多不愿自己个人的捐精/卵行为被他人所知晓，[①]这些人的隐私权应当受到法律的保护；另一方面，对于受者来说，子代的基因来源同样属于家庭隐私，而且淡化与孩子有生物联系的第三方的存在对于维持受者家庭的稳定性具有十分重要的意义。[②] 但是，孩子在成长以后拥有“知晓其身世的权利”。瑞士《民法典》已将知晓自身身世的权利确立为一项具体人格权。该法第268c条第1款规定：“儿童自18周岁起，有权获得关于其生父母的有关信息。在未满18岁之前，如果证明有合法利益，儿童亦有权获得此种信息。”[③]由此导致互盲和保密原则与保护后代原则之间出现明显的冲突。

（二）全国首例“单身女性冻卵案”

在全国首例“单身女性冻卵案”中，原告徐某是一位31岁的单身女性。她希望在最适合生育的年龄取出卵子并冷冻保存，以避免将来有结婚生育意愿时产生遗憾，故而向医疗机构申请冷冻保存自己的卵子。然而，医疗机构以徐某的要求“不合法”为由予以拒绝，徐某因此将该医疗机构诉至法院。截至2022年7月18日，该案判决结果尚未公布。

该案中的“不合法”，是指我国《人类辅助生殖技术规范》的规定，即“禁止给不符合国家人口和计划生育法规和条例规定的夫妇和单身妇女实施人类辅助生殖技

---

① 参见国熙：《论地下商业冻、捐卵行为中的卵子流动》，载《浙江学刊》2020年第6期。

② 参见王婷、史潇、全松：《供精人工授精技术的伦理思考》，载《国际生殖健康/计划生育杂志》2015年第4期。

③ 石佳友：《人权与人格权的关系——从人格权的独立成编出发》，载《法学评论》2017年第6期。

术”。与此形成对照,我国《人类精子库基本标准和技术规范》明确规定,男性基于“生殖保险”的目的,可以向医疗机构申请冷冻保存自己的精子。就此而言,该案争议的实质问题是,可否将禁止单身女性冻卵视为一种不平等对待？应当认为,在保存生育能力的意义上,精子、卵子或者胚胎冷冻确实并没有本质区别。按照《人类辅助生殖技术和人类精子库伦理原则》的规定,之所以不允许单身女性冻卵是基于“公共利益原则”:第一,相对已经发展成熟的精子和胚胎冷冻技术而言,卵子冷冻依旧面临诸多技术上的难关,如冷冻保护剂的副作用容易使卵母细胞受到损伤而影响受精卵的质量;第二,促排卵使用的药物可能给女性的身心健康带来损害;①第三,担心女性冻卵一旦开放将刺激“代孕”的兴起。② 但就目前而言,这3个理由似乎均已不合时宜。

(三)全国首例“人体冷冻胚胎权属纠纷案”③

在全国首例“人体冷冻胚胎权属纠纷案”中,沈某与刘某系夫妻,因不孕不育症在南京市某医院施行IVF-ET手术。医院在手术过程中成功获取4枚受精胚胎并进行冷冻保存。后该对夫妻因意外事故而死亡,但4枚受精胚胎仍在医院保存。因对该4枚受精胚胎的权属发生争议,沈某的父母将刘某的父母诉至法院,主张行使对胚胎的监管权和处置权。解决胚胎处置权归属问题的关键在于认定受精胚胎的法律地位。在学理上,关于人类体外胚胎的法律地位先后出现“主体说”、“客体说”和“中间说”3种观点。3种观点各有合理性与不足之处。

首先,“主体说”认为,受精胚胎是法律上的独立主体。在此学说下,仍有争议。一种观点认为,如果从人的身体中取出的部分是为了维持人体的某一功能,将来可能再次植回人体内,那么这些部分应当属于法律关系的主体。④ 具体来说,从人体内取出的精子意在维持人体的生育功能,属于人体的组成部分。⑤ 另一种观点认为,生命始于精子和卵子的结合,人类胚胎应当视作“有限的自然人”,可享有生命权、健康

---

① 参见刘长秋:《冻卵:法律应采取怎样的立场与对策》,载《探索与争鸣》2016年第11期。

② 参见赵丽、顾小妍等:《冻卵政策一旦放开将刺激代孕兴起》,载《法治日报》2021年1月29日,第4版。

③ 参见江苏省无锡市中级人民法院民事判决书,(2014)锡民终字第01235号。

④ 参见[德]鲍尔、[德]施蒂尔纳:《德国物权法(上册)》,张双根译,法律出版社2004年版,第22页。

⑤ 参见王利明:《物权法研究(上卷)》(第4版),中国人民大学出版社2016年版,第80~81页。

权、继承权等权利。[①] 这两种观点存在显著差别。依前者推论，人类胚胎属于配子来源主体的组成部分，则人类胚胎的处置权也应当由提供配子的双方所共同享有，但这一观点无法回应前述“宜兴冷冻胚胎案”中的胚胎继承问题。后者则将人类胚胎归为独立的法律主体，可以说最大限度地尊重了人类胚胎作为潜在的生命的“权利”。但倘若将人类胚胎视作法律上的主体，则剩余胚胎的处置将会成为一大难题，且难以与民事权利能力始于出生终于死亡的传统民法理论相调和。

其次，“客体说”主张，冷冻胚胎属于民事法律关系中的客体，可界定为“伦理物”或者“人格物”。此类观点显然重新定义了民法上“物”的概念，主张将民法上的物区分为伦理物、特殊物和普通物 3 种类型。伦理物与一般物的主要区别在于伦理物蕴含潜在的生活理性，甚至存在生命的形式。[②] 正是由于胚胎上承载有一定的人格利益，从而使之区别于一般财产。[③] 相较“主体说”，“客体说”正当化了进一步的科研，较好地满足了有关的科研需求。但该说也招致了如下批评：第一，假设人类胚胎作为法律关系的客体可以继承，则可能出现继承人为死者子女乃至第二顺位继承人的情况。例如，如果该胚胎新的处置权人是死者的子女，那么就有可能出现新的处置权人通过胚胎为自己创造一个乃至数个兄弟姐妹的情形。[④] 这在伦理上显然是一个无法接受的问题。第二，将人类胚胎视作“物”很可能导致胚胎被商业滥用。

最后，“中间说”试图调和以上两种观点的冲突，认为人类胚胎是介于人与物之间的过渡存在，处于既不属于人也不属于物的“受特别尊敬”之地位。[⑤] 此说虽然在表面上较好地协调了人的尊严保护和研究自由之间的关系，但对人类胚胎“非人非物”的法律定性难以在现行民法框架下定位。换言之，模棱两可地定性人类胚胎难以运用于科研实践及执法、司法实践。最终的结局极有可能是选择回到“主体说”或“客体说”中的一端，导致在实践中“同事不同罚”“同案不同判”的结果。我国司法实践的通说是“中间说”，但需要指出的是，此类裁判观点并非基于现行规范体系得

① 参见徐国栋：《民法哲学（增订本）》（第 2 版），中国法制出版社 2015 年版，第 269 页。

② 参见杨立新：《人的冷冻胚胎的法律属性及其继承问题》，载《人民司法》2014 年第 13 期。

③ 参见冷传莉：《“人格物”的司法困境与理论突围》，载《中国法学》2018 年第 5 期。

④ 参见马丁：《体外胚胎在我国民法上的应然属性及其价值考量——基于国情和社会发展趋势的分析》，载《东方法学》2017 年第 4 期。

⑤ 参见徐国栋：《民法哲学（增订本）》（第 2 版），中国法制出版社 2015 年版，第 271 页。

出的合理结论。①

（四）全国首例“非法‘代孕’监护权纠纷案”②

在全国首例“非法‘代孕’监护权纠纷案”中，陈某与罗某系夫妻关系，因妻子陈某患有不孕不育症，2人商定通过“代孕”方式生育子女。2人委托医疗机构将丈夫罗某的精子与非法购买的卵子进行体外受精并形成受精卵，随后放于“代孕者”的体内，由“代孕者”生育了一对异卵双胞胎。后丈夫罗某因突发疾病去世，罗某的父母诉至法院，诉称陈某与两个孩子无血缘关系，且未形成法律规定的拟制血亲关系，请求法院判定自己作为两个孩子的监护人。一审法院认为，陈某既非卵子提供者而形成生物学上的母亲，又非分娩之孕母，同时，陈某与孩子之间亦未成立合法的收养关系，因而既不能视孩子为陈某的婚生子女，双方也未形成法定的拟制血亲关系，故判决罗某的父母享有两个孩子的监护权。二审法院经审理后认为，“代孕”所生子女的法律地位原则上应当根据“分娩说”予以确定，但由于该案中孩子的生母已无法查明，而且孩子跟随陈某共同生活了3年之久，孩子应当视为罗某与陈某婚后罗某个人的非婚生子女。在该案中，陈某有意愿抚养该对子女，且存在事实上的抚养行为，因而在陈某与孩子之间可以形成继父母子女关系。此外，再结合儿童利益最大化原则，法院最终判决由陈某享有两个孩子的监护权。

事实上，两审法院的判决隐藏一个实质性差异，就是“代孕”违法性是否构成父母对于孩子权利的一个影响因素。在一审法院的判决中，“代孕”的违法性是一个实质性的判决理由，而二审法院对此予以了否决。③ 就此而言，探讨“代孕”子女监护权的归属有必要先从“代孕”本身的合法性展开。

就世界范围内而言，各国对于“代孕”的立法政策往往与特定的经济、政治和文化等因素存在密切联系。因此，“代孕”本身是否应当被允许首先是价值判断问题。价值共识的形成建立在准确认识“代孕”的基础之上。事实上，“代孕”并不能够简

① 类似裁判观点，参见广东省广州市越秀区人民法院民事判决书，(2021)粤0104民初23961号；四川省成都市锦江区人民法院民事判决书，(2020)川0104民初10660号等。

② 参见上海市第一中级人民法院民事判决书，(2015)沪一中少民终字第56号；对该案的介绍和评释可参见朱晓峰：《非法代孕与未成年人最大利益原则的实现——全国首例非法代孕监护权纠纷案评释》，载《清华法学》2017年第1期。

③ 参见刘碧波：《代孕的立法与司法问题》，载《学术交流》2017年第7期。

单地由“借腹生子”这一通俗化的表述来描述其内涵。依据不同的分类标准可以将“代孕”划分为不同的类型，而不同类型的“代孕”，其“违法性”也会有所不同。具体而言，根据“代孕者”是否向委托方夫妇收取合理补偿之外的报酬，“代孕”可以分为商业型“代孕”和非商业型“代孕”；根据“代孕者”是否提供卵子，“代孕”又可分为妊娠型“代孕”和基因型“代孕”。妊娠型“代孕”又被称为完全“代孕”，是指“代孕者”只提供子宫而不提供卵子，从而与“代孕”子女无血缘上的联系；基因型“代孕”又被称作不完全“代孕”，“代孕者”同时提供子宫和卵子，从而与“代孕”子女产生了血缘上的联系。

在上述分类之下，比较法上对于“代孕”的立法选择大致可以分为完全禁止和有限允许两种立场。完全禁止“代孕”的国家主要包括法国和日本。法国 1994 年通过的《生命伦理法》明确禁止“代孕”；法国《民法典》第 16－7 条规定：“为他人生育或怀孕的任何协议均无效。”日本国内虽然对“代孕”一贯持否定态度，但至今未出台与 ART 相关的法律，仅以行业自律的方式贯彻上述政策立场。① 例如，日本产科妇人科学会发布的公告禁止非配偶间的体外受精、由第三人提供配子的辅助医疗以及“代孕”。② 在有限制地允许“代孕”的国家，规制政策有所不同。部分国家仅允许非商业化的“代孕”，如爱尔兰 2017 年提出的《辅助生殖法案》第 36 条仅允许国内的、妊娠的和非商业的“代孕”类型。③ 相反，美国加利福尼亚州允许商业型“代孕”。

就我国法而言，“代孕”是否合“法”似乎难以得到一个确切答案。根据《人类辅助生殖技术管理办法》和《人类辅助生殖技术规范》的规定，医疗机构和医务人员不得实施任何形式的“代孕”技术。主张“代孕”违法的学者认为，在法律没有明确规定的情况下，行政法规和部门规章毫无疑问应当成为维护秩序的规范。因此，上述禁止性规定应当解释为“我国同样禁止医疗机构和医务人员以外的机构和个人实施任何形式的代孕技术”。④ 但也有学者指出，以上规定作为卫生行政主管部门颁布

---

① 日本法務省「精子・卵子・胚の提供等による生殖補助医療により出生した子の親子関係に関する民法の特例に関する要綱中間試案の補足説明」による参照。

② 仙波由加里「代理懐胎合法化の是非についての検討——日本と米国カリフォルニア州の代理懐胎現状から——」生命倫理 18 巻 1 号(2008 年)118 頁以下参照。

③ 参见王蒙：《爱尔兰代孕问题规制的特点》，载《人民法院报》2021 年 2 月 5 日，第 8 版。

④ 庄绪龙：《对“有限开放代孕”之批判观点的思考与回应》，载《法治研究》2017 年第 6 期；黄志慧：《代孕亲子关系的跨国承认：欧洲经验与中国法上的选择》，载《环球法律评论》2021 年第 2 期。

的行政规章，其规制对象是医疗机构和医务人员，而并未针对全体自然人发出行为禁令。[①] 笔者也认为，根据立法保留原则，对一般主体的行为自由进行限制必须通过立法为之。[②] 事实上，法律在是否禁止"代孕"这一问题上的摇摆不定的立场在《人口与计划生育法》修改过程中得到了更直观的体现。2015 年全国人大常委会公布的《人口与计划生育法（草案）》第 5 条明确规定了"禁止买卖精子、卵子、受精卵和胚胎；禁止以任何形式实施代孕"，但最终出于法律规定不宜与学界存在较大冲突的考量而删除了该条款。[③] 有学者指出，医疗机构和医务人员以外的人实施"代孕"手术的，符合《刑法》第 336 条所规定的"非法行医"行为，故可以此定罪量刑。[④] 应当承认，广义的医疗行为，是指出于医疗目的所实施的行为，包括疾病的诊断和预防、生育的处置、按摩、针灸等符合医疗目的的行为。[⑤] "代孕"常用于解决不孕不育患者或者同性婚姻者的生育问题。就此而言，通过解释《刑法》第 336 条第 1 款从而间接达到禁止"代孕"的法律效果不失为一种可行思路。但此一进路仍存在以下两个问题：第一，非法行医罪属于典型的职业犯，要求行为人必须以实施医疗活动为业。如果行为人只是针对特定的个人从事医疗（包括"代孕"）活动，就不可能构成本罪。[⑥] 第二，虽然非法行医罪可有效规制医疗机构和医务人员以外的人实施"代孕"手术，但却无法制止孕母和委托方夫妇进行相应的活动，这也是现实中的"代孕"大多体现为跨国"代孕"或地下"黑市"的原因之一。

如上所述，"代孕"是否合法对其后的亲子关系认定产生了实质性影响。传统民法以自然生育为预设场景，故奉行"分娩者为母"的亲子关系认定准则。在辅助生殖背景下，分娩者可能与后代并不存在血缘上的联系。就学说而言，存在"分娩说"、

---

① 参见杨立新、李怡雯：《保障人工辅助生殖技术所生子女的生的尊严——认定人工辅助生殖技术所生子女的法律地位的基准点》，载《中国应用法学》2021 年第 3 期。

② 根据《立法法》第 8 条第 5 项之规定，对公民政治权利的剥夺、限制人身自由的强制措施和处罚，只能制定法律。该法第 9 条规定，本法第 8 条规定的事项尚未制定法律的，全国人民代表大会及其常务委员会有权作出决定，授权国务院可以根据实际需要，对其中的部分事项先制定行政法规，但是有关犯罪和刑罚、对公民政治权利的剥夺和限制人身自由的强制措施和处罚、司法制度等事项除外。

③ 参见刘长秋：《代孕立法规制的基点与路径——兼论〈人口与计划生育法〉为何删除"禁止代孕条款"》，载《浙江学刊》2020 年第 3 期。

④ 参见徐明、高晟：《论代孕行为的刑事治理策略》，载《中南民族大学学报（人文社会科学版）》2021 年第 4 期。

⑤ 参见张明楷：《刑法学》（下）（第 5 版），法律出版社 2016 年版，第 1126 页。

⑥ 同上。

"血缘说"、"意思说"和"子女最佳利益说"4 种观点。顾名思义,"分娩说"仍坚持奉行传统的"分娩者为母"的亲子关系认定准则;"血缘说"认为,应当根据血缘纽带来确认亲子关系,故而应当将卵子提供者确认为法律上的母亲;"意思说"则主张,以"代孕"协议的约定为依据来确定亲子关系;"子女最佳利益说"则强调,亲子关系的确定应在最大限度上关照子女的利益。在前述案例中,法院实际上就是以"分娩说"为主、以"子女最佳利益说"为辅来处理有关争议的。①

第五节　人类辅助生殖技术的规制完善

在现实中,与上述行政规章一再强调禁止医疗机构和医务人员为单身女性实施 ART 以及任何形式的"代孕"技术形成鲜明对比的是,"地下"和跨国的"代孕"市场猖獗。"地下"商业性捐、冻卵中由于监管的缺失导致大量卵子不知去向,完全可能演化为后代亲缘混乱、近亲结婚、遗传性疾病等现实的社会风险。可见,现行 ART 的规范框架在很大程度上成为阻碍我国在 ART 领域实现治理体系和治理能力现代化的深层次原因。笔者认为,要实现在 ART 领域治理体系和治理能力的现代化,必须从顶层设计层面制定一部统一的人类辅助生殖技术法。现代化的 ART 法治体系构建需要从两个方面着手:其一,在技术、伦理与法律之间形成有效的沟通机制;其二,确保 ART 技术始终服务于医学目的。

一、治理的前提:伦理协商机制的构建

法律的谦抑性一般体现在刑事治理语境之中,它是指立法机关只有在不能通过其他有效手段制止某种违反社会秩序的行为时,才能将该行为设定为犯罪行为。这是因为刑法的制裁措施相对其他部门法而言更具有严厉性,需要适当控制刑法的处罚范围。② 进言之,相对不具有强制行为规范效力的科技伦理治理机制而言,法律治

① 应当指出的是,该案法院,一方面在判决上文中指出"子女最佳利益作为认定亲子关系的依据,此与我国传统的伦理原则及价值观念不相符合,缺乏社会文化基础",另一方面在论证监护权应当归属于陈某时,又援引了《联合国儿童权利公约》第 3 条确立的儿童利益最大化原则。

② 参见张明楷:《论刑法的谦抑性》,载《法商研究(中南政法学院学报)》1995 年第 4 期。

理机制的实现以国家强制力为保障,更具有严厉性。在这个意义上,法律应当保持适度的谦抑性,否则将有可能对技术的创新形成不当限制。当然,这种谦抑性仍须遵守风险防范优于技术发展的原则。

具体到 ART 法律治理的语境下,构建伦理协商机制是实现对技术治理、伦理治理和法律治理之间关系的适度调和的较佳规制手段。伦理协商机制不同于伦理审查制度,后者是对所涉的生物医学研究伦理标准进行检验和评价,进而作为相关活动开展的前提和基础,①因而以存在可供执行的具体伦理标准为前提。而伦理协商机制是指在科技、伦理、法律等专业群体之间以及这些群体与公众之间就 ART 的相关问题开展深入的交流和对话,从而对相应的社会风险作出初步的预判和评估。《世界生物伦理与人权宣言》第 18 条明确指出,在决策和应对生命伦理问题时,“当事人、相关的专业人员和全社会应当定期开展对话”,“应当进一步创造机会,开展知情的、多元化的公开辩论,使相关各方都能自由发表意见”。就此而言,现代化的 ART 治理体系应当是不同专业的群体开展定期的、持续性的公开辩论,提炼价值共识,并在此基础上进行的制度建构。

二、治理的过程:合目的性原则

合目的性原则旨在实现 ART 向医学目的的回归。恰如学者所指出的,只有目的正当,才能产生正当行为;如果作为起点的目的不正当,由此而产生的行为自然也就不正当。② 我国及一些国家均将符合“医疗目的”作为实施 ART 的前置性条件。我国刑法学者在阐释非法行医罪时也将医疗行为界定为符合“医疗目的”的行为。③

问题在于,“医疗目的”本身是一个内涵和外延都极其模糊的概念。例如,医学研究和医疗行为在某种程度上似乎均可认为是基于“医疗目的”,但两者事实上又存在本质上的区别。《赫尔辛基宣言》认为,医生可以将医学研究与医疗措施相结合,但仅限于该研究已被证实具有预防、诊断和治疗价值的情况。也就是说,“医疗目

---

① 参见石佳友、刘忠炫:《人体基因编辑的多维度治理——以〈民法典〉第 1009 条的解释为出发点》,载《中国应用法学》2021 年第 1 期。

② 参见刘权:《目的正当性与比例原则的重构》,载《中国法学》2014 年第 4 期。

③ 参见张明楷:《刑法学》(下)(第 5 版),法律出版社 2016 年版,第 1126 页。

的”应当是实现预防、诊断和治疗价值。然而,《贝尔蒙报告》(Belmont Report)却指出,医疗行为和医学研究之间的界限模糊不清,一方面,是由于医学研究活动和医疗行为经常同时发生,如有关评估治疗的研究;另一方面,当“实验”和“研究”这两个术语没有被细致地界定时,人们会将某些明显偏离标准治疗方法的行为称作“实验”。尽管如此,《贝尔蒙报告》对“医疗”的界定仍然是“旨在改变个别患者健康状况的干预手段,而这些手段很有可能会获得成功。医疗或行为治疗的目的在于为特定个体提供诊断、预防或治疗”。由此可见,两份报告对于“医疗”以及“医疗目的”的界定没有实质性区别,均指向疾病的诊断、预防和治疗。

我国卫生行政主管部门于2017年修正的《医疗机构管理条例实施细则》对“医疗行为”显然采取了更广义的理解。根据该细则第88条的规定,“诊疗活动”,是指“通过各种检查,使用药物、器械及手术等方法,对疾病作出判断和消除疾病、缓解病情、减轻痛苦、改善功能、延长生命、帮助患者恢复健康的活动”。从文义角度观之,该条的规范构成大致包括三个方面:其一,诊疗活动的行为主体具有特殊性,即按照国家有关法律、法规和规章的规定取得卫生技术人员资格或者职称的人员;其二,诊疗活动作用于“疾病”;其三,诊疗活动的目的并不局限于疾病的诊断、预防和治疗,“改善功能”“延长生命”的表述隐含了允许通过“诊疗活动”将正常状态下的人的能力提升至更佳的程度。换言之,通过基因筛查和基因编辑进行的基因增强事实上也能归于“改善功能”和“延长生命”的范畴。因此,笔者认为,在充分尊重人的自主性和维持社会公正的理念之下,“医疗目的”应当是指将目前处于非正常状态的人恢复至正常状态。[①] 就此而言,前述不以预防或治疗遗传性疾病为目的的基因筛查显然不能被认为具有目的正当性。

三、具体规则的建构

鉴于生命科学技术以及牵涉其中的利益纠葛的复杂性,难以就微观规则的构建做到面面俱到,故在此仅就前述提出的几项争议问题予以探讨:

第一,关于第三方协助辅助生殖中的权利冲突问题,虽然目前国际上的立法趋

① 参见陈景辉:《有理由支持基因改进吗》,载《华东政法大学学报》2019年第5期。

势是废除互盲和保密原则,[①]但是,就保障捐赠者和受者隐私的角度而言,保留互盲和保密原则仍有必要。只不过在捐赠者和受者的隐私权与后代的知情权发生冲突的情况下,基于儿童利益最大化的考量,应当优先保护后代的知情权。尤其是在后代患有特定遗传性疾病的情况下,能够知晓自己的基因来源显然对于疾病的预防和治疗有极为显著的意义,此时在捐赠者和受者的隐私权与后代的知情权之间应当选择保护后代的知情权。

第二,关于单身女性冻卵,对于前文所述的第一点理由其实比较容易被反驳,只需技术成熟即可宣告其不成立。事实上,早在 2012 年 10 月,美国生殖医学会执行委员会即已宣称:"通过卵子冷冻技术获得妊娠的成功率达到了与体外受精相同水平,因此该技术可不再被认定为试验阶段。"[②]对于第二点理由,反对者将申请冻卵视为一种行使私权的行为。因此,基于"避免身心伤害"而不允许单身女性冻卵也就成为一种典型的"法律父爱主义",是"假保护之名行干预女性自由之实";[③]甚至认为,这种做法将使《宪法》规定的公民在法律面前一律平等的原则"形同虚设"。[④] 对于第三点理由,以防止"地下""代孕"市场猖獗为由禁止单身女性冻卵,确有区别对待不同性别之嫌。如果仅仅是基于此点理由,则一律禁止实施单身状态下的配子冷冻技术似乎更能实现规制目标,也能避免关于不平等的争议。基于此,笔者认为,应当在坚持非商业化原则的基础上逐步开放有关单身女性冻卵的政策。

第三,关于"代孕"中的亲子关系认定问题,笔者认为,"子女最佳利益说"是应当始终坚守的原则。首先,前述案情已经表明,"分娩说"无法有效处理"代孕"中的亲子关系认定纠纷,而且不排除可能引发孕母通过争夺监护权向委托方"敲竹杠"的道德风险。其次,恰如二审法院所言,"血缘说"忽视了孕母在十月怀胎的过程中与孩子建立情感上的联系,单纯以生物学上的基因来认定母子关系缺乏社会学和心理

---

① 参见王婷、史潇、全松:《供精人工授精技术的伦理思考》,载《国际生殖健康 / 计划生育杂志》2015 年第 4 期。

② Practice Committees of American Society for Reproductive Medicine, *Society for Assisted Reproductive Technology: Mature Oocyte Cryopreservation: a Guideline*, 99 Fertility and Sterility 37(2013). 转引自王健、吕阳:《社会性冻卵的技术合理性及其生命伦理困境》,载《自然辩证法研究》2021 年第 8 期。

③ 参见姚旭鑫:《论单身女性享有冻卵之权利》,载《中国卫生法制》2021 年第 3 期。

④ 参见王倩蓉:《我国冻卵的立法正当性分析及法律建议》,载《东南大学学报(哲学社会科学版)》2019 年第 S2 期。

学层面的支撑。再次,“意思说”无法直面“代孕”协议无效的难题。尽管部分学者从多个角度反复论证“代孕”并未违反公序良俗,①但考察我国的裁判实践可知,法院在援引公序良俗原则判定“代孕”协议无效方面呈现了高度的一致性。② 最后,“子女最佳利益说”事实上并非某种固定的规则,而是一种价值基础。1989 年 11 月 20 日通过的《联合国儿童权利公约》第 3 条第 1 款规定:“关于儿童的一切行动,不论是由公私社会福利机构、法院、行政当局或立法机构执行,均应以儿童的最大利益为一种首要考虑。”1992 年 4 月 2 日,该公约正式对我国生效。《未成年人保护法》第 4 条明确规定:“保护未成年人,应当坚持最有利于未成年人的原则……”《民法典》第 1041 条第 3 款也规定:“保护妇女、未成年人、老年人、残疾人的合法权益。”由此看来,“子女最佳利益说”并不绝对排除“分娩说”、“血缘说”抑或是“意思说”在司法实务中的适用,而是要求司法机关在判定“代孕”子女监护权归属时无论采纳何种具体路径,都应当将儿童利益作为最核心的考量因素。举例言之,在上述案例中,如果适用“分娩说”抑或是“血缘说”,则孩子在法律上的母亲应当被认定为“代孕”母亲。但在孕母并无抚养子女意愿的情形下要求其承担抚养义务,显然不利于孩子的健康成长。反之,倘若孕母具有抚养意愿且具备抚养能力,适用“分娩说”事实上也并无不可。

正如学者指出的,法律制度是理性建构的产物,也是利益平衡的产物。③ ART 下存在不同个体、不同群体乃至不同代际之间的利益冲突。随着近年来一系列疑难案件的发生,这些利益冲突逐渐成为社会关注的焦点问题。现行法律既未能在一些具体问题上彰显其正当性,也未在处理具体的利益冲突时体现其有效性。笔者认为,ART 作为一项前沿技术,对其的治理应当始终密切关注技术发展的最新动态,并适时对治理理念和治理框架作出调整。因此,沟通技术治理、伦理治理和法律治理至关重要。对此,笔者试图通过构建制度化的伦理协商机制来调和三者之间的关系,从而为形成一套动态化的、具有价值位阶的 ART 法律治理体系初步奠定基础。需要注意的是,在这一体系中,最核心的任务是实现 ART 向医学目的的回归。

---

① 参见杨彪:《代孕协议的可执行性问题:市场、道德与法律》,载《政法论坛》2015 年第 4 期;李雅男:《代孕背景下亲子关系的确定》,载《法律科学(西北政法大学学报)》2020 年第 2 期;张融:《代孕协议的法律效力研究》,载《江汉学术》2019 年第 1 期。

② 参见山东省泰安市中级人民法院民事判决书,(2020)鲁 09 民终 3550 号;广东省深圳市中级人民法院民事判决书,(2019)粤 03 民终 6372 号。

③ 参见梁上上:《制度利益衡量的逻辑》,载《中国法学》2012 年第 4 期。

第六章　人类可遗传基因组编辑治理的国际实践

当前，虽然在国际层面，尚不存在任何普遍适用的国际公约对改变人类可遗传基因组的实践进行直接规制。但医疗市场的全球化意味着，任何一个关键国家或地区允许进行生殖系细胞的基因编辑，都将在世界范围内产生影响。

第一节　国际性文献

一、国际组织文件

联合国教育、科学及文化组织以“通过教育、科学和文化促进各国间的合作，为和平与安全作出贡献，以促进对正义、法治、人权和基本自由的普遍尊重”为宗旨，[①]在过去的20多年里，它在人类基因组和生命伦理学问题上也很活跃。1993年，时任联合国教科文组织总干事费德里科·萨拉戈萨（Federico Mayor Zaragoza）成立国际生命伦理学委员会，“跟踪生命科学及其应用的进展，以确保对人类尊严和自由的尊重”。[②] IBC目前由36人组成，大部分是医学和生物学专家，但也包括一些法律和哲学学者，并像所有联合国机构一样，成员组成需要体现“公平地域代表性”（equitable geographic representation）。多年来，它在生物技术领域通过了3份具有相当程度指导意义的软法文件。其中，1993年的《世界人类基因组与人权宣言》与可遗传基因

---

① 参见《联合国教育、科学及文化组织章程》（Constitution of the United Nations Educational, Scientific and Cultural Organization）第1条。

② See *International Bioethics Committee（IBC）*, UNESCO, Accessed July 30, 2022. https://en.unesco.org/themes/ethics-science-and-technology/ibc.

组编辑直接相关。①

1993 年,IBC 的任务是起草一份有关人类基因组的国际文书——《世界人类基因组与人权宣言》。该宣言于 1997 年被联合国教科文组织大会通过,并得到联合国大会的批准。该宣言的主要目的是保护人类基因组免受不当操作的危害,这些操作可能会危害子孙后代的身份和身体完整性。为此,它承认人类基因组是"人类的遗产"(第 1 条);要求尊重每个人的尊严和权利,尊重其独特性和多样性(第 2 条);承认人类基因组的可变性和个性(第 3 条);要求自然状态下的人类基因组不应产生经济效益(第 4 条)。这 4 条构成了与人类基因组有关的最广泛的生命伦理学原则。第 5 条至第 9 条重申了个人主体在参与生物医学研究时享有的公认的权利。其中,包括知情同意的权利、禁止歧视、基因数据的保密性,以及"因影响其基因组的干预措施而直接导致的任何损害获得公正赔偿的权利",并且规定了对同意和保密原则予以限制的条件。第 10 条至第 12 条对基因研究规定了相关限制,即任何有关人类基因组的研究或研究应用,应以尊重个人的,或在某种情况下尊重有关群体的人权、基本自由和人的尊严为前提;禁止违背人的尊严的做法,如人的生殖性克隆;相关研究均应以减轻每个人及全人类的痛苦和改善其健康状况为目的。第 13 条至第 16 条规定了可进行研究的条件。第 17 条至第 20 条规定了促进团结互助与国际合作的要求。第 20 条至第 25 条涉及对该宣言的宣传与实施。其中第 24 条规定,联合国教科文组织国际生命伦理学委员会应就如何鉴别那些可能违背人的尊严的做法,如对生殖系细胞进行干预的做法提出意见。②

结合《世界人类基因组与人权宣言》第 11 条和第 24 条的规定,该宣言应采禁止可遗传基因组编辑("生殖系干预")的立场。③ 但亦有学者持反对观点,认为该宣言第 24 条的表述与该宣言第 11 条明显不同,后者明文规定"违背人的尊严的一些做法,如用克隆技术繁殖人的做法,是不能允许的"。因此,从体系解释的角度,并不能断然定论该宣言禁止对生殖细胞和胚胎的任何形式的基因干预;相反,必须承认,这

① 另外两份法律文书分别是 2003 年《国际人类基因数据宣言》和 2005 年《世界生物伦理与人权宣言》。

② 参见联合国教科文组织:《世界人类基因组与人权宣言》,1997 年 11 月 11 日联合国教科文组织大会第 29 届会议通过,联合国大会 1998 年 12 月 9 日第 53/152 号决议批准。

③ 参见俞伟:《宪法学视野中的人类基因编辑》,载《福建论坛(人文社会科学版)》2021 年第 3 期。

种干预是可能的,不一定是对人类尊严的威胁。①

联合国教科文组织在2003年发表了由IBC起草的《国际人类基因数据宣言》,该宣言可被视为1997年宣言的延伸。该宣言的背景是人类基因组计划(Human Genome Project)的突破和越来越多的国家开展的基因库项目,引发了针对收集人类基因数据所带来的问题的担忧。该文件有针对性地规定了收集、使用和存储人类遗传数据的许多规则。除其他问题外,它涵盖了遗传学上的知情同意、遗传数据的机密性、基因歧视、个人遗传信息匿名化、基于人群的遗传研究、不知道自己的基因组成的权利、基因咨询、遗传研究方面的国际团结和利益共享等。② IBC起草的最后一项全球性文件是《世界生物伦理与人权宣言》,其范围比前两份文件要广泛得多。它旨在提供一个全面的原则框架,指导生物医学活动,以确保其符合国际人权法。在生命伦理学的历史上,国际社会首次在一个单一的宣言中列出了生命伦理学的基本原则,如尊重"人的尊严、人权和基本自由",优先考虑"个人的利益和福祉,而非单纯的科学或社会利益",知情同意等,并表示希望尊重和应用这些原则。③

2015年10月,IBC发布了一份题为《更新其对人类基因组和人权的反思》的报告。在这份报告中,IBC探讨了5项伦理原则和社会挑战,包括尊重个人自主权和隐私;坚持正义和团结,避免基因歧视;加深对疾病和健康的理解;强调科学的文化、社会和经济背景,并建议建立符合尊重基本人权的法律框架;在基因组编辑领域,需要给予对后代的责任以极大的特别关注。IBC同时呼吁各国在法律上禁止以生殖为目的的人类克隆;在人类生殖系的基因组工程的安全性和有效性没有被充分证明的情况下,呼吁各国同意暂停;放弃在人类基因组工程方面单独行动的可能性,呼吁各国在一个全球标准上进行合作;在修改人类基因组以及生产和销毁人类胚胎的问题上,建议各国采用尽可能不引起争议的规则、程序和解决办法。④

---

① See Dorota Krekora-Zając, *Civil Liability for Damages Related to Germline and Embryo Editing Against the Legal Admissibility of Gene Editing*, 6 Palgrave Communications 1(2020).

② 参见联合国教科文组织:《国际人类基因数据宣言》,2003年10月16日联合国教科文组织大会第32届会议通过。

③ 参见联合国教科文组织:《世界生物伦理与人权宣言》,2005年10月19日联合国教科文组织大会第33届会议通过。

④ See International Bioethics Committee, *Report of the International Bioethics Committee (IBC) on Updating Its Reflection on the Human Genome and Human Rights*, *Final Recommendations*, 43 Revista de derecho y genoma humano 195(2015).

相比之下，世界卫生组织在这一领域并不活跃。世界卫生组织不愿意参与制订规范，也不愿意将遗传学和基因组学作为其优先事项，而是倾向将重点放在尽量减少流行病等公共卫生风险和扩大医疗保健覆盖面上，[①]这在一定程度上说明了为什么没有适用于一般基因研究，特别是人类基因组编辑的世卫组织标准。2018 年 12 月，世界卫生组织宣布组建了制定人类基因组编辑全球治理和监督标准专家咨询委员会（Expert Advisory Committee on Developing Global Standards for Governance and Oversight of Human Genome Editing），研究与人类基因组编辑（体细胞、生殖系和遗传）相关的科学、伦理、社会和法律问题，就人类基因组编辑的机构、国家、区域和全球治理机制提出了意见和建议，但不涵盖审查与人类基因组编辑的安全性和有效性有关的事项。[②] 为了更好地收集关于正在进行或计划进行的人类基因组编辑研究的数据，该委员会在工作初期建议利用国际临床试验登记平台（International Clinical Trials Registry Platform）建立一个登记处，提升相关研究的透明度，世界卫生组织随后于 2019 年 8 月建立了人类基因组编辑登记处（Human Genome Editing Registry）。[③] 该委员会在 2021 年 7 月发布了《人类基因组编辑：一个治理框架》（Human Genome Editing：A Framework for Governance）和《人类基因组编辑：建议》（Human Genome Editing：Recommendations）两份报告，组成了一套出版物。该套出版物声明，通过使用人类可遗传基因组编辑来应对某些单基因遗传疾病在现实中已经成为可能，但应对多基因疾病时尚存问题。目前，科学界尚无法做到有效、安全地进行多基因疾病人类可遗传基因组编辑。科学界目前也没有足够的知识支撑其考虑为其他目的进行基因组编辑（如改变非医学性状或进行遗传增强）。由此，该报告对人类可遗传基因组编辑的技术监管提出了如下建议：在技术上的限制解决之前，应禁止用经过基因组编辑的人类胚胎建立妊娠的尝试；技术监管只是在特殊情况下

---

① 世界卫生组织第十三个工作总规划将重点放在全民健康覆盖、突发卫生事件保护、改善人口健康和提高健康预期寿命之上。See World Health Organization, *The Thirteenth General Programme of Work*, 2019 – 2023 (2019), p. 1 – 32.

② World Health Organization, *WHO Expert Advisory Committee on Developing Global Standards for Governance and Oversight of Human Genome Editing*, Human Genome Editing: Position Paper (2021), p. 3 – 5.

③ Michael Mezher, *WHO Launches Registry for Gene Editing Studies*, *Regulatory Affairs Professionals Society*, Regulatory Affairs Professionals Society (Aug. 29, 2019), https://www.raps.org/news-and-articles/news-articles/2019/8/who-launches-registry-for-gene-editing-studies.

为人类可遗传基因组编辑的临床使用提出一套技术上必须得到满足的前提和“标准”,是否最终允许临床使用还要通过社会辩论;等等。①

二、国际会议

在国际会议层面,1975 年的阿西洛马会议发表了《阿西洛马重组 DNA 分子会议的总结声明》。该声明承认重组 DNA 分子技术可以将来自具有极大不同的生物体的遗传信息结合起来,具有相当高的不确定性。即使是在目前这个领域比较有限的研究中,对潜在生物危害的评估也被证明是非常困难的。因此,在进行这项研究时相当谨慎是明智之举。2015 年 1 月,阿西洛马会议的主要组织者再次将阿西洛马模式应用到基因编辑领域,在加利福尼亚州举办了纳帕会议,并为继续讨论人类生殖系中的基因组编辑问题提出了若干一般性建议。

2015 年 12 月在华盛顿特区举行了人类基因组编辑国际峰会,邀请了国际知名的生命科学家、生命伦理学家和法律科学家,讨论与人类基因组编辑相关的科学、伦理和治理问题。本次会议就人类基因编辑技术的未来发展发布了国际峰会声明。声明提出如下结论:(1)有必要在适当的法律和道德监管下强化基因编辑技术的基础和临床前期研究。但如果在研究中对早期人类胚胎或生殖细胞进行了基因编辑,那么被修改的细胞不得用于建立妊娠的目的。(2)对于争议较小的体细胞基因编辑研究,由于其临床应用影响的仅仅是接受者个体,监管机构在批准时应权衡它们的风险和潜在好处。(3)对于争议较大的生殖细胞基因编辑研究,除非其安全性和有效性问题已得到解决,以及临床使用已获得广泛的社会共识,否则任何把生殖细胞编辑技术投入临床使用的做法都是“不负责任的”。然而,随着科学知识的进步和社会认识的发展,应该定期重新审视生殖系编辑的临床应用。(4)需要一个持续的论坛。该论坛应讨论基因编辑的潜在临床用途,帮助国家政策制定者和公众在充分了解的情况下作出决定,制订建议和准则,并促进各国之间的协调。该论坛应在各国

① See WHO Expert Advisory Committee on Developing Global Standards for Governance and Oversight of Human Genome Editing, *Human Genome Editing: A Framework for Governance*, World Health Organization, 2021, p. 28 – 39.

之间具有包容性，并涉及不同领域、专业和行业的观点和专业知识。①

2018年12月，我国香港特别行政区组织了第二届人类基因组编辑国际峰会。组委会发布声明，认为虽然对体细胞的基因编辑在临床试验方面的迅速发展值得赞赏，但对于生殖系基因编辑的临床应用，其科研基础和技术要求仍然过于不确定、风险太大，以至于在临床上的任何应用仍然是不负责任的。组委会在声明中对"基因编辑婴儿"事件表示意外和不安，指出该程序也是不负责任的，不符合国际规范。组委会呼吁建立一个持续的国际论坛，以促进广泛的公众对话，制定战略，增加公平机会，以服务不同人口的需求，加快监管科学的发展，提供有关管理方案的信息交流中心，促进形成共同的监管标准，并通过将计划中和正在进行的实验进行国际登记，加强研究和临床应用的协调。除建立国际论坛外，组委会还呼吁世界各国(地区)的科学院和学术团体继续举办国际峰会，审查基因组编辑的临床应用，收集不同的观点，为决策者提供信息，制订建议和指导方针，以及促进国家和区域之间的协调。②

三、学术共同体国际声明

2020年1月，21位公共利益倡导者、政策专家、生命伦理学家和科学家共同发表了一篇名为《关于人类可遗传基因组编辑的日内瓦声明：纠正方向的必要性》的倡议，呼吁重新定位围绕人类可遗传基因组编辑的对话，找出其中的错误或引发误解的表述，并鼓励对影响该项技术的发展和塑造其社会影响的文化、历史和商业背景进行考虑。该项声明对人类基因组修饰的生育用途提出质疑，因为人类可遗传基因组编辑的安全性和必要性存疑，并且可能对社会正义和个人权利有极大的消极影响。基于此，该声明建议在作出有关是否进行人类可遗传基因组编辑的任何决定之前，应有广泛的社会共识。这就要求真正的、强有力的公众参与，这种参与应是包容

① See Organizing Committee for the International Summit on Human Gene Editing, *On Human Gene Editing: International Summit Statement*, International Summit on Human Gene Editing (Dec. 3, 2015), https://www.nationalacademies.org/news/2015/12/on-human-gene-editing-international-summit-statement.

② National Academies of Sciences, Engineering, and Medicine, Policy and Global Affairs, *Second International Summit on Human Genome Editing: Continuing the Global Discussion: Proceedings of a Workshop—in Brief*, National Academies Press (Jan. 10, 2019), https://www.ncbi.nlm.nih.gov/books/NBK535994/.

性的、全球性的、透明的、知情的、范围开放的、有资源支持的，并且持续足够的时间。①

2020年3月，法国CCNE、德国伦理学会和英国纳菲尔德生命伦理学委员会在《自然》杂志发表了一封联合声明，呼吁在人类可遗传基因组编辑方法用于临床之前，在国际范围内对基本的伦理问题和原则给予更多关注，从而使可遗传基因组编辑的全球对话和治理在合理的伦理基础上进行。具体建议包括：呼吁所有司法管辖区将可遗传基因组编辑明确纳入相关公共当局的控制范围，并针对其滥用进行适当制裁；在临床上许可使用可遗传基因组编辑之前，要求对该项技术的可接受性进行广泛的社会辩论，科学研究应将临床使用风险的显著不确定性降低到可接受的水平，以及必须对对于个人、群体和整个社会的不良影响风险进行适当评估，并且必须有措施来监测和审查这些风险。同时，任何伦理上许可的人类基因组编辑的应用都不应该增加社会中的劣势、歧视或分裂。另外，该项技术潜在应用范围很广，对家庭、社会和人类后代都有影响，因此需要适当的、谨慎的、负责任的和透明的管理。②

2020年9月，美国国家科学院和英国皇家学会发表的《人类可遗传基因组编辑》报告提出了关于人类可遗传基因组编辑"转化"路径(translational pathway)的设想，即设定一条技术监管路径，同时平行设定一条伦理和社会治理的路径。该报告集中于临床技术(治理)路径，即如何在非常特殊的情况下，在满足各种标准后，有限地批准编辑人类可遗传基因组。

随着基因编辑技术的迅猛发展，更多的国际性文件和更频繁的国际会议开始对人类可遗传基因组编辑的治理进行讨论。当前国际上存在一个基本的共识和底线，即在目前的技术水平下，对生殖系基因编辑技术的临床研究应当暂停。一方面，要通过强化基因编辑技术的基础研究来实现技术的成熟和可靠；另一方面，需要考虑伦理、道德和法律等多方面因素，进行更广泛的跨学科和国别的讨论，对生殖系基因编辑的应用进行审慎的评估。虽然生殖系基因编辑的临床应用仍处于禁止(moratorium)状态，但一些机构和组织已开始积极地构想可遗传基因组编辑的应用

---

① See Roberto Andorno et al., *Geneva Statement on Heritable Human Genome Editing: the Need for Course Correction*, 38 Trends in Biotechnology 351(2020).

② See David Archard et al., *Human-Genome Editing: Ethics Councils Call to Governments Worldwide*, 579 Nature 29(2020).

情形和条件，试图将监管的体系建立在技术临床应用之前，以更好地实现对技术的约束。在此，这些机构和组织均着重强调了跨学科、跨国别的持续性公开讨论对于全球治理的重要意义。

第二节　欧洲的立法与监管体系

在欧洲，当前有两项区域性的人权公约直接规范对遗传基因人为进行干预的行为，分别是1997年《奥维耶多公约》和2000年《欧洲联盟基本权利宪章》(EU Charter of Fundamental Rights，以下简称《欧盟宪章》)；另外，《欧盟人用医疗产品临床试验法规》(EU Regulation on Clinical Trials of Medicinal Products for Human Use，以下简称《欧盟临床试验法规》)亦与此有涉。

一、《奥维耶多公约》

欧洲理事会(Council of Europe)于1997年通过了《奥维耶多公约》，其为在该领域第一份具有法律约束力的国际公约，旨在通过一系列禁止滥用人体生物医学技术的原则性规定来维护人的尊严、权利和自由。该公约起初的目标是在人权和生物医学领域就诸多法律问题达成国际共识，但是由于一些国家认为其中的部分内容过分保守克制，而另外一些国家则认为其过分严格，①因此，《奥维耶多公约》在欧洲未获得英国、德国、奥地利、比利时、爱尔兰和俄罗斯等国的批准，亦未获得诸如美国、澳大利亚、加拿大、日本、墨西哥等同盟国的加入；②最终该公约得到29个欧盟成员国的批准通过，成为一个地区性而非普遍适用的国际公约。③

---

① See Roberto Andorno, *The Oviedo Convention: A European Legal Framework at the Intersection of Human Rights and Health Law*, 2 Journal of International Biotechnology Law 133(2005).

② See Council of Europe, *Explanatory Report to the Convention for the Protection of Human Rights and Dignity of the Human Being with Regard to the Application of Biology and Medicine: Convention on Human Rights and Biomedicine*, Council or Europe (June 7, 1996), https://rm. coe. int/CoERMPublicCommonSearchServices/DisplayDCTMContent? documentId = 09000016800ccde5.

③ See Europe Council, *Chart of Signatures and Ratifications of Treaty* 164 *Council or Europe*(January 26, 2021), https://www. coe. int/en/web/conventions/full-list/-/conventions/treaty/164/signatures? p_auth = iUFrs8ZN.

在此基础上,《奥维耶多公约》亦不构成国际习惯法。依据《国际法院规约》第38条第1项b款之定义,国际习惯法,是指“作为通例之证明而经接受为法律者”。客观上要求世界上绝大多数国家采相同或类似实践,且须考量代表性国家,包括对其利益有特别影响之国家是否有相同之实践。① 而由于英国、德国、比利时、瑞典等国均非《奥维耶多公约》的缔约方,因此,《奥维耶多公约》内部建立的相关原则不能被认定为得到广泛认可而具有国际习惯法的拘束力,在现阶段仅能以条约义务的方式约束其缔约方。然而,由于这些原则纳入了生物医学领域公认的国际标准和良好做法,因此,应作为权威性指南予以考虑。

《奥维耶多公约》第1条确认了人类的利益必须高于科学研究或社会整体的利益,要求缔约方须在生物和医学技术的应用领域进行立法,以保护所有人的基本人权和人格尊严。该公约第2章关于知情同意的规则,即规定除紧急情况外,医疗干预措施的适用必须提前获得个人的必要同意,而且这种同意得随时自由撤回。对无法表示同意的人,如儿童和精神障碍患者,只有在当事人可直接受益的情况下才可进行生物医疗干预。

《奥维耶多公约》第4章就人类基因组进行了规定,如禁止以遗传基因为由进行任何形式的歧视,禁止使用医学辅助生育技术选择孩子的性别,但为避免严重的与性别相关的遗传性疾病的除外。

就本书而言,最重要的是第13条,其涉及“对人类基因组的干预措施”的规定,这一规定排除了基因编辑婴儿的可能性,“对人类基因组的修改只有以预防、诊断和治疗为目的时方得实施,且其不能对任何后代的基因组引入任何修改”(an intervention seeking to modify the human genome may only be undertaken for preventive, diagnostic or therapeutic purposes and only if its aim is not to introduce any modification in the genome of any descendants)。根据《奥维耶多公约》的解释性报告,第13条对生殖系基因编辑的禁止是由于滥用该项技术“不仅可能危及(受试者)

---

① 国际法院于1969年“北海大陆礁层案”(north sea continental shelf case)之判决理由中提到,要有广泛与具代表性的国家,包括对其利益有特别影响之国家参加1958年《大陆礁层公约》,该公约第6条之“等距中线原则”(principle of equidistance-median line)始可能创设习惯规则。See North Sea Continental Shelf Case (Denmark/ Netherlands v. Federal Republic of Germany), Judgment I. C. J. Reports 1969, p. 3.

个人,而且可能危及物种本身","根本担心在于,故意改变人类基因组,以产生具有特定特征和所需品质的个人或整个群体的做法",①这直接涉及该公约序言中所言"深信必须尊重作为个体和人类成员的人,并认识到确保人的尊严的重要性"。

这一规定对基因组编辑的影响可以从三个方面进行理解:第一,将基因组干预限定于预防、诊断或治疗用途,而不得为"强化"(enhancement)目的进行编辑。第二,禁止造成代际遗传后果的基因组编辑。这实际上排除了在《奥维耶多公约》缔约方对胚胎进行基因组编辑的合法性,②禁止出于生殖目的进行生殖系基因编辑。③第三,规范人类基因组的第13条和第4章规定均非绝对禁止涉及修改基因组的研究。

斯科拉(Sykora)与卡普兰(Caplan)认为,这一对生殖系基因编辑的禁止性规定与《奥维耶多公约》的其中一项目的相违背,即"生物医学的进步将完全被用于造福子孙后代"(progress in biomedicine would be used solely for the benefit of future generations)。④ 在此即存在一个问题,即出于治疗目的的生殖系基因组干预,如若产生了代际遗传的效果(hereditary genetic changes in the offspring),应如何认定?是将遗传的后果作为实验的副作用,还是认定这从根本上影响了实验的合法性?上述两位学者认为,由于实验的主要目的是保护未来儿童胚胎的健康和生命,因此不能认为这种干预措施违反了该公约。⑤

《奥维耶多公约》第18条禁止为研究目的制造人类胚胎,并要求在国家允许体

---

① Council of Europe, *Explanatory Report to the Convention for the Protection of Human Rights and Dignity of the Human Being with Regard to the Application of Biology and Medicine: Convention on Human Rights and Biomedicine*, Council or Europe (June 7, 1996), https://rm.coe.int/CoERMPublicCommonSearchServices/DisplayDCTMContent? documentId=09000016800ccde5.

② 然而,出于治疗或预防目的的基因组编辑,如果对后代基因组的修改不是出于实验目的,而只是过程中的附带行为,则仍有可能符合《奥维耶多公约》的规定。See Rumiana Yotova, *Regulating Genome Editing under International Human Rights Law*, International and Comparative Law Quarterly, 2020, 69(3): 653.

③ See Britta C van Beers, *Rewriting the Human Genome, Rewriting Human Rights Law? Human Rights, Human Dignity, and Human Germline Modification in the CRISPR Era*, 7 Journal of Law and the Biosciences 6(2020).

④ Peter Sykora & Arthur Caplan, *Germline Gene Therapy in Compatible with Human Dignity*, 18 EMBO Reports 2086(2017).

⑤ See Peter Sykora & Arthur Caplan, *Germline Gene Therapy in Compatible with Human Dignity*, 18 EMBO Reports 2086(2017).

外研究胚胎的情况下对胚胎进行充分保护(adequate protection)。由此,即使是在允许体外研究胚胎的国家,在进行包括生殖系基因编辑在内的研究时,也不允许为研究而制造胚胎,只能使用其他来源的胚胎。在实践中应用的主要是人类辅助生殖技术产生的过剩胚胎,这在欧盟立法中构成了针对胚胎研究的一种许可范围。①

《奥维耶多公约》第21条禁止将人体及其组成部分,如基因组,作营利目的之用。这一规定最初是受1994年法国关于尊重人体器官完整健全的立法的启发,主要目的是反对出售人体器官和组织。然而,随着科学技术的发展,人体健全原则可被解释为将遗传物质纳入其保护范围。②

《奥维耶多公约》第28条要求就"生物学和医学的发展所引起的基本问题……特别是就有关的医学、社会、经济、伦理和法律影响进行公开辩论,并就其可能的应用进行适当的磋商"。因此,该公约缔约方在对基因组编辑进行规制之前,需要进行公开磋商。对应上文,这是一个公认的"良好做法"(good practice)的例子,可以作为权威性指南为所有国家加以考虑。

综上,可以认为,《奥维耶多公约》具有禁止缔约方进行生殖系基因编辑的效力及禁止为研究目的制造人类胚胎。针对缔约方违反《奥维耶多公约》的行为,该公约于第8章规定,缔约方应提供适当的司法保护以迅速地预防或中止对本公约所规定的权利和原则的非法侵犯,因干预而遭受不当损害之人有权根据法律所规定的条件和程序获得公平的赔偿,以及缔约方应对本公约规定之违反拟定适当的制裁,并在第37条规定了退约事项。

二、《基本权利宪章》

《基本权利宪章》(以下简称《欧盟宪章》)最早系由欧盟议会、理事会及委员会在2000年12月尼斯峰会上所发布,但《欧盟宪章》并未被纳入《尼斯条约》,因而在当时并无法律约束力。2004年《欧盟宪章》被纳入《欧盟宪法条约》(EU Constitutional Treaty)草案之中;然而该草案在2005年法国以及荷兰的公投中遭到

---

① 参见唐伟华:《对作为经验的欧美人类种系基因编辑立法的省思》,载《科学与社会》2019年第4期。

② See Rumiana Yotova, *Regulating Genome Editing under International Human Rights Law*, 69 International and Comparative Law Quarterly 653(2020).

否决,欧盟制宪的努力由此宣告流产。但《欧盟宪法条约》中基本权利的部分后来被纳入2007年《里斯本条约》,后者以第6条赋予其以法律约束力。① 随着《里斯本条约》于2009年12月1日生效,《欧盟宪章》也同时生效,具有拘束欧盟成员国的效力。但英国、波兰行使《里斯本条约》所赋予的退出选择权(opt-outs in the European Union),几乎排除了该宪章在两国境内的适用。②

《欧盟宪章》第3条关于个人人身自主权(right to the integrity of the person)的规定与基因编辑的相关性最强,其规定如下:

(1)人人均享有尊重其心理与生理自主之权利。

(2)于医学与生物领域,下列事项应当特别受到遵守:

①依该国法律规定的程序进行详细的事前说明,并取得当事人的同意;

②禁止优生学的操作,尤其是禁止以人种选择为目的之操作;

③禁止以营利为目的而培养人体的全部或一部分;

④禁止进行生殖性克隆。

---

① 《里斯本条约》第6条规定,欧盟承认《欧盟宪章》所规定的权利、自由和原则,该宪章与两部条约具有同等的法律价值。该宪章的任何条款均不得以任何方式扩展两部条约所界定的联盟权能。由此看出,2000年签署的《欧盟宪章》已经摆脱了之前政府间宣言的性质,作为基础条约的一部分被赋予了法律效力。纳入该宪章是此次《里斯本条约》改革的重要举措,标志欧盟结束了半个多世纪的将人权拒之门外,而由欧盟法院在个案中对人权进行事实上保护的局面。该宪章上升至基础条约的地位,彰显了欧盟对欧洲公民身份的认同和尊重,其所囊括的公民政治权利、经济社会文化权利以及新型权利打破了传统几代人权的鸿沟,特别是将欧盟机构行为纳入人权保护审查轨道具有里程碑的意义。但是,其争议并未结束,在直接效力问题上还存在很大的解释和保留空间。参见陈亚芸:《〈欧盟基本权利宪章〉直接效力问题研究》,载《武大国际法评论》2017年第2期。

② 由于英国和波兰的极力反对,《欧盟宪章》的纳入并不彻底。首先,《里斯本条约》一改《欧盟宪法条约》将宪章全文纳入的方式,仅规定一个条款赋予宪章法律效力。同时,还规定该宪章的任何条款均不得以任何方式扩展两部条约所界定的联盟权能。其次,作为附件的《关于将欧洲联盟基本权利宪章适用于波兰与英国的议定书》作出两项保留。其一,欧盟法院和英国、波兰国内法院不得裁定国内法与该宪章规定不符。其二,该宪章条款涉及国内法或国内实践时,只有当该宪章权利和原则得到波兰和英国国内法承认时才能适用。简言之,不能审查、改变波兰和英国现有与该宪章相冲突的立法,不能增加两国在现有立法之外的人权保护义务,几乎排除了该宪章对英国和波兰的适用。为了促成《里斯本条约》顺利通过,摆脱《欧盟宪法条约》失败的阴影,这种妥协也是无奈之举。但是,这将给该宪章的适用带来很大的不确定性和困扰。如欧盟其他国家公民与英国和波兰公民、机构之间的人权纠纷不能适用该宪章,英国和波兰本国公民不能依据该宪章起诉欧盟机构的违法行为。该宪章适用范围的缩小与人员、服务、货物流动高度一体化的现状不匹配。参见陈亚芸:《〈欧盟基本权利宪章〉直接效力问题研究》,载《武大国际法评论》2017年第2期。

欧盟基本权利独立专家网络[①]（the EU Network of Independent Experts on Fundamental Rights）应欧盟委员会和欧洲议会的要求，编写了一份权威的《欧盟宪章》评注，作为成员国和欧盟机构执行《欧盟宪章》的指导。根据对第3条的评注，对该条所规定的“人身自主权”应作广义解释，不仅包括禁止酷刑和不人道的待遇，还包括禁止对人的身体进行其他各种不太严重的干涉，如在未经其同意或违背其意愿的情况下采取任何形式的医疗措施。[②] 因此，在没有取得当事人同意或违背当事人意愿的情况下进行基因组编辑，很可能会侵犯当事人的人身自主权。

《欧盟宪章》第3条关于人身自主权的规定中，第1款类似一项宣示性规定，下文的分析将着眼该条第2款对医学和生物学的具体限制。[③] 第3条第2款中“特别”（in particular）一词，意味着该条所保障的4项原则并非穷尽式列举。另外，由于这一条禁止优生学和生殖性克隆等研究方式，其实际上将对人格完整权的保护延伸到未出生的胎儿，甚至延伸到后代。这与第2条中的生命权保护有重要区别，第2条原则上只保护出生后的生命权（right to life）。[④]

---

① 欧盟基本权利独立专家网络是应欧洲联盟委员会和欧洲议会的要求设立的。自2002年以来，该专家组根据《欧盟宪章》监测成员国和欧盟对公民基本权利保护的状况。该组织的每名成员根据自己的责任编写一份关于每个成员国的评估报告。欧洲联盟各机构的活动在一份单独的报告中进行评估，该报告由协调员编写。在这26份报告的基础上，编写一份综合报告，确定主要关注的领域并提出建议。这些结论和建议将提交给联盟各机构。报告的内容对各机构没有约束力。相关文件可以在该网站查询，载 http://www.europa.eu.int/comm/justice_home/cfr_cdf/index_en.htm。

② See EU Network of Independent Experts on Fundamental Rights, *Commentary of the Charter of Fundamental Rights of the European Union* (June 2006), p. 32 – 33, Accessed July 30, 2022. https://sites.uclouvain.be/cridho/documents/Download.Rep/NetworkCommentaryFinal.pdf.

③ 这符合《欧盟宪章》序言中所表达的目标之一，即根据社会变革、社会进步和科技发展的情况，加强对基本权利的保护，使这些权利更容易被人民所感知。

④ 在实践中，《美洲人权公约》第4条第1款规定，“从受孕的那一刻起”保护“每个人”的生命权，但其他类似的条款，如《公民及政治权利国际公约》第6条第1款和《欧洲人权公约》第2条第1款，并没有对生命权的保护从何时开始作出任何定义。根据专家组对《欧盟宪章》第2条关于生命权规定的评注，尽管在起草过程中曾多次尝试为胎儿提供明确保护，但主席团还是决定保持该条款的不明确性，并将其与《欧洲人权公约》第2条联系起来，从而由欧洲人权法院来确定胎儿是否拥有生命权。然而，根据《欧洲人权公约》的现有判例法（the Report of the European Commission of Human Rights in Brüggemann and Scheuten v. Germany of 12 July 1977, DR 10, 100），“对生命权的充分保护仅从孩子出生时开始”。因此，人的其他权利，如此处所讨论的人身自主权，亦是在出生时方获得法律保护，在此之前对其基因组进行编辑似乎并不构成侵权。事实上，这也是以“人权”方式规制或规范生殖系基因组编辑时的主要困难之一。See EU Network of Independent Experts on Fundamental Rights, Commentary of the Charter of Fundamental Rights of the European Union (June 2006), p. 32 – 33, Accessed July 30, 2022. https://sites.uclouvain.be/cridho/documents/Download.Rep/NetworkCommentaryFinal.pdf.

该条款所规定的“自由的知情同意原则”(principle of the free and informed consent of the person concerned)来自《奥维耶多公约》第5条的规定,“禁止以人体营利原则”(prohibition of financial gain)来自《奥维耶多公约》第21条的规定,上文均已提及,在此不再赘述。

关于“禁止优生学做法”(prohibition of eugenic practices),随着现代医学技术的进步,已经可以通过胚胎植入前遗传筛选,借助对人类卵子进行基因工程,以人工方式选取婴儿的基因构成,不再因循以往单单通过婚配去培养优秀后代的方法[①]在此背景下,以往的优生政策无法避免地要一再经过科学审视。鉴于《欧盟宪章》文本及其评注中均没有对“优生做法”一词进行明确定义,即使参考主席团提供的说明性例子,也难以明确具体哪些优生学做法属于此处的禁止范围。在此值得注意的是,优生学的应用如若超过一定限度,亦可构成《国际刑事法院罗马规约》第7条第1款第7项所禁止的危害人类罪,此一规定即禁止了进行系统的或大规模的,针对平民人口实施的,旨在进行优生学实验的基因组编辑。[②]

关于“禁止生殖性克隆”(prohibition of the reproductive cloning of human beings),《奥维耶多公约》本身就“克隆”这一敏感问题并未给出明确导向,但主席团的解释中所提及的《第一议定书》禁止一切克隆人的行为,即“任何试图制造与另一个人(无论是生者还是逝者)在基因上相同的人的行为”(any intervention seeking to create a human being genetically identical to another human being, whether living or dead)。目前,克隆技术研究分为两类:一类是生殖性克隆,目标是克隆出完整人类;

---

① 如颇有争议的“救星孩子”即是胚胎植入前遗传筛选技术的运用。2000年8月29日,一个叫亚当·纳什(Adam Nash)的男孩在美国出生,父母生下他的目的是治疗患有范可尼贫血的6岁女儿。亚当的父母用的也是体外受精加植入前遗传诊断的方法,生下他后,他们将他的脐带血移植到女儿莫莉(Molly)身上,改变了女儿早逝的命运。但亚当的出生,让当时的世界非常惊恐。《纽约邮报》称亚当为“小科学怪人”,因为他是基因筛选后的孩子。还有人认为,“救星孩子”的出现会导致优生学,甚至能让人们“定制婴儿”,出现“超级人类”。目前,“救星孩子”作为一种治疗手段,在美国和英国是合法的,但在法国、意大利和德国为非法。人们在此话题上争吵不休,可能在于“救星孩子”并非一个非黑即白的问题,而是一道光谱。光谱一端是无害的、可接受的,比如,提取婴儿脐带血,因为它不会对婴儿造成伤害,还能废物利用。在光谱中间,是移植婴儿骨髓,它有一定风险,但不大;也会让人身体难受,不过过段时间就能恢复。光谱另一端是有道德问题的、不可接受的,如移植器官。从理论上来说,“救星孩子”里包括“移植器官”这一项,但目前尚未有此类实践。

② See EU Network of Independent Experts on Fundamental Rights, *Commentary of the Charter of Fundamental Rights of the European Union* (June 2006), p. 39 – 40, Accessed July 30, 2022. https://sites. uclouvain. be/cridho/documents/Download. Rep/NetworkCommentaryFinal. pdf.

另一类是治疗性克隆,主要是通过克隆技术获取器官或者进行治疗性研究。[①] 鉴于《奥维耶多公约》中并未采纳"绝对禁止克隆"的强烈倾向,2000 年 5 月于《欧盟宪章》订立之时,主席团决定将这一禁令限制在单纯的人的生殖性克隆上,这也符合联合国教科文组织于 1997 年通过的《世界人类基因组与人权宣言》的做法,其中明确指出,"生殖性克隆人类自身,是一种违反人类尊严的行为,应被禁止"。[②]

值得注意的是,根据《欧盟宪章》第 51 条的规定,其适用于"欧盟各机关与组织"以及"执行欧盟法时的会员国",即它们必须尊重各项权利,遵守各项原则,并在会员国管辖权内、尊重它们已移转给联盟的管辖权限,促进权利与原则的适用。然而,如下文中将要提及的,鉴于欧盟在公共卫生领域缺乏专属权限,迄今为止,欧盟发布的有关基因组修改的规则非常少。因此,尽管《欧盟宪章》在实质内容上具有进步性,但其对成员国基因组编辑的实践监管潜力有限。[③]

综合上述 4 项原则,事实上很难得出结论,认为《欧盟宪章》绝对禁止基因编辑。

三、2014 年《欧盟临床试验法规》

除《欧盟宪章》外,欧盟法律中与基因组编辑有关的最重要的方面载于《欧盟临床试验法规》中,该项法规针对生殖系基因编辑采取了更直接的限制性表述。

2001 年 4 月 4 日,欧盟即颁布第一部完整的人用医疗产品临床试验指令(2001/20/EC 指令,以下简称《临床试验指令》),[④]2014 年 4 月 16 日,《欧盟临床试验法规》

---

① 根据统计,生殖性克隆基本被全球各国所禁止,有 70 个国家公布了明文规定。但治疗性克隆在一些国家获得了谨慎的支持。如最早研究出克隆绵羊的英国,其在 2001 年就禁止了生殖性克隆,但允许研究克隆以解决医疗问题。该项法案在过去屡次被反堕胎组织和宗教起诉,也多次经历修改。2004 年 8 月,英国纽卡斯尔大学的研究人员获得了第一个克隆技术研究许可证,将该技术用于糖尿病、帕金森病和阿尔茨海默病的治疗。2005 年 3 月,联合国批准了《联合国禁止人的克隆宣言》,由于在这个宣言中"禁止一切形式的人的克隆"含义模糊,可解读为禁止生殖性克隆,也可解读为禁止治疗性克隆。因此,比利时、英国、新加坡等 34 国投了反对票,这些国家均支持克隆技术在医学上的研究。

② Universal Declaration on the Human Genome and Human Rights: Article 11: "Practices which are contrary to human dignity, such as reproductive cloning of human beings, shall not be permitted."

③ See Rumiana Yotova, *Regulating Genome Editing under International Human Rights Law*, 69 International and Comparative Law Quarterly 653(2020).

④ See Directive 2001/20/EC of the European Parliament and of the Council of 4 April 2001 on the approximation of the laws, regulations and administrative provisions of the Member States relating to the implementation of good clinical practice in the conduct of clinical trials on medicinal products for human use.

(No 536/2014 法规)取代临床试验指令,以确保临床试验法律监管的一致性。[①]

如上所述,欧盟并不拥有协调内部公共卫生领域规则的专属权限,仅为对成员国的支持、协调和补充权限。根据《欧盟运行条约》(Treaty on the Functioning of the European Union)第6(a)条的规定,在保护人类健康领域,欧盟有权"采取措施支持、协调或补充成员国的行动"。[②] 而《欧盟临床试验法规》是根据《欧盟运行条约》第114条[③]和第168(4)(a)条[④]通过的,前者授权欧盟采取近似措施以追求公共卫生目标,但前提是它们能够通过消除现存的或潜在的自由流动障碍或明显的竞争扭曲,真正有助于改善内部市场的运作;[⑤]后者是对《欧盟运行条约》第6(a)条的特别减损,赋予了欧盟"采取措施,为人类来源的器官和物质、血液和血液衍生物的质量和安全设定高标准"的权限,而不妨碍成员国维持或引入更严格的保护措施的权限。

值得注意的是,在2001年的《临床试验指令》第9条中,其明确了《奥维耶多公约》第13条和第18条针对人类生殖系基因编辑的禁令,指出"不得开展导致实验对象生殖系遗传特征改变的基因疗法实验"(no gene therapy trials may be carried out which result in modifications to the subject's germ line genetic identity)。在2014年出台的用于替代前述指令的《欧盟临床试验法规》中,这项规定在其第90条"不得进行导致改变受试者生殖系遗传特征的基因治疗临床试验"(no gene therapy clinical trials may be carried out which result in modifications to the subject's germ line genetic identity)中得以保留。据此可知,欧盟立法明文禁止人类生殖系基因编辑的临床试验和应用。但由此也可知,其并不禁止人类体细胞(somatic cell)基因编辑的临床应

---

① 指令(directive)与法规(regulation)并不相同,指令只针对所有或部分成员国,不针对其他机构组织或法人;另外,指令从某种意义上讲不具有直接生效的权力,需要成员国解释并转换至国内法才能生效,但欧洲法院强制规定各成员国需在规定期限内完成。考虑到各成员国法律体系和司法命令(Juridical order)的不同,各成员国可任意选择转换指令至国内法的手段。法规则是具有约束力的立法行为,自欧盟委员会公布即生效,任何自然人或法人无权就法规的立法或执行向欧洲法院提起诉讼;且其在整个欧盟范围内全部适用,这意味着它们直接适用于每个成员国,并且可以像当地的任何法规一样通过法律立即执行。

② Treaty on the Functioning of the European Union: Article 6.

③ See Treaty on the Functioning of the European Union: Article 114 (ex Article 95 TEC).

④ See Treaty on the Functioning of the European Union: Article 168 4(a).

⑤ See Christophe Hillion, *Tobacco Advertising: If You Must, You May*, 60 The Cambridge Law Journal 441 (2001).

用,也不禁止人类生殖系基因编辑的体外实验室研究。① 由于临床试验是生殖系基因编辑技术安全引入临床不可或缺的环节,可以认为,这一法律规定有效地阻断了生殖系基因编辑技术应用于辅助生殖医疗。②

遗憾的是,《欧盟临床试验法规》没有对“基因治疗”(gene therapy)或“生殖系遗传特征”(germ line genetic identity)作出定义,也没有任何判例法对该法规或其前身《临床试验指令》中的这些术语作出说明。因此,这个问题仍有待在今后的实践中加以厘清。

值得一提的是,欧盟关于生物技术发明的法律保护 1998/44/EC 指令(EU directive on the legal protection of biotechnological inventions)亦反映了欧盟对生殖系基因编辑的克制态度,其前言中指出,“共同体内部一致认为,对人类胚胎系的干预和人类克隆是违反‘公共秩序’和道德的”。③ 因此,该指令第 6 条排除了改变生殖系基因特征方法的专利性,认为此类方法的使用违背公共秩序和公共道德。④ 但其同样未对“生殖系遗传特征”这一概念作出定义。

另外,欧盟为鼓励和支持欧洲的科学研究,保持欧洲工业的一定竞争力而设立一项公共财政科研资助计划,称为“研究与创新框架计划”(Framework Programme for Research and Innovation)。该项计划的经费由欧盟委员会进行管理,欧盟委员会对获得经费的资格设置了一些道德条件,如拒绝资助与人类克隆、遗传性基因改造和为研究目的制造人类胚胎有关的研究活动,这些条件亦被归入“地平线 2020”

---

① 欧委会欧洲科学与新技术伦理小组(European Group on Ethics in Science and New Technologies)在关于基因编辑的政策建议文件中明确表示,建议暂停在临床应用研究中修改生殖细胞基因组(配子或胚胎)。See The European Group on Ethics in Science and New Technologies (EGE), *EGE Reports Statement on Gene Editing* [*Internet*], European Commission (2016), Accessed July 30, 2022. https://ec. europa. eu/research/ege/pdf/gene_editing_ege_statement. pdf.

② See Britta C van Beers, *Rewriting the Human Genome, Rewriting Human Rights Law? Human rights, Human Dignity, and Human Germline Modification in the CRISPR Era*, 7 Journal of Law and the Biosciences 6(2020).

③ Directive 98/44/EC of the European Parliament and of the Council on the legal protection of biotechnological inventions, Preamble sub. 40.

④ Ibid., Article 6.

(Horizon 2020)①方案的第 14 条,②但这并不妨碍各成员国资助基因编辑的研究。

第三节　英国的立法与监管体系

“连贯的、长期的、由政府支持在机构监管中建立公众信任的政策,强调胚胎干细胞研究利好的诸多尝试,以及注重透明度和积极吸收多方利益相关者(包括非专业公民和患者团体)参与的沟通方式,是英国胚胎干细胞相关研究监管的核心要素。”③

整体而言,英国的监管框架针对涉及生殖系基因组修饰的研究持支持态度,尤其是在英国“脱欧”后,其将不再受到《欧盟临床试验法规》的约束。其主要的法律依据是 1990 年的《人类受精与胚胎学法案》,其中规定了“胚胎”和“配子”的定义。对配子的研究、对用于研究的胚胎的创造以及对剩余胚胎的研究都是合法的,这三者都可以进一步编辑。但相关临床研究是不被允许的,因为负责监督临床研究的 HFEA 不能颁发“治疗许可证”(therapeutic licenses)。在取得“研究许可证”(research license)后,胚胎可用于基础研究,但该许可证并不授权其用于治疗。只有在颁发治疗许可证的情况下,才能进行治疗。目前,HFEA 没有权力颁发治疗许可证,这意味着人类基因组编辑的临床研究和应用都不被允许。然而,未来本领域可能遵循同批准线粒体捐赠用于治疗目的一样的路径。为此,需要进行议会辩论和立

---

① 2008 年以来的国际金融危机引发了全球性的经济衰退,债务危机和新一轮经济增长动力的匮乏,使欧洲更加强烈地意识到,促进经济和其他领域的增长是重中之重。为此,欧盟委员会于 2011 年 11 月 30 日公布了“地平线 2020”科研与创新框架计划提案,以此进一步整合欧盟各国的科研资源,提高创新效率,推动经济增长和就业增加。“地平线 2020”作为欧盟 2014 ~ 2020 年的科研与创新框架计划,将致力推动欧盟建设“创新型联盟”,并成为支撑“创新联盟旗舰计划”(Innovation Union Flagship Initiative)的主要政策工具。“地平线 2020”与以往欧盟创新计划在领域布局、特点之间有所区别,且在制定过程中的方法运用也是其较突出的“亮点”。参见常静、王冰:《欧盟“地平线 2020”框架计划主要内容与制定方法》,载《全球科技经济瞭望》2012 年第 5 期。

② See Proposal for a Regulation of the European Parliament and of the Council Establishing Horizon Europe-the Framework Programme for Research and Innovation, Laying Down its Rules for Participation and Dissemination(July 6, 2018), Article. 14 Eligible actions.

③ Herbert Gottweis & Barbara Prainsack, *Emotion in Political Discourse: Contrasting Approaches to Stem Cell Governance in the USA, UK, Israel and Germany*, 1 Regenerative Medicine 823(2006).

法改革，这很可能在不久的将来发生。

一、英国法制规范状况

生殖系基因编辑的监管核心是人类胚胎研究，而英国对胚胎研究的探讨可以追溯到 20 世纪 80 年代。1978 年世界上首例试管婴儿路易斯・布朗（Louise Brown）在英国诞生，作为辅助生殖技术的先驱，为了回应立法管制人类胚胎使用和研究的呼声，1982 年英国政府成立人类受精与胚胎委员会（Committee of Inquiry into Human Fertilisation and Embryology），又称"Warnock 委员会"，负责审查人类辅助生殖技术领域的最新进展及其可能的发展方向，并在充分考虑社会、伦理和法律影响的基础上，提出政策和立法建议。Warnock 委员会为探求英国社会对该问题最广泛的共识，征集并研究了生殖医学等领域的专家及公众的观点，于 1984 年发布《Warnock 报告》，其主要结论包括：(1) 人类胚胎应受到法律规范，但在有适当的预防措施的情况下，出于研究目的进行体外人工授精及胚胎研究是被允许的。(2) 同时，应该根据人的发展"渐进论"的观点（胚胎的道德地位随着发育进程的推进而不断提高）赋予早期胚胎道德保护，因此，应使用人类胚胎发育的特定生物事件对人类早期胚胎体外研究加以时间上的限制，建议以早期胚胎发育到第 14 天作为限制时点，即"14 天规则"。[①] (3) 设立主管机关，其行政职能是核发实施辅助生殖技术、储存及研究体外胚胎审查许可，并对从业人员进行监督；咨询职能是监测辅助生殖技术和胚胎学的变化，并在需要时向公众和立法机构提供建议和信息。[②]

---

① 理由如下：第一，原胚条（primitive streak）在胚胎早期发育的第 14 天开始出现，原胚条的出现标志原肠胚开始发育，内细胞团开始分化为内胚层、中胚层和外胚层 3 个胚层，在此之后将不会发生胚胎分裂成多胎或多胚胎融合的现象。为了支持人类胚胎体外研究的 14 天期限，并且允许胚胎研究在胚胎发育的 14 天之前开展，有学者提出了"前胚胎"（pre-embryo，即发生在原胚条之前的胚胎）的概念，用以表示其与"未出生胎儿（14 天之后的胚胎）"之间的区别。第二，根据效用论，原胚条的形成标志中枢神经系统开始发育，胚胎可能会感受到疼痛，因此应该作出预防性假设，将胚胎体外研究的可允许时间范围限制在神经系统发育之前以确保胚胎不会感到疼痛。尽管当时英国皇家大学的妇产科医生认为，胚胎在受精后第 17 天早期神经发育才刚刚开始，但 Warnock 委员会最终将 14 天期限规定为人的个体开始形成的时间。参见李勇勇、翟晓梅：《人类胚胎研究"14 天期限"原则的伦理学探讨》，载《医学与哲学》2018 年第 6 期。

② See Jonathon J. LaTourelle, *The Report of the Committee of Inquiry into Human Fertilisation and Embryology* (1984), *by Mary Warnock and the Committee of Inquiry into Human Fertilisation and Embryology*, Embryo project encyclopedia (October 2, 2014), http://embryo.asu.edu/handle/10776/8208.

在《Warnock 报告》的基础上,1990 年 2 月,英国上议院认可建立规制人类胚胎的法律体系具有必要性,认为人类胚胎具有成为人类生命体的潜在可能性,应将人类胚胎作为有尊严的对象加以对待,因此无论是利用人类胚胎进行医疗、储存还是研究,都必须要给予胚胎适当的尊重,赋予体外胚胎法律上的特殊地位。下议院最终亦以 2/3 的绝对多数通过《人类受精与胚胎学法案》。① 该法案全文共 49 条,附有 4 个附表(schedule),对不孕症治疗(infertility treatment)、胚胎储存等不孕症治疗的辅助医疗服务(medical services ancillary to infertility treatment such as embryo storage)以及在英国进行的所有人类胚胎学研究(human embryological research)分别进行规范。

为了规范和执行科学家、医生和准父母对胚胎和彼此的责任,该法案设立了 HFEA。这是世界上第一个由国家立法通过、监督本国境内所有胚胎学研究、制定人类胚胎使用协议、领导人工授精技术的管理组织,并以成为人类胚胎学和受精科学领域的专家为目标。该法案授权 HFEA 为特定目的颁发涉及对人类胚胎在体外进行研究的许可证,未经许可任何人不得从事任何涉及人类胚胎体外研究的活动。②

HFEA 被授权发布 4 类许可证,包括治疗许可证(包括在体外创造胚胎和将胚胎"放入"妇女体内的行为),非医疗生育服务许可证(为商业目的处理和分配精子),储存许可证(储存胚胎和/或配子),以及研究许可证(包括为研究目的在体外创造胚胎,以及为研究项目目的储存和使用胚胎)。③ 其中,治疗许可证,《人类受精与胚胎学法案》附表 2"可颁发许可证的活动"第 1 条第 4 项规定,治疗许可证(licences for treatment)不能授权改变构成胚胎一部分的细胞的 DNA,因此对人类精子、卵子或胚胎细胞进行基因组编辑作为女性生育治疗的一部分是被禁止的,这也

---

① 2008 年,英国通过新的《人类受精与胚胎学法案》。新法主要分为 3 个部分,首先针对 1990 年版该法案作出修改,其次针对人工生殖的父母身份关系作出明文规范,最后则是其他规范。新法的修改主要是为了确保对人类体外胚胎的制造与利用,无论在哪一个过程都受到该法之监督规范;同时,新法亦禁止非因医学之因素,选择胚胎之性别,并严守子女最佳利益原则之要件,删除子女需要父亲同意之法定要件。此外,新法放宽规定,同性伴侣可以使用捐赠之精、卵或胚胎进行人工生殖,并为人工生殖子女之法定代理人。再者,放宽对搜集信息之限制,以有助于研究之进行。另外,新法扩大胚胎研究之范围,允许以治疗重大疾病为目的创造种间胚胎(又称人兽混合胚胎,"Admixed embryo")。

② 2016 年英国批准首个人类胚胎基因编辑研究,HFEA 为一个涉及人类胚胎基因组编辑的项目颁发了研究许可证。

③ See Human Fertilisation and Embryology Act 2008, 11. Scope of licences.

意味着人类基因组编辑的临床研究和应用都不被允许。[①] 研究许可证(licence for research)可授权在许可证规定的项目中创造、保存或使用胚胎,但该研究须是为实现该法案所指明的 8 个主要目的中的一个或多个目的,[②]且被认为是必要(necessary)或可取(desirable)时,才可获得许可证。[③] 该法案明文禁止将胚胎植入非人体之动物体内、禁止将非人类之配子植入妇女体内、禁止通过细胞核取代之方式制造胚胎、禁止改变胚胎的基因结构,亦禁止不合法地持有或使用胚胎。[④] 在时间限制上,要求在原胚条出现后,或配子(gametes)开始融合后(受精后)达 14 天,即不得再以之进行研究。

英国议会科学技术办公室(The Parliamentary Office of Science and Technology)于 2020 年 1 月发布的关于人类生殖系基因编辑的简报中提到,辅助生殖领域的研究进展迅速,立法框架需要及时进行相应的更新。当前研究的进展已经导致《人类受精与胚胎学法案》出现规制上的漏洞,例如,涉及变性妇女的治疗和在体内编辑生殖系细胞。(1)该法案禁止将进行过生殖系基因编辑的胚胎植入出生时为女性(a girl from birth)的妇女体内(顺性女,"ciswoman")。这意味着,目前该法案不会禁止将进行过生殖系基因编辑的胚胎植入已接受子宫移植的变性妇女(transwoman)体内,只要被编辑过的胚胎原胚条尚未出现或受精尚未达 14 天。虽然意图进行此类研究的人员仍需要从 HFEA 处获得研究许可,但就"女性"(woman)这一概念的定义可以进行适当修改。(2)该法案只禁止 HFEA 授权对人体外的生殖细胞进行编辑,而不涉及任何对人类体内生殖细胞的编辑(in vivo),虽然这可能会被其他法规所涵盖,如关于临床试验、基因治疗和人体组织的法规,但仍有必要修改立法将其纳入 HFEA 的监管范围。

另外值得注意的是,《人类受精与胚胎学法案》在 1990 年的版本中对"胚胎"的定义为"完成受精后存活的人类胚胎,且包含参与整个受精之过程之卵子",而以"受精"为要件定义胚胎,使通过细胞核转植技术制造之胚胎,可能无法受到该法案

---

① See Human Fertilisation and Embryology Act 2008, Schedule 2 1.(4).

② 具体而言,这 8 个目的包括促进不孕症治疗、增进对于先天疾病成因的理解、增进对流产成因的理解、发展更有效的避孕技术、发展诊断着床前胚胎是否有遗传基因或染色体之异常之技术、促进对胚胎发育之理解、促进对重大疾病之理解以及使胚胎研究结果应用于医疗重大疾病所作之研究等目的。

③ See Human Fertilisation and Embryology Act 2008, Schedule 2 3(A).

④ See Human Fertilisation and Embryology Act 2008, 3 -4.

的规范。2008 年修改该法案时,为确保所有体外胚胎均受到该法案之规范管制,考量原胚胎定义局限于完成人类受精的生殖细胞,对于体外人工方式产生的胚胎产生管制上的漏洞,因此将胚胎之定义修改为:“存活的人类胚胎,不包含种间胚胎,但包含处于受精过程或其他能产生胚胎过程之卵子。”

就人类胚胎研究立法整体而言,英国虽然承认胚胎的地位不同于一般细胞,而应赋予特殊地位,并通过立法加以保护,但对于胚胎利用与研究之管制,相较美国仍然采取较开放的立场。但英国仍然在开放研究前,事先通过立法划分研究行为之界线,如禁止将对人类精子、卵子或胚胎细胞进行基因组编辑作为女性生育治疗的一部分,在未跨越禁止的界线内,则采取鼓励的态度发展相关研究,并设置专门、专业之主管机关审查胚胎研究的妥适性与必要性。

下文将对 HFEA 的职权及英国在基因编辑领域的最新立法进展,即《线粒体捐赠条例》(Mitochondrial Donation Regulations 2015,MDR)进行介绍。

二、HFEA 的职权和许可制度

HFEA 不是政府部门,但由英国卫生部(Health and Social Services Department)资助运行。其职责是专门审批与人体胚胎相关的行为,监管英国所有的生育诊所和所有涉及人体胚胎的研究,并向公众提供公正、权威的相关信息。HFEA 的成员均为某个领域的专家,如医学、商业、宗教、哲学或法律等。[①] 不仅如此,《人类受精与胚胎学法案》第五节和表 1 要求 HFEA 的主席、副主席和至少一半的成员不得是从事人体胚胎研究或生殖医疗的医生或科学家。之所以应从不同专业领域吸纳专家,是旨在确保 HFEA 能作出客观、独立的决定。

只有获得 HFEA 颁发的许可证的个人或组织才能合法地从事相关行为;或在某些情况下,拥有许可证的个人与第三方订立合同,双方依据这份合同从事相关行为。根据《人类受精与胚胎学法案》第三节(1),未经 HFEA 许可,任何人不得制造、持有或储存、使用或加工、购买或零售胚胎,这些构成了法律绝对禁止的事宜。根据《人类受精与胚胎学法案》第三节(3),HFEA 不得签发许可证授权任何人在原胚条出现

---

① See Sarah Taddeo, *Human Fertilisation and Embryology Authority* (1991 –), Embryo Project Encyclopedia (October 30, 2014), http://embryo.asu.edu/handle/10776/8230.

以后持有或使用胚胎,或将人体胚胎植入任何动物体内。如上文,《人类受精与胚胎学法案》表2 第1段(4)禁止治疗许可证授权改变构成胚胎一部分的细胞的 DNA。根据该法案第41 节的规定,对违反这些绝对禁止性规定的行为将追究刑事责任。

总体而言,根据《人类受精与胚胎学法案》第8 节(1)(a),HFEA 的法定职责包括两个方面:监管和建议。一方面,其必须持续地审查与胚胎相关的信息、胚胎学新近的发展、《人类受精与胚胎学法案》所规制的医疗服务和其他行为;另一方面,HFEA 应在卫生部部长要求的情况下就上述事宜向卫生部部长提出建议。除这两项明确的职责外,HFEA 依法还担负其他一些法定的职责和权力。所有这些职责和权力构成英国法上人体胚胎的保护型规制体系。这些职责和权力可以概括为两大类。

第一类,制定规范的职责和权力。首先,根据《人类受精与胚胎学法案》第8 节(1)(ca),得到许可的医疗中心及其员工在从事受该法案规制的行为时,需遵守一些普遍原则(general principles)。所有这些普遍原则都一一列举在一张清单上,而 HFEA 有责任根据新形势补充和完善这张清单。其次,根据《人类受精与胚胎学法案》第25 节,HFEA 有责任发布一份《实践准则》(Code of Practice),以指导个人或组织恰当地实施经其许可授权的行为,以及指导经其授权的个人或组织恰当地履行职责,该实践准则须经卫生部部长同意。[①] 该准则已经发布至第9 版。虽然其不具有法律效力,但 HFEA 的许可委员会在决定是否授予未来许可时,会考虑到该准则是否得以遵守的问题。[②] 最后,根据《人类受精与胚胎学法案》第23 节和第24 节,HFEA 有权向所有其颁发许可证的中心签发指示(directions)。HFEA 签发的指示包括,经许可的中心应当向其提供哪些信息或文件;对在 HFEA 注册的中心所保留的记录,指定了标准格式;授权向英国进口或从英国出口配子及胚胎。针对如何完成

---

① HFEA 于2009 年发布《实践准则》,包括获得许可的中心必须遵循的原则声明、《实践准则》中使用的术语词汇表,以及名为《指导说明》(Guidance Notes)的部分。《指导说明》就持许可证的组织所涉及的各项研究领域,对其中复杂的情况,如捐献者的信息和同意要求、人员资格培训、多胎生育,以及储存和使用胚胎的正确方法等,都作出了详细规定。See Sarah Taddeo, *Human Fertilisation and Embryology Authority* (1991 –), Embryo Project Encyclopedia (October 30, 2014), http://embryo.asu.edu/handle/10776/8230.

② 各版《实践准则》可以在 HFEA 的官网上获取,载 https://www.hfea.gov.uk/about-us/how-we-regulate/。

这些指示,HFEA 采取了保留记录和追踪记录的系统,以确保其所掌握的注册信息的稳定性。①

第二类,与许可相关的职责和权力。根据《人类受精与胚胎学法案》第 11 节,HFEA 有权对治疗、获得、分配、储存和研究胚胎的行为颁发许可证;根据《人类受精与胚胎学法案》第 18 节 18A 和 19C,在法定条件下,HFEA 有权改变、暂停或撤销其颁发的许可证;不仅如此,根据《人类受精与胚胎学法案》第 12 节和第 15 节,HFEA 向一个中心颁发任何一种许可证时,必须附加一些强制性要求。此外,根据《人类受精与胚胎学法案》表 2 第 1(2)段以及 1A(2)、2(2)和 3(6),在颁发许可证时,HFEA 还有权在其颁发的所有许可证上附加一些许可条件。对于在每一个许可证上附加什么条件,HFEA 有一个具体可参照的标准。一般来讲,许可证上的大部分条件都与胚胎明确相关。并且,大部分条件都旨在规制如何获取胚胎和跟踪胚胎的现状,以及防止"胚胎市场"的形成和发展。② 基于上述许可权,《人类受精与胚胎学法案》表 3B 第 4 段规定,HFEA 有责任在间隔不超过 2 年的时间内检查其颁发许可证的中心。检查的具体过程,HFEA 必须按照其自行总结发布的普遍原则进行。最后,根

① 从上面 3 项权力和职责中可以看到 HFEA 制定的规范有 3 种形式:普遍原则、实践准则、指示。3 种形式的规范效力依次递减。在 HFEA 的规制体系中,最高位阶的规范即是这些普遍原则。这些普遍原则总结了 HFEA 期待所有经许可的中心主要从事哪些行为及从事这些行为的结果。例如,HFEA 2009 年发布的《实践准则》第 3 项普遍原则声明,经其许可的医疗中心在从事得到许可的行为时,必须对胚胎的特殊地位表示尊重。此外,需要承担相应责任的个人、注册中心的工作人员以及其他责任承担者通过参照这些普遍原则,也可以了解 HFEA 规制胚胎的最新政策,从而这些普遍原则也成为责任承担者与 HFEA 交流意见的一种方式。实践准则是将抽象的普遍原则予以细化。实践准则中的每一项指导大纲都涉及一项或多项普遍原则。前两者偏重规范的抽象性、普遍性,而指示则是具体的指令,强调的是具体如何操作。参见李蕊佚:《英国法上的人体胚胎规制体系》,载《华东政法大学学报》2015 年第 5 期。

② 许可证上的条件包括:要求基于病人的病史和主治特征使用胚胎为病人治疗的临床医生,将其在治疗过程中使用胚胎的正当理由整理成档;禁止获得许可证的中心尝试生产体外形成的胚胎,除非该中心需要储存或使用由此形成的胚胎,或为了向特定的妇女提供治疗服务必须这么做;禁止获得许可的中心尝试通过在治疗过程中分裂胚胎的方式生产体外形成的胚胎;获得许可的中心从特定妇女身体中采离的胚胎只能放置于仓库(如果该胚胎是从该妇女处获取的或从许可证所适用的个人或第三方协议所适用的个人处获取的);作为上一个条件的必然结果,与使用胚胎治疗的情况不同,中心不得将需要储存的或正在储存中的胚胎供给个人,除非该人是许可证所适用的个人;无论是胚胎还是配子,其储存时间都不能超过法定的储存期限,到了储存的最后合法期限的胚胎或配子都允许被销毁;除非经 HFEA 作出的指示授权,任何人或组织都不得出让,或用金钱或其他利益购买配子、人体胚胎或人兽混合胚胎;禁止任何经许可的中心采用新的方法从事经 HFEA 许可的行为,除非他们已经事先告知 HFEA 并且已经得到同意。最后这个条件是为了确保 HFEA 能了解新的科技发展。参见李蕊佚:《英国法上的人体胚胎规制体系》,载《华东政法大学学报》2015 年第 5 期。

据《人类受精与胚胎学法案》第 31 节，HFEA 有责任维护欲获得许可证的主体在提出申请时的注册信息。注册信息的内容包括，获得许可从事与人体胚胎相关的行为的主体如何使用从任何一个确定的妇女处获得的胚胎。

整个许可制度的中心是“责任主体”（the person responsible）这一概念。《人类受精与胚胎学法案》第 16(2) 节要求，每个许可申请人必须提名一位确定的个人作为被许可中心的责任主体。HFEA 在考虑是否向申请人颁发许可证时，需评估责任主体候选人的资质，并要求所有的责任主体完成精心设计的训练项目。责任主体不一定是许可证的持有者。例如，持有许可证的是一个公司，而责任主体必须是一名具体的个人。根据《人类受精与胚胎学法案》第 17 节的规定，责任主体担负一系列的法定义务：确保许可证上的条件全部得到遵守；对于发生的任何产生严重不利影响的事件及其产生的反应，需及时告知 HFEA，并提交详细的报告；确保获得许可的中心的工作人员都有良好品质，并且他们都接受了与之工作相匹配的训练，获取了相应的执业资格；确保中心有适当的经营场址；确保中心拥有适当的设备并采用合适的实践方式从事获得许可的行为；对于保存及处理配子和胚胎事宜，确保已经作出妥善的安排。

对于一个中心是否遵守《人类受精与胚胎学法案》、HFEA 拟定的《实践准则》、许可证上的附加条件以及 HFEA 签发的指示，HFEA 在每一次检查中均要加以考虑。或者其他人也可以提请 HFEA 审查某个中心是否遵守了上述规范。若个人或其他组织欲提请 HFEA 审查，可以根据其发布的“遵守和执行政策”，将相关问题提交 HFEA 的许可委员会或研究许可委员会进行审查。某个中心未能遵守《实践准则》并不自动引发任何后果。但 HFEA 在决定是否变更或吊销一项许可证时，应当考虑该中心是否遵守了《实践准则》。许可委员会必须根据《实践准则》的规定，判定该中心是否遵守许可证上的条件，并要着重审查中心是否遵守了那些要求其“适当地”（proper）或“合适地”（suitable）进行实践的条件。责任主体未能履行其依法承担的法定义务是吊销许可证的法定理由。

因此，就机构监管而言，与美国不同，英国的人类胚胎监管制度更集中和垂直一体化，对是否和何时可以开展相关研究以及哪些专业人员和诊所有资格进行研究有统一的控制，在该体制下可以追踪每一个用于研究或治疗的胚胎的去向。

三、线粒体替代疗法

由患者的需求驱动,经过广泛的临床前研究和细致的伦理考察后,[①]2015 年,英国上议院通过了《线粒体捐献规则》(MDR),[②]允许在英国实施旨在预防重度线粒体疾病的线粒体替代疗法(mitochondrial replacement therapy,MRT),生产经第三者线粒体脱氧核糖核酸(mitochondrial DNA,mtDNA)修饰的胚胎所形成的婴儿,英国成为世界上首个允许该技术临床应用的国家。

MRT 指的是将线粒体从一个细胞转移到另一个细胞的一系列技术,就原理而言,线粒体的遗传物质存在于胞质中,受精卵形成过程中,子代的线粒体几乎完全源于卵子,因此如果卵子存在线粒体缺陷,那么子代无法有效避免缺陷的传递,而线粒体替代即是预防 mtDNA 疾病发生母婴遗传的治疗方法。[③] 英国目前批准了两种 MRT 方法:包括原核转移(pronuclear transfer,PNT)和母体核纺锤体转移(maternal spindle transfer,MST),即通过从携带致病性 mtDNA 突变并期待怀孕的女性的胚胎(embryo)或卵母细胞(egg)中,取出原核或核纺锤体,将该核基因组(nuclear DNA,nDNA)移植到线粒体不携带 mtDNA 突变的女性捐赠者的胚胎或卵母细胞内,以避免新生儿患上可能致命的线粒体疾病(MDR 第 4 条、第 7 条)。[④] 除上述两种方法外,不允许对胚胎或卵母细胞的 nDNA 或 mtDNA 进行任何其他改变[MDR 第 3(c)条、第 6(c)(i)条];也禁止除通过胚胎自身细胞的分裂外,在胚胎中添加任何其他细胞[MDR 第 6(c)(ii)条]。在 HFEA 的监管框架下,MRT 的应用应同时满足两个条件:一是胚胎或卵母细胞中存在"由 mtDNA 突变引起的线粒体异常"的特殊风险;二是下一代"出生即患有或后期发展为严重线粒体疾病"的风险显著(MDR 第 5 条、

---

① 英国推行 MDR 的过程, see National Academy of Sciences, *Heritable Human Genome Editing*, The National Academies Press, 2020, p. 25 – 26。

② See The Human Fertilisation and Embryology (Mitochondrial Donation) Regulations 2015 (S. I 2015 No. 572), Accessed July 30, 2022. https://www.legislation.gov.uk/ukdsi/2015/9780111125816.

③ 相关 mtDNA 疾病, see Caroline Graff, The-Hung Bui, & Nils-Göran Larsson, *Mitochondrial Diseases*, Best Practice & Research Clinical Obstetrics & Gynaecology, 2002, 16(5): 715。

④ See Samvel Varvaštian, *UK's Legalisation of Mitochondrial Donation in IVF Treatment: A Challenge to the International Community or a Promotion of Life-saving Medical Innovation to be Followed by others?*, European Journal of Health Law, 2015, 22(5): 405. Hikita Sharma et al., *Development of Mitochondrial Replacement Therapy: A Review*, 6 Heliyon e04643 (2020).

第 8 条)。

该最终孕育的婴儿被媒体称为“三亲婴儿”(three-parent baby),因为其除拥有父母的 nDNA 外,还拥有女性捐赠者的线粒体遗传物质,但 MDR 基于预设实际的亲缘关系完全基于父母 nDNA 的遗传建构,而非 mtDNA,因此不同于捐献完整的胚胎或卵母细胞,在 MRT 适用的情形下,规定只有 mtDNA 捐献者或因捐献而孕育的孩子的有限的、非识别性的信息(limited, non-identifying information)可能被披露给对方[MDR 第 11(c)条],使用同一捐献者线粒体的其他孩子的信息不会被提供(MDR 第 15 条);且 MDR 以与组织捐赠者相同的方式来考虑线粒体捐赠者,规定捐赠者与使用其捐赠的治疗服务后出生或可能出生的任何儿童没有关系,因此不会向该捐赠者或该儿童提供对方与缔结婚姻、民事伴侣关系或亲密的身体关系有关的信息(MDR 第 12 条);即使在“代孕”(surrogacy arrangement)的情况下,捐献者也没有资格仅凭 mtDNA 捐献就所生子女获得亲权令(parental order)(MDR 第 18 条),因为经由 MRT 产生的胚胎或卵母细胞的控制权属于提供 nDNA 的人(MDR 第 17 条)。此外,如果一个人同意将其胚胎或卵母细胞用于线粒体捐赠,则一旦完成 nDNA 的植入,即不能撤回该种同意(MDR 第 16 条)。①

研究显示,这项技术并非总是 100% 有效的,一方面,很难阻止一些突变的线粒体与核基因组一起被转移到供卵中;另一方面,对胚胎进行的测试表明,在某些情况下,这些有缺陷的线粒体可能会与健康的线粒体展开竞争。② 对这一技术临床应用

---

① 英国政府认为,在使用 MRT 时,所产生的孩子将有来自父母的 nDNA(99.9%)和来自女性捐赠者的健康 mtDNA(0.1%)。从遗传学角度看,孩子确实将拥有来自 3 个人的 DNA,但现有的科学证据均表明,决定个人特征和特性(personal characteristics and traits)的基因仅来自 nDNA,而 nDNA 仅来自拟出生孩子的父母。捐赠 mtDNA 则不会影响这些特征。另外,根据英国法,孩子的合法母亲是怀有并生下该孩子的妇女(The woman who carries and gives birth to that child)。即使孩子是卵子或胚胎捐赠的结果,这一原则也同样适用。对此的批评意见认为,该种对亲缘关系的规定是保守的意识形态产物,优先考虑遗传联系,拒绝非遗传亲属关系(non-genetic kinships);且作为生物层面的 37 个结构基因的贡献者,捐献者可能会在未来宣称自己是该“三亲婴儿”的母亲,从而使之成为一个有风险的程序。See G. Owen Schaefer & Markus K. Labude, *Genetic Affinity and the Right to "three-parent IVF"*, 34 Journal of Assisted Reproduction and Genetics 1577 (2017); Thomas Douglas & Katrien Devolder, *A Conception of Genetic Parenthood*, 33 Bioethics 54 (2019).

② See Tina Rulli, *The Mitochondrial Replacement "therapy" myth*, 31 Bioethics 368 (2017); Thomas Klopstock, Barbara Klopstock & Holger Prokisch, *Mitochondrial Replacement Approaches: Challenges for Clinical Implementation*, 8 Genome Medicine 1 (2006); Neil Gemmell & Jonci N. Wolff, *Mitochondrial Replacement Therapy: Cautiously Replace the Master Manipulator*, 37 BioEssays 584 (2015).

的监管工作由 HFEA 负责，由其逐案进行审查(case-by-case)，在每一个个案的基础上批准这项技术的使用。

英国政府强调虽然 MRT 的使用是为避免严重的线粒体疾病遗传给后代，被修改的线粒体也确实将导致生殖系基因的修改(germline modification)，但是这项技术的适用不构成基因改造(genetic modification)。其中关键的考虑是，MRT 技术只是将细胞“电池组”(battery pack)中的少量不健康基因替换(replace)掉，而非改变(alter)成健康基因。更重要的是，来自捐赠者的 mtDNA 只有 37 个，而父母的 nDNA 遗传的基因超过 2 万个，整体而言，提供 nDNA 的父母决定了后代 99.9% 的基因，只有 0.1% 的基因由捐赠 mtDNA 的女性提供，婴儿的相貌、血型、染色体、性格等身份特征(identity)由 nDNA 决定，而 mtDNA 的作用几乎可以忽略不计，而且 mtDNA 甚至远远低于通过输血或器官移植获得的捐赠者基因。而由于目前缺乏一个普遍认同的关于“基因改造”(genetic modification)一词的定义，英国政府采用了一个工作定义(working definition)，认为基因改造涉及对染色体中的 nDNA 进行生殖系改造，并可遗传给后代[genetic modification involves the germline modification of nuclear DNA(in the chromosomes) that can be passed on to future generations.]。根据这一工作定义，英国政府认为，MDR 准许的 MRT 并不构成基因改造。

在美国，2016 年 2 月，IOM 组成的一个专家委员会发布报告称，对线粒体遗传病高危母亲进行 MRT“在伦理上是允许的”，但必须要有一些限制条件。这些限制条件其中一条是试验应仅限于某些女性，即她们的线粒体缺陷遗传可能导致下一代早死或发生其他重大伤害；另一条是在有足够的产后信息说明该技术的安全性之前，现阶段，使用 MRT 制造出的胚胎必须是男性(male offspring)时才允许用于生殖目的，因为男性不能把修改的线粒体再遗传给下一代；[①]而由于 MRT 的适用仍然涉及改变受精卵或卵母细胞中的 mtDNA，而线粒体可以母体遗传，因此构成美国年度《综合拨款法案》附加条款中的“可遗传基因改造”(heritable genetic modification)，

① See National Academies of Sciences, Engineering, and Medicine., *Mitochondrial Replacement Techniques: Ethical, Social, and Policy Considerations*, National Academies Press, 2016, p. 120.

从而目前无法在FDA取得临床试验的授权。①

从1978年世界第一例试管婴儿布朗在英国出生,到1997年"多莉羊"在英国诞生,再到英国批准人类胚胎干细胞和治疗性克隆研究,允许制造种间胚胎用于研究,批准MRT的临床应用以预防重度线粒体疾病发生母婴遗传,在面临与美国同样的宗教传统压力的情况下,英国则坚持实用主义的态度,相信发展这些前沿生物技术不仅会造福人类,还会使本国在全球生物医药领域占据重要地位。

相比其他国家,英国的政策通常被认为是比较宽松的,但是采用这种政策是有前提的。比如,HFEA作为监管机构,信息公开透明,允许公众对生殖医学,包括技术细节在内进行监督。HFEA批准的研究项目、通过试管受精产生的受精卵的数据、为研究而制造和使用的胚胎数目等都公开发布于HFEA官网。这种机构监管的透明性对赢得公众的信任和支持特别重要。另外,如上文所述,英国看起来相对自由的政策并非绝对的自由。《沃诺克报告》(Warnock Peport)中确立的道德底线在《人类受精与胚胎学法案》中得到了贯彻,即研究人员不得使用受精后超过14天的胚胎,不得将非人胚胎的其他活胚胎和非人配子的其他活配子植入妇女体内,不得将被改变基因结构的胚胎细胞植入妇女体内等,否则就是违法行为。虽然随着科学和技术的进展,现今存在是否应该延长《沃诺克报告》中提出的14天界限的争论,但是该原则的确立促进了人类胚胎相关研究活动的正常进行,同时保证了公众对监管系统和科学研究工作的信任;为英国的胚胎和干细胞研究打开了通道,也在推动全球干细胞领域的发展上迈出了关键的一步。②

第四节　法国的立法与监管体系

作为《奥维耶多公约》的缔约方和欧洲联盟成员国,法国实际上形成了一个针对

---

① See Duke SciPol, *Consolidated Appropriations Act*, 2016 (*Public Law* 114 - 113) (September 11, 2016), Accessed July 30, 2022. http://scipol. duke. edu/content/consolidated - appropriations - act - 2016 - public - law - 114 - 113.

② 关于14天规则的争论,参见李勇勇、翟晓梅:《人类胚胎研究"14天期限"原则的伦理学探讨》,载《医学与哲学》2018年第6期。Giulia Cavaliere, *A 14-day Limit for Bioethics: the Debate over Human Embryo Research*, 18 BMC Medical Ethics 38 (2017).

生殖系基因编辑的具有高度限制性的监管框架。主要国内法规存在于《公共卫生法典》(Code de la santé publique)[①]中,该法典在1994年纳入了关于胚胎和医学辅助生殖研究的规定。《公共卫生法典》没有对“胚胎”进行定义,它禁止为研究目的制造人类胚胎、禁止对生存或死亡的人进行生殖性克隆的实践等,但自2004年起例外地允许在医学辅助生殖(AMP)的背景下,对用于人工生殖的多余胚胎进行基础研究,这些胚胎可以被编辑;但要求不得为生育目的移植已进行研究的胚胎。具体监管模式和获批的要求在2013年和2021年发生了变化。当前,此类研究必须由生物医学署(Agence de la Biomédecine,ABM)审查和批准。批准的要求包括证明该研究不使用胚胎就无法进行,并且具有医学目的或旨在提高人类生物学知识。相反,《民法典》和《公共卫生法典》禁止生殖工程(germline engineering)的临床应用。生殖工程的应用也可能违反反对优生的《刑法典》。

一、法国生命伦理法律制度发展概览

法国在生命科学领域的制度化进程可以追溯至1983年CCNE的成立。该委员会积极地通过发布报告的方式确立行为准则和提供相关的专业知识,将对人的医学研究制度化。尽管CCNE没有任何执行法律的权力,但它仍然是法国生命伦理框架中的关键角色,它所发布的报告是国民议会辩论中引用最多的资料。

在CCNE建立之初,国家权力当局退出了所有的生命伦理事务,并正式委托上述委员会对每项事务采取立场。但是,由于伦理准则无从解决研究人员与参加研究试验的受试者之间的权利冲突,[②]诉诸立法即具有了现实必要性。[③] 1988年,根据

① 法国1953年创建《公共卫生法典》,其是法国法中篇幅最多的法典之一。该法典共有6章:个人在健康方面的权利(包括住院和非住院病人的权利,生命伦理法,环境和健康);针对某些人群(母亲、自愿终止妊娠和生育医疗援助、儿童)的具体法律;关于某些疾病(精神疾病、艾滋病)和成瘾(吸烟、酗酒、吸毒)的具体法律;卫生职业法(医学专业人员、药学和医学物理学人员、医疗辅助人员);保健品法(药品、相关产品包括化妆品和医疗设备);关于卫生机构和服务的法律(医院、医学生物分析实验室、医疗运输)。

② 即为适应欧盟指令,法国立法机关于1975年发出通告,认可“在研发新药物时对健康志愿者进行人体试验”的行为,而一旦造成受试者健康受损的情形,相关研究人员却会被以攻击和殴打、暴力和企图投毒的罪名被刑事起诉。

③ See ElisabethToulouse et al. , *French Legal Approach to Clinical Research*, 37 Anaesthesia Critical Care and Pain Medicine 607(2018).

CCNE 此前制订的指示，法国最高行政法院开展了一项名为“从伦理到法律：生命科学”（De l’éthique au droit：sciences de la vie）的研究，其声明“虽然 1975 年 5 月 20 日的欧洲指令和各种法令要求在健康的人身上进行药物试验，但在没有具体法律的情况下，发起人和研究人员在发生事故时可能会被指控和以攻击和殴打、暴力、施用有害健康的物质等罪名定罪，因此，法律是必要的”。其进一步建议针对相关生命科学与生物科技的快速发展所引起的潜在公共政策问题，应通过公开辩论来征求社会意见，进行立法活动的准备工作。①

同年，时任法国总理米歇尔·罗卡尔（Michel Rocard）请求最高行政法院成员盖·布雷班特（Guy Braibant）组织一个工作团队，准备一份关于《生命伦理与人的权利》的法律草案以对有关生物与医学新兴科技所引发的伦理秩序问题进行立法回应。在 1989 年 3 月，《生命科学与人权报告》（Sciences de la vie et droits de l’homme，又名《布雷班特报告》）发表，致力归纳用以指导伦理和法律的一般原则，包括人的身体不可侵犯原则和人体不得有偿使用原则，并从原则中得出应该受到立法关注的 3 个领域：“产前诊断”“医学辅助生殖”“人类身体和胚胎的使用”。但是由于《布雷班特报告》设想对与生命科学和人权有关的所有事项进行立法，体系过于庞大，所以从未被议会审议。1990 年 10 月，米歇尔·罗卡尔又要求最高行政法院的诺埃尔·诺伊尔·勒诺尔（Noëlle Noir Lenoir）进行比较法研究，参考相关外国立法例中如何回应这些不同的司法议题。旋即于 1991 年 6 月总理办公室提出一份报告——《在生命的前沿：生物医学伦理领域的法国策略》（Aux frontières de la vie：pour une démarche française en matière d’éthique biomédicale）。这一报告放弃了对整个生命伦理学进行立法的雄心，而是试图确定那些现在必须采取立法行动的具体领域，以及那些最好采用法律予以监管的领域。此外，OPECST② 亦于 1992 年 2 月，针对前述《布雷班特报告》提出建议，而国民议会（Assemblée nationale）也由伯纳德·布里克（Bernard Boulic）主持，完成相关评估报告。③

---

① Conseil d’État, *De l’éthique au droit：sciences de la vie：Notes et études documentaires*, Paris La Documentation française, 1988, p. 4855.

② OPESCT 是一个两院议会共有的机构，针对重大科学技术问题为议会和公共舆论提供说明。

③ See B. Andre Lustig et al., *Bioethics Yearbook：Regional Developments in Bioethics：1989 – 1991*, Kluwer Academic Publishers, 1992, p. 153 – 190.

在 1992 年 3 月,政府提出了 3 个立法草案,分别是关于人类身体的基本权利的规则、有关人类身体的部分及产物的捐赠与利用,医学协助生殖,以及关于保护或改良身体的研究的记名提供者的待遇。这 3 个法令历经多次国民议会与参议院(Le Sénat)的讨论与修改,在 1994 年以单行法案的方式通过,分别是:第 94 – 548 号法案涉及健康领域研究数据的处理,①第 94 – 653 号法案涉及对人类身体的尊重,②第 94 – 654 号法案涉及有关人类身体的部分及产物的捐赠与利用、医学辅助生殖和产前诊断。③ 这 3 部法律主要确立了 3 项内容:第一,它确立了有关人类身体的基本权利,表现在法国《民法典》第 16 – 1 条到第 16 – 9 条中;第二,确立起对于生物组成的捐赠与利用的特殊授权规则,也包括有关医学辅助生殖和产前诊断的规则,表现在《公共卫生法典》之中;第三,确立有关以记名方式将身体作研究之用的处理规则,这是有关生物医学和基因科技的规范框架的数据处理部分。这 3 部法律为法国生命伦理学的发展制定了具体的规制框架。

1994 年法律规定了如下生命伦理主要原则,包括:(1) 人的先在性原则(Le principe de primauté de la personne),或称人的尊严原则(Le principe de dignité de la personne humaine),即禁止所有对于人的尊严的侵害,并确保对于人的生命起源的存在的尊重;④(2) 人体的不可侵犯原则(Le principe de l'inviolabilité du corps humain),是指一个人不能被限制要去忍受对于其身体的伤害,其规范意义在于避免未依法律的要求取得事前同意的"医学上"或"科学上"的侵犯;⑤(3) 人体不得有偿处置原则(Le principe de non-patrimonialité du corps humain),是指人类身体不是财产,其价值不应该以经济来衡量,不能成为任何行为的客体;⑥(4) 匿名原则(Le principe d'anonymat),这一原则大量地存在于精子捐赠与血液捐赠之中,经第 94 –

① Loi n. 94 – 548 du 1er juillet 1994 relative au traitement de données nominatives ayant pour fin la recherche dans le domaine de la santé et modifiant la loi n. 78 – 17 du 6 janvier 1978 relative à l'informatique, aux fichiers et aux libertés.

② Loi n. 94 – 653 du 29 juillet 1994 relative au respect du corps humain.

③ Loi n. 94 – 654 du 29 juillet 1994 relative au don et à l'utilisation des éléments et produits du corps humain, à l'assistance médicale à la procréation et au diagnostic prénatal.

④ Loi n. 94 – 653, art. 2.

⑤ Loi n. 94 – 653, art. 3.

⑥ Loi n. 94 – 653, art. 3.

654 号法案成为一般原则，在所有捐赠类型中都适用；[①]（5）保护人类物种的原则（Le principe de protection de l'espèce humaine），在确保对于人体的保护之后，法律则通过对于人体基因权利的保护来保护人类基因共同遗产和人类物种，反对优生学实践。[②]

第 94 – 654 号法案第 21 条预先设计了法案的更新制度，规定在该法案施行至多 5 年后，由 OPECST 评估其适用后，该法案将会成为国会重新审查的对象。[③] 1999 年，由克隆羊多莉引起的全球辩论日益激烈，法国总理责成最高行政法院审查整个生命伦理法并酌情提出新的立法倡议。[④] 最高行政法院在 1999 年 11 月 25 日提出对于 1994 年《生命伦理法》的适用报告《生命伦理法制：五年之后》，并包括其可能的修法方向。该小组不限于 1994 年的法规，而更广泛地讨论与生命伦理相关的各项议题。其认为除既有法律之适用外，还必须考量针对两项议题新增相关规范：第一，人工辅助生殖相关议题与禁止生殖性克隆问题；第二，授权进行胚胎研究的具体条件。尤其是在胚胎研究议题上，1994 年的立法者因为争论不休而暂时搁置了相关立法，但由于胚胎干细胞的相关研究发现，为某些无法治愈的疾病提供新的治疗可能。这样的科学发展使法国立法者必须再度思考是否在一定的框架内允许对于胚胎的研究。对此，法国最高行政法院认为，应该在符合一定的伦理与科学的程序规范基础上，允许对于试管内的胚胎进行研究，其建议在《公共卫生法典》中进行相关修正。[⑤]

这直接导致了 2004 年 8 月 6 日 2004 – 800 号法案[⑥]对第 94 – 654 号法案的修订。本次修法全面性规范了现今关于生命伦理之各项法领域，是 2013 年与 2021 年修法的基础。正是在这次修法中，"生命伦理"一词首次作为法案名称出现在法国的实在法中。该法共有 7 章，第 1 章为"伦理与生物医学"，明确了该法的主管机关、职

---

① Loi n. 94 – 548, art. 1.

② Loi n. 94 – 653, art. 9.

③ Loi n. 94 – 653, art. 21.

④ T. Jean-Francois et al., *Les Lois de Bioéthique: Cinq Ans Après: étude adoptée par l'Assemblée générale du Conseil d'Etat*, La Documentation française, 1999, p. 5 – 12; see also Francis Giraud, *Projet de loi relatif à la bioéthique – B. Une réflexion préparatoire: l'étude du conseil d'état sur les lois bioéthiques*, Sénat (Jan. 15, 2003). https://www.senat.fr/rap/l02 – 128/l02 – 1281.html.

⑤ T. Jean-Francois et al., *Les Lois de Bioéthique: Cinq Ans Après: étude adoptée par l'Assemblée générale du Conseil d'Etat*, La Documentation française, 1999, p. 20.

⑥ Loi n. 2004 – 800 du 6 aûot 2004 relative ὰ la bioéthique.

权范围及立法历史;第 2 章为“人之权利与基因特征”,厘清了“基因特征”相关法律用语的含义,特别针对“个人基因特征试验”和“个人基因标记鉴定”制定规范;第 3 章为“人体产物及部分的捐赠与利用”,分别对器官、组织、血液、细胞及配子的取样、捐赠及利用进行规定;第 4 章为“生物科技发明的司法保护”,探讨关于生物科技研究下的成果是否具可专利性的问题;第 5 章为“关于健康之产品”,涉及关于基因或细胞治疗的制剂的规定;第 6 章则为“生殖与胚胎学”,包括克隆的分类及相关规定、生殖学下之出生前诊断及医学辅助,以及是否禁止人类胚胎干细胞之体外研究等内容;第 7 章则是前述规定之过渡期间规定、制裁规定及其他程序条款。

机构设置上,本次修法扩张了 CCNE 的职权范围,依据 2004 – 800 号法案第 1 条修改《公共卫生法典》第 L1412 – 1 条,规定 CCNE 的职权为“针对生物学、医学和公共卫生学领域的知识进步,所带来的伦理和社会问题,提供咨询意见”,①改变了原来仅限就“伦理问题提供咨询意见”这一较概括表述的职权范围界定模式。如此,其职权扩大至社会问题,并具体指定为生物学、医学与健康领域,几乎对于所有有关生命伦理之议题,CCNE 皆可提出咨询意见。此外,还一并修改了其法律性质的界定,由“教育部所指派的教育部门下的法人”改为“教育部指派的法人”,同时将其预算并入总理的一般行政预算中。② 另外,该法创设了 ABM,整合原法国器官移植机构(Établissement français des greffes)的职能,在 4 个领域开展工作:器官和组织的切除和移植、切除和造血干细胞移植、医学辅助生育、人类胚胎学和遗传学。③ 它是卫生部下辖国家行政机构(Établissement public administratif de l'Etat),直接向议会、政府和 CCNE 报告其活动和法律的应用情况。④

在具体规范上,新规虽然维持了对使用人类胚胎进行研究以及为研究而临时制造胚胎的禁令,但引入了一项例外措施,允许暂时性地、以评估胚胎干细胞的治疗潜力为目的进行研究试验:“在适用本章的条款和条件经由行政法院的法令公布后的五年内,如果对胚胎和胚胎干细胞的研究有可能产生重大的治疗进展,并且根据目

① Loi n. 2004 – 800, art. 1. Art. L1412 – 1 du Code de la santé publique.

② Loi n. 2004 – 800, art. 1. Art. L1412 – 4 du Code de la santé publique.

③ Art. L1418 – 1, al. 2 du Code de la santé publique.

④ Art. L1418 – 1, al. 1 du Code de la santé publique.

前的科学知识,不存在具有类似效力的其他研究方法,则可以获批实施研究。"①在人体外进行胚胎研究,应是在医学辅助生殖的背景下,对用于人工生殖的剩余的胚胎进行研究活动,该剩余胚胎不再作为生育用途(具体包括健康的剩余胚胎、因担心发育不良而从医学辅助生殖中被丢弃的胚胎,以及在植入前诊断中发现携带疾病的胚胎)。实际进行研究,需要满足:第一,应得到被取样的配偶之书面同意,如配偶其中一人死亡,则得到目前生存之人之同意即可。无论如何,在请求该人给予同意之时,都必须充分告知该胚胎有可能会由其他配偶接纳,或最后可能停止其保存。他们作出同意前,原则上应被给予3个月的思考期间,并且可随时无理由撤回同意。第二,此类研究须经ABM依其申请书考量其科学相关性、伦理原则与对于公共健康之利益等因素,给予同意后方得进行。第三,不得为妊娠目的移植已进行研究的胚胎。②

2011年7月7日通过的2011-814号法案,③对2004年的生命伦理规定进行了修订。在体制机制上,授权CCNE定期组织公众进行公开辩论,其被称为生命伦理大会(États généraux de la bioéthique)。生命伦理大会应由被选为代表社会多样性的公民组成,在接受事先培训后,他们应进行辩论并起草意见和建议,并将其公布于众。对公民进行培训和参加大会的专家应根据独立、多元和多学科的标准来选择。④任何涉及生物学、医学和健康领域的知识进步所带来的伦理问题和社会问题的立法倡议,都必须先以生命伦理大会的形式进行公开辩论。在没有立法倡议的情况下,CCNE需要至少每5年组织一次生命伦理大会。根据大会内部达成的结论,由CCNE起草报告,将其提交给OPECST进行评估。在法律更新层面,确立了该法在生效后最多7年内应由议会重新全面审查,还应在6年内接受OPECST对其应用的评估。⑤ 2011年的法律还维持了2004年对人类胚胎研究的禁止性规定,但无限期地延长了原本例外措施的5年期限。⑥

在2013年,上述针对胚胎研究的"原则禁止+例外"的模式最终被2013-715

---

① Loi n. 2004 - 800, art. 26.

② Loi n. 2004 - 800, art. 25.

③ Loi n. 2011 - 814 du 7 juillet 2011 relative à la bioéthique.

④ Loi n. 2011 - 814 du 7 juillet 2011 relative à la bioéthique, art. 46. Arts. L1412 - 1 - 1 and L1412 - 3 - 1 du Code de la santé publique.

⑤ Loi n. 2011 - 814 du 7 juillet 2011 relative à la bioéthique, art. 47.

⑥ Loi n. 2011 - 814 du 7 juillet 2011 relative à la bioéthique, art. 41.

号法院所放弃。对用于人工生殖的多余胚胎进行研究，在符合严格的监管条件并取得 ABM 的授权下被允许，在体制上施行“有条件批准”(une autorisation sous conditions)。条件与 2004－800 号法案相比并无较大改变。[①] 人们可以将这一法律制度解释为研究的自由化之举，但也可以感受到它是对未来市场的回应。[②]

2021 年通过的 2021－1017 号法案对生命伦理法进行修改，除广受关注的允许“辅助生育”用于女性伴侣或者单身女性外，针对胚胎和干细胞的研究，该法重申了上述禁令：禁止为研究目的创造胚胎，禁止克隆等。同时，为了促进科学研究，该法案第 20 条简化了对胚胎和胚胎干细胞研究的授权申请程序，这种研究不再局限于医疗目的的研究，也可以为了“增加人类生物学知识”而进行，并且对列入研究方案的剩余胚胎的体外培养明文规定了 14 天的时间限制。该法案第 23 条取消了原《公共卫生法典》第 L2151－2 条对制造转基因或嵌合体胚胎的禁令，[③]现在仅禁止“通过添加其他物种的细胞来改造人类胚胎”。因此，进行基因编辑时通过将人类细胞引入动物胚胎来创造转基因胚胎和嵌合体是被批准的。[④] 这将在下文详述。

关于刑法上的规制，对于公共卫生问题，只有在《公共卫生法典》无法有效规制相关违法犯罪行为时，刑法才介入其中，因而法国《刑法典》关于生物科技犯罪的条款中，一般都采取“违反《公共卫生法典》第××条”的引证罪状的表述方式，如法国《刑法典》第 511－16 条。并且刑事制裁不仅及于自然人，而且明文规定对法人犯罪予以处罚。在对法人犯罪的处罚上，除罚金外，在法国《刑法典》第 131－39 条还规定了各种情况的禁止从业的处罚，如“禁止直接或间接从事一种或几种职业性或社会性活动”，情况严重的，“解散法人”等。法国《刑法典》规定，某些与使用人类胚胎

---

① Loi n. 2013－715 du 6 août 2013 tendant à modifier la loi n. 2011－814 du 7 juillet 2011 relative à la bioéthique en autorisant sous certaines conditions la recherche sur l'embryon et les cellules souches embryonnaires; CSP, arts. L2151－1 to－8.

② Anne-Marie Duguet et al., *Ethical and Legal Frameworks for Embryonic Stem-cell Based Research in France and in Europe: A Challenge for Biotechnology*, in Q. Yanping & A.-M. Duguet, Biotechnology Medicine and Law, CUPL Press, 2018, p. 5.

③ Article L2151－2 (Version en vigueur du 09 juillet 2011 au 04 août 2021). La conception in vitro d'embryon ou la constitution par clonage d'embryon humain à des fins de recherche est interdite. La création d'embryons transgéniques ou chimériques est interdite.

④ Elise Roumeau, *L'embryon comme objet d'expérimentation de retour devant le juge constitutionnel*, La Revue des droits de l'homme, Actualités Droits-Libertés (Oct. 25, 2021), http://journals.openedition.org/revdh/13047.

和/或修改人类基因组有关的活动将被处以罚款以及监禁和其他类型的刑事处罚。这将在下文详述。

近年来，法国的一些组织，如公共研究资助者、科学协会和伦理委员会已经发表了一些意见和报告，直接或间接地涉及人类可遗传基因组的编辑研究。

法国国家卫生和医学研究所（Institut National de Santé et Recherche Médicale，INSERM）的伦理委员会迄今已发布了两份报告。2016 年，在一份关于 CRISPR 相关技术发展的说明中，该委员会建议继续进行基础研究，并鼓励克服目前的技术限制，并且根据现有法规，暂时不应尝试以生殖为目的编辑可遗传基因组。① 虽然，该委员会在几个月后的另一份声明中，提议重新评估《奥维耶多公约》中禁止可遗传基因组编辑临床应用的规定，对诸如涉及治疗亨廷顿舞蹈症等罕见遗传病的人类可遗传基因组编辑研究尝试采取公开讨论、逐个分析的办法。② 但其态度仍然相当审慎，其坚持反对任何修改临床应用相关法律框架的要求，直到在研究的基础上对潜在危害的不确定性有所把握，并与整个社会的多个合作伙伴达成共识。同时其认为，取得社会对科学的广泛信任也很重要。这要求对实验室工作以及基因组编辑技术的任何医学和生态学应用进行适当监督，特别是当相关研究是不可逆转的和永久性的时。并且，在思想上，主张积极主动地防止基因编辑技术被持极端主义观点的人劫持，避免用过度膨胀的承诺误导公众的期望。③ 2018 年 INSERM 伦理委员会主席埃尔维·克内维斯（Hervé Chneiweiss）接受采访时再次重申了这一审慎立场。④

2016 年 4 月，国家医学院（Académie Nationale de Médecine，ANM）发布了一份关于人类生殖细胞和胚胎基因组编辑的报告，申明：考虑到技术的安全性和有效性，目前还不具备将其用于临床的条件；此外，还有其他手段使有关夫妇能够避免将基

---

① Membres Comité d'Éthique de l'Inserm, *Saisine concernant les questions liées au développement de la technologie CRISPR* (*clustered regularly interspaced short palindromic repeat*)*-Cas9* (*inserm - 02110670*), InsermHAL (Avr. 25, 2019), https://www.hal.inserm.fr/inserm-02110670.

② 此外，该委员会提议设立一个欧洲指导委员会（European Steering Committee），评估基于 CRISPR 的基因组编辑的临床应用中的脱靶突变风险，并设立一个欧洲咨询委员会（European Advisory Committee），促进围绕有争议的社会问题开展公开辩论。

③ Hervé Chneiweiss et al., *Fostering Responsible Research with Genome Editing Technologies: A European Perspective*, 26(5) Transgenic Research 709 (2017).

④ *Édition du génome : des possibilités inouïes qui posent des questions éthiques*, Inserm (June 19, 2018), https://www.inserm.fr/actualite/edition-genome-possibilites-inouies-qui-posent-questions-ethiques.

因病变遗传给孩子,因此建议坚持现有立法,禁止旨在修改后代基因组的临床干预措施。然而,禁止临床应用不应阻止这一领域的基础和临床前研究,包括对人类生殖细胞和胚胎的研究,以提高科学界对配子形成和早期胚胎发育及其异常的调节机制的认识。因此,ANM 主张,只要这项研究在科学上和医学上有意义,就应该得到授权和支持,但要求这些新技术不应该被用于蓄意的优生学。另外,必要时建议放宽对制造转基因胚胎的限制,条件是不将修改后的胚胎转移到子宫内。最后,促进对这些有争议的问题进行多学科辩论。①

2018 年 1 月,按照 2011 - 814 号法案的要求,CCNE 召开了生命伦理大会。同年 6 月初,CCNE 发表了一份总结报告(Rapport de Synthèse),描述了公众咨询的结果。这份文件构成了 CCNE 的指导方针和立法建议的基础。

在 2018 年,ABM 发布了一份关于生命伦理法应用的报告。这份为准备生命伦理大会而发布的报告总结:在法国,ANM、INSERM 伦理委员会和 OPECST 所发布的有关 CRISPR/Cas9 技术问题的报告都强调,必须继续禁止为人类的生殖目的对可遗传基因组进行任何修改。该报告呼吁讨论基因组编辑技术的可行性。

CCNE 在 2019 年 9 月发布的第 133 号意见《靶向基因组编辑的伦理问题:在希望与警觉之间》,②旨在强调研究人员和科研机构在将相关研究成果转移到生物技术应用方面的伦理义务,并且要求在有关专业领域内不断明确由法国国内生命伦理法框架和《奥维耶多公约》等国际法规范产生的监管规则。该意见对实施基因组编辑技术的科学、伦理和道德问题进行了分析,提出了如下建议:(1)强调鼓励实验室进行使用定向基因组编辑的新技术(如 CRISPR/Cas9)的基础研究。这有助于开发旨在使这些技术更安全,甚至可逆的实验方法,并监督其在生命健康领域的具体应用。(2)将定向基因组编辑技术应用于非人类的生命形式是一个不可否认的潜在有益做法。然而,必须考虑到动物福利和可能出现的不可控后果,如对生态系统和进化组合的破坏。只有在对潜在风险进行认真、系统的评估,甚至实施可逆性措施和持续监测之后,才能将被基因编辑过的生物体从实验室封闭环境中放出。(3)在体

① ANM, Modifications du génome des cellules germinales et de l'embryon humains-Rapport(2016), https://www.academie-medecine.fr/modifications-du-genome-des-cellules-germinales-et-de-lembryon-humains-2/.

② See CCNE, Avis no. 133: Enjeux Ethiques Des Modifications Ciblees du Genome: Entre Espoir et Vigilance.

细胞基因治疗方面,对人类基因组的定向编辑是医学上的进步,应该得到支持。虽然相关伦理问题仍然存在,但由于引入患者体内的编辑不会传给后代,因此在规制上可等同其他基因疗法。(4)涉及可遗传基因组编辑的情况下,考虑到目前技术应用的短期和长期后果在技术和科学上有相当高的不确定性,因此国际上应保持暂停态度。即使后续不确定性降低,也不能将其作为改善人类物种的优生方法。

二、与人类可遗传基因组相关的现行法状况

法国法律体系中没有出现"胚胎"的正式法律定义,这是一个有意选择的结果。CCNE在1986年12月发布的第8号意见中就表示,鉴于对"胚胎"的具体定义缺乏科学共识,最好采用一个笼统的定义,即人类精子细胞对人类卵子进行自然或技术辅助受精的产物,包括胎儿阶段(怀孕的第8周)之前的所有发育阶段。① 同时,CCNE多次申明人类胚胎(和胎儿)应被视为潜在的人(Personne humaine potentielle),应得到尊重。②

根据2021－1017号法案对生命伦理相关立法的最新修改,《公共卫生法典》当前仍禁止为研究目的通过体外受精的方式创造人类胚胎或创造与生存或死亡的人基因相同的胚胎,禁止通过添加其他物种的细胞来改造人类胚胎,但该法案第23条取消了原《公共卫生法典》第L2151－2条对制造转基因或嵌合体胚胎的禁令,③进行基因编辑或通过将人类细胞引入动物胚胎来创造嵌合体是被批准的。④ 该条订立之时广受批评:一方面,创造转基因胚胎侵犯胚胎的完整性、人类的遗传资源,以及保障人性尊严的原则;另一方面,创造嵌合胚胎会破坏人与动物之间的区别,违反了保护环境的宪法目标、预防原则、《环境宪章》(Charte de l'environnement)序言第5

---

① CCNE, Avis no. 8 du 15 décembre 1986 relatif aux recherches et utilisation des embryons humains in vitro à des fins médicales et scientifiques.

② CCNE, Avis no 1 du 22 mai 1984, sur les prélèvements de tissus d'embryons et de fœtus humains morts, à des fins thérapeutiques, diagnostiques et scientifiques. CCNE, Avis n. 112 du 21 octobre 2010, Une réflexion éthique sur la recherche sur les cellules d'origine embryonnaire humaine, et la recherche sur l'embryon humain in vitro.

③ Article 23, Loi n° 2021－1017 du 2 août 2021 relative à la bioéthique (1).

④ Elise Roumeau, *L'embryon comme objet d'expérimentation de retour devant le juge constitutionnel*, La Revue des droits de l'homme, Actualités Droits-Libertés (Oct, 25, 2021), http://journals.openedition.org/revdh/13047.

段所保障的生物多样性以及保障人性尊严的原则。但宪法委员会对该条作出合宪判断，因为针对胚胎研究存在有效的保障措施避免违反宪法上述原则：根据《公共卫生法典》第 L2151 －5 条，首先，未经 ABM 授权，不得对人类胚胎进行研究；而且要求只有在确认研究的科学意义，即研究具有医疗目的或旨在提高人类生物学知识，以及根据科学知识状况，不借助人类胚胎无法进行研究的情况下，才可颁发该授权书。其次，ABM 应确保研究仅可使用在医学辅助生殖背景下体外孕育的胚胎，该胚胎不再是亲缘项目的对象，而且是由夫妇、夫妇的幸存一方或妇女提议进行研究。再次，研究方案应在核实符合上述条件后，由 ABM 批准。批准决定连同指导委员会①的意见，将被传达给负责卫生和研究的部长，他们可以在 1 个月内共同要求对批准决定所依据的文件重新进行审查。最后，上述接受研究的胚胎不得以妊娠为目的进行移植，其体外培养应不迟于其产生后的第 14 天终止。②

同时，为了促进科学研究，2021 －1017 号法案第 20 条简化了对胚胎和胚胎干细胞研究的授权申请程序，这种研究不再局限于医疗目的的研究，也可以为了“提高人类生物学知识”而进行；将原有应征得胚胎捐赠者事先书面同意的规定改为“由夫妇、夫妇的幸存成员或妇女提议进行研究”；并且遵循国际共识，对列入研究方案的剩余胚胎的体外培养明文规定了 14 天的时间限制。③ 该条被批评没有界定何为“提高人类生物学知识”和人类胚胎的具体定义，并且有优生学倾向。另外，删除书面同意的要求将侵犯个人自主权。宪法委员会对该条亦作出合宪判断。如先前立法，“人类胚胎”这一术语并非不准确的。另外，通过增设“提高人类生物学知识”这一研究目的，立法者意图允许进行不具有直接医学利益的研究。立法机构并没有超越其职能允许旨在进行人类选择的优生做法。此外，与申请人成员的主张相反，从《公共卫生法典》第 L2151 －5 条第 2 款的措辞中可以看出，新规要求只能对捐赠者为此

① 由于医学进步不仅是一个技术进步的问题，亦不能脱离对病人尊严的尊重。因此，法国《公共卫生法》第 L1418 －4 条设立指导委员会，确保患者、捐赠者的人身安全和人格尊严及伦理原则在 ABM 职权范围内的活动中得到尊重，指导委员会可应 ABM 机构总干事的要求提出意见，也可自行开展工作，以便对 ABM 的医学和科学专业知识提出合理意见，同时考虑可能提出的伦理问题。指导委员会的成员来自不同背景，31 名成员由卫生和研究部部长下令任命，任期 3 年。

② Conseil Constitutionnel, Décision n° 2021 – 821 DC du 29 juillet 2021, https://www.conseil-constitutionnel.fr/decision/2021/2021821DC.htm.

③ Article 20, Loi n° 2021 – 1017 du 2 août 2021 relative à la bioéthique (1).

目的提供的胚胎进行研究,即捐赠者的事先同意是明确取得的。①

同时,《公共卫生法典》要求为研究目的进口或出口胚胎干细胞须事先得到ABM的授权,申请人需要证明这些细胞是在遵守法国《民法典》第16条至第16-8条规定的基本原则的情况下获得的。另外,任何以研究为目的进行胚胎保存的组织必须持有ABM颁发的授权书。获准进行医学辅助生育的医学生物学实验室可以储存拟用于研究的胚胎,而不需要持有ABM为此颁发的授权书。这一规定虽被批评违反法律面前人人平等的原则,但亦被宪法委员会认定为合宪。

但法国《公共卫生法典》和《民法典》明确禁止可遗传基因组编辑的临床应用。如上所述,《公共卫生法典》声明,“不得为生育目的移植已进行研究的胚胎”。《民法典》第16-4条规定:“任何人不得损害他人的身体完整。禁止一切以人的选择为目的的优生学实践。禁止对生存或死亡的人进行生殖性克隆的实践。在不影响针对遗传学疾病的预防或治疗性研究的前提下,禁止一切以修改人的后代的遗传特征为目的的改变。”其中,第4款的规定是否构成一项例外存在讨论空间,其或可解释为允许植入用于预防或治疗遗传疾病的研究的胚胎。但可遗传基因组编辑的临床应用也可能违反反对优生的法国《刑法典》,如在第2卷“侵犯人身之重罪、轻罪”的第1编“反人类罪”中,第214-1条、第214-2条、第214-3条、第214-4条规定,②所有优生行为以及生殖性克隆都属于“危害人种罪”(Des crimes contre l'espèce humaine)的范畴,将受到惩罚。第5卷第1编“在公共卫生方面的犯罪”的第1章“在生物医学伦理方面的犯罪”中以28个条文的篇幅集中规定了各种生物科技方面的犯罪种类,其中第3节涉及保护人类胚胎(Protection de l'Embryon Humain)的第511-15条、第511-25条规定了任何出于商业、工业或研究目的(包括所谓的治疗性克隆)制造胚胎的人都将被处以监禁和罚款。③ 未经捐赠者同意和ABM授权,对人类胚胎进行研究,或违反这种授权的研究行为,将被依法处以监禁和罚款;对于涉及胚胎干细胞或诱导性多能干细胞的研究,刑法规定了额外的处罚。④ 其他应受惩

---

① Conseil Constitutionnel, Décision n° 2021-821 DC du 29 juillet 2021, https://www.conseil-constitutionnel.fr/decision/2021/2021821DC.htm.

② Code pénal, arts. 214-1, 214-2, 214-3, and 214-4.

③ Code pénal, arts. 511-17, 511-18.

④ Code pénal, art. 511-19.

罚的活动包括：将胚胎或胚胎干细胞转让给未获授权进行研究的机构，或在未通知生物医药局的情况下转让胚胎干细胞；在未获授权的情况下，为研究目的进口或出口胚胎干细胞；超出法律规定的范围进行医学辅助生殖的行为；泄露可以识别放弃胚胎的夫妇和接受胚胎的夫妇的身份信息的行为，以及未经授权或超出授权进口或出口配子或其他生殖组织的行为。①

上文曾提及 CCNE 的第 133 号意见，可以认为 CCNE 的该项意见预示法国对于在研究中使用基因组编辑技术有一定程度的开放，但同时，法国基于《奥维耶多公约》等国际法项下的义务和国内法仍对人类可遗传基因组编辑采取了相当严格的态度，而且似乎并不可能在短期内修改其在此类问题上的立场。

三、小结

通过以上对欧盟和英国、法国的可遗传基因组编辑治理实践的分析，可以发现其中一些十分值得关注的趋势和共识。

（一）跨学科公开讨论的必要性

国际会议层面，阿西洛马会议和纳帕会议在后来都遭到了批评。例如，批评者认为，阿西洛马会议过于狭隘地关注安全问题，忽视了重组 DNA 技术可能引发的紧迫的道德问题。并且，这两次会议也因将公众代表排除在外而受到指责。② 虽然与立法等进程相比，科学家能够更快、更有效地就有争议的技术发展达成共识；他们有资格判断其工作的潜在风险和副作用，并且能够在后续补充或修改自律准则；科学体系本身亦有执行自律准则和制裁违法行为的有效手段和机制。但是必须承认的是，在有争议的道德问题上，如修改人类生殖系基因的可能性，科学家之间的共识恐怕不具有全部的权威性，因为他们并不具备处理这种复杂的道德和社会问题的特殊专长。为了解决新兴技术引起的道德伦理问题，还需要其他领域的专家参与，如伦

---

① Code pénal, arts. 511 - 19 - 2, 511 - 19 - 3, 511 - 24, 511 - 25 and 511 - 25 - 1.

② See Daniel Gregorowius, Nikola Biller-Andorno & Anna Deplazes-Zemp, *The Role of Scientific Self-regulation for the Control of Genome Editing in the Human Germline: The Lessons from the Asilomar and the Napa Meetings Show How Self-regulation and Public Deliberation can Lead to Regulation of New Biotechnologies*, EMBO reports, 2017, 18(3): 355.

理学、法律或社会科学,以分析文化、宗教、意识形态或情感方面的争论。当然,科学家的专业建议有助于决策和共识的形成。

这样一种引入多学科讨论的治理方式不仅在后续的人类基因组编辑国际峰会中被采纳,在多次国际声明中被倡导,在各国的实践中也被普遍践行,如在英国监管机构层面,《奥维耶多公约》明文规定组成人员知识背景要具有多样性,在专业机构层面,纳菲尔德生命伦理学委员会将"合作、多学科性、公开化、创造性"视作产出高质量学术成果的重要保障,从而汇集多学科专家考察和报告生物学和医学中的伦理问题。在我国当前建立国家科技伦理委员会的大背景下,应积极引入不同领域的专家,为相关伦理、法律和制度建设讨论提供交叉学科视角;避免由于过度关注医学技术而在制度层面狭隘地理解生命伦理。

(二)提升公众认知和广泛公众参与的必要性

因为可遗传基因组编辑技术的使用可能对社会正义和个人权利产生极大影响,其引起的道德问题,如人的尊严、代际正义、人类基因库污染等问题,触及不同的文化、社会和宗教价值观,所以公众必须对这些技术的监管和管理有足够了解和充分的发言权。然而,考虑"在全球范围内让公众参与进来将是无法管理的,来自不同文化和宗教背景的价值观将使其几乎无法达成任何类型的共识"。[①] 因此,公众参与应该在国家层面进行。

在具体操作层面,一方面,这种参与应该建立在充分知情的基础上,即国家应通过开展全民教育、提升机构监管的透明度等方式,提供渠道使公众了解基因编辑的具体运行方式、对个人和社会及人类族群的潜在影响等,从而提升公众的认知水平和参与能力。例如,美国的新型和特殊技术与研究咨询委员会将相关技术的评审会议记录在网站公布,每年召开的两次全体会议均向公众开放,提高了信息的透明度和可访问性。[②] 英国的胚胎研究积极吸收多方利益相关者(包括非专业公民和患者

---

① 郑戈:《迈向生命宪制——法律如何回应基因编辑技术应用中的风险》,载《法商研究》2019 年第 2 期。

② See Department of Health and Human Service, *Amended Charter: Novel and Exceptional Technology and Research Advisory Committee (Formerly Recombinant DNA Advisory Committee)*, Office of Science Policy National Institute of Health (April 12, 2019), https://osp.od.nih.gov/wp-content/uploads/NExTRAC_Charter_041219_508.pdf.

团体)参与沟通。[①] 另一方面,国家法规和制度建设中应充分回应公众关切,充分体现公众共识的结果。例如,2018 年 1 月法国按照 2011 - 814 号法案的要求,由 CCNE 召开了生命伦理大会。同年 6 月初,CCNE 发表了一份总结报告描述了公众咨询的结果,这份文件即构成了 CCNE 的指导方针和立法建议的基础。[②]

(三)参与国际伦理准则制定的必要性

全球化与基因研究本身的性质相结合,要求在国际层面采取广泛合作的监管方式。当前国际层面的制度既没有凝聚力和约束力,也不够具体,无法解决新的技术所引起的伦理和法律关注。如同有论者所指出的,"我国已经通过协办和主办人类基因组编辑国际峰会参与了基因编辑伦理与法律国际标准的表达和塑造过程",[③] 在当前国际性文件倡导各国应在一个全球标准上进行合作的背景下,在国家层面,国家应当积极参与并促进在联合国教育、科学及文化组织和世界卫生组织等框架内的全球合作和共识,推动建立人类可遗传基因组编辑的国际治理框架,加快推进生命伦理领域"人类命运共同体"的建设;在国内法层面,吸收有益经验,完善我国的法律与治理框架,如修订《专利法》,为基因编辑技术的专利申请和应用设置伦理边界,阻止违反伦理的临床应用。在机构层面,学术团体应继续举办或参与国际峰会,收集当前各国观点,制订建议和指导方针,为国家决策者提供信息。

第五节　美国的立法与监管体系

由于联邦法律和法规的范围有限,美国整体的监管框架较零散。各州有权定义什么是"胚胎",并划定对配子和胚胎的基础研究的合法性界限。个别州已经采取了各种方法来行使这一权力,如就特定议题发布规定,或对联邦资金的使用附加额外

① See Herbert Gottweis & Barbara Prainsack, *Emotion in Political Discourse: Contrasting Approaches to Stem Cell Governance in the USA, UK, Israel and Germany*, Regenerative Medicine, 2006, 1(6): 823.

② Comité consultatif national d'éthique pour les sciences de la vie et de la santé, Avis no. 129: Contribution du Comité consultatif national d'éthique à la révision de la loi de bioéthique 2018 - 2019 (Septembre 18, 2018).

③ 郑戈:《迈向生命宪制——法律如何回应基因编辑技术应用中的风险》,载《法商研究》2019 年第 2 期。

限制。①

在联邦层面，作为当前基因组编辑研究相当活跃的国家，美国并未通过强制性专门立法的方式直接界定人类生殖系基因编辑的研究及应用是否合法，更不必说就相关研究附加关联刑事责任，但是受到宗教文化传统与基因编辑技术发展阶段的影响，②美国针对生殖系基因编辑技术的各研究阶段设置了阻碍机制。

联邦法律主要集中于对胚胎研究资金和临床研究的规制。关于胚胎研究资金，1996 年的 DWA 禁止使用联邦资金制造、破坏或故意伤害人类胚胎。然而，私人或州政府的资金（在允许的情况下）可以用来创造胚胎，也可以用于使用改良配子，并对它们进行基础研究。但临床研究则是一律被禁止的，因为基因治疗的许可机构——食品和药物管理局当前不能审查涉及被编辑过的胚胎或使用被编辑过的配子创造的胚胎的临床试验申请。同时，监督亦可经由自愿遵守专业准则，通过行业内自律的方式进行。

与上文中提到的其他司法管辖区的管理体制不同，如在英国，人类胚胎研究一般由单一的法定框架或管理机构负责，美国则侧重研究的各个阶段并区分资金来源，建立数项单一规则，这些规则相互重叠、相互作用，同时，将法规外部约束和行业内部自律相结合，最终形成了相当全面完整的监管体系。

一、基础研究的监管（basic research）

涉及生殖系基因编辑的实验室研究遵循与其他人体细胞或组织体外基础实验室研究相同的监管路径。③ 美国基因编辑的实验室基础研究由机构生物安全委员会（Institutional Biosafety Committee，IBC）进行监督，其重点是生物安全性。在某些情况下需要 IRB 进行审查，重点是保护捐献者隐私以及确保适当的知情同意。基于上述机构的设立目的和职权范围，其监管权限不受研究阶段限制，亦可对相应的临床试验阶段进行审查，因此，将在下一部分“临床研究的监管”详述。

针对基础研究，美国联邦政府亦通过限制政府资助人类胚胎相关研究的方式予

---

① See National Academies of Sciences，Engineering，and Medicine，*Human Genome Editing：Science，Ethics，and Governance*，The National Academies Press，2017，p. 35.

② 参见唐伟华：《对作为经验的欧美人类种系基因编辑立法的省思》，载《科学与社会》2019 年第 4 期。

③ 参见杜然然等：《欧美基因编辑伦理规范研究探讨》，载《医学研究杂志》2019 年第 5 期。

以侧面引导。对胎儿组织的获取提供了无法被非人类动物模型系统所取代的洞见,大量的基因治疗策略也依赖在胎儿细胞培养中产生病毒载体。当前,许多来自胎儿组织的细胞系已经成为全球研究的主力。它们被用于开发疫苗,并已成为生产和制造基因治疗产品的工具。然而,美国联邦政府针对胚胎的监管政策却长期处于不确定的状态之中。

20 世纪 70 年代体外受精联合胚胎移植技术(in vitro fertilization,又称试管婴儿)的出现,引起了民众对在科学研究中使用人类胚胎的担忧。[①] 为了解决这些问题,卫生、教育和福利部(Department of Health, Education, and Welfare, DHEW,其后于 1980 年更名为 HHS)于 1977 年颁布了一项规定,要求任何涉及人类体外受精的申请或提案,在伦理咨询委员会(Ethical Advisory Board)对该申请或提案进行审查,并由该委员会从伦理角度就其可接受性提出意见之前,DHEW 及其下辖部门不得拨款资助。[②] 罗纳德·里根(Ronald Reagan)执政后,在宗教保守派和反堕胎团体的压力下,于 1980 年解散伦理咨询委员会,[③]导致联邦政府实质上暂停了对涉及人类胚胎相关研究的资助。[④] 后于 1988 年颁布并实施禁止联邦政府为胚胎研究提供资助的行政命令。1992 年,乔治·赫伯特·沃克·布什(George Herbert Walker Bush)否决了国会要求取消该禁令的法案,维持了里根政府的政策方向。[⑤]

生物科技领域激烈的国际竞争及干细胞研究潜在的治疗前景,促使美国医学界和相关利益集团加大了对联邦政府资助胚胎干细胞研究进行游说的力度。[⑥] 为保持美国在再生医学领域的领先地位,1993 年,比尔·克林顿(Bill Clinton)签署了《美国国家卫生研究院振兴法》(National Institutes of Health Revitalization Act),该法第

① See Ann A. Kiessling, *The History of the Dickey-Wicker Amendment*, Bedford Stem Cell Research Found (August 24, 2010), http://www.bedfordresearch.org/the-history-of-the-dickey-wicker-amendment/.

② See Protection of Human Subjects, 45 C. F. R. § 46.204(d)(1977).

③ See George Annas, *Resurrection of a Stem-Cell Funding Barrier—Dickey-Wicker in Court*, 363 New England Journal of Medicine 1687(2010).

④ See Michael R. Dohn, *Preventing an Era of New Eugenics: An Argument for Federal Funding and Regulation of Gene Editing Research in Human Embryos*, 25 Richmond Journal of Law and Technology 1 (2018).

⑤ 参见张业亮:《美国围绕胚胎干细胞研究的道德和政治争议》,载《美国研究》2013 年第 3 期。

⑥ 同上。

121(c)条①取消了1977年要求伦理咨询委员会审查的规定,授予美国国家卫生研究院(National Institutes of Health,NIH)直接为胚胎干细胞研究拨款的权力,从而实质上为联邦资助试管婴儿研究扫清了道路。② 根据该法,NIH成立了一个由科学家、伦理学家、公共政策专家和病人权利团体代表等组成的工作小组,审议胚胎干细胞研究相关道德和伦理问题,并决定何种实验可以获得联邦资助。1994年,该小组向克林顿政府提出建议,认为联邦政府应为从人工生殖治疗多余胚胎中获取干细胞(destruction of spare embryos from fertility clinics with the goal of obtaining stem cells)和仅为研究目的而制造胚胎(creation of human embryos solely for research purposes)的研究提供资金。克林顿于1994年12月2日颁布行政命令,援引道德和伦理的论证,禁止联邦资金资助仅为研究目的而制造人类胚胎,但同意为人工生殖治疗多余胚胎的研究提供资金。③

但在NIH有机会作出批准相关研究的资金使用的决定前,共和党于1994年中期选举中夺得众议院控制权,这为宗教和社会保守派从立法上禁止联邦资金用于胚胎研究提供了机会,1996年美国国会即在《NIH预算》案中附加《迪奇—威克修正案》(Dickey-Wicker Amendment,DWA),④禁止联邦资金用于为研究目的制造人类胚胎,在研究中破坏、丢弃胚胎或已知超过适当程度伤害风险的研究活动,在判断伤害风险程度时,须评估此项研究所带来的伤害或死亡风险是否高于对子宫内胎儿的研究所允许的限度,并进一步将"人类胚胎"定义为"不属于美国《联邦规则汇编》第45篇第46部分(45 Code of Federal Regulation Part 46)作为人类受试者受保护的,源自受精、孤雌生殖、克隆或任何其他方式从一个或多个人类配子中生成的任何生物体"。⑤ 时至今日,该附加议案仍每年均为HHS年度拨款预算法的一部分,数十年来其内容鲜有变化。这一法律有效地杜绝了联邦资金用于从胚胎中分离干细胞的研

① See National Institutes of Health Revitalization Act SEC. 121. Repeals. (c) Nullification of Certain Provisions.

② See Ann A. Kiessling, *The History of the Dickey-Wicker Amendment*, Bedford Stem Cell Research Found (August 24, 2010), http://www.bedfordresearch.org/the-history-of-the-dickey-wicker-amendment/.

③ 参见张业亮:《美国围绕胚胎干细胞研究的道德和政治争议》,载《美国研究》2013年第3期。

④ See The Balanced Budget Downpayment Act, I Public Law 104 – 99, Sec. 128, Congress. Gov (Jan. 26, 1996), https://www.congress.gov/104/plaws/publ99/PLAW – 104publ99.pdf.

⑤ Rumiana Yotova, *Regulating Genome Editing under International Human Rights Law*, 69 International and Comparative Law Quarterly 653 (2020).

究(derivation of stem cells from human embryo),是迄今为止联邦政府对胚胎干细胞研究进行监管的最重要的一部法律。①

1998年,美国威斯康星大学詹姆斯·A.托马森(James A. Thomason)利用人工生殖治疗中尚未使用过的捐赠胚胎培养出世界上第一例人类胚胎干细胞系(human embryonic stem cell lines),托马森博士的发现具有巨大的潜在医学价值,但由于总统行政命令和相关法律禁止资助人体胚胎研究,NIH就联邦资金是否能用于支持对从胚胎中获取的干细胞进行研究一事,征求美国卫生及人类服务部(Department of Health and Human Services,HHS)法律意见。1999年1月,NIH首席律师哈丽特·拉布(Harriet Rabb)认为,人类干细胞不属于DWA所规定的人类胚胎定义范围内,因此,利用干细胞进行研究可以获得联邦资助。② 克林顿政府赞同拉布的法律解释,据此,NIH对DWA进行解释,于2000年8月发布了《使用人类多能干细胞研究指南》(the Guidelines for Research Using Human Pluripotent Stem Cells)。该指南规定,受制于DWA,禁止将联邦资金用于销毁人类胚胎以提取和分离干细胞的研究,但允许联邦政府对从胚胎中分离的干细胞研究进行资助,前提是这些干细胞必须是使用私人资金从生育诊所的冷冻胚胎中提取的,它们必须是为了治疗生育疾病而产生的,须为人工生殖治疗多余胚胎,以及须经捐赠者同意。③

2001年,在托马森的论文发表3年之后,乔治·沃克·布什(George Walker Bush)发布行政命令对胚胎干细胞研究作出了严格限制,联邦资金的资助限于已经建立的若干胚胎干细胞系(Preexisting stem cell lines),使用该命令发布后创造出的新的干细胞系进行的研究,由于涉及破坏人类细胞(destruction of human embryos),将无法获得资助,该行政命令替代了以前发布的干细胞研究指南和政策,成为联邦政府对胚胎干细胞研究的新政策。因此,从事胚胎干细胞研究的实验室面临严格监管与资金削减。2006年与2007年,布什两次否决了扩大联邦政府对胚胎干细胞研

① 参见王康:《人类基因编辑实验的法律规制——兼论胚胎植入前基因诊断的法律议题》,载《东方法学》2019年第1期。

② See Kyla Dunn, *The Politics of Stem Cells*, NOVA (April 1, 2005), https://www.pbs.org/wgbh/nova/article/stem-cells-politics/.

③ See *Timeline of Major Events in Stem Cell Research Policy*, Research America (22 December 2021), https://www.researchamerica.org/advocacy-action/issues-researchamerica-advocates/stem-cell-research/timeline-major-events-stem-cell.

究的资金支持的法案。①

2008 年大选,高举“变革”大旗的民主党总统候选人贝拉克・奥巴马(Barack Obama)获胜,其于 2009 年 3 月 9 日签署 13505 号行政命令(executive order 13505),意图解除布什对联邦资金资助人类胚胎干细胞研究的限制,在禁止进行复制与销毁胚胎的限制前提下,重启联邦经费对于胚胎干细胞研究的资助。据此,NIH 于 2009 年 7 月发布修订版《人类胚胎干细胞研究指南》[the Guidelines for Human Stem Cell Research(2009)],该指南的规范范围包含人类胚胎干细胞与人类成体干细胞,但胚胎干细胞必须系“已分离”的胚胎干细胞,如果须经过摧毁胚胎的阶段,联邦经费将禁止相关经费资助,即 NIH 不会资助前期的干细胞分离研究,只为后续体外研究提供经费。② 而胚胎的来源,必须是原本为繁殖目的而形成之体外受精胚胎,但因已不需要再进行繁殖,且剩余胚胎具备科学研究价值,故捐赠者在被告知后同意程序而自愿捐赠的胚胎,可以作为该指南经费资助的研究对象。在联邦资助对已形成的胚胎干细胞系开展研究前,该胚胎干细胞系应提交至国家胚胎干细胞登记处进行登记,后须经过 NIH 伦理审查委员会的审查通过,方可批准资助。如缺少恰当的告知手续书面文件,申请将被驳回。NIH 在 2019 年准许 70 项新的人类胚胎干细胞系用于联邦资金资助的研究中。③

在上述指南发表后,关于政府资助胚胎干细胞研究的案件——“雪莉诉西贝利厄斯(Sherley v. Sebelius)”案被提起,原告詹姆斯・雪莉(James Sherley)博士和特蕾莎・戴舍尔(Theresa Deisher)博士为成体干细胞④研究人员,其起诉 HHS 部长凯瑟琳・西贝利厄斯(Kathleen Sebelius)和 NIH 主管弗朗西斯・柯林斯(Francis

---

① See Research America, *Timeline of Major Events in Stem Cell Research Policy*, Accessed July 31, 2022. https://www.researchamerica.org/advocacy-action/issues-researchamerica-advocates/stem-cell-research/timeline-major-events-stem-cell. 关于这一阶段政策的负面影响, See Varnee Murugan, *Embryonic Stem Cell Research: A Decade of Debate from Bush to Obama*, 82 The Yale Journal of Biology and Medicine 101 (2009)。

② 参见张业亮:《美国围绕胚胎干细胞研究的道德和政治争议》,载《美国研究》2013 年第 3 期。

③ See U. S. Department of Health & Human Services, National Institutes of Health. NIH Human Embryonic Stem Cell Registry, Accessed July 31, 2022. https://grants.nih.gov/stem_cells/registry/current.htm.

④ 干细胞是未分化的细胞,分裂并产生更多的干细胞或祖细胞,分化成成熟的、专门的细胞类型。人体内的所有细胞都是由早期胚胎中的干细胞产生的,但在许多成人组织中也有少量的干细胞,包括骨髓、大脑、皮肤和肠道。这些成体干细胞(adult stem cells)通常会产生组织中的各种细胞类型,以替换受损细胞或持续更新组织。

Collins),他们认为,NIH 对人类胚胎干细胞研究的支持违反了 DWA,应被禁止。2010 年 8 月 23 日,哥伦比亚特区地方法院法官罗伊斯·兰贝斯(Royce Lamberth)作出裁决,以破坏人类胚胎为由发布临时禁令,要求停止所有联邦资金资助人类胚胎干细胞研究 17 天。2011 年 4 月 29 日,哥伦比亚特区巡回上诉法院判决撤销地方法院的临时禁令,认为上述修正案存在"模糊"(ambiguity)之处,NIH 针对修正案的解释应适用"司法退让"(chevron deference)的审查基准,①NIH 有理由认为,该修正案虽然禁止从胚胎中提取干细胞的破坏性行为,但并未禁止联邦资金资助那些仅使用人类胚胎干细胞的研究项目。② 2013 年 1 月 7 日,美国联邦最高法院驳回了要求美国政府停止资助人类胚胎干细胞研究的诉讼,并拒绝审理 NIH 相关研究经费的合法性问题。这一决定结束了 3 年多的诉讼,并确保 NIH 有权在可预见的未来为人类胚胎干细胞研究提供联邦资金。

2019 年 6 月,在反堕胎团体的压力下,特朗普政府宣布了一系列限制胎儿组织研究的政策变化。据此,HHS 宣布,将禁止部分由联邦政府资助的研究使用自愿堕胎产生的胎儿组织(fetal issue),并加强对这类研究的监管,如将在 NIH 正常拨款审查中的科学评估外,任命一个人类胎儿组织研究伦理咨询委员会(Human Fetal Tissue Research Ethics Advisory Board)对研究人员提交的资助提案进行额外的伦理

① 美国联邦最高法院在"Chevron 案"判决中指出,当法院审查行政机关就其主管法规的法律解释时,可区分为两阶段。第一阶段,法院先审查立法机关就涉案问题是否已有明确安排,司法审查是法律解释的最终决定,其义务在于防止行政机关作出违反立法机关明确意思的法律解释,法院如果认为立法意旨明确,即依立法机关的意思决定问题,法院与行政机关均受立法机关的拘束;第二阶段,法院如果认为立法机关对于涉案问题未作安排或意思不明确(silent or ambiguous),法院不应直接对法规进行解释,而应为司法退让,审查行政机关对于其主管法规的解释是否为该法规可容许的法律解释结果,因行政机关可在立法机关明示或默示授权下,运用其政策决定或规则制定权限以填补立法的空隙,当立法机关明示授权于行政机关时,行政机关就主管法规所为的法律解释或行政命令,除非是恣意、任意变更或明显违反法律的(arbitrary,capricious or manifestly contrary to the statue),法院应退让,并尊重行政机关的见解;当立法机关默示授权于行政机关时,只要行政机关所为的法律解释或行政命令为合理的解释,法院亦应退让,而予以尊重,不能为相反之解释结果。"Chevron 案"判决进一步解释说明其原因:行政机关就其主管事项有较高之专业性,当其为妥协各项冲突政策,在充分知悉法律规定的内容下,据以作出合理的解释,应被尊重。参见郭玉林:《美国 Chevron 案及司法退让之审查基准译介》,载《司法周刊》2018 年第 1912 期。

② 2011 WL 1599685(C. A. D. C.), see Max S. Antony, *Sherley v. Sebelius*: *Who Knew the Term Research Could Cause Such a Ruckus*, 16 SMU Science and Technology Law Review 217(2013)。

审查。[①] 这不仅带来申请拖延，而且该委员会实施了更严格的审查标准。HHS 在声明中注明是“特朗普政府视保护人类生命尊严为一项重要政策”(promoting the dignity of human life from conception to natural death is one of the very top priorities of President Trump's administration)。但是，使用胚胎干细胞或胚胎细胞系的项目的联邦资助申请没有受到影响，该政策在涉及人类胎儿组织的研究定义中明确将其排除在外。2021 年，拜登政府改变了这一政策走向。

应当承认，由于各州对于人工生殖与胚胎研究的立法享有相当大的自主空间，因此，关于胚胎的法律地位与相关保护呈现多元的立场及管制样貌；而美国联邦关于人类胚胎干细胞研究的政策处于一个经常变动的环境之中。[②] 干细胞支持者和反对者需要在不同层级、不同部门、不同地区发挥影响力，联邦政府无法完全主导干细胞研究政策；且就关键文件 DWA 而言，该修正案对于人类胚胎定义的解释会影响 NIH 的资助范围，但截至 2020 年，尚无公开的裁决或明确的指南来说明哪些项目是可资助的，哪些不可获得资助，亦缺乏官方政策来指导科学家申请或进行 NIH 资助的研究。虽然这并不影响非联邦资金资助的研究，但这种模糊性留下了一定程度的不确定性，[③]而这样的政策环境对科学家的一个重要影响是可能干扰或者打断科学家的研究，同时，它也可能会使社会和公众对于干细胞研究产生更多的不信任感。[④]

具体到人类胚胎基因编辑研究，针对黄某就团队的人类胚胎基因编辑实验风波，NIH 于 2015 年 4 月 29 日发表《人类胚胎基因编辑的 NIH 资助声明》，认为基于“基因编辑现阶段存在严重且无法量化的安全问题，未经后代同意而以影响后代的方式改变生殖系所带来的伦理问题，以及目前缺乏令人信服的医学实践来证明在胚胎中使用 CRISPR/Cas9 技术的合理性”这 3 项论点，NIH 将坚持禁止联邦财政资金

---

① 该声明规定将不再允许 NIH 的政府科研人员在研究时使用胎儿组织，目前已获资助的校外项目不受影响，但针对申请续签(一般为 5 年一次)现有资助或新申请资助的研究项目，高校科研人员若想申请 NIH 资助开展相关研究，须经过伦理咨询委员会的审核，伦理咨询委员会将包括 14 ~ 20 名拥有不同背景的人士，其中包括神学家、伦理学家、医生和律师，而科学家人数不得过半。See *Changes to NIH Requirements Regarding Proposed Human Fetal Tissue Research*, NIH Grants and Funding (July 26, 2019), https://grants.nih.gov/grants/guide/notice-files/NOT-OD-19-128.html.

② See Aaron Levine, *Policy Uncertainty and the Conduct of Stem Cell Research*, 8 Cell Stem Cell 132 (2011).

③ See Kirstin R. W. Matthews & Maude Rowland, *Stem Cell Policy in the Obama Age: UK and US Perspectives*, 6 Regenerative Medicine 125 (2011).

④ 参见黄小茹：《干细胞研究的伦理争议及对政策的影响》，载《自然辩证法通讯》2016 年第 2 期。

用于支持人类胚胎基因编辑实验的长期政策。① 同年 10 月,NIH 发布在《联邦公报》上的修改《重组核酸分子指南》的公告中,声明"NIH 目前不接受生殖系编辑的申请,但可以考虑体细胞基因转移申请",②因此该指南中不包含涉及人类生殖系细胞的基因编辑的行为规范。并且在 2018 年,针对贺某奎"基因编辑婴儿"事件,NIH 在声明中重申其上述立场。③ 另外,在近年来发布的指南中均沿用了一项原则,即"作为 NIH 资助重组或合成核酸分子研究的一个条件,各机构应确保在该机构进行或由该机构赞助的此类研究,无论资金来源如何,都应遵守本指南"。④ 可以看出,NIH 有意识地将其管辖范围延伸到非联邦经费赞助的相关研究活动,扩大其对生殖系基因编辑研究的影响力。

综上所述,利用人类胚胎进行研究是合法的,但美国目前绝对禁止联邦资金资助人类胚胎基因编辑研究;针对胚胎干细胞研究,禁止将联邦资金用于销毁人类胚胎以提取和分离干细胞的研究,但私人和州政府可以对相关研究进行资助;且允许联邦政府对已经从胚胎中分离的干细胞研究进行资助,前提是这些干细胞必须是使用私人资金从用于人工生殖的多余的体外受精的胚胎中提取的,这是考虑到多余的体外受精胚胎最终要被销毁;且 NIH 要求该多余的胚胎的捐赠应是无偿的,不能附加任何形式的补偿。而由于美国的大多数基础生物医学技术,其早期的探索性研究都是由联邦资金资助的,其中以 NIH 的资金为首,因此任何一个研究领域在没有获

① See Francis S. Collins, *Statement on NIH Funding of Research Using Gene-editing Technologies in Human Embryos*, U. S. Department of Health and Human Services (April 28, 2015), https://www.nih.gov/about-nih/who-we-are/nih-director/statements/statement-nih-funding-research-using-gene-editing-technologies-human-embryos.

② National Institutes of Health, *Proposed Action Under the NIH Guidelines for Research Involving Recombinant or Synthetic Nucleic Acid Molecules (NIH Guidelines)*, Federal Register (October 16, 2015), https://www.federalregister.gov/documents/2015/10/16/2015-26388/proposed-action-under-the-nih-guidelines-for-research-involving-recombinant-or-synthetic-nucleic.

③ See Francis S. Collins, *Statement on NIH Funding of Research Using Gene-editing Technologies in Human Embryos*, U. S. Department of Health and Human Services (April 28, 2015), https://www.nih.gov/about-nih/who-we-are/nih-director/statements/statement-nih-funding-research-using-gene-editing-technologies-human-embryos.

④ NIH Guidelines for Research Involving Recombinant or Synthetic Nucleic Acid Molecules (2019): Section I-D. Compliance with the NIH Guidelines.

得这种政府支持的情况下很难实现蓬勃发展。① 因此,通过限制联邦资金资助人类胚胎研究的方式可以在一定程度上从侧面引导。

二、临床研究的监管(clinical research)

基因组编辑的临床试验,即涉及人类受试者的研究,未经 FDA 许可不得开始,FDA 掌握最终审批权,②而其他两个机构,即 IRB 和 IBC,亦承担监管职责。

(一)"人类受试者保护"机构伦理审查

在临床试验阶段,IRB 的审核聚焦判断此项临床试验的风险和受益,以及招募受试人员参与实验的方式,保证涉及人类受试者的研究符合伦理要求且公正合理。一般认为,IRB 是美国整套人体试验受试者保护制度中的核心与枢纽,直接负责落实人类受试者保护的伦理准则与法律规范,而联邦政府通过对 IRB 的审核与管理,间接地执行与落实人类受试者保护政策。

最早有关人体试验受试者保护的规范是由 DHEW 于 1974 年 5 月 30 日公布的,写入美国联邦法规第 45 篇 46 部分。该规范是以 NIH 于 1966 年所公布的受试者保护政策为基础制定的,建构了以 IRB 为运作核心的受试者保护规则。1979 年 6 月,美国的保护生物医学和行为研究受试者国家委员会(the National Commission for the Protection of Human Subjects of Biomedical and Behavioral Research)发布《贝尔蒙报告》,针对生物医学和行为科学研究提出保护人体受试者原则,其揭示了三大基本的伦理原则,包括"对人的尊重"(respect for persons)、"有利"(beneficence)与"公正"(justice)。1981 年为了回应《贝尔蒙报告》提出的各项建议,两大与人体试验关系密切的部门——HHS 和 FDA 分别修正并公布各自既有的受试者保护规范,但是这两部门均未变动以 IRB 为中心的基本管理架构。FDA 的规范由于着重监管药品、生物制品以及医疗器材的安全、有效管理与执照核发,因此其关注点与 HHS 稍有区别,

---

① 为了达到完全合法,科学家道格 – 梅尔顿(Doug Melton)从霍华德 – 休斯医学研究所(Howard Hughes Medical Institute)获得私人资金进行胚胎研究,他甚至为这项工作配备了一个完全独立的实验室。See Kyla Dunn, *The Politics of Stem Cells*, NOVA(April 1, 2005), https://www.pbs.org/wgbh/nova/article/stem-cells-politics/.

② See Emily Marden & Dorothy Nelkirr, *Displaced Agendas: Current Regulatory Strategies for Germline Gene Therapy*, 45 McGILL Law Journal 473(2000).

与 IRB 有关的规定体现在《人类受试者保护条例》(美国联邦法规第 21 篇 56 部分)中,FDA 曾于 1991 年修订其规则以与 HHS 规范保持一致。而 HHS 的规范公布于 1981 年 1 月 16 日,并于 1983 年和 1991 年进行了两次修正,1991 年因为其他 15 个部门相应加入,并愿共同遵守与执行该规则,而被称为《人类受试者保护的通用规则》,[①]即 16 个部门管辖或接受该部门赞助的研究单位共同保证遵循的研究伦理规范,内容包括:研究机构保证遵守法令(assuring compliance);研究人员践行告知同意;成立机构 IRB 的组织与功能及 4 项子规定(four subparts),包括联邦政策(federal Policy),对孕妇(pregnant women)、胎儿(human fetuses)、新生儿(neonates)的特别保护,对受监禁人(Prisoners)的特别保护,对儿童的特别保护。2009 年以来,《人类受试者保护的通用规则》正式启动第一次大规模修订。该通用规则修订以推进受试者保护制度现代化、巩固受试者保护、提升伦理监管有效性为宗旨,强调为受试者提供更好保护的同时,推动有价值的研究顺利开展,减轻研究者负担。2017 年 1 月,该通用规则修订的"最终规则"(final rule)发布,[②]其中最核心的改革主要包括三大部分,涉及知情同意、单中心伦理审查以及伦理审查监管范围。[③] HHS 最终规则与 FDA 的规则差异较明显,FDA 为此发布指南[④]明确了在研究中同时需要满足 FDA 和 HHS 规定的临床试验申办方、研究者和 IRB 等人员的合规性要求。另外,FDA 目前亦在更新其临床法规,以更好地与 HHS 在人类受试者安全和知情同意问题方面

---

① 通用规则就保护联邦资金资助研究中的受试者提出了 3 个基本要求:由 IRB 对研究方案进行独立审查,获取受试者的知情同意以及机构的政策依从性保证(federal wide assurance)。此后,伦理审查和知情同意逐步成为全球范围内受试者保护的两大主要策略。2011 年《通则修订事先通知》发布征求意见以来,历时近 7 年,关于受试者保护政策如何与时俱进地适应涉及人的研究的迅速发展,以及如何在尊重、有利、公正等伦理原则的指导下更好地保护受试者权益的讨论一直在持续。该通用规则修订征求了两轮公众意见,全社会范围的公众参与不但加强了政策制定过程本身的透明度,也将来自公众的声音较好地转化为对公共政策的影响。参见张海洪、丛亚丽:《美国联邦受试者保护通则最新修订述评》,载《医学与哲学》2017 年第 11 期。

② HHS 最终规则于 2017 年 1 月 19 日发布,一般合规日期为 2019 年 1 月 21 日,合作研究(cooperative research)要求的合规日期为 2020 年 1 月 20 日。

③ 参见张海洪、丛亚丽:《美国联邦受试者保护通则最新修订述评》,载《医学与哲学》2017 年第 11 期。

④ See U. S. Department of Health and Human Services, Food and Drug Administration, Office of Good Clinical Practice(OGCP), *Impact of Certain Provisions of the Revised Common Rule on FDA-Regulated Clinical Investigations-Guidance for Sponsors, Investigators, and Institutional Review Boards*(October 15, 2018), https://www.fda.gov/media/117042/download.

的规定保持一致。①

HHS《人类受试者保护的通用规则》适用于所有联邦部门或机构所开展、支持或其他原因监管的涉及人体受试者参与的研究。② FDA 法规适用于 FDA 根据《联邦食品、药品和化妆品法案》(Federal Food, Drug and Cosmetic Act)第505(i)条、第507(d)条、第520(g)条监管的所有人体临床试验,以及虽然根据上述法案,无须事先向 FDA 申请,但其结果应稍后提交给 FDA,或作为研究或销售许可申请的一部分,由 FDA 进行检验的临床试验。③ 根据 FDA 指南,若一项人体试验同时受制于 HHS 和 FDA 法规的要求,则 IRB 应适用那些能为人类受试者提供更多保护的具体规则(the regulations that offer the greater protection to human subjects should be followed)。联邦法规不适用于不属于 HHS 或 FDA 监管范围的研究。然而,大多数进行人体试验的机构都制定了政策,要求提供与 HHS 和 FDA 法规中规定的保护措施相当的保护措施,用于不受联邦法规要求约束的人类研究。

由于 FDA 目前在修订其相关法规,下文将以 HHS 最终规则为主对 IRB 的相关职责范围进行简要介绍,HHS 最终规则的修改亦将在下文中提及。

任何涉及人类胚胎干细胞的研究,无论资助经费来源,只要符合上文"人类受试者"的标准之一,即这些细胞或组织是通过与人类受试者的交流或干预措施而收集的,并且这些细胞或组织保留了可用于确定该人类受试者身份的信息,且该研究属于适用《人类受试者保护的通用规则》的研究范围,则研究者必须在启动研究之前向 IRB 提交一份议定书,供其审查和批准。

研究者应向 IRB 提供进行审查所需的所有材料,包括对拟进行项目的完整描述、受试者将使用的材料(调查、问卷、测试等)、对招募受试者及其提供同意参与项目的方式的描述(包括同意书),以及如何为受试者进行保密。IRB 会审查所有材料,以确定研究参与者是否得到了充分保护。④ IRB 针对受试者的特定人群特征,

---

① See U. S. Department of Health and Human Services, Food and Drug Administration, Office of Good Clinical Practice(OGCP), *Impact of Certain Provisions of the Revised Common Rule on FDA-Regulated Clinical Investigations-Guidance for Sponsors, Investigators, and Institutional Review Boards*(October 15, 2018), https://www.fda.gov/media/117042/download.

② See CFR-Code of Federal Regulations Title 45(Public Welfare), Part 46 – Protection of Human Subjects.

③ See CFR-Code of Federal Regulations Title 21(Food and Drugs), Part 56 – Institutional Review Boards.

④ See CFR-Code of Federal Regulations Title 45(Public Welfare), Part 46 – Protection of Human Subjects.

考虑他们是否需要额外保护,以及该人群是否会以不同方式评估研究的风险和受益。

根据 HHS 最终规则第 103(a)条,除非该研究符合第 104 条规定豁免的条件,否则研究机构必须向人体研究保护办公室(Office on Human Research Protections, OHRP)①申请一个联邦范围合规保证(federal wide assurance,FWA)以表明他们意图符合联邦关于人类受试者的相关规则,从而获得联邦政府资金支持。OHRP 负责核准该保证,类似与机构达成一个合规协议。因为 FWA 是联邦范围内的保证,因此其他接受《人类受试者保护的通用规则》的联邦机构或部门亦认可该保证的效力。若该研究机构有现行的 FWA,那么为其提供研究资助的联邦机构将不必再次索取有关 IRB 组成、政策或程序的信息,即可简化获得研究资助的过程。OHRP 要求如果研究机构依法登记的名称、机构内的保护人类主管(human protections administrator)或签字官员(signatory official)发生变更,则必须在变更之后的 90 天内于 OHRP 的电子提交系统中②更新 FWA 的内容信息。每一 FWA 的有效期为 5 年,无论是否发生内容变更,研究机构都必须每 5 年更新提交一次 FWA,以确保该保证的有效性。③FWA 在实质上相当于研究机构向资助单位作出的合规保证。其内容除承诺该单位实施的研究活动及科研管理的合规性外,更重要的是,保证其所实施的受资助研究项目依法、合理地接受伦理审查。④

须指出的是,OHRP 批准某一研究机构的合规保证的事实,并不意味着 OHRP 承认该机构已经遵循了第 45 篇 46 部分的关于保护人类参与者的规定,而只是意味着该机构已经提交了 OHRP 所要求的所有的材料,如伦理委员会成员列表、伦理委员会进行审查的书面程序等,从而构成了该研究机构的承诺。为了监督 FWA 的落实,OHRP 还专门设立了合规监督部处(Division of Compliance Oversight,DCO),负

---

① HHS 直属的 OHRP 总体负责对由 HHS 实施或支持的研究项目的受试者权益的保护,如提供指南与相应解释、宣传教育,为生物医药与行为研究提供伦理及规范方面的参考建议,同时包括 IRB 的注册和联邦认证,确保注册 IRB 严格遵守 HHS 有关伦理方面的注册法规(45 CFR 46)。

② 该提交系统网址为 http://ohrp.cit.nih.gov/efle/。

③ See *Assurance Process Frequently Asked Questions*(*FAQs*),HHS Government,Accessed July 31, 2022. https://www.hhs.gov/ohrp/register-irbs-and-obtain-fwas/fwas/assurance-process-faq/index.html.

④ 参见唐伟华:《英美国家政府资助研究领域人类参与者权益保护制度初探:基于对科学基金立法的考察》,中国社会科学出版社 2014 年版,第 341~344 页。

责调查那些由卫生部支持或实施的研究活动中的违规现象。对于那些不属于卫生部支持或实施的研究活动的违规举报,OHRP 会将其转交给其他联邦政府部门或机构的有关官员,实施进一步的调查以及采取进一步的行动。①

研究者可以在获得 FWA 前注册自己的 IRB(“内部”IRB,internal IRB),亦可在与其他组织签订书面协议后,指定由其他组织运营的已注册 IRB(“外部”IRB,external IRB)对其研究进行伦理审查,IRB 均应在 OHRP 进行注册。这样的安排能够方便研究者进行申请,且促使竞争提升服务,同时借由适度管制防止发生挑选 IRB 的现象(IRB shopping)。如若选择外部 IRB 对研究计划进行伦理审查,HHS 最终规则第 103(e)条中增加了一项要求,即要求机构与外部 IRB 之间订立信赖协议(Reliance agreement),以分配两者之间的责任,该信赖协议应作为 IRB 记录予以保存。

基于研究涉及的风险,HHS 最终规则第 104(d)(7)和(8)条新增了免除审查的类别,但任何涉及人类受试者的研究项目如要豁免,仍必须提交给 IRB 确定是否符合豁免要求。同时也强调,对部分特殊的免审项目,尤其是有泛化知情同意要求的二次使用研究,要进行有限的伦理审查(limited IRB review),以确保可识别的隐私信息和可识别的生物样本能得到充分的隐私保护。

HHS 最终规则第 45 篇 46 部分第 107 条要求 IRB 应有至少 5 位委员,不得全为男性或女性,也不得全为同一专业;至少一位为非科学专业人员,②也至少一位为科学人员;应有至少一位机构外人员,且应排除利益冲突者审查研究计划,必要时可邀请专家协同审查,但不得参与投票。如果 IRB 定期审查的研究涉及一类易受胁迫或不当影响的受试者,如儿童、囚犯、决策能力受损的个人或者经济或教育上处于弱势的人,则应考虑纳入一名或多名对这些类别的受试者有知识和经验的人。③

---

① See *Assurance Process Frequently Asked Questions*(*FAQs*), HHS Government, Accessed July 31, 2022. https://www.hhs.gov/ohrp/register - irbs - and - obtain - fwas/fwas/assurance - process - faq/index.html.

② 为什么要有非科学专业人员?主要理由是:降低 IRB 的同质性,以及确保受试者同意书的内容可以被非科学专业人员所了解。参见林志六:《人体试验受试者保护规范措施》,载《医事法学》2002 年第 2 期。

③ See CFR-Code of Federal Regulations Title 46(Welfare), Part 46 - Protection of Human Subjects §46.107:IRB membership.

HHS 最终规则中针对 IRB 的审查程序，订有若干具体规则。例如，根据第 45 篇 46 部分第 108(b)条和第 110 条，除非符合加速审查项目(expedited review)的标准，否则 IRB 一般需要召开会议以审查相关研究，会议应有过半数委员出席，包括至少一名非科学专业人员，批准开展研究的决议应获得出席会议的大多数委员的批准。

依据 HHS 最终规则第 45 篇 46 部分第 109 条，IRB 有权批准、要求完善或变更及不批准研究计划，该决定应以书面形式通知研究者和机构。如果 IRB 决定不批准某项研究计划，则应在其书面通知中说明其决定的理由，并给予研究者当面或书面答复的机会。①

为减轻 IRB 的管理负担，HHS 最终规则第 45 篇 46 部分第 109(f)(1)(i)条不再要求加速审查的研究项目(不大于最小风险)提交持续审查(年度跟踪审查，continuing review)，除非审查者明确说明该持续审查对加强研究对象的保护有益。②根据第 45 篇 46 部分第 109(f)(1)(ii)条，对于大于最小风险的研究，针对那些已经结束研究干预、仅剩数据分析，包括分析可识别的私人信息或可识别的生物样本，或仅涉及标准化临床护理(clinical care)中的观察性随访的研究，将不再要求进行持续审查，从而确保伦理委员会和研究者能够真正集中精力保护那些风险较高的研究中涉及的受试者的权益和福利。③ 但研究者仍有义务向 IRB 报告各种事件，如发生未预料到的问题或对研究的拟议修改。对此，虽然 HHS 最终规则取消了 IRB 持续审查的规则，但 FDA 仍然在执行这些规定。因此，在 FDA 修订其相关法规之前，参与同属 HHS 和 FDA 监管范围的临床研究的 IRB 仍然必须满足持续审查的规定。

HHS 最终规则对 IRB 审查的要点及标准于第 45 篇 46 部分第 111 条中亦作出

---

① See CFR-Code of Federal Regulations Title 46(Welfare), Part 46 – Protection of Human Subjects §46. 109:IRB Review of research.

② 《制定规则通知》(NPRM)曾建议，在取消对此类研究的持续审查要求的同时，由研究者提交一个“年度确认”(annual confirmation)，明确该研究仍在继续进行且没有修订改变研究涉及的风险。该项建议收到约 120 份的公众意见，大部分意见赞成这一举措，其认为这一举措能在很大程度上减轻 IRB 的负担，反对的理由则侧重强调，持续审查对于研究实施过程中伦理监管的重要意义。最终修订保留了这一建议，放弃了“提交年度确认”的要求。但是，正如反对意见(尽管是少数)所指出的，持续审查对于动态评估研究的风险获益、研究方法步骤的有效性，甚至对于研究实施过程的依从性来说是非常必要的，不能仅仅出于减轻 IRB 负担的考虑便取消这样一个重要的过程监管。参见张海洪、丛亚丽：《美国联邦受试者保护通则最新修订述评》，载《医学与哲学》2017 年第 11 期。

③ 参见张海洪、丛亚丽：《美国联邦受试者保护通则最新修订述评》，载《医学与哲学》2017 年第 11 期。

规定，如应注意最小风险原则（minimal risk）；①相对受试者可获得的预期利益，风险应当合理；选择受试者的方式应当公平正当（equitable）；受试者知情同意的取得程序和内容应符合相关规定；针对所搜集的受试者数据，研究计划应可确保受试者的安全和隐私保护；针对有限的伦理审查（limited IRB review）亦作出了特别要求。②

HHS 最终规则第 45 篇 46 部分第 114 条针对所有在美国国内开展的（联邦资助的）合作研究（cooperative research），要求其应由单中心伦理委员会（Single IRB）进行审查。单中心伦理委员会可由联邦资助机构、研究实施机构或牵头单位（lead institution）指定，各个研究机构对受试者的权益和福利负责，并确保对单中心伦理审查的依从性。对于某些特殊的多中心研究（如涉及少数族群等），研究机构必须在遵循相关法规的前提下通过联合（joint）伦理审查、委托审查等方式尽量避免重复审查。对于单中心伦理审查制度，HHS 最终规则强调在其发布 3 年后生效，预计生效日期为 2020 年 1 月 20 日。

依据 HHS 最终规则第 45 篇 46 部分第 115 条，应保存的资料包括：研究计划书（包括受试者同意书样本、进度报告、科学评估等）；IRB 的详细会议记录（包括投票结果，同意、反对及弃权人数，争议事项讨论的摘要）；需要持续审查的研究的后续审查记录，对不需要持续审查的研究进行持续审查的理由文件；IRB 和计划研究者间的往返文件；IRB 成员名单；对于 HHS 可加速审查研究活动列表中列明的研究项目，应记录审查人员对其超过最小风险的判断；机构与外部 IRB 之间订立的信赖协议也应保存。而且前项记录至少都必须保存至计划结束 3 年以后。

根据第 45 篇 46 部分第 116 条、第 117 条，IRB 应审查研究中涉及知情同意的内容，2017 年修改后的 HHS 最终规则对取得知情同意过程中必须告知潜在受试者的信息提出了明确要求。首先，提供的信息必须满足任何一个理性人（reasonable person）作出参与决定的需要，而且应简明扼要（concise and focused）地展示与研究相关的关键信息（key information）。③ 其次，HHS 最终规则提出一个新要求，即联邦

---

① 最低风险，是指研究中预期的伤害或不适的概率和程度本身并不高于日常生活中或者进行常规身体或心理检查或测试时通常遇到的情况。

② See CFR-Code of Federal Regulations Title 46 (Welfare), Part 46 – Protection of Human Subjects §46.111: Criteria for IRB approval of research.

③ See CFR-Code of Federal Regulations Title 46 (Welfare), Part 46 – Protection of Human Subjects §46.116: General requirements for informed consent.

资助的临床研究必须在联邦相关网站上发布其用于招募受试者的知情同意书,[①]以引入公众监督,增加涉及人体受试者的研究的透明度。最后,HHS 最终规则允许研究者通过获得“泛化知情同意”(broad consent),即寻求受试者对未来不特定研究的前瞻性同意,保存、储藏和二次使用可识别的隐私信息和可识别的生物样本。[②] 尽管如此,HHS 最终规则仍强调,对于将来未知的研究,泛化知情同意至少是一种可供选择的替代方式,以鼓励研究者和受试者开展此类研究,然而,传统的基于特定研究的知情同意,以及使用去标识的信息或样本从而获得 IRB 豁免知情同意等方式,仍具有重要的价值和意义。[③] 针对上述修改,FDA 声明这些新规定不会偏离该机构自身的知情同意程序,从而避免了相关申办方和研究人员需要制订两份不同的知情同意书以分别符合 HHS 和 FDA 规则的情况。[④]

第 45 篇 46 部分第 122 条反映 HHS 对涉及人类受试者研究的规范方式是控制联邦资金对该研究的资助,这一点亦是其与 FDA 的重要差异,根源在于二者的机构职能的差异,相较之下,FDA 的规制手段具有更加强烈的行政色彩。

HHS 相较研究者以及研究机构居于“研究经费赞助者”的平行地位,所采取的规范方式是先由研究机构签署承诺约束机构所属研究者和 IRB 遵守有关规范的承诺书,后由 OHRP 监督各个研究机构是否确实遵守有关规范,OHRP 最重要的任务之一就在于核查各研究机构的 IRB 是否确实遵照规定运作,当发现违规情形时,HHS 是通过经费控制的手段来促使研究机构进行合规,OHRP 可以撤回政府和研究机构之间的合规协议即 FWA,HHS 可以终止、暂停研究经费的赞助,也可以将该次不良记录列为未来申请经费时的参考。

而 FDA 对于研究机构和研究者来说居于管制者的地位。根据第 21 篇 56 部分

---

① See CFR-Code of Federal Regulations Title 46 (Welfare), Part 46 – Protection of Human Subjects §46.116(h): Posting of clinical trial consent form.

② See CFR-Code of Federal Regulations Title 46 (Welfare), Part 46 – Protection of Human Subjects §46.116(d): Elements of broad consent for the storage, maintenance, and secondary research use of identifiable private information or identifiable biospecimens.

③ 参见张海洪、丛亚丽:《美国联邦受试者保护通则最新修订述评》,载《医学与哲学》2017 年第 11 期。

④ See U. S. Department of Health and Human Services, Food and Drug Administration, Office of Good Clinical Practice(OGCP), *Impact of Certain Provisions of the Revised Common Rule on FDA-Regulated Clinical Investigations-Guidance for Sponsors, Investigators, and Institutional Review Boards*(October 15, 2018), https://www.fda.gov/media/117042/download.

E 章违规行政行为，FDA 会定期派员核查 IRB 的运作细节和记录，了解 IRB 是否确实执行受试者保护规范有关的规定。IRB 或研究机构如果拒绝 FDA 对于 IRB 记录的检查，或是 FDA 在检查时发现研究者、研究机构或 IRB 有法定违规情况时，FDA 有权作出一定的行政处罚。

根据第 21 篇 56 部分第 115(c)条，FDA 有依法核查 IRB 记录的权利，如果研究机构或 IRB 无故拒绝，则 FDA 依据该条之规定，有权在审查研究申请案或上市许可时，拒绝承认该人体试验的结果。

依据第 21 篇 56 部分第 120 条的规定，FDA 进行核查时若发现有违反规定的情形，可以考虑采取下列措施：(1)提出口头或书面意见，并限期作出回复及采取纠正措施。(2)视答复情形，重新安排检查。在其采取适当纠正措施前，FDA 可以：①暂缓批准在该机构进行的或由该 IRB 审查的符合本部分要求的新研究。②禁止该计划加入新的受试者。③当终止研究不会危及受试者时，可终止该研究。④当明显的不合规行为对受试者的权利和福利造成重大威胁时，FDA 可将 IRB 运作中的缺陷通知相关的州和联邦监管机构，以及与该机构的行动有直接利害关系的其他各方。

根据第 21 篇 56 部分第 121 条，在以下两种情况下，FDA 可以取消 IRB 和研究机构的资格，FDA 取消其资格的决定和有关该决定的行政记录可向公众披露。(1)若 IRB 或研究机构不依该部分第 120(a)条之规定限期采取适当措施进行纠正且情节严重，FDA 可以依第 21 篇 16 部分规定之程序召开听证会，并依据第 21 篇 56 部分第 121(a)条的规定，取消 IRB 和研究机构的资格。(2)根据第 21 篇 56 部分第 121(b)条，若 IRB 一再违反规定，且所犯情节已经严重威胁受试者权利或福利，可以取消该 IRB 和其所属研究机构的资格。根据第 21 篇 56 部分第 121(d)条，IRB 和研究机构的资格被取消后，FDA 未来在核发研究许可或上市许可时，将不会采用该 IRB 所审核通过或该研究机构所提出的研究资料。

（二）机构生物安全审查

考虑涉及基因转移和基因治疗的实验的风险层级，应有额外的安全措施以确保研究对象和研究人员，以及社区和研究地点周围的环境不受被编辑过的遗传物质或其他生物危险制剂的伤害。这些安全措施超出了 IRB 所负责的对人类受试者的保护要求，并且要求对实验环境进行现场检查，因此 NIH 设置 IBC 进行监管。

根据NIH发布的《重组与合成核酸分子研究指南》(以下简称NIH指南)第一节C和第四节B,首先,任一机构如果从NIH或美国联邦政府资金中获得任何涉及重组或合成核酸分子的研究经费,则均必须遵循NIH指南,需要建构并执行能够保证研究项目安全开展的研究政策,且于机构内部设立IBC,由其对研究项目的生物安全进行审查与批准;即使一个机构只有一个涉及重组或合成核酸分子的研究项目受益于NIH的支持,该机构开展或赞助的所有此类项目也均必须遵守NIH指南,受到IBC的监管。其次,遵守NIH指南可能是其他联邦机构,甚至是私人研究资助者提供资助的一个条件。此外,无论资金来源为何,各机构都可能受到相关地方法令、联邦或州法规或机构指南的约束,要求其遵守NIH指南。最后,NIH于该指南第四节D鼓励不在该指南强制适用范围内的个人、公司和机构自愿遵守该指南中规定的标准和程序。因此,地方机构层面(如大学或研究中心)利用重组或合成核酸分子的所有形式的研究几乎均需要受到IBC的监管。①

根据第一节D,NIH类似上文中HHS面向研究机构的"研究经费赞助者"的角色,若某一研究违反NIH指南的规定,将导致NIH暂停、限制或终止对不符合规定的该研究项目的经费资助,以及NIH对该机构其他重组或合成核酸分子研究的资助,或要求该机构的所有重组或合成核酸分子项目均必须事先获得NIH批准。

IBC的监管原则主要是从生物安全的角度,评估涉及重组或合成核酸分子的研究对公众健康和环境的潜在风险,确保研究的开展符合NIH指南的生物安全规定。② 生物安全审查需要评估该研究所采取的适当的物理和生物隔离措施,以确认在开始研究之前,研究机构或研究者已经制订了全面的风险防控计划,并确保研究人员接受过充分的培训,确保基因治疗研究安全、负责任地进行。

IBC的成员组成与IRB相似,但由于机构职能不同,成员资格要求存在差异。NIH指南第四节B－2－a要求一个IBC应至少有5名具有重组或合成核酸分子技术专业知识的成员,这些成员应有能力来评估和识别潜在的风险,5名成员中应至少

① See Research and Economic Development, *Institutional Biosafety Committee (IBC) FAQs*, National Institutes of Health(May 2019), https://research.ucr.edu/ori/faq/faq-ibc#what_are_recombinant_and_synthetic_nucleic_acid_molecules., January 20, 2021.

② See NIH Guidelines for Research Involving Recombinant or Synthetic Nucleic Acid Molecules(2019), Section Ⅳ-B－2－a (1).

有2名独立于进行研究的机构的成员,以代表周围社区的环境和公共卫生利益,至少有1名实验室研究人员代表(laboratory technical staff)。在研究存在人类受试者参与的情况下,IBC成员应达到足够的专业水平和接受过充分的培训,如有必要可邀请专设顾问(ad hoc consultants)参与。NIH指南第四节B-2-a-(6)鼓励各机构在条件允许的情况下,并在符合保护隐私和所有权利益的前提下,向公众开放IBC会议,①该指南第四节B-2-a-(7)还要求机构应公众的要求向其提供IBC会议记录。②

虽然IRB与IBC都关注研究中的风险,但是他们的职责并不相同。IRB的任务是保护研究对象(人类受试者)的权利和福利。而IBC则致力保护研究人员、公众的健康和环境,防止他们接触到被编辑过的遗传物质(engineered genetic material)和其他生物危险物质(biohazardous agents)。IBC还可以就研究对象的潜在风险评估向IRB提供建议。另外,一个IRB可以监督多个研究地点的涉及人类受试者的研究,但IBC是以研究机构为基础的(site-specific),地区性和分散性很强,需要社区成员的参与,并且只能监督该特定机构的研究。

(三)公众参与渠道

RAC[现已更名为新型和特殊技术与研究咨询委员会(Novel and Exceptional Technology and Research Advisory Committee,NExTRAC)]是联邦的一个咨询机构,其职能主要是作为一个公众论坛(Public forum),讨论新兴生物技术研究中出现的最具挑战性的问题,并且就此类问题向NIH主管提供建议。NExTRAC对相关技术(如基因编辑)的评审会议记录将公布在NIH下设的科学政策办公室(Office of Science Policy,OSP)的网站上,以提高信息的透明度和可访问性,提升公众对相关领域研究的信任和信心。

2018年8月16日,NIH主管就一项简化联邦基因治疗监督框架的提案发表声明。这项提案是NIH与FDA共同制订的,包括修订上文中提到的NIH指南,以消除对人类基因转移方案(human gene transfer protocols)的重复的审查和报告要求,以及

---

① See NIH Guidelines for Research Involving Recombinant or Synthetic Nucleic Acid Molecules (2019), Section Ⅳ-B-2-a-(6).

② Ibid., Section Ⅳ-B-2-a-(7).

考虑到 IBC 相对完善的监管职权，调整原 RAC 的职能，使其不再负责对基因转移研究方案的生物安全问题进行个别审查（review of individual human gene transfer protocols），从而更接近其最初的机构职能构想，即一个探讨新兴生物技术（emerging biotechnologies）的科学、安全和伦理问题的透明论坛。NIH 指南于 2019 年 4 月 25 日发布，同时将 RAC 更名为 NExTRAC。①

根据 NExTRAC 的章程，其运行受《联邦咨询委员会法案》（Federal Advisory Committee Act）的监管，由 OSP 对其进行管理和支持服务。NExTRAC 的主要活动是向 NIH 主管就生物医药科技领域新兴技术的研究的开展和审查提供意见和建议，可以涉及该项技术的科技、安全、伦理和社会议题；在必要情况下，经过联邦指派官员（designated federal officer，DFO）的审批，NExTRAC 可以征求特定专家顾问的意见，组成临时工作组，并且召开会议、研讨会等其他活动。

NExTRAC 全体会议在一个财政年度内一般举行两次，也可应 DFO 的要求举行。会议一般应向公众开放，除非根据《美国法典》第 5 卷第 552b（c）条的规定可以不进行公开，如该会议内容涉及为了国防或外交政策的利益而明确授权保密的事项，仅与机构的内部人事规则和实践有关，涉及对某人犯罪情事的指控，涉及披露属于个人信息的资料，且披露该类资料会明显不合理地侵犯个人隐私等。若决定某次会议的部分内容不对公众开放，则应准备一份报告，其中，应至少包括成员名单和他们的工作地址、该委员会的职能、会议日期和地点，以及该委员会在该财政年度的活动和建议摘要，该报告的副本应提供给该委员会管理干事（department committee management officer）。

NExTRAC 由包括主席在内的最多 25 名有投票权的成员组成，由 NIH 主管进行任命。大多数有表决权的成员必须具备相关新兴科学领域（如基因疗法、基因编辑、合成生物学）的知识。根据需要，该委员会可吸收有公共卫生、实验室安全、职业健康、研究中的人类参与者保护、环境、伦理、法律、公众态度或相关领域知识的成员参加。成员不得是联邦机构的雇员，并将于 NExTRAC 作为特别政府雇员（special

---

① See U. S. Department of Health & Human Services, *NIH Streamlines Gene Therapy Oversight and Charts a Course for Considering Emerging Technology*, NIH（April 25, 2019）, https://www.nih.gov/about-nih/who-we-are/nih-director/statements/nih-streamlines-gene-therapy-oversight-charts-course-considering-emerging-technology.

government employees)。[①]

(四)生物药品监管

《公共卫生服务法》(Public Health Safety Act)[②]和《联邦食品、药品和化妆品法案》[③]授权 FDA 将基因治疗产品(gene therapy products)作为生物药品(biologic drugs)进行监管,其须根据美国《联邦规则汇编》第 21 篇 312 部分的有关规定,[④]在投入临床试验之前,按照研究型新药(investigational new drug,IND)申请的有关标准和程序,由 FDA 对相关的临床研究及上市事项实施审查与批准,[⑤]这一监管权限并不局限于联邦资助的研究,而是适用于在美国的任何研究。基因治疗产品的 IND 申请由隶属于生物制品评估和研究中心(Center for Biologics Evaluation and Research,CBER)的组织和先进治疗办公室(Office of Tissues and Advanced Therapies,OTAT)进行监管。在对试验方案进行 IND 审查的过程中,OTAT 会参考前述 IRB 和 IBC 的审查结果。

迄今为止,FDA 审查的基因治疗产品的一般类型为非病毒基因载体、缺乏复制能力的病毒载体、复制能力强的溶瘤载体、缺乏复制能力的逆转录病毒和慢病毒载体、细胞溶解的疱疹病毒载体、转基因微生物和体外转基因细胞等。[⑥] 由于目前严重缺乏实践,以证明基因编辑工具在人类胚胎中的安全性和有效性,因此 FDA 在相当长的一段时间内均不会就人类胚胎基因编辑产品给予 IND,更不必说新药生产上市注册批准(new drug approval)。[⑦] 因此,将修改后的胚胎移植到人类的子宫之中,将被视

---

① See *Amended Charter: Novel and Exceptional Technology and Research Advisory Committee (Formerly Recombinant DNA Advisory Committee)* (April 12, 2019), https://osp.od.nih.gov/wp-content/uploads/NExTRAC_Charter_041219_508.pdf.

② See Public Health Service Act, 42 U.S.C. Section 262, section 351.

③ See Federal Food, Drug and Cosmetic Act, 21 U.S.C. Section 321(g), section 201(g).

④ See 21 CFR Part 312 – Investigational New Drug Application.

⑤ 具体监管方式, see United States Food and Drug Administration, Refuse to File: NDA and BLA Submissions to CDER, Guidance for Industry (December 14, 2007), https://www.fda.gov/media/109758/download。

⑥ See National Academies of Sciences, Engineering, and Medicine, *Human Genome Editing: Science, Ethics, and Governance*, The National Academies Press, 2017, p. 52.

⑦ 所有的新药要在美国上市都必须经过新药评审过程。递交的材料中必须包含如化学、药理、生物药剂和统计学等方面的技术材料以供评审。如果获得 FDA 的批准,那么药品即可在美国上市。

为使用未经批准的生物药品，即违反了 FDA 的授权法规，可以受到民事和刑事处罚。①

另外，美国国会亦采取了立法的方式对 FDA 施加约束。自 2015 年 12 月起，美国国会在每年的年度《综合拨款法案》(Consolidated Appropriations Act)，用于决定下一财年分配给各政府机构资金数额的法案中，均增加了一个“法案附加条款”(bill-rider)：“本法案所提供的资金均不得用于审查……有意创造或修改人类胚胎，包括可遗传的基因修改在内的研究。向联邦政府提交的违反该规定的申请，将一律被视为政府机构未收到申请且任何豁免不得生效。”②该条款取消了涉及基因被修改过的人类胚胎的研究(research involving genetically modified human embryos)申请 IND 豁免的资格，在事实层面阻碍 FDA 审查批准人类胚胎基因编辑研究。③

因此，理论上为研究目的而对人类胚胎进行基因改造(non-clinical gene human gene therapy research)是被允许的，尽管这种实验仍然没有资格获得联邦资金支持，仅可获得私有资金的资助。④ 但是涉及人类生殖系基因编辑的临床试验及上市注册，无论研发的资金来源为何，均无法在当前的 FDA 监管体系下取得授权和许可。也就是说，虽然美国在联邦层面上没有禁止基因编辑技术的临床应用，由于 FDA 不能为相关临床研究开绿灯，其不会对基因编辑应用到病人身上的临床试验进行批准。根据 FDA 的规定，基因疗法上市前必须经过批准，若未经过批准直接进行应用则构成违法行为。

美国目前的共识是认为在现今生育治疗中使用 CRISPR 这样的基因编辑技术还为时过早，目前并不支持任何对人类生殖细胞或胚胎进行基因编辑的临床应用。

---

① See Henry T. Greely, *CRISPR'd Babies: Human Germline Genome Editing in the "He Jiankui affair"*, 6 Journal of Law and the Biosciences 111(2019).

② Consolidated Appropriations Act, 2016, SEC. 749.

③ See Henry T. Greely, *CRISPR'd Babies: Human Germline Genome Editing in the "He Jiankui affair"*, 6 Journal of Law and the Biosciences 111(2019).

④ See I. Glenn Cohen & Eli Y. Adashi, *The FDA is Prohibited from Going Germline*, 353 Science 545 (2016).

因为潜在的由胚胎以外的基因修改带来的健康风险仍然是不确定的。①

综上所述,美国目前并没有绝对禁止人类生殖系基因编辑,而是采取了暂停生殖系基因编辑的态度,此类研究目前处于 FDA 相当高的警戒和 NIH 相对严密的指导下。可以预见的是,当此种研究的安全性提高,相关潜在的技术风险处于可控和可接受的范围内时,美国可能会允许有限度地放开。

① 在美国科学院、英国皇家学会和中国科学院等机构于 2015 年 12 月在华盛顿联合召开的人类基因组编辑国际峰会上,科学共同体对基因编辑技术的相关应用达成基本共识,即现阶段严格禁止人类生殖系基因编辑的临床应用,同时鼓励基因编辑的基础研究和在成体细胞层面的基因治疗;2019 年 3 月 14 日,《自然》杂志刊发"Adopt a Moratorium on Heritable Genome Editing",即暂停可遗传基因组编辑的评论(Comment)。学术界[包括埃里克·兰德(Eric Lander)、弗朗索瓦斯·贝利斯(Françoise Baylis)、埃玛纽埃勒·沙尔庞捷(Emmanuelle Charpentier)、保罗·伯格(Paul Berg)、大卫·刘(David Liu)、邵峰、李劲松、张锋、魏文胜等来自 7 个国家的科学家和伦理学家]、美国 NIH 等呼吁一项全球禁令,暂停所有用于临床的人类生殖细胞编辑,并建立国际监管框架。See Francis Collins, *Experts Conclude Heritable Human Genome Editing Not Ready for Clinical Applications*, NIH Director's Blog (September 17, 2020), https://directorsblog.nih.gov/2020/09/17/experts-conclude-heritable-human-genome-editing-not-ready-for-clinical-applications/.

结语：人类可遗传基因组编辑治理框架的完善

自 CRISPR/Cas9 技术开发以来，基因编辑的医学和农业研究发生了革命性变化，人类拥有了可以高效、精确、程序化修改包括人类基因组在内的细胞基因组的工具；全球首例免疫艾滋病基因(组)编辑双胞胎的问世也将讨论从科学界延展至伦理和法律界。2021 年 1 月 1 日正式施行的《民法典》在第 1008 条、第 1009 条对基因编辑作出了指导性规定；同年 3 月 1 日开始施行的《刑法修正案(十一)》第 39 条明确禁止以生殖为目的的生殖系(germline，又译为“种系”)基因组编辑应用；同年 4 月 15 日开始施行的《生物安全法》则规定，加强对我国人类遗传资源和生物资源采集、保藏、利用、对外提供等活动的管理和监督，保障人类遗传资源和生物资源安全；国家卫健委也正在制定涉及人的生命科学和医学研究伦理审查办法以进一步明确相关科学研究的伦理审查程序和原则等。

第一节　基因组编辑治理的场景化分析

半个世纪以来，关于人类基因组编辑的技术风险、伦理冲突和社会影响等问题的争论，逐步建立起一个由两条分界线交叉形成的 4 种选择的伦理象限，所有争论围绕两条分界线展开，类型区分在讨论中格外必要。① 一是根据基因组编辑的具体目标，区分编辑修改基因缺陷或病变以达到治疗或防止遗传疾病的目的的操作，即基因治疗(gene therapy)和改善健康基因以达到各项特质最优化的目的的操作，即

---

① See W. French Anderson, *Human Gene Therapy: Why Draw a Line?*, 14 Journal of Medicine and Philosophy 681(1989).

基因增强(genetic enhancement);二是依据被修饰的细胞或组织的类别,对人类体细胞基因编辑和人类可遗传基因组编辑进行区分。

一般认为,在伦理上可以接受的人类基因组编辑是体细胞基因治疗,①因为一方面,这一基因干预方式仅会影响当前患者目标细胞中的基因,而不会被后代继承;另一方面,它没有带来新的原则问题,适用于其他医学干预活动的伦理制约对其进行治理是足够的。许多有前景、有价值的临床应用都是通过修改体细胞的基因序列以提高其抗癌能力,包括修正镰状细胞性贫血患者的红细胞或编辑免疫细胞的基因等。② 公众对使用体细胞基因编辑治疗和预防疾病大多持支持态度,体细胞基因编辑的临床试验也已经在全世界范围内开展。而针对基因增强,虽然区分基因治疗和基因增强的基础——"疾病与健康"存在一定的科学与伦理模糊性,③但是考虑到基因增强涉及对特定基因的价值判断,构成对人的价值与意义以及人性的颠覆,④这种基因修改方式过于激进,因此发展增强技术需要格外慎重。

生殖系基因治疗则相对更有前景。与体细胞基因编辑不同,这种基因操作可能改变胚胎发育成为个人后所有的身体细胞,并且这一基因变化会传递给未来世代。对于罕见遗传性疾病来说,生殖系基因组编辑提供了一种潜在的治疗手段,可以使与上一代有遗传关联的儿童不受该疾病的影响。但是,由于生殖系基因组编辑的遗传性特质,基因的改变会影响无数的后代,因此,潜在的利益和危害都可能成倍增加。这不仅直接涉及受试者和基于编辑胚胎存活的婴儿的个体利益,还需整体考量人类基因库和后代的群体利益。生殖系基因组编辑行为不但可能对社会和整个人类共同体产生渗透式的长远影响,甚至可能深刻地改变既有的人类认知和世界格局。⑤

除横向的类别区分外,具体的技术规制还需考虑研究的发展阶段。基因编辑的

---

① 参见翟晓梅、邱仁宗主编:《生命伦理学导论》,清华大学出版社 2005 年版,第 202 ~ 206 页。

② See Organizing Committee for the International Summit on Human Gene Editing, *On Human Gene Editing: International Summit Statement*, The National Academies of Sciences, Engineering, and Medicine (December 3, 2015), https://www.nationalacademies.org/news/2015/12/on-human-gene-editing-international-summit-statement.

③ 参见张灿:《人类增强的类型、范式与伦理争议》,载《东北大学学报(社会科学版)》2018 年第 1 期。

④ 参见江璇:《人类增强技术的发展与伦理挑战》,载《自然辩证法研究》2014 年第 5 期。

⑤ 参见石佳友、刘忠炫:《人体基因编辑的多维度治理——以〈民法典〉第 1009 条的解释为出发点》,载《中国应用法学》2021 年第 1 期。

技术应用属于转化医学实践,美国国家转化科学促进中心(National Center for Advancing Translational Sciences,NCATS)将转化研究分为基础研究、临床前研究、临床研究、临床实践、公共卫生5个阶段。其中,临床前研究涉及构建实验细胞模型、动物模型;临床实践和公共卫生则要求技术"具备高效率、高精准度、高保真度等安全可靠的条件",①基因编辑在短期内无法达至。而就基础研究和临床研究而言,基因编辑的基础研究,是指研究者在实验室对体细胞、干细胞系、人类胚胎的基因组编辑进行的基础科学研究试验。临床研究则是针对人进行的验证基因编辑技术安全性和有效性的临床试验。一般临床试验的目的是验证产品是否已达到被政府监管部门批准上市的水平。出于基础科研目的而在实验室对个体细胞、干细胞和人体胚胎进行基因编辑,一方面,没有带来新的伦理问题;另一方面,有助于从分子层面上了解疾病的形成原因及发展过程,为很多疾病的治疗或预防找到新的途径和方法,对推进生物医学的发展至关重要。针对这一阶段的规制措施主要涉及对基础研究所需胚胎的获取进行限制。而临床研究,则需要在病人或健康志愿者等试验受试者的身体上进行系统性研究,生殖系基因编辑的临床研究还涉及将被编辑的人类胚胎植入人体内,如上文所述,涉及尚未解决的技术风险与道德争议。针对这一阶段的规制措施,主要涉及对试验受试者的保护和对生命伦理的遵守。

对此,当前国际层面的对话存在一个基本共识,即在现阶段应当严格禁止人类生殖系基因组编辑的临床应用,同时鼓励基因编辑的基础研究和在成体细胞层面的基因治疗。一方面,要通过加强基因编辑技术的基础研究来实现技术的成熟和提高可靠性;另一方面,需要考虑伦理、道德和法律等多方面因素,进行更广泛的跨学科和跨国别的讨论,对生殖系基因编辑的应用进行更审慎的评估。②

就国内立法而言,基因组编辑技术应用场景多样、更新迭代迅速等特点也对其法律治理提出了一系列要求。首先,需要根据基因编辑技术的具体应用场景分类分阶段进行治理。如果笼统地将该技术的治理混为一谈,既不符合国家利益和患者利益,也存在技术滥用的风险。整体而言,应当将生殖系基因编辑与体细胞

① 孙道锐、王利民:《人类基因编辑技术社会风险的法律治理》,载《南通大学学报(社会科学版)》2020年第4期。

② See Eli Y. Adashi & I. Glenn Cohen, *Heritable Human Genome Editing: the International Commission Report*, 324 JAMA 1941(2020).

基因编辑区别开来，允许将基因编辑技术临床应用于体细胞基因治疗，禁止技术成熟和伦理评估前的治疗型生殖系基因编辑的临床应用，并且禁止将基因编辑技术用于基因增强。同时，应当鼓励基础研究，并明确细化研究过程中的管理规范。① 其次，在分类、分阶段治理的前提下，应当及时跟进技术发展，进行有效响应，在不阻碍必要技术发展的前提下对基因编辑的潜在风险进行管控。此外，应当注重“科学行政”和公众参与的良性互动。一方面，技术风险需要由专家群体与行政部门密切合作，研讨相关规制方案；另一方面，伦理冲突则应当通过公众讨论达成社会共识并付诸立法。②

第二节　人类可遗传基因组编辑治理框架的优化进路

一、整合既有规范，提升法律位阶

虽然基因编辑等生物医学新技术的规制问题并不属于《立法法》第 8 条明文规定的专属立法事项，但根据该条的条文释义，“专属立法权以外的事项，全国人大及其常委会仍可以制定法律”。③ 因此，有必要讨论在这一领域进行单行立法的必要性。首先，由上文分析可知，当前由于欠缺法律层级的规范，出现了不同部门的规范之间内容相互矛盾，不同部门的监管职责发生交叉的问题，提升了科学研究的合规难度，可能阻碍科学进步，也可能产生监管“盲区”。其次，以基因编辑为代表的生物医学新技术涉及潜在的科学和医学价值以及特定的技术风险、社会风险和道德风险，④要求约束其的法律应专门化、全面化和具体化。⑤ 最后，基因编辑技术涉及多元利益的诉求，囊括了私法、公法以及社会法领域所调整的范畴。“综合性的专门立

---

① 参见邱仁宗：《基因编辑技术的研究和应用：伦理学的视角》，载《医学与哲学》2016 年第 7 期。

② 参见郑戈：《迈向生命宪制——法律如何回应基因编辑技术应用中的风险》，载《法商研究》2019 年第 2 期。

③ 冯玉军主编：《新〈立法法〉条文精释与适用指引》，法律出版社 2015 年版，第 51 页。

④ 参见陈化、马永慧：《基因—生殖工程应用中的风险问题与伦理治理——以生殖系基因编辑为例》，载《工程研究——跨学科视野中的工程》2020 年第 3 期。

⑤ 参见董妍、夏佳慧：《基因编辑技术的制度规制路径探析》，载《沈阳工业大学学报（社会科学版）》2019 年第 2 期。

法可以对生物技术整体进行基础性规制以降低立法成本,提升我国生物技术立法的前瞻性和指导性。”①

以英国为例,1990 年的《人类受精与胚胎学法案》为英国政府对基因组编辑和辅助生殖技术的善治提供了法律基础。虽然该法案没有明确涉及人类生殖系基因组编辑,但许可制度的运作模式确保了人类生殖系细胞基因组编辑只能根据 HFEA 授予的许可证进行。

除应对基因编辑等生物医学新技术的规制问题进行专门立法,通过法治框架规范其应用与发展外,考虑到“基因编辑婴儿”事件还涉及人类辅助生殖技术的违法违规滥用,而我国当前针对人工辅助生殖的治理也存在“立法位阶较低、效力层次不足”②的问题,我国应尽快制定人类辅助生殖技术法,对人工辅助生殖技术的申请条件、申请程序、实施机构及所使用的技术、受理申请的决定及复核程序、监管体制、法律责任等问题,作出既符合当下及未来的实际需要又具有可操作性的详细规定。

二、细化研究分类,促进阶段治理

我国目前的政策立场是允许进行医疗或研究目的的体细胞基因编辑基础研究、临床前试验或临床应用,允许进行配子、受精卵和胚胎的基因编辑基础研究,但禁止进行生殖系相关基因编辑临床试验和应用。在此基础上,《生物医学新技术临床应用管理条例(征求意见稿)》要求“基因编辑技术”的临床研究和转化应用应经过机构内伦理委员会和学术委员会、省级人民政府卫生主管部门、国务院卫生主管部门三级的伦理审查和学术审查,忽视了对该技术的类型化和阶段化区分。事实上,对包括基因编辑技术等在内的相关立法应抓大放小,体现对生殖系基因编辑的严格管控,而对于体细胞、免疫细胞等的基因编辑应鼓励其规范应用。具体而言,针对生殖系基因编辑的基础研究和临床前研究应当建立完备的中央登记和批准制度,明确审批机关和批准条件,以保证基因编辑技术不被滥用。③ 英国《人类受精与胚胎学法

① 刘旭霞、刘桂小:《基因编辑技术应用风险的法律规制》,载《华中农业大学学报(社会科学版)》2016 年第 5 期。

② 王怀勇、宋二猛:《人类辅助生殖技术应用须回归法治框架》,载《光明日报》2021 年 2 月 6 日,第 7 版。

③ 参见王康:《〈生物安全法〉立法定位及对基因技术的风险控制》,载《北京航空航天大学学报(社会科学版)》2019 年第 5 期。

案》设立的 HFEA 和法国 ABM 均是可供参察的机构模式。类似地,在比利时,对人类胚胎的基因操作也须先经过当地医院的伦理委员会审查,通过后再由联邦体外胚胎医学和科学研究委员会进行审查,获得批准后方可实施。①

三、科技伦理治理,推动软法建设

加强科技伦理治理是完善国家科技创新体系和促进国家治理体系和治理能力现代化的重大举措。2021 年 12 月 17 日,中央全面深化改革委员会第二十三次会议审议通过了《关于加强科技伦理治理的指导意见》。习近平总书记在主持会议时强调,科技伦理是科技活动必须遵守的价值准则,要坚持增进人类福祉、尊重生命权利、公平公正、合理控制风险、保持公开透明的原则,健全多方参与、协同共治的治理体制机制,塑造科技向善的文化理念和保障机制。该指导意见对新兴科学技术的发展提出了“伦理先行”而非“技术先行”的要求,将增进人类福祉作为科技伦理治理的首要原则,同时以健全监管体制和凝聚社会力量作为实现科技向善的保证。这就要求政府部门,应当完善科技伦理管理体制,包括制定有法律效力的针对新兴技术的法规,履行科技伦理审查监管职责,依法依规查处违规行为。其次,应当倡导行业发挥作用,鼓励行业协会等机构通过软法规则引导科研人员合规开展科技活动,管控好伦理风险。最后,应当强化公众参与,提升公众的科学素养,逐步推动形成公众价值观,以社会伦理治理的强大合力推动构建科学的科技伦理治理体系,让科学技术向善发展,更好造福人类社会。最新修订通过的《科学技术进步法》则将科技伦理治理的法制化提升至新高度,该法将“国家建立科技伦理委员会”写入法律,同时规定了科学技术研究开发机构、高等学校、企业事业单位等应当履行科技伦理管理主体的责任,有利于形成科技伦理治理矩阵;将科技伦理审查覆盖至科学技术活动的范围,同时加大对违背科技伦理和科研诚信的行为的处罚力度,有利于避免科技伦理恶性事件的发生。作为科技伦理治理立法的一次有益尝试,《科学技术进步法》在基础研究、应用研究与成果转化等科技活动管理的各个方面作出了基本规定,为了加强该法的可操作性。一方面,需要与已有的相关法律法规衔接配合;另一方面,则

① 参见孙道锐、王利民:《人类基因编辑技术社会风险的法律治理》,载《南通大学学报(社会科学版)》2020 年第 4 期。

有必要推动科技伦理治理的专项立法或更新,对基本规定进行具体化落实。

法律与人类基因编辑技术这两个学科分属于社会科学和自然科学两个不同的领域,两个学科的发展遵循不同的发展规律,法律倾向规则的稳定性,但技术则追求迅速的发展和变革,由此法律在治理基因编辑技术时必然存在相对的滞后性。[①] 对此,类似法国第94-654号法案设计"法律更新制度"是一种选择,[②]更容易被采纳的另一种选择是,发挥软法对人类基因编辑技术的治理补位作用。国际范围内,世界医学协会于1964年首次发布的《赫尔辛基宣言》、1975年的阿西洛马会议及2015年的纳帕会议均是生命科学领域自律的范例。这些示例表明,与立法等进程相比,科学家能够更快、更有效地就有争议的技术发展达成共识。他们完全有资格判断其工作的潜在风险和副作用,并且,鉴于新技术的发展,科学家更有洞察力来补充或修改自律准则。同时,科学体系内部就有执行自律准则和制裁违法行为的有效手段和机制。如果期刊、行业协会和资助机构坚持要求遵守规则,那么由于科学家的工作和职业都依赖这些机构,所以遵守规则符合他们自身的利益。[③]

四、参考有益经验,参与国际治理

世界卫生组织关于制定人类基因组编辑全球治理和监督标准专家咨询委员会报告指出,目前没有任何一家单独的国际机构或组织可以独立承担起人类基因组编辑的全球治理责任。不同政治制度、不同的司法管辖区内,以及文化、历史和宗教背景差异,均可能导致全球各地监管方法有很大差异,因此该委员会强调,它鼓励但无法强制要求全球各国和地区采取协调一致的方法。这是否就意味着,现阶段,很难搭建起全球范围内的、统一的人类可遗传基因组编辑的治理框架?从现实情况看,由于各国、各地区相关法律规定差异很大,很多地区甚至还没有任何法律规定,因此,短期

① 参见孙道锐、王利民:《人类基因编辑技术社会风险的法律治理》,载《南通大学学报(社会科学版)》2020年第4期。

② 法国第94-654号法案(Loi n. 94-653)第21条预先设计了法案的更新制度,规定在本法施行至多5年后,由OPECST评估其适用后,本法将会成为国会重新审查的对象。

③ See Daniel Gregorowius, Nikola Biller-Andorno & Anna Deplazes-Zemp, *The Role of Scientific Self-regulation for the Control of Genome Editing in the Human Germline: The Lessons from the Asilomar and the Napa Meetings Show how Self-regulation and Public Deliberation can Lead to Regulation of New Biotechnologies*, 18 EMBO Reports 355(2017).

内建立统一的全球治理和监管框架确有困难,尤其是相关的技术还在进一步的发展之中。但世界卫生组织试图在未来继续对这一议题进行研究,并召集成员召开监管机构会议,以讨论:(1)国际上关于人类基因组编辑监管/规制方法的协定;(2)各国能力建设需要;(3)国际/国家间协调的可能性。虽然国际治理和监管体系一时间很难建立,但该委员会还是针对人类基因组编辑提出了一些值得参考的建议。

(一)人类基因组编辑的登记注册机制

世界卫生组织于 2019 年 8 月启动了全球人类基因组编辑登记处机制(Registry)。该登记处目前处于试点阶段,汇编来自世界卫生组织的现有数据和新的传入数据。人类基因组编辑登记数据库的数据涉及可公开访问的人类基因组编辑的试验,并捕获任何形式的基因操作。现有的基因操作工具和未来的技术和过程都包含在该数据库中。目前,注册中心专注于涉及体细胞基因组编辑的临床试验,在未来某时,如果人类可遗传基因组编辑的临床试验获得批准,登记数据库应包括这些数据。

(二)避免国际旅游研发和旅游医疗乱象

专家组建议,世界卫生组织应当声明,人类基因组编辑研究只能在有国内法律政策和监督体系的司法管辖区内进行,没有人类基因组编辑相关法律政策的地区应当被阻止进行此类研究。专家组的这一建议意味着,他们想通过这种方式来限制国际旅游研发和医疗旅游,即因本国或本司法管辖区内的法律规定过于严格而无法进行人类基因组编辑(如 HHGE),于是便到没有法律政策规定的国家和地区(如非洲的一些贫穷国家)执行研究项目,或到这些国家接受与基因组编辑相关的人类辅助生殖服务等。但是,既往的国际机构和国际协定等并不能有效阻止此类行为的发生(如泰国是人工辅助生殖的重要目的地,而瑞士则是“医生协助下自杀”的目的地之一)。

(三)杜绝非法、未注册、非伦理或不安全研究行为和其他行为

世界卫生组织的相关建议包括:(1)建立明确的报告制度;(2)建立透明的调查程序;(3)支持和为受影响的人提供保护。相关的合作应充分利用实体和现有的机

制,用于调查和规范此类研究和试验,包括国家监管机构、有关政府的部委、科学院和医学院、资助方、享有盛誉的期刊、专业社会团体等,将这些机构当作全球合作伙伴,共同打击相关的行为。

(四)确定人类基因组编辑及其规制的指导原则

世界卫生组织在2021年7月发布的题为《人类基因组编辑:建议》的报告中,不仅为人类基因组编辑,还为基因组编辑的治理依照行为的类别分别推荐了相关的指导原则(见表7-1):①

表7-1　世界卫生组织推荐的治理类别与原则

类别	原则
人类基因组编辑的国际合作与有效监管	包容原则、谨慎原则、社会正义原则、共担原则、全球卫生正义原则
人类基因组编辑的注册	开放原则、透明原则、诚实和问责原则、负责任的规制原则、负责任的科研原则
避免国际旅游研发和旅游医疗等现象	谨慎原则、社会公正原则、公平原则、全球卫生正义原则、负责任的规制原则、负责任的科研原则
杜绝非法、未注册、非伦理或不安全的研究和其他行为	开放原则、透明原则、诚实和问责原则、负责任的规制原则、负责任的科研原则、社会正义原则
知识产权	开放原则、透明原则、诚实和问责原则、负责任的规制原则、负责任的科研原则、谨慎原则、公平原则、社会公正原则、共担和全球卫生正义原则
教育、参与和授权	包容原则、社会公正原则、公平原则、共担原则

上述这些原则,为我国确立进一步完善和加强人类基因组编辑,提供了有益参考。

① See Expert Advisory Committee on Developing Global Standards for Governance and Oversight of Human Genome Editing, *Human Genome Editing: recommendations*, World Health Organization, 2021, p. 6–18.

附录:部分国际及外国机构关于人类基因组编辑的建议

附录一:英国纳菲尔德生命伦理学理事会 2018 年《基因组编辑和人类生殖:社会与伦理问题》建议部分*

胡新平 译

纳菲尔德生命伦理学理事会发布了关于由可遗传性基因编辑干预措施引发的伦理问题的深入调查结果。该领域是 2016 年报告《基因组编辑:一个伦理审视》中所确定的需要进一步进行伦理论证的领域之一。

我们的结论是,在某些情况下,使用可遗传性基因编辑干预措施来影响后代的特征在伦理上是可以接受的,条件是:(1)它必须旨在确保并符合可能因使用基因组编辑的细胞而出生的人的福祉;(2)它应当维护社会公正和团结原则,即它不应该加剧社会中的劣势、歧视或分裂。

英国法律目前禁止对人类生殖系进行基因组编辑干预。

只有在有机会进行广泛和包容的社会讨论,并且在上述原则的指导下实施强有力的管理措施之后,这种立场才会改变。

对研究机构的建议

建议 1:出于公共利益的考量,应当支持关于建立基因组编辑安全性和可行性的

---

* See Nuffield Council on Bioethics, *Genome Editing and Human Reproduction*: *Social and Ethical Issues*, 2018, p. 159 – 162.

研究，以便为制订临床使用的循证标准提供信息。

建议2：出于公共利益的考量，应当支持遗传性基因编辑社会研究，这有助于了解对基因编辑后出生的人（如被进行过胚胎植入前遗传诊断的人）的福利影响。

对英国政府的建议

建议3：在采取任何行动修改英国立法以允许可遗传基因组编辑干预措施之前，应该进行充分、广泛和包容的社会讨论。

建议4：在全面审视框架内法律之前，国家卫生和社会保健部门应考虑将目前不属于其许可范围内的可遗传基因组编辑纳入许可的范围中。

建议5：只有在对那些容易受到不利影响（包括羞辱和歧视）的人们的影响进行评估和减轻后，可遗传基因组编辑才能被允许（在任何情况下，都不能缺少与这些人进行公开和全面的讨论）。

建议6：只有在对那些可能受连带影响的人的利益和整体社会利益进行监测的前提下，可遗传基因组编辑才能被允许，并且应建立能够纠正这些影响的有效的机制，这应当包括一个明确的监管措施，以触发暂停禁令和日落条款，只有全面审查并提供肯定的解决方案之后才能允许继续实践。

建议7：应当考虑在英国建立一个独立于政府和现行监管机构的机构或委员会，其职能是通过促进公众辩论、与公众接触以及监测相关技术发展对潜在边缘人群的利益和社会规范的影响，帮助确定和产生对公共利益的理解。

对英国和其他地区政府的建议

建议8：应立即鼓励和支持有关可遗传基因组编辑的广泛而包容的社会讨论。

建议9：英国和其他地区政府应当监管和考虑知识产权的使用，促进公众接受安全以及有效且合乎伦理地编辑可遗传基因组。

建议10：英国和其他地区政府应当与欧洲理事会和联合国教科文组织等国际人权机构合作，促进有关可遗传基因组编辑研究和创新的国际对话和监管。

建议11：英国和其他地区政府考虑提出一项国际宣言，确认基因组被编辑的人应有权充分享受人权。

对于许可和监管的建议

我们认为,如果经过立法审查,可遗传的基因组编辑可以被允许,那么这一干预措施应当受到国家主管机关的严格管理和监督。

建议12:只有在国家主管机关(在英国是HFEA)对不良后果的风险进行评估后,基因组编辑才能被许可用于临床。

建议13:可遗传基因组编辑最初应以个案评估的方式进行许可。

建议14:可遗传基因组编辑只能被用于设计完整的且被全面监管的研究中,并定期向国家协调机关报告,并且在保护个人隐私的前提下,应尽可能地对有关遗传性基因编辑实施密切监测,包括对个人和社会的影响,以及对不同世代的影响。

附录二:美国国家医学院、国家科学院和英国皇家学会 2020年《人类可遗传基因组编辑》建议部分*

刘 欢 译

建议1:除非明确证明能够高效、可靠地对人类胚胎进行精确的基因组改变,并且不会产生不良影响,否则不应继续尝试使用经过基因组编辑的人类胚胎发起妊娠。这些标准目前尚未达到,有必要进行进一步的研究和评估以达到这些标准。

建议2:在一个国家就是否允许临床应用HHGE作出决定之前,应当开展广泛的社会对话。HHGE的临床应用不仅提出了科学和医学方面的考虑,而且还提出了超越委员会职责范围的社会和伦理方面的议题。

建议3:不可能为HHGE的所有可能用途界定一个负责任的转化途径,因为其用途、客观环境和考虑因素有很大差异,在不同类型的用途被认为可行之前,也确实需要在基础研究方面有所进展。

---

* See National Academy of Sciences, *Heritable Human Genome Editing*, The National Academies Press, 2020, p. 2 –5.

HHGE 的临床应用应当逐步进行。无论任何时候，在许可使用方面都应当有明确的准入门槛，(这一准入门槛的)依据是，是否能够并且已经清晰地界定了负责任的转化途径来评估这一用途的安全性和有效性，以及一个国家是否已经决定允许该用途。

建议 4：如果一个国家决定允许 HHGE 的初步应用，应当限定于符合以下所有标准的情形：

(1) HHGE 的应用仅限于严重的单基因疾病；委员会将严重的单基因疾病定义为导致较高的发病率或者过早死亡的疾病。

(2) HHGE 的应用仅限于将导致严重单基因疾病的已知变异的致病基因改变为在相关人群中常见的和已知的不会致病的序列。

(3) 没有致病基因型的胚胎将不会进入人类基因组编辑和移植的过程，以确保经过编辑的胚胎所产生的个体不会暴露在 HHGE 的风险之中而没有任何潜在的益……

(4) HHGE 的应用仅限于潜在的父母之情形：在拥有一个遗传相关的且没有严重单基因疾病的孩子方面没有选择的余地，因为在没有基因组编辑的情况下，他们的胚胎没有一个会在基因上不受影响；或者他们的可选择余地极为糟糕，因为预期的不受影响之胚胎比例将异常的低，委员会将其界定为 25% 或者更低，并且尝试了至少一个周期的胚胎植入前基因检测但未成功。

建议 5：在任何尝试用经过基因组编辑的胚胎发起妊娠之前，临床前的证据必须证明 HHGE 的开展能有足够高的效率和精确度，从而具有临床实用性。对于 HHGE 的任何初次应用，安全性和有效性的临床前证据应当基于对大量已编辑的人类胚胎的研究，并应当证明这个过程能够高度准确地产生和选择适合数量的胚胎，以达到：

(1) 在目标位置进行预期的编辑且无其他修改；

(2) 在脱靶位置没有因编辑过程而导致额外变异，也就是说，新的基因组变异的总数不应当显著地不同于在具有可比性的未经编辑的胚胎中所发现的(变异数)；

(3) 没有证据证明编辑过程中引入了镶嵌性；

(4) 具有合适的临床分级以发起妊娠；

(5) 产生异倍体的概率不高于基于标准的人类辅助生殖技术程序所预期的水平。

建议6：任何关于 HHGE 的初步临床应用提议都应当符合规定在前述建议5中的临床前证据标准。一项临床应用提议还应当包括使用以下方法在移植之前评估人类胚胎计划：

(1)发育标志直到囊胚期与标准的体外受精实践相当；

(2)囊胚期的活组织检查显示。

在所有活检细胞中存在预期的编辑，并且没有证据表明在目标位点上存在非预期的编辑，以及没有证据表明在脱靶点由于编辑过程而引入了额外的变异。

如果经过严格评估后，监管部门批准了胚胎移植，那么对因此而发生的妊娠进行跟踪调查和随后对儿童和成年人进行长期的随访是至关重要的。

建议7：研究应当持续致力开发从人工培养的干细胞中生产功能性人类配子的方法。产生大量这种干细胞衍生配子的能力——通过高效地生产、测试和选择没有致病基因型的胚胎——将为潜在的父母提供进一步的选择以避免遗传性疾病。然而，在生殖医学中使用这种体外衍生配子会引发明显的医学、伦理学和社会议题，因而必须对其进行审慎评估，而且这些没有经过基因组编辑的配子必须先被批准应用于人类辅助生殖技术，然后才能被考虑在 HHGE 中进行临床应用。

建议8：任何正在考虑临床应用 HHGE 的国家都应当具有合格的机制和监管机构以确保满足以下所有条件：

(1)开展与 HHGE 相关活动的个人及其监管机构遵守了既定的人权、生命伦理和全球治理原则；

(2)HHGE 的临床路径包括了相关技术的最佳实践，如线粒体置换技术、胚胎植入前的遗传性筛查以及体细胞基因组编辑；

(3)决策的依据是对科学研究的进展和 HHGE 的安全性和有效性进行的独立国际性评估的结果，这些结果表明，技术已经发展到了可以进行临床应用的程度；

(4)通过适当的机构或者程序对任何应用 HHGE 的申请进行科学和伦理学方面的前瞻性审查，并在个案的基础上作出决定；

(5)正在审议的 HHGE 拟议申请由适当的机构提供通知；

(6)在保护家庭身份的前提下，向公众公开获得批准的详细信息(包括遗传状况、实验室程序、将进行这项工作的实验室或诊所，以及进行监督的国家机构)；

(7)详细的过程和成果在同行评议的期刊上发表，以推动将促进该领域发展的知识的传播；

(8)个体研究人员和实验室的负责任的科学行为准则得以执行；

(9)研究人员和临床医师通过组织和参与公开的跨国对话以发挥领导作用，协调并分享影响评估 HHGE 安全性、有效性、长期监测和社会可接受性的相关科学、临床、伦理和社会发展成果；

(10)在提供 HHGE 的临床应用之前，建立并通过 HHGE 的临床应用实践指南、标准和政策；

(11)收到并复查背离既定准则的报告，并在适当情况下实施制裁。

建议 9：在 HHGE 进行任何临床应用之前，应建立一个具有明确角色和职责的国际科学咨询小组。国际科学咨询小组应当拥有多元的、跨学科的成员，还应当包括能够评估证明基因组编辑和相关辅助生殖技术之安全性和有效性的科学证据的独立专家。

(1)定期更新 HHGE 所依赖的技术的进展和评估，并就达到技术或转化里程碑所需的进一步研究发展提出建议；

(2)在任何考虑将 HHGE 进行临床应用的情形下，评估是否已满足临床前的要求；

(3)审查任何规范应用 HHGE 的临床结果数据，并就可能的进一步应用的科学和临床风险以及潜在的利益提出建议；

(4)向建议 10 中所述的国际机构以及应国家监管机构的要求，就任何负责任的转化途径提供意见和建议。

建议 10：对于为了开展 HHGE 的，超出为 HHGE 最初用途类别所划定的转化途径的应用，一个具有适当地位和不同专业知识及经验的国际机构应评估任何拟议的新一类用途并提出建议。该国际机构应当：

(1)明确界定每个拟议的新一类用途及其限制；

(2)促成并召集有关新一类用途的社会问题的持续透明讨论；

(3)就是否适合跨越允许新一类用途的门槛提出建议；

(4)为新一类用途提供一个负责任的转化途径。

建议 11：应当建立一个国际机制，通过这个机制可以收到对违背既定准则或建议标准的 HHGE 的研究或行为的关切，并将其发送给有关国家当局，同时公开披露。

附录三：世界卫生组织制定人类基因组编辑全球治理和监督标准专家咨询委员会2021年《人类基因组编辑：立场文件》建议部分*

刘忠炫　译

经过仔细思考和商议，委员会在9个不同的领域提出了一系列建议。委员会注意到，该建议受到世界卫生组织职权和资源的限制。在执行这些建议时，委员会希望强调避免无资金命令的重要性。

世界卫生组织及其总干事的领导

世界卫生组织及其总干事应通过以下方式展示科学和道德领导力：

（1）对人类基因组编辑所固有的机遇和挑战持开放态度；（2）对人类基因组编辑涉及的伦理问题进行明确说明（包括一份关于体细胞人类基因组编辑的声明，以解决公平获取研究利益和确定优先事项的问题；对于人类可遗传基因组编辑，应至少重申总干事在2019年7月发布的声明）；（3）概述未能解决伦理问题的后果（如果未经事先审慎思考和合作决策就贸然开发和使用该技术）。

开展有效治理和监督的国际合作

世界卫生组织应当与其他各方合作推动和实施既有国际进程中的共同愿景，以便：（1）确立和发展一致或趋同的认识；（2）建立确定关键决策点的程序；（3）探索合作参与、标准制订、调查和监督的机会；（4）分享有关政策（法律、法规和指南）信息。

在此期间，总干事应采取跨机构的工作方法，包括：（1）责成世界卫生组织基本药物和卫生产品司内部的监管强化和能力建设小组将人类基因组编辑纳入其工作

---

* See WHO Expert Advisory Committee on Developing Global Standards for Governance and Oversight of Human Genome Editing, *Human Genome Editing: Position Paper*, World Health Organization, 2021, p. 3 – 5.

范围;(2)就国际协议的可行性、能力建设需求和协调的可能性问题召开成员监管机构会议;(3)责成科学司在世界卫生组织6个区域办事处与监管机构、医疗和科学领导人、患者团体、民间社会组织以及其他相关机构召开人类基因组编辑会议。

人类基因组编辑注册

世界卫生组织应当:(1)确保在将使用人类体细胞基因组编辑技术的临床试验列入人类基因组编辑临床试验登记处之前,由适当的研究伦理委员会进行审查和批准;(2)要求国家和区域临床试验登记机构使用关键词来识别使用人类基因组编辑技术的临床试验;(3)设立评估机制以识别可能引起关注的使用人类基因组编辑技术的临床试验;(4)建立一个小型专家委员会,定期监督临床试验登记处,为临床试验登记处制定一套涉及人类基因组编辑的临床试验国际标准并进行审查;(5)支持科学界成员开展基础和临床前研究登记。

国际研究和医疗旅行

总干事经与科学理事会协商后,应作出一项政策声明,即人类体细胞或生殖系基因组编辑研究应仅在具有国内政策和监督机制的司法管辖区进行。世界卫生组织应在科学理事会的指导下,将工作重点放在促进负责任的国际研究和医疗旅行上。

非法、未注册、非伦理或不安全的研究和其他活动

世界卫生组织应在科学理事会的建议下,责成科学司牵头建立一个多部门合作的可访问机制,对可能的非法、未注册、非伦理和不安全的人类基因组编辑研究和其他活动的关切进行保密性报告。

知识产权

世界卫生组织应当:(1)与其他各方合作以鼓励相关专利持有人确保对基因编辑操作的平等获取权;(2)鼓励产业界与资源受限的国家合作,以建立有效利用基因编辑机制的能力;(3)召集专题会议,邀请与基因编辑相关的专利的持有方、应用方,产业实体,世界知识产权组织与世界贸易组织等国际组织,以及建立和运营相关专利池的机构参与,以探索制订适当的伦理许可要求的可能性。

教育、参与和授权

总干事应当:(1)呼吁联合国秘书长建立一个联合国跨部门前沿技术工作组,促进全球对话,并编写报告,概述包括人类基因组编辑在内的创新技术的影响,以及指导其应用的伦理框架;(2)呼吁就人类基因组编辑的未来在科学、伦理和社会方面展开包容性对话。

世界卫生组织应当:(1)开发可应用于人类基因组编辑的支持包容性、全方位的利益相关方对话的最佳实践模型;(2)探索如何最好地将对人类基因组编辑感兴趣的少数群体纳入决策范围。

供世界卫生组织使用的伦理价值和原则

世界卫生组织应责成科学司的卫生伦理和治理部门牵头建立一套官方认可和定义明确的伦理价值和原则,以供世界卫生组织及其专家委员会审议使用。这些价值和原则应当建立在公共卫生目标和优先事项基础上。这些工作不应局限于世界卫生组织的工作人员,而且应当为实现本组织的目标提供重要的进展蓝图。

建议审查

在不超过 3 年的时间内,世界卫生组织科学司应开始对这些建议及其实施进展进行广泛审查。审查时间不应超过 18 个月,并应考虑科学、技术和社会变化,考虑实施的充分性和影响评估,以及潜在的未来需求或担忧。

附录四:国际干细胞研究学会 2021 年《干细胞研究和临床转化指南》建议部分*(节录)

胡新平　刘忠炫　译

3.4.7　成体干细胞基因组编辑的特有问题

建议 3.4.7.1:基因改变(包括基因组编辑)的成体干细胞的临床应用应当用于治疗严重疾病和残疾的情形。由于其固有的风险,这类产品应遵守现有的关于基因组编辑和细胞产品的政策和法规。

在基因改变的成体干细胞的潜在临床应用中,应评估对于严重医疗疾病和状况的潜在风险和受益。对于非严重状况或增强身体性能或特征(如在运动中获得优势)的基因改变应当被阻止:(1)在此类情形下,其潜在的受益相对微弱且不足以抵消风险;(2)它们不太可能得到公众的支持;(3)它们可能使基因编辑领域被污名化。目前,这些方法伴随的风险也使我们不应该用它们来试图获得对疾病的抵抗力。

对细胞进行基因改变为某些疾病提供了潜在的长期或终身治疗方式。然而这种方法也带来了如下的风险:

(1)基因替换应用中插入外源 DNA 会产生脱靶效应;

(2)基因组编辑应用中不正确的中靶和脱靶事件;

(3)在基因组编辑中使用靶向核酸酶时,由于多次 DNA 断裂事件导致的大规模染色体重排/倒置;

(4)对病毒或携带 DNA 的病毒载体的核酸或外源性 DNA 的免疫副反应。

关于这些问题以及围绕基因组编辑干细胞临床试验的其他问题的详细讨论。

---

* See International Society for Stem Cell Research, *ISSCR Guidelines for Stem Cell Research and Clinical Translation*, Accessed July 30, 2022. https://www.isscr.org/policy/guidelines-for-stem-cell-research-and-clinical-translation.

3.4.8 涉及人类基因组可遗传改变的临床研究

线粒体置换技术

建议3.4.8.1:MRT应仅在受到严格监管的临床研究背景下提供,限于具有将严重的线粒体DNA疾病传给后代的高风险的患者,在没有其他可以接受的治疗方法并且可以做到长期随访的情况下使用。线粒体治疗初步应用中的国际数据共享至关重要,这有助于为该领域提供信息并确保其恰当使用。

MRT的初步应用应当进一步限制在以下情况下:致病性线粒体DNA的传播概率非常高,植入前遗传学检测难以确定适合移植的胚胎,并且程序应当在临床研究的背景下进行,以促进对这种目前未经证实的实验性技术的普遍认识。对进行MRT后的人类胚胎干细胞的临床前研究表明,母体线粒体DNA的水平有可能会随着传代的延长而提高,但这些数据的临床意义还不清楚。此外,也有人对线粒体—细胞核相互作用被MRT扰乱的理论可能性表示担忧。对进行MRT的胚胎干细胞或在体外培养的胚胎本身进行研究,将有助于探索这些问题。这些实验只能在允许为研究目的而制造胚胎的情形下进行,而且只有在经过专门的监督程序审查后方可批准。

建议3.4.8.2:目前没有足够的临床和临床前数据能证明,使用MRT治疗与女性卵细胞/胚胎质量差相关的不明原因不孕症的正当性;因此,建议目前不要将其作为干预措施。

MRT在临床上已经被用作不孕症的推测性治疗方法(Zhang等,2016年)。考虑到使用MRT治疗不明原因不孕症所带来的风险以及其缺乏明确的机制和令人信服的理由,故而需要更多的临床前和临床经验来确定其安全性和有效性。在一项报道的MRT预试验中,高龄产妇的胚胎发育和怀孕率没有增加(n = 30),这类患者被建议不应接受MRT(Mazur,2019年)。另一项小型(非随机)MRT试验(n = 25)在40岁以下、以前多次体外受精失败的妇女中开展,数据表明需要进一步地对照试验和跟踪(Costa-Borges等,2020年)。应该进行体外研究,以了解应用这些技术可能有助于治疗不明原因的不孕症(可能不涉及线粒体)的机制,特别是因为这可能产生其他的替代方案,既避免使用具有技术挑战性的方法,又规避异质性或线粒体—细胞核相互作用被扰乱所带来的风险。

可遗传基因组编辑

建议3.4.8.3.1:需要进行大量的临床前研究,以尽量减少涉及可遗传基因组编辑的临床应用的潜在危害;因此,任何为生育目的而修改人类胚胎核基因组的尝试目前都是不成熟的,不应被允许。

任何进行可遗传基因组编辑(把修改过的人类胚胎移植到子宫内或允许其在子宫内发育)的决定作出前,都必须先进行充分的临床前研究,以尽量减少预期和非预期编辑的潜在危害。只有在对潜在危害和受益进行最有利的平衡后,才应考虑首次人体临床应用,并且应明确限定用于没有可行替代方案的疾病和病人。这可能包括未来的父母,对他们来说,没有或只有非常有限的替代方案来预防死亡率高和发病率较高的疾病和状况的传递。在作出任何决定之前,应考虑拥有健康孩子的其他选择,包括收养、配子或胚胎捐赠和植入前遗传学检测,并进行适当的咨询。

建议3.4.8.3.2:如果与人类可遗传基因组编辑相关的技术和安全挑战得到解决,则对人类可遗传基因组编辑的任何首次临床应用都应当进行个案评估。这种评估不仅需要考虑科学方法,还需要考虑与拟定用途相关的社会和伦理问题。

开展首次人体临床应用的决定需要公开作出,并充分考虑通过有意义的公众参与而产生的意见。此外,更重要的是,任何人类可遗传基因组编辑的试验应用都应在具有适当和强有力的法规和监督的司法辖区进行。

可遗传基因组编辑潜在用途的一个关键考量因素是,准父母是否有可行的选择来孕育一个与基因相关但并未患有严重遗传疾病的孩子,如植入前基因检测和胚胎选择。最初应仅限用于缺乏合理替代方案的准父母。

重要的是,要充分了解预期基因组编辑的生物后果,无论是对直接后代还是可能继承它的后代,以尽量减少预期编辑产生意外有害结果的可能性(就其本身而言,通过与其他位点的遗传相互作用或通过环境相互作用)。目前,实现这一目标的最佳方法是利用编辑将已知的致病性基因变体改变为未受影响的家庭成员中存在的、相关人群中常见的或已知的非致病性基因变体。

建议3.4.8.3.3:在考虑任何首次人体临床应用之前,必须建立一个全面的监管和伦理框架来监督可遗传基因组编辑。该框架应建立在新生物技术、医学实践和本指南中概述之原则的现有监管框架之上。

可遗传基因组编辑的监管框架必须确保有稳定的代际跟进,以识别可能因遗传基因组改变而发生的不良反应。但是,这需要以保护准父母和任何出生的孩子的机密的方式进行。该框架必须确保在本指南中讨论的知情同意程序的基础上有完善的知情同意过程,包括对潜在替代治疗措施(如果有)和多代风险,以及植入生殖系基因组编辑胚胎(包括那些来自转基因配子的胚胎)的怀孕获益的讨论。

建议3.4.8.3.4:监管机构、研究资助者、学术和医学团体应努力防止不成熟或不道德地应用可遗传基因组编辑,除非与可遗传基因组编辑应用相关的安全、伦理和社会问题已经得到解决。

整个生物医学研究共同体有责任监督人类可遗传基因组编辑技术潜在的不道德和不成熟的临床应用。强烈鼓励研究人员向监管机构、资助者、许可机构和学术团体报告潜在的不道德应用以对该技术进行评估。

3.4.9 涉及子宫内干细胞和基因组编辑干预的临床研究

在子宫内进行针对干细胞或基因的干预(无论是运用基因置换还是基因组编辑)可能具有一些优势,包括:(1)可以在组织损伤形成之前,在组织/细胞具有最大的生长和再生潜力时进行早期干预;(2)干预措施在预期组织内形成更有效的生物分布,同时有利于间隙扩散,此时组织屏障仍不成熟,并且由于目标细胞群较小,可以对其进行更全面的修改;(3)由于此时适应性免疫系统发育不完全,因基于干细胞或基因的产品引起免疫反应的风险较低。

子宫内基因组编辑干预的注意事项

虽然可能有治疗上的优势,但子宫内基因组编辑干预也可能加剧一些安全问题,特别是与遗传干预有关的安全问题。因为细胞增殖和组织生长的高速率和自我更新的祖细胞比例增加,早期和更全面的基因移转/编辑技术运用可能会增加基因毒性的风险。治疗产品在体内的广泛分布也可能触及本该在老年阶段受到保护的非预期的人体组织或者细胞群,如生殖细胞。最后,使用的细胞/基因产品在靶组织和非靶组织上引发的任何急性或延迟毒性,可能比在生命后期进行基因组编辑时观察到的后果更严重,包括致畸性。因此,应在替代的小型和大型动物模型中设计特别的综合研究，以评估这些风险并调查干预的任何长期后果。

建议3.4.9.1：涉及子宫内干细胞干预或基因组编辑的临床研究对孕妇和未来婴儿都有风险，只有在其带来的受益大于产后干预，不会对孕妇构成过度风险，并且机构有能力进行尸检（在流产或死产的情况下）或跟踪（在活产的情况下）时，才应当进行。

涉及子宫内基因组编辑或基于干细胞干预的临床研究，只能在拥有接受过子宫内手术培训的人员的中心进行，并且要有关于治疗极端早产或治疗有破坏性/威胁生命情形儿童的现有指南或实践。在招募患者之前，子宫内干预实验的研究方案必须经过研究监督委员会的审查和批准。应在怀孕早期采取适当的医学干预措施，以防由于产妇健康风险或可能出现的流产、死产或与生存不符的新生儿状况而需要终止妊娠的意外情况。虽然在胎儿干预后存在引发妊娠并发症的风险，但在有经验者看来，干预的预期受益应大于引发并发症的风险。

此外，孕妇应该有能力并能够自愿选择或拒绝干预。同意过程应包括对替代性产后治疗干预的充分讨论，以及即使产前干预成功，也可能出现流产、死产或出生时有严重健康问题的可能性。如果孕妇允许或法律要求，应咨询其他抚养人。

参 考 文 献

一、中文文献

（一）著作

1. 孙文广:《生物安全法律规制研究——经济法视域的解读》,北京大学出版社 2010 年版。

2. 张雪、尹梅主编:《伦理审查委员会——理论研究及实践探索》,高等教育出版社 2014 年版。

3. 唐伟华:《英美国家政府资助研究领域人类参与者权益保护制度初探——基于对科学基金立法的考察》,中国社会科学出版社 2014 年版。

4. 翟晓梅、邱仁宗主编:《生命伦理学导论》,清华大学出版社 2005 年版。

5. 翟晓梅、邱仁宗编著:《公共卫生伦理学》,中国社会科学出版社 2015 年版。

6. 徐国栋:《民法哲学》(增订本),中国法制出版社 2015 年版。

7. 王利明:《物权法研究》(上卷)(第 4 版),中国人民大学出版社 2016 年版。

8. 张明楷:《刑法学》(下)(第 5 版),法律出版社 2016 年版。

9. 王立铭:《上帝的手术刀:基因编辑简史》,浙江人民出版社 2017 年版。

10. 王利明主编:《〈中华人民共和国民法总则〉条文释义》,人民法院出版社 2017 年版。

11. 王利明:《人格权法研究》(第 3 版),中国人民大学出版社 2018 年版。

12. 张迪:《优生学的伦理反思:人类遗传学的历史教训》,中国社会科学出版社 2018 年版。

13. 雷瑞鹏等主编:《人类基因组编辑:科学、伦理学与治理》,中国协和医科大学出版社2019年版。

14. 陈家林:《外国刑法理论的思潮与流变》,中国人民公安大学出版社、群众出版社2017年版。

15. 周铭川:《风险刑法理论研究》,上海人民出版社2017年版。

16. 郎胜、朱孝清、梁根林:《时代变迁与刑法现代化》(上卷),中国人民公安大学出版社、群众出版社2017年版。

17. 熊永明、胡祥福:《刑法谦抑性研究》,群众出版社2007年版。

18. 黄荣坚:《基础刑法学》(上)(第3版),中国人民大学出版社2009年版。

19. 林山田:《刑法通论》(上册)(增订10版),北京大学出版社2012年版。

20. 郝艳兵:《风险刑法:以危险犯为中心的展开》,中国政法大学出版社2012年版。

21. 李亚明:《生命伦理学中人的尊严问题研究》,中国社会科学出版社2019年版。

22. 陆海娜:《我国对平等就业权的国家保护——以国际法为视角》,法律出版社2015年版。

23. 费孝通:《乡土中国　生育制度　乡土重建》,长江文艺出版社2019年版。

24. 睢素利主编:《中国影响性涉医案件法律与伦理评析》,中国协和医科大学出版社2019年版。

25. 最高人民法院民法典贯彻实施工作领导小组主编:《中华人民共和国民法典总则编理解与适用》(下),人民法院出版社2020年版。

26. 王利明主编:《人格权立法的中国思考》,中国人民大学出版社2020年版。

27. 黄薇主编:《中华人民共和国民法典人格权编解读》,中国法制出版社2020年版。

28. [日]山中敬一:《刑法总论》,成文堂1999年版。

29. [日]大谷实:《刑法总论》,黎宏译,法律出版社2003年版。

30. [德]乌尔里希·贝克:《风险社会》,何博闻译,译林出版社2004年版。

31. [德]鲍尔、[德]施蒂纳尔:《德国物权法》(上册),张双根译,法律出版社2004年版。

32. [德]克劳斯·罗克辛:《德国刑法学总论》(第1卷),王世洲译,法律出版社

2005 年版。

33. [英]约翰·密尔:《论自由》,许宝骙译,商务印书馆 2007 年版。

34. [日]井田良:《讲义刑法学·总论》,有斐阁 2008 年版。

35. [美]Robert F. Weaver:《分子生物学》,郑用琏等译,科学出版社 2010 年版。

36. [美]格雷戈里·E. 彭斯:《医学伦理学经典案例》,聂精保、胡林英译,湖南科学技术出版社 2010 年版。

37. [美]汤姆·比彻姆、詹姆士·邱卓思:《生命医学伦理原则》(第 5 版),李伦等译,北京大学出版社 2014 年版。

38. [日]平野龙一:《刑法的基础》,黎宏译,中国政法大学出版社 2016 年版。

39. [英]科林·司科特:《规制、治理与法律:前沿问题研究》,安永康译,清华大学出版社 2018 年版。

40. [德]克劳斯·施瓦布、[澳]尼古拉斯·戴维斯:《第四次工业革命——行动路线图:打造创新型社会》,中信出版集团股份有限公司 2018 年版。

(二)论文

1. 邱仁宗:《基因编辑技术的研究和应用:伦理学的视角(A)S》,载《医学与哲学》2016 年第 7 期。

2. 邱仁宗等:《可遗传基因组编辑引起的伦理和治理挑战》,载《医学与哲学》2019 年第 2 期。

3. 朱振:《反对完美?——关于人类基因编辑的道德与法律哲学思考》,载《华东政法大学学报》2018 年第 1 期。

4. 郑玉双:《破解技术中立难题——法律与科技之关系的法理学再思》,载《华东政法大学学报》2018 年第 1 期。

5. 刘长秋:《“基因编辑婴儿事件”与生命法学之证成》,载《东方法学》2019 年第 1 期。

6. 孙海波:《基因编辑的法哲学辨思》,载《比较法研究》2019 年第 6 期。

7. 朱振:《基因编辑必然违背人性尊严吗?》,载《法制与社会发展》2019 年第 4 期。

8. 易显飞:《人类生殖细胞基因编辑的伦理问题及其消解》,载《武汉大学学报

(哲学社会科学版)》2019 年第 4 期。

9. 赵汀阳:《“自造人”:主体性思维的极端梦想》,载《探索与争鸣》2018 年第 12 期。

10. 石佳友:《治理体系的完善与民法典的时代精神》,载《法学研究》2016 年第 1 期。

11. 石佳友、庞伟伟:《人体基因编辑活动的民法规制:以〈民法典〉第 1009 条的适用为例》,载《西北大学学报》2020 年第 6 期。

12. 石佳友、刘欢:《人体基因编辑的法律规制——从〈中华人民共和国民法典〉第一千零九条出发》,载《西北工业大学学报(社会科学版)》2020 年第 4 期。

13. 石佳友、庞伟伟:《人类基因编辑活动的协同规制——以〈民法典〉第 1009 条为切入点》,载《法学论坛》2021 年第 4 期。

14. 石佳友、刘忠炫:《人体基因编辑的多维度治理——以〈民法典〉第 1009 条的解释为出发点》,载《中国应用法学》2021 年第 1 期。

15. 崔建远:《论民法原则与民法规则之间的关系》,载《江汉论坛》2014 年第 2 期。

16. 王康:《人类基因编辑多维风险的法律规制》,载《求索》2017 年第 11 期。

17. 王康:《人类基因编辑实验的法律规制——兼论胚胎植入前基因诊断的法律议题》,载《东方法学》2019 年第 1 期。

18. 郑戈:《迈向生命宪制——法律如何回应基因编辑技术应用中的风险》,载《法商研究》2019 年第 2 期。

19. 王康:《“基因编辑婴儿”人体试验中的法律责任——基于中国现行法律框架的解释学分析》,载《重庆大学学报(社会科学版)》2019 年第 5 期。

20. 王康:《基因编辑婴儿事件受害人的请求权》,载《法律科学(西北政法大学学报)》2020 年第 3 期。

21. 石佳友:《人格权立法的进步与局限——评〈民法典人格权编草案(三审稿)〉》,载《清华法学》2019 年第 5 期。

22. 马永强:《基因科技犯罪的法益侵害与归责进路》,载《法制与社会发展》2021 年第 4 期。

23. 陈景辉:《捍卫预防原则:科技风险的法律姿态》,载《华东政法大学学报》

2018 年第 1 期。

24. 陈姿含:《基因编辑法律规制实践研究:以民事诉讼目的为视角》,载《法学杂志》2020 年第 3 期。

25. 王利明:《民法典人格权编的亮点与创新》,载《中国法学》2020 年第 4 期。

26. 王利明:《体系创新:中国民法典的特色与贡献》,载《比较法研究》2020 年第 4 期。

27. 王利明:《彰显时代性:中国民法典的鲜明特色》,载《东方法学》2020 年第 4 期。

28. 刘凯湘:《民法典人格权编几个重要理论问题评析》,载《中外法学》2020 年第 4 期。

29. 韩大元:《宪法文本中"公共利益"的规范分析》,载《法学论坛》2005 年第 1 期。

30. 谢鸿飞:《中国民法典的宪法功能——超越宪法施行法与民法帝国主义》,载《国家检察官学院学报》2016 年第 6 期。

31. 胡建淼、邢益精:《公共利益概念透析》,载《法学》2004 年第 10 期。

32. 姚万勤:《对通过新增罪名应对人工智能风险的质疑》,载《当代法学》2019 年第 3 期。

33. 王雅佳:《科技创新风险的刑法规制:实践、理念和范式》,载《科学学研究》2020 年第 4 期。

34. 姚万勤:《从盲目到评估:克服刑法规范科学性不足的另一种尝试》,载《法治研究》2018 年第 3 期。

35. 陈兴良:《从归因到归责:客观归责理论研究》,载《法学研究》2006 年第 2 期。

36. 于慧玲:《人类辅助生殖基因医疗技术滥用的风险与刑法规制——以"基因编辑婴儿事件"为例》,载《东岳论丛》2019 年第 12 期。

37. 韩大元:《维护人的尊严是文明社会的基本共识》,载《探索与争鸣》2018 年第 12 期。

38. 陶应时、王国豫、毛新志:《人类胚胎基因编辑技术的潜在风险述介》,载《自然辩证法研究》2018 年第 6 期。

39. 王康:《基因改造生物环境风险的法律防范》,载《法制与社会发展》2016 年第6 期。

40. 杨芳:《意大利〈医学辅助生殖法〉研究》,载《东方法学》2015 年第6 期。

41. 宋晓晖:《生殖系基因编辑技术干预的伦理与治理原则研究》,载《中国政法大学学报》2019 年第4 期。

42. 杜辉:《面向共治格局的法治形态及其展开》,载《法学研究》2019 年第4 期。

43. 李利君、卢光琇:《ART 临床应用伦理调控的特点》,载《伦理学研究》2004 年第6 期。

44. 高兆明:《技术祛魅与道德祛魅——现代生命技术道德合理性限度反思》,载《中国社会科学》2003 年第3 期。

45. 陈勇川:《回顾与展望:我国生物医学研究伦理审查的发展趋势》,载《医学与哲学》2020 年第15 期。

46. 谢卓君、龚学德:《我国医院伦理委员会运行机制研究综述》,载《中国医学伦理学》2021 年第4 期。

47. 朱晓峰:《人类基因编辑研究自由的法律界限与责任》,载《武汉大学学报(哲学社会科学版)》2019 年第4 期。

48. 赵旭东:《程序正义概念与标准的再认识》,载《法律科学·西北政法学院学报》2003 年第6 期。

49. 张雪、尹梅、刘丹茹:《伦理审查委员会跟踪审查制度探析》,载《医学与哲学》2012 年第4 期。

50. 孟丽君、李义庭:《北京地区三级医疗机构涉及人的生物医学研究伦理审查现况研究》,载《中国医学伦理学》2021 年第6 期。

51. 邱仁宗、翟晓梅:《在国际背景下我国伦理审查的能力建设:理念和实践》,载《中国医学伦理学》2008 年第2 期。

52. 周佑勇:《行政法的正当程序原则》,载《中国社会科学》2004 年第4 期。

53. 沈铭贤、胡庆澧、丘祥兴:《实质正义与程序正义——伦理委员会 SOP 解读》,载《医学与哲学(人文社会医学版)》2010 年第3 期。

54. 何怀宏:《基因工程的伦理动机与消极后果预防》,载《武汉大学学报(哲学社会科学版)》2020 年第5 期。

55. 杜治政:《有关责任伦理几个问题的认识》,载《医学与哲学》2020 年第 6 期。

56. 李志强、蔡昱:《医学伦理法律化视角下伦理委员会法律问题探析》,载《广西社会科学》2011 年第 10 期。

57. 滕黎、蒲川:《伦理审查委员会的法律地位初探》,载《医学与哲学(人文社会医学版)》2009 年第 8 期。

58. 叶金强:《董事违反勤勉义务判断标准的具体化》,载《比较法研究》2018 年第 6 期。

59. 潘玮璘、戴红兵:《董事高管勤勉义务的豁免功能与责任构成》,载《中国应用法学》2019 年第 4 期。

60. 赵林青:《专家契约责任探析》,载《宁夏社会科学》2007 年第 2 期。

61. 周友军:《专家对第三人责任的规范模式与具体规则》,载《当代法学》2013 年第 1 期。

62. 张业亮:《美国围绕胚胎干细胞研究的道德和政治争议》,载《美国研究》2013 年第 3 期。

63. 黄小茹:《干细胞研究的伦理争议及对政策的影响》,载《自然辩证法通讯》2016 年第 2 期。

64. 李勇勇、翟晓梅:《人类胚胎研究"14 天期限"原则的伦理学探讨》,载《医学与哲学(A)》2018 年第 6 期。

65. 林志六:《人体试验受试者保护规范措施》,载《医事法学》2002 年第 2 期。

66. 李蕊佚:《英国法上的人体胚胎规制体系》,载《华东政法大学学报》2015 年第 5 期。

67. 韩跃红:《生命伦理学语境中人的尊严》,载《伦理学研究》2015 年第 1 期。

68. 王云岭、高鉴国:《论"尊严"概念在生命伦理学中的价值》,载《昆明理工大学学报(社会科学版)》2015 年第 3 期。

69. 俞伟:《宪法学视野中的人类基因编辑》,载《福建论坛(人文社会科学版)》2021 年第 3 期。

70. 王晖:《人之尊严的理念与制度化》,载《中国法学》2014 年第 4 期。

71. 张龑:《人之尊严:世俗化时代的法权基础》,载《中国人民大学学报》2019 年第 5 期。

72. 王旭:《宪法上的尊严理论及其体系化》,载《法学研究》2016 年第 1 期。

73. 章小杉:《人类胚胎基因编辑的宪法界限:一个基于尊严的分析》,载《大连理工大学学报(社会科学版)》2020 年第 5 期。

74. 田野:《大数据时代知情同意原则的困境与出路——以生物资料库的个人信息保护为例》,载《法制与社会发展》2018 年第 6 期。

75. 王蒲生:《〈民法典〉视域下患者知情同意权的规则阐释与合同进路》,载《求索》2021 年第 3 期。

76. 杨立新、刘召成:《论作为抽象人格权的自我决定权》,载《学海》2010 年第 5 期。

77. 王利明:《〈民法典〉人格权编的立法亮点、特色与适用》,载《法律适用》2020 年第 17 期。

78. 李建军、王添:《人类胚胎基因编辑研究引发的伦理争辩》,载《科学与社会》2016 年第 3 期。

79. 訾明杰等:《泛化知情同意的临床操作及思考》,载《中国医学伦理学》2020 年第 3 期。

80. 田文凤、张新庆:《基因编辑婴儿引发的代理同意难题解析》,载《科学与社会》2019 年第 2 期。

81. 马驰:《人类基因编辑的权利基础》,载《华东政法大学学报》2019 年第 5 期。

82. 陈轶翔:《基因编辑技术何去何从》,载《世界科学》2016 年第 1 期。

83. 胡文涛:《我国个人敏感信息界定之构想》,载《中国法学》2018 年第 5 期。

84. 田野:《论基因研究中的族群权利保护》,载《大连理工大学学报(社会科学版)》2019 年第 3 期。

85. 雷瑞鹏、邱仁宗:《新兴技术中的伦理和监管问题》,载《山东科技大学学报(社会科学版)》2019 年第 4 期。

86. 刘长秋:《冻卵:法律应采取怎样的立场与对策》,载《探索与争鸣》2016 年第 11 期。

87. 杨立新:《人的冷冻胚胎的法律属性及其继承问题》,载《人民司法》2014 年第 13 期。

88. 冷传莉:《"人格物"的司法困境与理论突围》,载《中国法学》2018 年第 5 期。

89. 马丁:《体外胚胎在我国民法上的应然属性及其价值考量——基于国情和社会发展趋势的分析》,载《东方法学》2017 年第 4 期。

90. 刘碧波:《代孕的立法与司法问题》,载《学术交流》2017 年第 7 期。

91. 庄绪龙:《对"有限开放代孕"之批判观点的思考与回应》,载《法治研究》2017 年第 6 期。

92. 黄志慧:《代孕亲子关系的跨国承认:欧洲经验与中国法上的选择》,载《环球法律评论》2021 年第 2 期。

93. 张明楷:《论刑法的谦抑性》,载《法商研究(中南政法学院学报)》1995 年第 4 期。

94. 陈景辉:《有理由支持基因改进吗》,载《华东政法大学学报》2019 年第 5 期。

95. 杨彪:《代孕协议的可执行性问题:市场、道德与法律》,载《政法论坛》2015 年第 4 期。

96. 张融:《代孕协议的法律效力研究》,载《江汉学术》2019 年第 1 期。

97. 梁上上:《制度利益衡量的逻辑》,载《中国法学》2012 年第 4 期。

98. 徐国栋:《体外受精胎胚的法律地位研究》,载《法制与社会发展》2005 年第 5 期。

99. 苏力:《也许正在发生——中国当代法学发展的一个概览》,载《比较法研究》2001 年第 3 期。

100. 徐国栋:《人工受孕体在当代意大利立法和判例中的地位》,载《华东政法大学学报》2015 年第 5 期。

101. 吴坤、夏吟兰:《论冷冻胚胎的法律性质及处置原则——以宜兴冷冻胚胎继承案为切入点》,载《法律适用(司法案例)》2017 年第 22 期。

102. 曹永福:《应该赋予家庭对遗留胚胎的处置权——儒家生命伦理学的视角》,载《伦理学研究》2014 年第 6 期。

103. 李昊:《冷冻胚胎的法律性质及其处置模式——以美国法为中心》,载《华东政法大学学报》2015 年第 5 期。

104. 张善斌、李雅男:《人类胚胎的法律地位及胚胎立法的制度构建》,载《科技与法律》2014 年第 2 期。

105. 张灿:《人类增强的类型、范式与伦理争议》,载《东北大学学报(社会科学版)》2018 年第 1 期。

106. 江璇:《人类增强技术的发展与伦理挑战》,载《自然辩证法研究》2014 年第 5 期。

107. 马路瑶:《风险社会视阈下人类胚胎基因编辑的刑事立法立场》,载《湖北社会科学》2019 年第 11 期。

108. 王长征、彭小兵:《技术治理与制度道德》,载《自然辩证法研究》2020 年第 6 期。

109. 刘艳红:《刑法理论因应时代发展需处理好五种关系》,载《东方法学》2020 年第 2 期。

110. 李雅男:《代孕背景下亲子关系的确定》,载《法律科学》2020 年第 2 期。

111. 冉克平:《论个人生物识别信息及其法律保护》,载《社会科学辑刊》2020 年第 6 期。

112. 胡玉鸿:《个人的独特性与人的尊严之证成》,载《法学评论》2021 年第 2 期。

113. 杨立新、李怡雯:《保障人工辅助生殖技术所生子女的生的尊严——认定人工辅助生殖技术所生子女的法律地位的基准点》,载《中国应用法学》2021 年第 3 期。

114. 刘艳红:《化解积极刑法观正当性危机的有效立法——〈刑法修正案(十一)〉生物安全犯罪立法总置评》,载《政治与法律》2021 年第 7 期。

二、外文文献

(一)著作

1. H. Judson, *The Eighth Day of Creation: Makers of the Revolution in Biology*, Cold Spring Harbor Laboratory Press, 1979.

2. T. A. Brown, *The Human Genome*, 2nd ed., Oxford: Wiley-Liss, 2002.

3. Nuffield Council on Bioethics, *Genome Editing: An Ethical Review*, 2016.

4. National Academies of Sciences, Engineering, and Medicine, *Human Genome Editing: Science, Ethics, and Governance*, The National Academies Press, 2017.

5. Elsy Boglioli & Magali Richard, *Rewriting the Book of Life: A New Era of Precision Gene Editing*, The Boston Consulting Group, 2015.

6. *Second International Summit on Human Genome Editing Continuing the Global Discussion: Proceedings of a Workshop in Brief*, The National Academies Press, 2019.

7. K. Buse, W. Hein & N. Drager, *Making Sense of Global Health Governance: A Policy Perspective*, Palgrave Macmillan, 2009.

8. Anne-Marie Slaughter, *A New World Order*, Princeton University Press, 2004.

9. UNDP, *Governance for Sustainable Human Development*, UNDP, 1997.

10. World Bank, *Governance: The World Bank's Experience*, The World Bank, 1994.

11. OECD, *Participatory Development and Good Governance*, OECD, 1995.

12. Commission on Global Governance, *Our Global Neighborhood*, Oxford University Press, 1995.

13. World Economic Forum, *Agile Governance: Reimagining Policy-making in the fourth Industrial Revolution*, White paper, 2018.

14. Matthew H. Cramer, *Objectivity and the Rule of Law*, Cambridge University Press, 2007.

15. Mitnick M. B., *The Political Economy of Regulation*, Columbia University Press, 1980.

16. WHO Expert Advisory Committee on Developing Global Standards for Governance and Oversight of Human Genome Editing, *Human Genome Editing: A Framework for Governance*, World Health Organization, 2021.

17. Nuffield Council on Bioethics, *Genome Editing and Human Reproduction: Social and Ethical Issues*, 2018.

18. M. Powers & R. Faden, *Social Justice: The Moral Foundations of Public Health and Health Policy*, Oxford University Press, 2006.

19. Kuhn, *The Structure of Scientific Revolutions*, Reprinted by University of Chicago Press, 1996.

20. Jurgen Habermas, *The Future of Human Nature*, Cambridge: Polity, 2003.

21. Council of Europe, *Convention for the Protection of Human Rights and Dignity of the Human Being with Regard to the Application of Biology and Medicine: Convention on Human Rights and Biomedicine*, 1997.

22. World Health Organization, *Thirteenth General Programme of Work* (*GPW13*): *Methods for Impact Measurement*, 2020.

23. WHO Expert Advisory Committee on Developing Global Standards for Governance and Oversight of Human Genome Editing, *Human Genome Editing: Position Paper*, World Health Organization, 2021.

24. B. Andre Lustig et al., *Bioethics Yearbook: Regional Developments in Bioethics*: 1989 – 1991, Kluwer Academic Publishers, 1992.

25. Anne-Marie Duguet et al., *Ethical and Legal Frameworks for Embryonic Stem-cell based Research in France and in Europe: A Challenge for Biotechnology*, Biotechnology Medicine and Law, 2018.

26. Jürgen Habermas, *The Future of Human Nature*, Polity Press, 2003.

27. Eryl McNally et al., *Ethical, Legal and Social Aspects of Genetic Testing: Research, Development and Clinical Applications*, Office for Official Publications of the European Communities, 2004.

28. Lori B. Andrews et al., *Assessing Genetic Risks: Implications for Health and Social Policy*, National Academies Press, 1994.

29. Nuffield Council on Bioethics, *Novel Techniques for the Prevention of Mitochondrial DNA Disorders: An Ethical Review*, 2012.

30. Nuffield Council of Bioethics, *Ideas about Naturalness in Public and Political Debates about Science, Technology and Medicine*, 2015.

31. S. Wilkinson, *Choosing Tomorrow's Children: The Ethics of Selective Reproduction*, Oxford University Press, 2010.

32. J. Harris, *Enhancing Evolution*, Princeton University Press, 2010.

33. S. Clarke et al., *The Ethics of Human Enhancement: Understanding the Debate*, Oxford University Press, 2016.

34. G. Fletcher, *The Philosophy of Well-being: An Introduction*, Routledge, 2016.

35. E. Parens & J. Johnston, eds. , *Human Flourishing in an Age of Gene Editing*, Oxford University Press, 2019.

36. A. Buchanan et al. , *From Chance to Choice: Genetics and Justice*, Cambridge University Press, 2001.

37. E. F. Kittay, L. Carlson, eds. , *Cognitive Disability and its Challenge to Moral Philosophy*, John Wiley & Sons, 2010.

38. Institute of Medicine (US) and National Research Council (US) Committee on the Basic Science Foundation of Medically Assisted Conception, *Medically Assisted Conception: An Agenda for Research*, National Academies Press (US), 1989, PMID: 25144031.

(二)论文

1. O. T. Avery, C. M. MacLeod & M. McCarty, *Studies on the Chemical Nature of the Substance Inducing Transformation of Pneumococcal Types: Inductions of Transformation by a Desoxyribonucleic Acid Fraction Isolated from Pneumococcus Type Ⅲ*, 149 The Journal of Experimental Medicine 297(1944).

2. J. D. Watson & F. H. C. Crick, *Molecular Structure of Nucleic Acids: A Structure for Deoxyribose Nucleic Acid*, 171 Nature 737(1953).

3. F. H. C. Crick, *The Genetic Code*, 207 Scientific American 66(1962).

4. *International Human Genome Sequencing Consortium, Initial Sequencing and Analysis of the Human Genome*, 409 Nature 860(2001).

5. P. Carninci & Y. Hayashizaki, *Non-coding RNA Transcription beyond Annotated Genes*, 17 Current Opinion in Genetics & Development 139(2007).

6. E. D. Green et al. , *Strategic Vision for Improving Human Health at the Forefront of Genomics*, 586 Nature 683(2020).

7. Kelly E. Ormond et al. , *Human Germline Genome Editing*, 101 The American Journal of Human Genetics 167(2017).

8. P. Liang et al. , *CRISPR/Cas9 – Mediated Gene Editing in Human Tripronuclear Zygotes*, 6 Protein Cell 363(2015).

9. Mike Broeders et al., *Sharpening the Molecular Scissors: Advances in Gene-Editing Technology*, 23 iScience 1(2020).

10. Bon Ham Yip, *Recent Advances in CRISPR/Cas9 Delivery Strategies*, 10 Biomolecules 839(2020).

11. C. Brokowski, *Do Genome Ethics Statements Cut it?*, 1 The CRISPR Journal 115 (2018).

12. Misha Angrist & Kevin Davies, *Reactions to the National Academies/Royal Society Report on Heritable Human Genome Editing*, 3 The CRISPR Journal 333(2020).

13. M. Jinek et al., *A Programmable Dual-RNA-Guided DNA Endonuclease in Adaptive Bacterial Immunity*, 337 Science 816(2012).

14. Feng Zhang et al., *Multiplex Genome Engineering Using CRISPR/Cas Systems*, 339 Science 819(2013).

15. George M. Church et al., *RNA-Guided Human Genome Engineering Via Cas9*, 339 Science 823(2013).

16. Dana Carroll, *Genome editing: Past, Present, and Future*, 90 Yale Journal of Biology and Medicine 653(2017).

17. H. Ma et al., *Correction of a Pathogenic Gene Mutation in Human Embryos*, 548 Nature 413(2017).

18. David Cyranosko & Heidi Ledford, *International Outcry over Genome-edited Baby Claim*, 563 Nature 607(2018).

19. Lei Ruipeng et al., *Reboot Ethics Governance in China*, 569 Nature 184 (2019).

20. Thomas G. Weiss & Governance, *Good Governance and Global Governance: Conceptual and Actual Challenges*, 21 Third World Quarterly 795(2000).

21. Jennifer Kuzma & Khara Grieger, *Community-led Governance for Gene-edited Crops*, 370 Science 916(2020).

22. C. Gyngell, H. Bowman-Smart & J. Savulescu, *Moral Reasons to Edit the Human Genome: Picking up from the Nuffield Report*, 45 J Med Ethics 514(2019).

23. Kelly E. Ormond et al., *Human Germline Genome Editing*, 101 The American

Journal of Human Genetics 167(2017).

24. J. R. Botkin, *The Legal Concept of Wrongful Life*, 259 JAMA 1541(1988).

25. C. E. Smith et al., *Using Genetic Technologies To Reduce, Rather Than Widen, Health Disparities*, 35 Health Aff 1367(2016).

26. Francoise Baylis et al., *Human Germline and Heritable Genome Editing: The Global Policy Landscape*, 4 The CRISPR Journal 4(2020).

27. Dorota Krekora-Zając, *Civil liability for Damages Related to Germline and Embryo Editing Against the Legal Admissibility of Gene Editing*, 6 Palgrave Communications 1(2020).

28. Roberto Andorno et al., *Geneva Statement on Heritable Human Genome Editing: the Need for Course Correction*, 38 Trends in biotechnology 351(2020).

29. David Archard, et al., *Human-Genome Editing: Ethics Councils Call to Governments Worldwide*, 579 Nature 29(2020).

30. George Annas, *Resurrection of a Stem-Cell Funding Barrier—Dickey-Wicker in Court*, 363 New England Journal of Medicine 1687(2010).

31. Rumiana Yotova, *Regulating Genome Editing under International Human Rights Law*, 69 International and Comparative Law Quarterly 653(2020).

32. William McConnell, *Human Embryonic Stem Cell Research and the Constitutionality of the Dickey-Wicker Amendment*, 389 Law School Student Scholarship 1(2013).

33. Varnee Murugan, *Embryonic Stem Cell Research: A Decade of Debate from Bush to Obama*, 82 The Yale Journal of Biology and Medicine 101(2009).

34. Aaron Levine, *Policy Uncertainty and the Conduct of Stem Cell Research*, 8 Cell Stem Cell 132(2011).

35. Emily Marden & Dorothy Nelkirr, *Displaced Agendas: Current Regulatory Strategies for Germline Gene Therapy*, 45 McGill Law Journal 473(2000).

36. Henry T. Greely, *CRISPR'd Babies: Human Germline Genome Editing in the "He Jiankui affair"*, 6 Journal of Law and the Biosciences 111(2019).

37. I. Glenn Cohen & Eli Y. Adashi, *The FDA is Prohibited from Going Germline*,

353 Science 545(2016).

38. Roberto Andorno, *The Oviedo Convention: A European Legal Framework at the Intersection of Human Rights and Health Law*, 2 Journal of International Biotechnology Law 133(2005).

39. Rumiana Yotova, *Regulating Genome Editing under International Human Rights Law*, 69 International and Comparative Law Quarterly 653(2020).

40. Britta C. van Beers, *Rewriting the Human Genome, Rewriting Human Rights Law? Human Rights, Human Dignity, and Human Germline Modification in the CRISPR Era*, 7 Journal of Law and the Biosciences 6(2020).

41. Peter Sykora & Arthur Caplan, *Germline Gene Therapy in Compatible with Human Dignity*, 18 EMBO Reports 2086(2017).

42. Christophe Hillion, *Tobacco Advertising: If You Must, You May*, 60 The Cambridge Law Journal 441(2001).

43. Herbert Gottweis & Barbara Prainsack, *Emotion in Political Discourse: Contrasting Approaches to Stem Cell Governance in the USA, UK, Israel and Germany*, 1 Regenerative Medicine 823(2006).

44. Caroline Graff, The-Hung Bui & Nils-Göran Larsson, *Mitochondrial Diseases*, 16 Best Practice & Research Clinical Obstetrics & Gynaecology 715(2002).

45. Samvel Varvaštian, *UK's Legalisation of Mitochondrial Donation in IVF Treatment: A Challenge to the International Community or a Promotion of Life-saving Medical Innovation to be Followed by Others?*, 22 European Journal of Health Law 405 (2015).

46. Hikita Sharma et al., *Development of Mitochondrial Replacement Therapy: A Review*, 6 Heliyon e04643(2020).

47. G. Owen Schaefer & Markus K. Labude, *Genetic Affinity and the Right to "Three-parent IVF"*, 34 Journal of Assisted Reproduction and Genetics 1577(2017).

48. Thomas Douglas & Katrien Devolder, *A Conception of Genetic Parenthood*, 33 Bioethics 54(2019).

49. Tina Rulli, *The Mitochondrial Replacement "therapy" Myth*, 31 Bioethics 368

(2017).

50. Thomas Klopstock, Barbara Klopstock & Holger Prokisch, *Mitochondrial Replacement Approaches: Challenges for Clinical Implementation*, 8 Genome medicine 1 (2016).

51. Neil Gemmell & Jonci N. Wolff, *Mitochondrial Replacement Therapy: Cautiously Replace the Master Manipulator*, 37 BioEssays 584(2015).

52. Giulia Cavaliere, *A 14 – Day Limit for Bioethics: The Debate over Human Embryo Research*, 18 BMC Medical Ethics 38(2017).

53. Elisabeth Toulouse et al., *French Legal Approach to Clinical Research*, 37 Anaesthesia Critical Care and Pain Medicine 607(2018).

54. Hervé Chneiweiss et al., *Fostering Responsible Research with Genome Editing Technologies: A European Perspective*, 26 Transgenic Research 709(2017).

55. Daniel Gregorowius, Nikola Biller-Andorno & Anna Deplazes-Zemp, *The Role of Scientific Self-regulation for the Control of Genome Editing in the Human Germline: The Lessons from the Asilomar and the Napa Meetings Show how Self-regulation and Public Deliberation can Lead to Regulation of New Biotechnologies*, 18 EMBO Reports 355 (2017).

56. Herbert Gottweis & Barbara Prainsack, *Emotion in Political Discourse: Contrasting Approaches to Stem Cell Governance in the USA, UK, Israel and Germany*, 1 Regenerative Medicine 823(2006).

57. Steven Pinker, *The Stupidity of Dignity: Conservative Bioethics' Latest, Most Dangerous Ploy*, 238 The New Republic 28(2008).

58. Sparrow R., *Imposing Genetic Diversity*, 15 The American Journal of Bioethics 2(2015).

59. Hristopher McCrudden, *Human Dignity and Judicial Interpretation of Human Rights*, 19 The European Journal of International Law 655(2008).

60. Jean-Paul Costa, *Human Dignity in the Jurisprudence of the European Court of Human Rights*, in Christopher McCrudden (ed.), 192 Understanding Human Dignity-Proceedings of the British Academy 393(2013).

61. Doron Shulztiner & Guy E. Carmi, *Human Dignity in National Constitutions: Functions, Promises and Dangers*, 62 The American Journal of Comparative Law 461 (2014).

62. Fida Kamal Dankar, Andrey Ptitsyn & Samar Dankar, *The Development of Large-scale De-identified Biomedical Databases in the Age of Genomics-principles and Challenges*, 12 Human Genomics 1(2018).

63. Zubin Master & David B. Resnik, *Incorporating Exclusion Clauses into Informed Consent for Biobanking*, 22 Quarterly of Healthcare Ethics 203(2013).

64. Eline M. Bunnik et al., *A Tiered-layered-staged Model for Informed Consent in Personal Genome Testing*, 21 European Journal of Human Genetics 596(2012).

65. Jane Kaye et al., *Dynamic Consent: A Patient Interface for Twenty-first Century Research Networks*, 23 European Journal of Human Genetics 141(2015).

66. Daniel B. Thiel et al., *Testing an Online, Dynamic Consent Portal for Large Population Biobank Research*, 18 Public Health Genomics 26(2015).

67. Jonathan Pugh, *Autonomy, Natality and Freedom: A Liberal Re-examination of Habermas in the Enhancement Debate*, 29 Bioethics 145(2015).

68. L. Na et al., *Feasibility of Reidentifying Individuals in Large National Physical Activity Data Sets from Which Protected Health Information has been Removed with Use of Machine Learning*, 1 JAMA Netw Open e186040(2018).

69. C. Schickhardt, H. Fleischer & E. C. Winkler, *Do Patients and Research Subjects have a Right to Receive their Genomic Raw Data? An Ethical and Legal Analysis*, 21 BMC Med Ethics 7(2020).

70. M. Naveed et al., *Privacy in the Genomic Era*, 48 ACM Comput Surv CSUR 6 (2015).

71. Fida K. Dankar, Andrey Ptitsyn & Samar K. Dankar, *The Development of Large-scale De-identified Biomedical Databases in the Age of Genomics-principles and Challenges*, 12 Human Genomics 19(2018).

72. Marvin R. Natowicz et al., *Genetic Discrimination and the Law*, 50 American Journal of Human Genetics 465(1992).

73. Paul R. Billings et al. ,*Discrimination as a Consequence of Genetic Testing*,50 American Journal of Human Genetics 476(1992).

74. Larry Gostin,*Genetic Discrimination,The Use of Genetically Based Diagnostic and Prognostic Tests by Employers and Insurers*, 17 American Journal of Law & Medicine 109(1991).

75. Anne Mainsbridge, *Employers and Genetic Information: A New Frontier for Discrimination*,2 Macquarie Law Journal 61(2002).

76. Carolyn Riley Chapman et al. , *Genetic Discrimination: Emerging Ethical Challenges in the Context of Advancing Technology*, 7 Journal of Law and the Biosciences lsz016(2020).

77. Béatrice Godard et al. , *Genetic Information and Testing in Insurance and Employment: Technical, Social and Ethical Issues*, 11 European Journal of Human Genetics S123(2003).

78. Paul R. Billings et al. ,*Discrimination as a Consequence of Genetic Testing*,50 American Journal of Human Genetics 476(1992).

79. Els Geelen et al. ,*Unravelling Fears of Genetic Discrimination:An Exploratory Study of Dutch HCM Families in an Era of Genetic Non-discrimination Acts*, 20 European Journal of Human Genetics 1018(2012).

80. Yann Joly et al. ,*Looking Beyond Gina:Policy Approaches to Address Genetic Discrimination*,20 Review of Genomics and Human Genetics 491(2020).

81. Jie Qiao et al. , *The Root of Reduced Fertility in Aged Women and Possible Therapentic Options: Current Status and Future Perspects*, 38 Molecular Aspects Medicine 54(2014).

82. E. A. Partridge et al. ,*An Extra-uterine System to Physiologically Support the Extreme Premature Lamb*,8 Nature Communications 15112(2017).

83. C. A. Easley,C. R. Simerly & G. Schatten,*Gamete Derivation from Embryonic Stem Cells,Induced Pluripotent Stem Cells or Somatic Cell Nuclear Transfer-derived Embryonic Stem Cells:State of the Art*,27 Reproduction,Fertility,and Development 89 (2014).

84. Z. Chi et al. ,*Changing Gender Preference in China Today:Implications for the Sex Ratio*,20 Indian Journal of Gender Studies 51(2013).

85. H. Bowman-Smart et al. ,*Sex Selection and Non-invasive Prenatal Testing:A Review of Current Practices,Evidence,and Ethical Issues*,40 Prenatal Diagnosis 398 (2020).

86. C. L. W. Chan et al. ,*Gender Selection in China:Its Meanings and Implications*, 19 Journal of Assisted Reproduction and Genetics 426(2002).

87. S. M. Capelouto et al. ,*Sex Selection for Non-medical Indications:A Survey of Current Pre-implantation Genetic Screening Practices Among U. S. ART Clinics*,35 Journal of Assisted Reproduction and Genetics 409(2018).

88. R. Kippen,E. Gray & A. Evans,*High and Growing Disapproval of Sex-selection Technology in Australia*,15 Reproductive Health 134(2018).

89. J. A. Robertson,*Extending Preimplantation Genetic Diagnosis:Medical and Non-medical Uses*,29 Journal of Medical Ethics 213(2003).

90. D. Cyranoski & S. Reardon,*Embryo Editing Sparks Epic Debate*,520 Nature 593 (2015).

91. M. Garnett,*Coercion:The Wrong and the Bad*,128 Ethics 545(2018).

92. E. J. Emanuel,*Undue Inducement:Nonsense on Stilts?*,5 The American Journal of Bioethics 9(2005)

93. *C. Herbrand,Mitochondrial Replacement Techniques:Who are the Potential Users and Will They Benefit?*,31 Bioethics 46(2017).

94. Practice Committees of American Society for Reproductive Medicine,*Society for Assisted Reproductive Technology:Mature Oocyte Cryopreservation:A Guideline*,99 Fertility and Sterility 37(2013).

95. Huang Ching-Ying et al. ,*Human iPSC Banking:Barriers and Opportunities*,26 Journal of Biomedical Science 1(2019).

96. Jennifer F. Kawwass et al. ,*Strategies for Preventing HIV Infection among HIV-Uninfected Women Attempting Conception with HIV-Infected Men—United States*,66 Morbidity and Mortality Weekly Report 554(2017).

97. Daniel Gregorowius, Nikola Biller-Andorno & Anna Deplazes-Zemp, *The Role of Scientific Self-regulation for the Control of Genome Editing in the Human Germline: The Lessons from the Asilomar and the Napa Meetings Show How Self-regulation and Public Deliberation can Lead to Regulation of New Biotechnologies*, 18 EMBO Reports 355 (2017).

98. Elise Roumeau, *L'embryon comme objet d'expérimentation de retour devant le juge constitutionnel*, La Revue des droits de l'homme [En ligne], Actualités Droits-Libertés, mis en ligne le 25 octobre 2021, http://journals. openedition. org/revdh/13047.

99. Jérôme Leborne, *L'embryon et le fœtus, entre personne et chose, entre science et droit: des protections d'intérêts*, Revue générale du droit, 2020, numéro 51180.

100. C. M. Mazzoni, La protection réel de l'embryon, Droit et société, 2005, 1(60): 499 – 512.

101. D. Sprumont, G. Roduit & A. Pea, L'apport du droit comparé jurisprudentiel ὰ l'élaboration d'une coutume internationale en sciences de la vie: l'exemple du statut de l'embryon, Journal International de Bioéthique, 2006, 17(1 – 2): 69 – 94.

102. P. Calvas, Génétique médicale et loi de réforme de la biologie, Droit, Sante et Societe, 2018, (1): 29 – 40.

103. Mesnil & Marie, Les recherches sur l'embryon, les cellules souches embryonnaires et les cellules pluripotentes induites: un encadrement en plein évolution, Journal du Droit de la Sante et de lAssurance-Maladie, 2020, 1: 77 – 83.

104. Anne Gilson-Maes, a libéralisation de la recherche sur l'embryon humain et sur les cellules souches issues du corps humain dans le projet de loi relatif ὰ la bioéthique, Médecine & Droit, 2020, 162: 58 – 67.

105. Bēnédicte Bévière-Boyev, *Réflexions ēthiques et juridiques sur la modification gēnétique constitutionnelle des cellules germinales humaines*, Revaue générale de droit mēdicale, 2020, 77: 229 – 244.

106. N. Daniels, *Normal Functioning and the Treatment-enhancement Distinction*, 9 Cambridge Quarterly of Healthcare Ethics, 309(2000).

107. F. M. Kamm, *Is there a Problem with Enhancement?*, The American Journal of Bioethics, 2005, 5(3): 5 – 14.

108. E. Parens, *Authenticity and Ambivalence: Toward Understanding the Enhancement Debate*, Hastings Center Report, 2005, 35(3): 34 – 41.

109. D. Bavelier et al., *Rethinking Human Enhancement as Collective Welfarism*, Nature Human Behaviour, 2019, 3(3): 204 – 206.

110. C. Gyngell, T. Douglas & J. Savulescu, *The Ethics of Gene Editing*, Journal of Applied Philosophy, 2017, 34(4): 498 – 513.

111. G. Cavallere, *Genome Editing and Assisted Reproduction: Curing Embryos, Society or Prospective Parents?*, Medicine, Health Care and Philosophy, 2018, 21(2): 215 – 225.

112. J. Wolff, *Disability, Status Enhancement, Personal Enhancement and Resource Allocation*, Economics Philosophy, 2009, 25(1): 49 – 68.

113. R. Garland-Thomson, *The Case for Conserving Disability*, Journal of Bioethical Inquiry, 2012, 9(3): 339 – 355.